Haithabu
Schwentine 798
ABODRITEN
FRIESLAND
Verden
Bardowiek
SACHSEN
Magdeburg
Süntel 782
Nimwegen
Corvey
Werden
SORBEN
Köln
Erfurt
Herstal
Aachen
Hersfeld
Stablo
AUSTRIEN
Fulda
Prüm
BÖHMEN
805/09
Echternach
Mainz
Hallstadt
Forchheim
MÄHREN
Attign
Trier
Ingelheim
Premberg
Reims
Diedenhofen
Lorsch
SLOWAKEN
Ellwangen
Ponthion
Hirsau
Linz
Lorch
Mautern
Regensburg
ALAMANNIEN
Pöchlarn
St. Trudpert
BAYERN
Kremsmünster
Reichenau
Salzburg
St. Gallen
AWAREN
Besançon
KÄRNTEN
BURGUND
St. Moritz
FRIAUL
Aquileia
Mailand
Lyon
Tarentaise
Pavia
Vienne
Bobbio
Ravenna
KGR. ITALIEN
(Reich der
Langobarden bis
774)
Embrun
PATRIMONIUM
Arles
Aix
HZM.
SPOLETO
PETRI
Rom
KORSIKA
Mte. Cassino
787
HZM.
BENEVENT
SARDINIEN

S. Fischer-Fabian
»Karl der Große – Der erste Europäer«

S. Fischer-Fabian

KARL DER GROSSE
Der erste Europäer

Gustav Lübbe Verlag

Gustav Lübbe Verlag ist ein Imprint
der Verlagsgruppe Lübbe

Originalausgabe

Schutzumschlaggestaltung: Manfred Peters, Bergisch Gladbach
Umschlagfoto: Der Krönungsstuhl und Thron
Karls des Großen im Dom zu Aachen.
Bildarchiv Preussischer Kulturbesitz, Berlin
Satz: Agentur Bosbach, Köln
Gesetzt aus der Trump Mediäval von Linotype-Hell
Druck und Einband: Friedrich Pustet, Regensburg

Printed in Germany

ISBN 3-7858-0940-4

Sie finden die Verlagsgruppe Lübbe im Internet
unter http://www.luebbe.de

3 2

»Die Zentralgewalt, die Karl geschaffen hatte, konnte verschwinden, aber die Völkerschaften, die sie umschloß, ... mußten ihn überleben. Er ist nicht alleine der Vorgänger einzelner Reiche, er ist der Patriarch des Kontinents, dessen innere Entwicklung auf dem Boden erwuchs, den er gegründet hatte. ... Welch eine Fülle von Lebensmöglichkeiten umschloß dieses Reich. ... Karl der Große war der Vollstrecker der Weltgeschichte.

Leopold von Ranke

»Der Ehrwürdige Charlemagne hatte Erfolg, darum wird er von gedungenen Historiographen als Zierde der Menschheit gepriesen, obwohl er schreiendes Unrecht tat. ... Dieser fromme Christ hatte mehrere Frauen zugleich und war der Blutschande verdächtig. Den Mörder von Tausenden hat die Kirche heiliggesprochen. Nicht einmal seinen Namen konnte er schreiben und ging doch als Förderer der Wissenschaft in die Geschichte ein.

François Marie Arouet,
genannt Voltaire

Inhalt

Ein Wort zuvor...

Als im Jahre 1986 eine Delegation von Katalanen nach Straßburg reiste, um anläßlich der Aufnahme Spaniens in die Europäische Gemeinschaft politische Gespräche zu führen, geschah etwas Merkwürdiges, ja Denkwürdiges. Die Delegierten fuhren zuerst nach Aachen, um im Dom Karls des Großen zu beten. Das war mehr als eine Geste, es war ein Bekenntnis zu Europa. Europa, so antworteten sie auf die Frage nach ihrem Tun, sei für sie nicht nur ein großer Markt, ein politischer Zusammenschluß, sondern das historische Vaterland, in das sie nun zurückkehrten.

Europa – dieses Wort ist zu einem Reizwort geworden, zu einem Begriff, der sofort polarisiert, der Gegner und Befürworter auf den Plan ruft. Jedenfalls ist aus dem anfänglichen Europa-Enthusiasmus eine Europa-Ernüchterung geworden. Und das nicht nur bei den Deutschen. Ob wir Europäer nun zu einem Bundesstaat oder zu einem Staatenbund, einem Europa der Vaterländer tendieren, das herauszufinden kann indes nicht die Aufgabe dieses Buches sein.

Hier soll einfach ein Mann geschildert werden, mit dem sich zum erstenmal in der Geschichte der Name unseres Kontinents verband: Kaiser Karl. Karl, den bereits seine Mitwelt nicht nur »den Großen« nannte, sondern auch »das Leuchtfeuer Europas«, den »Vater Europas«.

Sein Enkel Nithard, der Geschichtsschreiber, sagt nach des Kaisers Tod, daß er ganz Europa mit allem Guten erfüllt habe. Für den Mönch Notker aus St. Gallen war der Name »Europa« schon so vertraut, daß er ihn in seinen *Gesta Karoli* häufiger verwendet. Und als im Jahre 732 jene berühmte Schlacht bei Tours und Poitiers stattfand, schrieb der Chronist nicht etwa, daß die Franken den Ansturm der Araber zurückgeschlagen und damit das christliche Europa gerettet hätten, sondern es seien *Europäer* gewesen – *Europenses*.

Angefangen hatte alles mit einem Stier, der sich am Gestade von Phönizien in eine Königstochter verliebte, sie dazu verlockte, seinen Rücken zu besteigen, um sich urplötzlich in die Lüfte zu erheben und nach Kreta zu fliegen. Dort verwandelte er sich in seine ursprüngliche Gestalt, in Zeus, den Götterkönig, und *vereinigte* sich mit ihr, wie es im Mythos heißt. Das Wort »Europa« läßt sich aus dem Semitischen ableiten: *Erebu* heißt *untergehen*, womit das Land der untergehenden Sonne gemeint ist, das Abendland. Als geographische Bezeichnung finden wir es zum erstenmal in dem Gedicht eines Zeitgenossen Hesiods »Hymne an Apollon, den Pythier« aus der Zeit gegen Ende des 8. Jahrhunderts. Der unbekannte Dichter spricht dort von den Menschen, »die auf dem reichen Peleponnes leben, die *Europa* bevölkern und die meerumspülten Inseln«.

Im Mittelalter war der Name Europa allerdings nur einer winzigen Schicht von Gebildeten ein Begriff. Das Reich, das Karl sich mit dem Schwert errungen hatte – in den sechsundvierzig Jahren seiner Herrschaft hat es nur zwei Jahre *ohne* Krieg gegeben –, erstreckte sich über 1350000 Quadratkilometer (zum Vergleich: Deutschland umfaßt 357000 km. Die Entfernung von Rom nach Aachen beträgt 1150 Kilometer in der Luftlinie, vom Ebro bis zur Küste der Nordsee sind es rund 1500 Kilometer, von der Bretonischen Mark bis zur bairischen Ostmark 1200 Kilometer. Man schätzt die Zahl der damals dort wohnenden Menschen auf etwa zehn bis zwölf Millionen. Ihnen hätte das Wort »Europa« nichts bedeutet. Es war ihnen Hekuba.

Diese Europäer, nennen wir sie einmal so, kannten einander nicht, weil die meisten von ihnen in der kurzen Spanne ihres Lebens nie die Grenzen ihrer engeren Umgebung überschritten. Verließen sie ihre Heimat dennoch, so galten sie als Fremdlinge, und das war gleichbedeutend mit »Feinden«. Wenn sie trotz aller Isoliertheit eine Art Gemeinschaft bildeten, so war es der gemeinsame Glauben an Jesus Christus. Ihre Rechts- und Friedensordnung richtete sich nach den sittlichen Forderungen des Christentums. Das mag, gemessen an der Erfüllung dieser Forderung, wenig gewesen sein, aber für das 8. und 9. Jahrhundert war es viel.

Die Gebildeten wurden noch durch eine andere Klammer zusammengehalten. Während die große Masse sich nicht verständigen konnte, weil die verschiedenen Sprachen und Dialekte sie trennten, die Adligen, die Gelehrten, die Kirchenmänner waren durch eine gemeinsame Sprache miteinander verbunden: das Latein. Die lateinische Sprache bildete gleichzeitig den Schlüssel zu dem von der Antike übernommenen Kulturgut: der Dichtkunst, der Bildenden Kunst, der Wissenschaften. Den Gelehrten der von Karl gegründeten Aachener Hofschule ist es mitzuverdanken, daß diese Schätze an Wissen und Fertigkeiten bewahrt wurden, eine für die Entwicklung einer europäischen Kultur nicht hoch genug zu würdigende Tat.

Am Anfang Europas stand das Frankenreich, ja einige Historiker gehen so weit, daß die Gründung dieses Reiches identisch sei mit der Geburt des Abendlandes. Wie immer man auch das Reich der Franken beurteilen mag, es war der erste so große wie großartige Versuch, die mannigfaltigen Völker, Völkerschaften und Stämme des Kontinents zusammenzuschweißen. Der Versuch mißlang letztendlich: Nach Karls Tod begann das komplizierte Gebilde zu zerfallen.

Es wiedererstehen zu lassen, hat nach ihm so mancher versucht. Und alle haben sich dabei auf den großen Karl berufen. Auch heute kommt kein Politiker umhin, welcher Couleur er auch immer sei, den Karolinger zu erwähnen, wenn es um die Vereinigung Europas geht.

Karl hat schier Unmögliches unternommen. Der Erfolg aber darf nicht das einzige Kriterium sein bei der Beurteilung großer Taten. Es zählen auch Vision und Wagnis. Darum gilt auch für Karl, was Goethe im zweiten Teil des *Faust* seinen Helden sagen läßt: »Es kann die Spur von meinen Erdentagen nicht in Äonen untergehen …«

I Franken – die Freien, die Kühnen

Wer sie zum Feind hat, wehe ihm

»Ist Karl bei dem Heer?« fragte der Langobardenkönig und wies mit dem Arm auf die im Frühlicht schimmernden Rösser und Wagen, die näher und näher kamen.

»Nein«, antwortete der Herzog Otker, der einst am fränkischen Hof gedient hatte. »Nein, das ist der Troß.«

»Gewiß reitet Karl unter diesen Truppen dort …«, fragte König Desiderius erneut.

»Nein, das ist das Fußvolk.«

»Aber die Reiterei, die sich nun nähert, er wird ihr Führer sein.«

Der Herzog trat an den Rand der Zinne und sagte: »Wenn du, o König, auf den Feldern eine stählerne Saat emporschießen siehst und der Ticino mit eisernen Fluten an den Mauern Pavias brandet, dann wird es Karl sein.«

So hat der Mönch Notker der Stammler die Belagerung der langobardischen Hauptstadt beschrieben, in seinen *Gesta Karoli* (885). Das mag eine anekdotische Schilderung sein, doch wie alle guten Anekdoten zeigt sie Charakteristisches, gibt sie darüber Aufschluß, wie die Welt von damals Karl den Großen begriff: als einen Mann des Krieges.

Er war im Sinne des Wortes ein gewaltiger Recke, 1,92 Meter groß, breitschultrig, der Kopf mit der gewölbten Stirn auf einem Stiernacken, das Gesicht beherrscht von großen, lebhaften Augen – eine imposante, würdevolle Erscheinung, ganz gleich, ob er ging oder saß. Wer ihm gegenüberstand, war vom ersten Moment an gebannt.

Wer mit ihm sprach, wunderte sich über eine Stimme, die nicht zu seinem mächtigen Körper zu passen schien. Sie war hell und eine halbe Oktave zu hoch. (Bismarck, breitschultrig und hochgewachsen, hatte ebenfalls eine kleine Stimme.)

Einhard, sein Biograph am Hof zu Aachen, schildert ihn uns als maßvoll beim gemeinsamen Trinken, dem germanischen Laster, aber maßlos beim Essen. Seine Ärzte, die er haßte, versuchten ihn davon abzubringen, immer nur Fleisch am Spieß zu verzehren. Er solle häufiger fasten. Karl aber bedeutete ihnen, Fasten schade der Gesundheit. Was die Geistlichen noch befremdlicher fanden als die Mediziner.

»Nach fränkischem Brauch ritt und jagte er fleißig: Es gibt in der Welt kein Volk, das sich in dieser Hinsicht mit den Franken messen könnte. Er liebte auch die Dämpfe heißer Naturquellen und schwamm viel und so gut, daß es niemand mit ihm aufnehmen konnte. Er lud nicht nur seine Söhne, sondern auch Adlige und Freunde, bisweilen sogar seine Leibwache, zum Baden in Aachen ein …« (Einhard)

Über viereinhalb Jahrzehnte war er König und Kaiser, und einen großen Teil dieser Zeit verbrachte er im Sattel; reiste er von Hofgut zu Hofgut, von Pfalz zu Pfalz: in nie ermüdendem Kampf gegen die Anmaßung der Großen, den Übermut der Ämter, die Gleichgültigkeit der Kleinen.

Und er ritt, in Eisen gerüstet, mit Schild und Langschwert in den Krieg: gegen die Aquitanier, gegen die Sachsen, gegen die Langobarden, gegen die Griechen, gegen die slawischen Wilzen, gegen die Böhmen, gegen die Dänen und wieder und wieder gegen die Sachsen.

In diesen sechsundvierzig Jahren legte der Karolinger mehr Meilen zurück, als der doppelte Erdumfang mißt. Es gab nur zwei Sommer – denn nur der Sommer taugte zum Kriegführen –, in denen er sich nicht in Eisen warf und keine Heeresversammlung einberief: 790 und 807. In diesen beiden Jahren hatten seine Männer anscheinend den Eindruck gewonnen, daß ihr oberster Befehlshaber bereits im Nichtstun erschlafft sei, seine Zeit nur noch im Bad, im Bett und an der Tafel verbringe, zusammen mit seinen Edlen, seinen Töchtern, seinen Konkubinen. Um diesem Anschein, dem Anschein trägen Müßiggangs, entgegenzutreten, ließ er ein Schiff bemannen und fuhr mit seinen Gewappneten von Worms den Rhein hinab und den Main hinauf bis zu einer Pfalz, die er an der Fränkischen Saale hatte erbauen lassen.

Aus dem Zusammenschluß der zwischen Rhein und Weser siedelnden kleinen Stämme der Germanen zu einem Stammesverband traten sie als Franken (die Freien, die Kühnen) Ende des 3. Jahrhunderts in das Licht der Geschichte. Sie drangen raubend, brennend, Beute machend immer wieder über den Rhein, legten sich mit den Römern an, besiegten sie, wurden besiegt, dienten als Söldner in ihren Legionen, wurden zu ihren Bundesgenossen, drangen auf ihren Beutezügen bis nach Spanien und Nordafrika. Wer sie zum Freund hatte, konnte sich glücklich schätzen, wer sie zum Nachbarn, lebte in Unruhe, wer sie zum Feind, verzweifelte. Ein wildes, noch halb barbarisches Volk, tapfer, von selbstmörderischer Tollkühnheit, das eigene Leben genausowenig achtend wie das Leben anderer. Nur der Tod auf dem Schlachtfeld galt ihnen als ehrenhaft und nicht der Strohtod, das schmähliche Dahinsiechen auf der Bettstatt.

Im 4./5. Jahrhundert siedelte ein Teil des Volkes im Rhein-Moselgebiet mit dem Königssitz Köln, was ihnen bei den Historikern den Namen »Rheinfranken« eintrug. Der andere Teil wählte die römische Provinz zwischen Lüttich und Tournai. Diese – salischen – Franken wurden bald von Kleinkönigen beherrscht aus der Dynastie der Merowinger, von der die Sage berichtet, daß ihr Gründer Merowech Sohn eines Meergottes gewesen sei. Womit die Merowinger, da göttlichen Ursprungs, des Königsheils teilhaftig wurden. Und Königsheil bedeutete magische Kraft, Charisma, jene Gnadengabe, die seinen Träger heraushob vor allen anderen Menschen. Äußeres Zeichen bei den Merowingern waren die schulterlangen Haare, die keine Schere jemals berühren durfte.

Einer der ihren, Chlodwig I. mit Namen, setzte sich dann gegen die anderen Kleinkönige durch, wie es in Geschichtsbüchern heißt. In der Praxis bedeutete das: Er lockte sie in einen Hinterhalt; lud sie zum Mahle und kredenzte Wein, der dem Eingeladenen nicht bekam; versprach einem Sohn den Thron, wenn er den Vater umbrachte, und sandte ihm nach getaner »Arbeit« die Meuchelmörder; denn ein Vatermörder verdiente Strafe. Sorgfältig achtete er darauf, daß niemand übrigblieb, der auch nur im entferntesten einen Thronanspruch geltend machen konnte. Den Fürsten Cambrai ließ er mit Hinterlist gefangennehmen und tötete ihn eigenhändig, weil er durch Feigheit sein Geschlecht geschändet habe. Auch der neben ihm stehende Bruder mußte sterben, denn er sei dem Fürsten nicht zu Hilfe gekommen, als er, Chlodwig, ihm den Schädel einschlug.

Chlodwig gilt als Bösewicht und hat bei den Historikern keinen guten Ruf. Doch er tat, was er glaubte tun zu müssen und was in seiner Zeit nötig war, um einen Thron zu behalten. Und nicht nur in seiner Zeit. Selbst ein Alexander, Schüler des Aristoteles, der Philosophie ergeben, Liebhaber der Künste, ritterlich zu Frauen, zögerte keinen Moment, sich seiner Rivalen brutal zu entledigen. Hätte er es nicht getan, wäre er um die Krone gekommen – und um sein Leben. In keiner Autokratie der Alten Welt, war sie nun makedonisch, griechisch, ägyptisch, römisch, persisch, pflegte man anders zu handeln.

Chlodwig allerdings gab dem grausigen Geschäft noch seine persönliche Note. Um ganz sicher zu sein, daß er auch wirklich alle Rivalen erledigt hatte, berief er eine Versammlung ein und jammerte: »Wehe mir, dreifach wehe! Nun stehe ich hier wie ein Fremder unter Fremden und bemerke, daß ich keine Verwandten mehr habe, die mir, träfe mich ein Unglück, Hilfe gewähren könnten.« So klagte er. Aber nicht aus Schmerz um die hingemordeten Anverwandten, sondern um festzustellen, ob sich vielleicht nicht doch einer fände, den er zu töten vergessen hatte.

Als Chlodwig gegen die Alemannen zu Felde zog, schien seine Stunde gekommen zu sein. Dieser germanische Stamm war offensichtlich noch kampfeswütiger als die kampfeswütigen Franken. Die Bataille galt als verloren, Chlodwig eilte zum Zelt seiner Gemahlin Chrodechilde und flehte sie an, sie möge bei *ihrem* Gott vorstellig werden, auf daß er das Schlachtenglück noch wende. Sie begann zu beten …

Zur Sicherheit betete Chlodwig auch. Den Wortlaut hat uns Gregor von Tours überliefert.

»Jesus Christus, Chrodechilde verkündet, Du seiest der Sohn des lebendigen Gottes. Hilfe, so sagt man, gebest Du den Bedrängten, Sieg denen, die auf Dich hoffen. Ich flehe Dich demütig an um Deinen mächtigen Beistand. Gewährst Du mir jetzt den Sieg über diese meine Feinde und erfahre ich so jene Macht, die das Volk, das Deinem Namen sich weiht, an Dir erprobt zu haben rühmt, so will ich an Dich glauben und mich taufen lassen auf Deinen Namen. Denn ich habe *meine* Götter angerufen, aber, wie ich erfahre, sind sie weit davon entfernt, mir zu helfen. Ohnmächtig sind sie und vermögen denen nicht zu helfen, die ihnen dienen. Ich rufe nun Dich an, und es verlangt mich, an Dich zu glauben; nur entreiße mich aus der Hand meiner Feinde.«

Es ging hierbei ganz naiv um die Frage: Wer ist der bessere Gott? Götter, die zum Beistand nicht mehr imstande waren, taugten nichts. Man probierte einen neuen Gott aus, bot ihm einen Vertrag an: in der Hoffnung, daß er ein besserer Vertragspartner sei. Und Christus war der bessere Partner. Jedenfalls zogen die Alemannen sich zurück und überließen den Franken den Sieg.

Chlodwig, seit Jahren von seiner Frau bedrängt, seinem heidnisch-germanischen Götterglauben abzuschwören und ein Christ zu werden, begab sich nun nach Reims zum Bischof Remigius. Im Baptisterium entledigte er sich seiner Rüstung, seiner Kleider, um so den heidnischen und sündigen Menschen symbolisch abzulegen, und stieg in das Taufbecken, wo man ihn dreimal untertauchte.

Nach der Taufe sprach der Bischof die klassisch gewordenen Worte: »Beuge deinen Nacken, stolzer Sigambrer. Verbrenne, was du angebetet, bete an, was du verbrannt hast.« Chlodwig wiederholte das Glaubensbekenntnis und wurde mit heiligem Öl gesalbt. Die *Ampulla charismatis,* die es barg, hatte, wie der Bischof betonte, eine Taube vom Himmel gebracht, und sie diente von nun an zur Salbung fränkischer und französischer Könige. Bis sie im Revolutionsjahr 1789 zerbrach.

Chlodwigs Übertritt zum Christentum, zusammen mit 3000 seiner Waffenbrüder, geschah weniger aus Überzeugung denn als

Kalkül. Im Grunde hatte er wenig übrig für den armen Juden, der sich mit seinen Jüngern widerstandslos ergeben und den Tod am Kreuz erlitten hatte. »Wäre ich mit meinen Männern dabei gewesen«, läßt ihn die Anekdote sagen, »hätte ich diese Schmach blutig gerächt.« Er hatte erkannt, wie groß der Einfluß der geistlichen Würdenträger war und wie wichtig, sich mit dem Mann gutzustellen, den sie als ihre oberste Instanz betrachteten: den Bischof von Rom, von dem es hieß, daß er der Nachfolger des Apostels Petrus sei, der Stellvertreter Christi auf Erden.

Mit den Bischöfen war, im Sinne des Wortes, Staat zu machen. Um sie zu gewinnen, bedurfte es größerer Schenkungen. Am liebsten wurden Ländereien genommen, aber auch Gold, seidene Gewänder, Waffen, Schuhe, Sklavinnen und Reliquien, die heiligen Reste der Märtyrer, waren willkommen. Gregor, den Bischof von Tours, machte er sich gewogen, indem er den heiligen Martin zum Schutzpatron seines Hauses wählte und dessen Stammkirche in Tours großzügig ausstattete. Der Staatsschatz, immer wieder angereichert durch die diversen Kriegszüge, schien geradezu unerschöpflich.

Gregor war ihm von nun an gewogen. »Als Chlodwig sich den ganzen Schatz des Alarich geholt hatte«, schrieb er in seiner Geschichte der Franken, »der in Toulouse lag, machte er sich an die Belagerung von Angoulême, und der Herr ließ ihm so sehr Gnade zuteil werden, daß die Stadtmauern von selbst niederfielen. … Jeden Tag ließ Gott die Feinde unter seiner Hand fallen, weil er rechten Herzens vor dem Herrn wandelte und die Dinge tat, die dem Herrn gefielen.«

Zu den Feinden, die er mit der Hilfe seines neuen Gottes besiegte, gehörten neben römischen Legionen, Alemannen und Westgoten die erwähnten fränkischen Kleinkönige. Als er 511 in Paris, seiner neuen Residenz, starb, hinterließ er seinen Söhnen ein einheitliches Reich, das sich vom Rhein bis zur Garonne erstreckte.

Was in den nächsten Jahrzehnten geschah im Land der Franken, bietet eines der abschreckendsten Bilder der Weltgeschichte. Chlodwigs Söhne und Enkel übertrafen den Vater und Großvater noch: Brudermord, Vatermord, Folterung, Verstümmelung, Verrat, Ehebruch wie auch Inzest bilden den düsteren Hintergrund der Zeit.

Mörderische Frauen

Die einzelnen Geschichten lesen sich wie schaurige Moritaten. Chlodwig-Witwe Chrodechilde versucht, ihre Lieblingsneffen, zwei Knaben, auf den Thron zu bringen, denn als Vormund wäre sie die wahre Herrscherin. Ihre Söhne schicken ihr ein Schwert und eine Schere. Sie weiß, was das bedeutet: schneidet sie den Neffen das schulterlange Haar – für die Merowinger ja das Königswahrzeichen –, würden sie nie auf den Thron kommen. Sie seufzt: »Besser, sie sterben, als daß sie geschoren werden.« Die Söhne nehmen die Hinrichtung eigenhändig vor, ungerührt von den flehentlichen Bitten der beiden Knaben. Die Mutter als Zeugin der Tat darf leben bleiben, nicht aber die Diener und die Erzieher der Prinzen.

Chlodwig-Enkel Sigibert wirbt um Brunichilde, die Tochter des Westgotenkönigs in Spanien. Eine Frau, so weiß wie Schnee, so rosarot wie die aufgehende Sonne, die Haare weizenfarben, dafür das Blut blau. So hat sie der Dichter Venatius Fortunatus, der im Merowingerreich die Kultur vertrat, gefeiert. Die Brautwerber reisen, reich beladen mit Kostbarkeiten, nach Toledo. Der Westgote, der die Franken, wie einst Laokoon die Danaer, fürchtet, selbst wenn sie Geschenke bringen, wagt kein Nein. Brunichilde kommt, die schmucklosen Hallen von Reims und Metz mit ihrem Liebreiz zu verschönen.

Ein so herrliches Weib will Bruder Chilperich ebenfalls, und der Westgotenkönig läßt auch seine zweite Tochter ziehen, diesmal nach Soissons.

Das Merowingerreich war inzwischen dreigeteilt worden: in Austrien, das Ostland mit den Residenzen Reims und Metz; Neustrien, das Westland, mit Paris und Soissons; und Burgund mit Orléans. Chilperich merkt rasch, daß die Dame bereits etwas ältlich ist. Er nimmt zwar die Geschenke, feiert Hochzeit, aber das Brautbett bleibt nach der ersten Nacht leer. Was war zu tun: Sollte man sie zurückschicken? Fredegunde, seine Geliebte, die sich verstoßen gewähnt hat, erlöst ihn aus der Verlegenheit. Sie gibt ihr Gift und zur Sicherheit noch den Strick.

Für Gregor von Tours war Chilperich der neue Nero, ein mordlustiger, gieriger, zuchtloser, bis ins Mark verdorbener Mensch. Hier können wir ihm nicht ganz trauen, denn Chilperich hatte ihn aus seinem Bistum verjagen wollen. Gregor war also voreingenommen. Fortunatus schildert uns den Beherrscher Neustriens als ein Muster christlicher Tugenden: gerecht, milde, wohltätig. Auch dieses Zeugnis ist nicht viel wert. Der Dichter wurde für jedes Lobgedicht königlich entlohnt.

Chilperich, dessen Namen uns so harmlos fröhlich an Vogelgezwitscher erinnert, gehört jedenfalls zu den großen Ungeheuern shakespearischen Formats. Wobei man bedauern mag, daß das Buch der Geschichte ihm keine Seite widmen würde, wäre er ein guter Mensch gewesen. Er begnügt sich nicht damit, seine Feinde umzubringen. Er foltert sie vorher, verstümmelt sie. Dem Goten Sigila zum Beispiel ließ er jedes Glied einzeln ausrenken und die Gelenke mit glühendem Eisen ausbrennen. Chilperich stirbt standesgemäß – durch Mörderhand. Die Fäden gezogen hat Brunichilde. Als er nach einem Jagdausflug vom Pferde steigen will, trifft ihn das Schwert in die Brust. Blutspeiend stürzte er zu Boden und »hauchte seine schwarze Seele aus«, wie Gregor berichtet.

Dem guten Gregorius, der von 538 bis 594 lebte, gehört unser ganzes Mitgefühl. Er hatte es sich zur Aufgabe gemacht, in seiner »Historia Francorum« ein Bild seiner Zeit zu geben. Eine schwierige Aufgabe. Die Leute, über die er schreibt, langhaarige Könige, adlige Räuber, Totschläger, Hurenkerle, finden es lästig, wenn er immer wieder darauf hinweist, daß man, den Zehn Geboten gemäß, nicht rauben soll, nicht töten, nicht stehlen, nicht ehebrechen, nicht falsch Zeugnis geben, nicht das Haus des Nächsten begehren. Vergeblich droht er mit den Qualen der Hölle. Manchmal finden sie ihn so lästig, daß sie ihm Meuchelmörder schicken. Im Angesicht der Reliquien des heiligen Martin, die Gregor in seiner

Kirche zu Tours verwahrt, wohin er sich flüchtet in solchen Notfällen, schrecken die Mörder vor der blutigen Tat doch zurück.

Er hat wenig anzubieten an Vorbildern. Seine geistlichen Brüder, die Bischöfe, Äbte, Mönche sind in ihrer Mehrzahl ebenfalls der Übermacht des Teufels und des Fleisches verfallen. Sie saufen, huren, rauben, betrügen. Wenn er in der Gegenwart schon nichts verhindern kann, so soll wenigstens die Nachwelt von all den Untaten erfahren – zur Abschreckung und zur Mahnung. Er schreibt alles sorgfältig auf. So entsteht, zur stillen Freude der Historiker, ein lebensvolles Bild. Seine Geschichte der Franken gibt Kunde von einem der schwärzesten Jahrhunderte. Sie bleibt ein unentbehrliches Zeugnis unserer europäischen Entwicklung. Auch wenn er schlechtes Latein schreibt (vorsorglich bittet er das Jüngste Gericht um Milde wegen seiner vielen grammatikalischen Fehler), auch wenn er den Bösen alles verzeiht, wenn sie nur getauft sind.

Hinter einem weiteren Mord steht ebenfalls eine Frau: Fredegunde. Sie beherrscht anstelle des noch unmündigen Prinzen nun Neustrien, will aber mehr: den Thron Austriens. Sie schickt ihre Bravos nach Vitry an der Marne, wo Sigibert eine Konferenz einberufen hat. Unter dem Vorwand, eine wichtige Botschaft zu überbringen, erschleichen sich die beiden Zutritt und erledigen ihre Aufgabe mit der Zuverlässigkeit professioneller Totschläger. Ihre schartigen Dolche sind vorher in Gift getaucht worden.

Der nächste Anschlag Fredegundes gilt der Rivalin Brunichilde. Ein junger Geistlicher soll diesmal die Tat ausführen. Wer würde einen solchen Mann verdächtigen? Der Priester jedoch kehrt bald wieder zurück und gesteht seiner Auftraggeberin: »Gott hat meine Hände schlecht geführt ...« In ein Verlies geworfen, läßt Fredegunde ihm die Hände abschlagen.

Es kam die Zeit, da kein Erwachsener vom Geschlecht der Merowinger mehr am Leben war, der für einen der Throne in Frage gekommen wäre. Regenten beherrschten nun die Szene, besser, Regentinnen: Fredegunde und Brunichilde. Ihre Gier, allein zu herrschen, war groß genug, um erneut einen Krieg aller gegen alle vom Zaun zu brechen. Bei Droisi treffen sie aufeinander. Fredegunde höchstpersönlich führt ihre Krieger im Morgennebel gegen das befestigte Lager der Austrier, wobei sie zu einer List greift, dergestalt, daß sie den Pferden Kuhglocken um den Hals binden läßt, als seien sie weidendes Vieh, während das Fußvolk belaubte Äste vor sich herträgt.

»Das hätte Shakespeare die Idee zur Birnams Wald gegeben und ihm auch Gelegenheit geboten, seine Lady Macbeth nach Fredegunde zu modellieren«, schreibt Frans G. Bengtsson. Er fügt sarkastisch hinzu: »Man muß hoffen, daß diese Theorie stimmt; denn dann ließe sich sagen, daß sogar Fredegunde zu etwas nütze gewesen sei.«

Drei Jahre vor der Jahrhundertwende stirbt sie, des Gottes und der Menschen Feindin. Überraschenderweise im Bett. Man begräbt sie in Paris, und wen es zu schaudern gelüstet, kann in der Abtei St. Denis ihren Grabstein betrachten.

Der Bruderkrieg ging mit unverminderter Brutalität weiter. Brunichilde hatte nach dem Tod ihres Sohnes auch die Regentschaft für ihre Enkel in den Teilreichen Austrien und Burgund übernommen. Die Rechte des Königtums gegenüber dem immer stärker gewordenen Adel zu festigen, das Reich der Franken wieder zu vereinen, dafür kämpfte sie jetzt. Im Grunde ein wünschenswertes Ziel, wie anders sollte der Blutrausch vergehen. Doch dazu gab es einen Enkel zuviel.

Die Großmutter hetzte sie gegeneinander und trieb sie in die Schlacht von Zülpich, einem Ort, unweit dem heutigen Euskirchen. Der Himmel weinte Blut, schrieb der Chronist Fredegar und drückte damit aus, wie bestialisch das Schlachten diesmal war. Theuderich, der Burgunder, schlug das Heer Theudeberts, des Austriers, begab sich nach Köln und ließ in der Kirche St. Gereon die Rheinfranken schwören, ihm von Stund an treu zu sein. Ein Schwur, der keinen langen Bestand hatte, denn Theuderich starb ein Jahr später – an Durchfall. Für den fränkischen Heerkönig ein beinah peinlicher Tod. Dabei wäre ihm doch Neustrien jetzt zugefallen wie eine reife Frucht.

Brunichilde war nun weit über siebzig, für die damalige Zeit uralt. Weißhaarig, von ihrem wilden Leben gezeichnet, schlaflos, gebeugt, schien sie aufzugeben. Der Wille dieser Frau, ihre unbändige Lebenskraft, war indessen noch nicht erloschen. Selbst ihren Feinden zwang sie eine Art haßvoller Bewunderung ab. Ihr Name und ihre Taten verwoben sich in der Volkssage mit märchenhaften und mythischen Elementen. Es ist nicht von der Hand zu weisen, daß ihre Gestalt als Brünhilde im Nibelungenlied Urständ feierte.

Brunichilde, ihrer beiden Thronprätendenten beraubt, erwählte sich entschlossen einen neuen Anwärter, den Sohn von Theuderich, ihren Urenkel, und erklärte sich zur Regentin. Doch ihre Zeit war vorbei, der Feinde zu viel, der Anhänger zu wenig. Selbst ihre Freunde ließen sie nun im Stich. Auch war das Land des Krieges müde geworden. Das Blut der Hekatomben von Menschen, die auf den Schlachtfeldern geblieben waren, stank buchstäblich zum Himmel. Als Chlotar von Neustrien, der Sohn der Todfeindin Fredegunde, mit einem Heer erschien, erhob sich keine Schwerthand für die einst so blendend schöne Gotin. Sie ließ sich fesseln, nicht ohne ihre Feinde, deren Kinder und Kindeskinder mit einem Fluch zu belegen, der alle frösteln ließ.

Geben wir dem Chronisten Fredegar nun das Wort. Er berichtet: »Als Brunichilde vor Chlotar geführt wurde, rechnete er ihr vor, daß zehn Frankenkönige und Prinzen durch ihre Schuld ums Leben gekommen waren. Darauf ließ er sie drei lange Tage auf verschiedene Weise martern, dann auf ein Kamel setzen und durch die Reihen der Krieger führen; hierauf mit ihrem Haar, einem Arm und einem Fuß an den Schwanz des wildesten Pferdes binden, und so ward sie von den Hufen des rasenden Tieres zerschlagen, bis ihr Glied auf Glied abfiel.«

Der Aufstieg einer Familie

Zu jenen Männern, die sich von Brunichilde abgewandt hatten, gehörten der Bischof Arnulf von Metz und Pippin der Ältere. Das sind die beiden ältesten Vorfahren des Geschlechtes der Karolinger. Für das der Merowinger beginnt der unaufhaltsame Niedergang. Sie waren nun vollends unfähig zu verwalten; uninteressiert am Wohlergehen ihrer Untertanen; unwillig, wenigstens annähernd den Geboten Christi zu folgen. Beschäftigt damit, gegen Goten, Alemannen, Thüringer, Langobarden, Sachsen, Awaren, Friesen, Basken, Bretonen, Bayern, Byzantiner zu Felde zu ziehen, und vor allem, untereinander-gegeneinander zu intrigieren, sich zu bekämpfen, sich umzubringen, den Leidenschaften zu frönen, hatten sie die eigentlichen Aufgaben eines Herrschers immer mehr dem Oberaufseher der königlichen Hofhaltung überlassen. Dieser *major domus*, auf Deutsch »Hausmeier«, übernahm, anfangs nolens volens, immer mehr Ämter: Er wurde Herr über die Gerichte, Chef der Gutsverwaltungen, Leiter der Finanzabteilung, Oberhaupt der adligen Familien, Kommandeur der berittenen Leibgarde und, eine eminent wichtige Position, Erzieher der Prinzen.

Wer eine Bittschrift überbringen wollte, mußte sich an ihn wenden; wer die Gnade des Königs erflehte, brauchte ihn als Vermittler; wer bei Hofe vorgestellt werden wollte, kam an ihm nicht vorbei. Briefe, die ihn erreichten, trugen schon die Aufschrift »An den Hausmeier, Leiter des ganzen Hofs, ja des Reichs«. Er stiftete Klöster, erwies den Kirchen seine Gunst und achtete darauf, daß er selbst nicht zu kurz kam. Er vermehrte seinen Besitz durch Kauf und Schenkungen, die ihm der König machte. »Unterkönig« wurde er ohnehin schon genannt. Ein Titel, der den Hausmeier Grimoald zu dem Versuch verführte, den eigenen Sohn auf den Thron zu bringen. Er unterschätzte das immer noch vorhandene Prestige der Merowinger. Der Gewaltstreich mißlang, Vater und Sohn starben auf dem Block.

Der mittlere Pippin, Enkel Arnulfs von Metz (daher der Name Arnulfinger für die Ahnen Karls des Großen), Hausmeier in Austrien, war klüger. Er wandte sich erst einmal gegen seinen Rivalen, den Majordomus von Neustrien und Burgund, besiegte ihn in der Schlacht von Tertry, unweit Péronne (687) und nannte sich von nun an *dux et princeps Francorum*, Herzog und Erster der Franken. Tetry gilt als die entscheidende Schlacht für den Aufstieg der pippinisch-karolingischen Familie. Ein neues Geschlecht betrat die welthistorische Bühne und inszenierte ein Schauspiel, wie es sich dramatischer nicht denken läßt.

Einen merowingischen König namens Theuderich (ein Name, den man sich nicht merken muß) ließ Pippin auf seinem Thron, nahm ihm lediglich den Thronschatz und kehrte zurück ins germanische Austrien. Die Merowinger waren immer mehr zu Schattenkönigen herabgesunken. Roi fanéant, Tu-nix-Herrscher, wurden sie genannt.

»Dem König blieb nichts anders übrig, als sich mit seinem Titel zu begnügen, mit langem Haupthaar und ungeschnittenem Bart auf dem Thron zu hocken und den Herrscher zu spielen« schreibt Einhard in seiner *Vita Karoli Magni.* »Er durfte die Gesandten empfangen, die von überall her kamen, und sie dann mit Worten entlassen, die seine eigenen zu sein schienen, die man ihm aber vorgeschrieben hatte. Dieser König besaß fast nichts, das er sein eigen hätte nennen können, und sein Lebensunterhalt, den ihm der Hausmeier nach Gutdünken gewährte, war unsicher. Sein Landgut brachte mäßigen Gewinn, und das Wohnhaus dort war klein und die Zahl der Diener gering. Für seine Reisen stand ihm ein von Ochsen gezogener Karren zur Verfügung, der von einem Knecht nach Bauernart gelenkt wurde. So fuhr er zu den Volksversammlungen, die zweimal im Jahr zum Nutzen des Reichs tagten, und so pflegte er wieder zu seinem Palast zurückzukehren.«

Mit Pippin begann der unaufhaltsame Aufstieg der Karolinger. Er wurde ihnen bitter schwer gemacht. An den Grenzen des Reichs hatte es, verursacht durch den Niedergang der Merowinger, längst zu brennen begonnen.

Illuster vir Pippinus, der erlauchte Mann, wie der zweite Pippin auch genannt wird, diesem Mann fiel die Aufgabe zu, die rebellierenden Stämme wieder an das Reich zu binden; wobei ihm die Friesen die größten Sorgen bereiteten, die Friesen, die als einziger germanischer Stamm nie gewandert sind, liebten anscheinend das Land mit seinen sturmumtosten Küsten und dem weiten Marschland, das von anderen als höchst unwirtlich angesehen wurde. Auch gingen ihnen ihre Freiheit und ihr Glaube über alles. Einer ihrer Häuptlinge, der mächtige Radbod, verlor zwar zwei Schlachten, aber nicht den Krieg. Seiner Verwandlung von einem Ungläubigen in einen Gläubigen mittels der Taufe begegnete er mit Skepsis.

»Gibt es mehr Friesen im Himmel oder in der Hölle?« fragte er den Priester.

»Deine ungetauften Vorfahren gehören gewiß zu den Verdammten. Wer aber von Stund an glaubt an den Gott der Christen, dem gehört das ewige Leben.«

»Wenn ich dann in den Himmel komme, werde ich meinem Vater nicht begegnen, meiner Mutter nicht, meinen ältesten Brüdern nicht, all meinen Vorfahren nicht. Es widerstrebt mir, dort oben mit Menschen zusammenzusein, die hier unten keine Würde erringen konnten.» Seine Tochter, nun ja, möge sie in Wotans Namen Christin werden. Er für seinen Teil lehne die Taufe ab.

Pippin respektierte den Wunsch. Wider den Rat der Plektrudis, seiner Gemahlin. Sie scheint ansonsten großen Einfluß auf ihn gehabt zu haben, denn sämtliche Urkunden aus der Zeit seiner Regierung, und das war nicht der Brauch, tragen neben seiner Unterschrift auch die ihrige. Als Pippin sich zum Sterben zurückzog, wie es damals hieß, riß sie die Macht an sich für ihre unmündigen Enkel und vergaß, daß es noch einen jungen Mann namens Karl gab. »Karl« kommt auch im Angelsächsischen und Altnordischen vor und heißt auf althochdeutsch nichts anderes als »Mann«. Die Überlieferung will, daß Pippin, als ihm die Geburt eines Sohnes gemeldet wurde, eines richtigen »Kerls«, freudig bestimmt habe, ihn einfach Karl zu nennen. Die Mutter hieß Alpheida, eine wegen ihrer Schönheit gerühmte Frau aus guter Familie. Sie hatte nur einen winzigen Fehler: Sie war illegitim, eine Friedel.

Eine Friedelfrau nahmen die Vornehmen sich zur linken Hand. Sie war nicht erbberechtigt, sondern nur gesichert durch das Gut, das sie in die Verbindung miteingebracht hatte, und wer sich von ihr lösen wollte, brauchte nur zu sagen: »Gehe nun denn ...« Doch war sie keineswegs gänzlich rechtlos. Ihre Kinder kamen für die Nachfolge sehr wohl in Frage; nämlich dann, wenn keine legitimen Söhne existierten. Bei Pippin war das der Fall. Plektrudis hatte darum nichts Eiligeres zu tun, als Karl auszuschalten. Die Sitten schienen milder geworden: Brachte man den Achtundzwanzigjährigen doch nicht um, sondern warf ihn in ein Turmverlies zu Aachen.

Karolinger-Experte Engelbert Mühlbacher schreibt, ganz im Stil des ausgehenden 19. Jahrhunderts: »Die Geschichte lehrt, daß beinahe jedes Weiberregiment ... dem Staatswesen verderblich wurde oder sich wenigstens als unzulänglich erwies unter Verhältnissen, die ein konsequentes und strammes Handeln erforderten. Die Folgen konnten nur verderbliche sein.«

Sie waren verderblich. Friese Radbod verbrannte, seine christliche Tochter nicht achtend, die eben erst errichteten hölzernen Kirchen und fuhr mit seinen Schiffen den Rhein hinauf, in der Flanke gedeckt von den Sachsen, während ein neustrisches Heer über die Ardennen zog und auf Köln zu marschierte. Hinter den Mauern der damals schon mächtigen Stadt saß nämlich Plektrudis. Für die hohe Dame interessierte man sich weniger als für den Kronschatz, den sie auf mehreren Ochsenwagen durch die Tore geschafft hatte. Es kam zu einem beide Seiten befriedigenden Geschäft: Plektrudis' Leben gegen drei Viertel der Preziosen. Die Plünderungen, Brandschatzungen, Verwüstungen gingen jedoch weiter. Chaos breitete sich aus über das Land.

Urplötzlich betrat Karl die Szene, entwichen aus seinem Gefängnis und sofort umgeben von einigen Hundert zu allem entschlossenen Männern, die sich von ihm die Befreiung ihrer Heimat erhofften. Wer vom Geschichtsunterricht über die Merowinger-Karolinger nichts mehr weiß, eines wird er noch wissen, den Ehrennamen, den Pippins Sohn sich später verdiente: Martellus, der Hammer. Wie hart und präzise er zuzuschlagen verstand, zeigte sich bereits, als er die beutebeladenen Neustrier beim Rückzug unweit von Malmédy stellte und zu Paaren trieb. Ein Jahr später gelang ihm bei Cambrai ein weiterer Sieg, und bei Soissons treffen seine Schläge, »Hammerschläge«, ein neustrisch-aquitanisches Aufgebot. Die Einheit des Fränkischen Reiches war wiederhergestellt, mußte allerdings Jahr für Jahr verteidigt werden: gegen die Friesen, die Alemannen, die Bayern, die Sachsen, die Thüringer. Und gegen die Araber ...

Sie waren kurz nach dem Tod des Propheten Mohammed aufgebrochen aus den Wüsten der Arabischen Halbinsel, der Welt den neuen Glauben zu verkünden, wonach es nur einen einzigen Gott gebe, dem jeder in unbedingter Ergebung zu gehorchen habe: Allah. »La ilaha illa llah; muhammad rasulu – llah – Es gibt keinen anderen Gott außer Gott; Mohammed ist sein Prophet!« Unter der grünen Fahne überfluteten die Beduinenkrieger auf ihren schnellen Pferden die Grenzen der Nachbarländer. Mit solcher Gewalt, daß den arabischen Muslimen in weniger als zehn Jahren Mesopotamien, Syrien, Jerusalem, Ägypten und schließlich das ganze persische Kaiserreich zufiel. Nordafrika bildete das nächste Angriffsziel des Heiligen Krieges, Djihad genannt. 680 standen die Reiter an den Küsten des Atlantik und eroberten wenige Jahre später die Riesenstadt Karthago.

Ihr gegenüber lag ein Land, von dessen fruchtbaren Feldern, wohlhabenden Dörfern und reichen Städten Händler berichteten, daß der westgotische König, der dort herrsche, sich seiner Herrschaft nicht mehr sicher sei, müsse er doch allen Ortes Rebellionen niederschlagen. Ein lohnendes Ziel also, die notwendigen Schiffe besaß man, und die im Atlas siedelnden schon von den Römern gefürchteten Berber warteten nur darauf, von den kriegserfahrenen arabischen Offizieren in das Land der Verheißung geführt zu werden. Wenn man dennoch zögerte: Die Westgoten da drüben waren nicht zu unterschätzende Gegner.

Der arabische Führungsstab beschloß deshalb, erst einmal eine *gazwa* zu unternehmen, eine *Razzia*, bei der es darauf ankam, die feindliche Kampfstärke durch einen raschen Vorstoß und ebensolchen Rückzug zu prüfen, Beute und Gefangene zu machen. Der Berber Tarif ibn Malluk als Chef der Razzia löste diese Aufgabe mit 400 Mann, bevorzugte bei den Gefangenen schöne junge Germaninnen, deren goldenes Haar schon Tacitus gerühmt hatte. Tarif war kein großer Krieger, sein Name aber blieb unvergessen: Tarifa heißt die Halbinsel heute noch, auf der er an Land gegangen war.

Und nach dem Chef des nächsten Unternehmens, Tarik ibn

Sisjad, wurde jener Felsen genannt, den wir als Gibraltar kennen, Djebel al-Tarik, Berg des Tarik. Das war diesmal keine *gazwa* mehr, keine Razzia, es war ein Kriegszug, unternommen von 7 000 Berbern und 300 Arabern. Im Juli 711 traf Tarik bei Jerez de la Frontera auf die Westgoten und besiegte sie aufgrund seiner überlegenen Kavallerie. Den Kopf des gefallenen Westgotenkönigs ließ er mit Kampfer konservieren und schickte ihn als Siegestrophäe nach Kairouan.

Nachdem Córdoba und Toledo gefallen und weitere 18 000 Mann aus Nordafrika übergesetzt waren, zogen die letzten Goten sich in die unzugänglichen Berge Asturiens zurück. Der größte Teil der Iberischen Halbinsel wurde von nun an für Jahrhunderte islamisch. Doch der Kampf des Halbmonds gegen das Kreuz war nicht beendet. Die Gebote des Heiligen Krieges, die Mohammed in der zweiten Sure des Korans seinen Anhängern gegeben hatte, blieben die Richtschnur:

»Und kämpfet für Allahs Sache gegen jene, die euch bekämpfen, doch überschreitet das Maß nicht. Wahrlich. Allah liebt nicht die Maßlosen. Und tötet sie, wo immer ihr auf sie stoßt, und vertreibt sie von dort, von wo sie euch vertrieben. ... Wenn sie euch angreifen, dann kämpft wider sie; das ist die Vergeltung für die Ungläubigen. Wenn sie jedoch ablassen, dann, wahrlich, ist Allah der Allvergebende, der Barmherzige. Und bekämpfet sie, bis die Verfolgung aufgehört hat und der Glaube an Allah frei ist.«

Die Araber gingen erneut über die Pyrenäen, verlockt von Aquitanien mit seinen früchteschweren Feldern und den reichen Städten. Sie eroberten Narbonne, plünderten die Stadt, führten die Einwohner in die Sklaverei. Carcassonne, eine Festung – wenn auch noch nicht mit dem zweifachen Mauerring, vor dem die Touristen heute staunend stehen –, Carcassonne fiel. Autun, das Rom Galliens genannt, wurde eingeschlossen. Bei Toulouse holten sich die Sarazenen, wie die Araber von den Christen genannt wurden, blutige Köpfe. Und aus den bisherigen Razzien wurden Rachefeldzüge.

Abd ar-Rahman ibn Abd Allah ging 732 mit seinem Reiterheer über das Gebirgsmassiv, eroberte Bordeaux, schlug Herzog Odo von Aquitanien »aufs Haupt«, wie man das zu nennen pflegte, und drang nach Poitiers vor, wo die Kathedrale gebrandschatzt wurde, die Stadt aber nicht erobert werden konnte. Aus Europa eine Provinz von Damaskus zu machen mag Abd ar-Rahman als Kriegsziel vorgeschwebt haben, der Schrecken lief ihm voraus. Wer konnte, flüchtete; wer entkam, erzählte von seiner Grausamkeit, der Grausamkeit des Ungläubigen, die der eines blutgierigen Tigers gliche. Schon, so hieß es, nähere er sich der Stadt Tours, um die Schätze zu plündern, die die Pilger seit Jahrhunderten dem heiligen Martin dargebracht hatten.

Auch für Karl Martell war der Vorstoß der Sarazenen mehr als nur einer der typischen Beutezüge: Sie bedrohten das Reich der Franken, das von ihm wiedervereinigte Reich, gefährlicher, als es andere Völker vorher vermocht hatten.

Diese Teufel zu Pferd, Reiter ohnegleichen, würden nur durch den Beelzebub zu Pferd besiegt werden können, nur durch eine schlagkräftige Kavallerie. Die Franken aber hatten ihre Gegner meist durch ihre Krieger zu Fuß besiegt. Schon *deren* Bewaffnung – wir werden darauf noch zu sprechen kommen – kostete viel Geld. Schier unbezahlbar schien es, Kavalleristen auszurüsten, nicht Hunderte, sondern Tausende von Kavalleristen. Martell hatte das Problem der Kriegsfinanzierung bis dato auf altbekannte Weise gelöst, indem er den Grundbesitzern, die das Heeresgefolge zu stellen verpflichtet waren, neuen Grundbesitz schenkte. Das Land aber war knapp geworden, das Krongut immer mehr geschrumpft. Der Majordomus war dadurch gezwungen, sich anderswo zu versorgen. Er schloß mit Bischöfen, Äbten, Prälaten sogenannte Leihverträge ab über Äcker, Weinberge, Nutzwälder, was in praxi einer Enteignung gleichkam. Die enteigneten Güter gab er anschließend seinen Getreuen zu Lehen. Besonders jenen, die ihm Pferde und Reiter stellten.

Diese, zugegeben ungesetzlichen, Maßnahmen trafen keine Armen. Allein in Gallien befand sich um 700 ein Drittel des Grund und Bodens in kirchlichem Besitz. Klöster, die über 500 000 Hektar verfügten, waren keine Seltenheit. Nicht weniger wohlhabend waren die Bistümer.

Als es im Jahre 732 bei Poitiers zur Schlacht kam, waren die Sarazenen an Zahl ihrer Reiter immer noch weit überlegen; und einen Angriff konnten die Franken nicht wagen, ihre Reiter aber waren gut gerüstet und saßen auf großen starkknochigen Pferden, Kaltblütern. An der Mündung des Flüßchens Clain in die Vienne hatten sie eine Defensivstellung bezogen, aber auch der Feind attackierte nicht. Sechs lange Tage stand man sich in jenen Oktobertagen gegenüber, die Front des Gegners mit Stoßtrupps und Patrouillen abtastend. Am siebenten Tag griffen die Ungläubigen, die an Allah glaubten, die Ungläubigen, die zu Christus beteten, endlich an; dergestalt, daß sie, ihrer erprobten Taktik getreu, blitzschnell vorstießen, scheinbar flüchteten, Umfassungsmanöver einleiteten und wieder abbrachen, alles mit dem Ziel, die gegnerische Front aufzubrechen. Doch ihre Angriffe brachen, so der Chronist, wie die Wogen an einer Felswand, und die Nacht ließ den Schlachtenlärm verstummen, bevor eine Entscheidung gefallen war.

Sie war, ohne daß die Franken etwas gewußt hätten, dennoch gefallen. Die Araber trugen in einer Sänfte einen tödlich verwundeten Krieger in das Lager: ihren Heerführer. Sie räumten die Zelte noch in derselben Nacht, mutlos geworden durch den Tod Abd ar-Rahmans, korrumpiert auch durch die in Aquitanien gemachte Beute, geschwächt durch Gelage und Plünderungen.

Es bleibt dennoch verwunderlich, daß Krieger, die eben erst gelernt hatten, wie man zu Pferde kämpft, das Aufgebot eines der besten Reitervölker besiegen konnten.

Man glaubt inzwischen zu wissen, warum die fränkische Kavallerie urplötzlich so überlegen war: durch den Steigbügel. Wer ihn erfunden hat, und es war tatsächlich eine so einfache wie geniale Erfindung, bleibt ungewiß. Waren es die nomadischen Sarmaten aus dem südrussischen Raum; waren es Attilas Hunnen oder die Awaren, die aus Turkestan in die ungarische Tiefebene vorgedrungen waren? Der schlichte Bügel jedenfalls gab den fränkischen Reitern den notwendigen Halt, ihren Lanzen Stoßkraft und die Möglichkeit, mit den breiten Langschwertern zuzuschlagen, ohne aus dem Sattel zu fallen. Auch der Sachsenkaiser Otto der Große verdankte seinen Sieg über die Magyaren auf dem Lechfeld nicht zuletzt dem Steigbügel.

Die Schlacht im Jahre 732 wurde zu einem welthistorischen Datum und steht in allen Schulbüchern. »Sieben – drei – zwei?« pflegte unser Geschichtslehrer zu fragen. »Der Hammer schlägt alles entzwei«, antworteten wir im Chor. »Und?« – »... rettet das christliche Abendland.«

Heute ist man sich nicht mehr sicher, ob die »Rettung« just an jenem Tag erfolgte. Schließlich seien die Kämpfe bei Avignon und Narbonne, wo Martellus noch einmal gegen die Sarazenen antreten mußte, Tours und Poitiers gleichzusetzen. Doch letztlich bleibt »732« ein entscheidendes Signal für die Araber, daß Europa nicht so leicht zu erobern war wie Persien, Syrien, Ägypten, Nordafrika. Natürlich haben sich manche Historiker gefragt: »Was wäre geschehen, wenn ... « Eine Frage, die bei ihren strengeren Kollegen als unwissenschaftlich abgelehnt wird. Man spekuliere nicht über ungeschehene Geschichte, beschäftige sich nicht damit, wie es auch hätte kommen können. Was ins Unbeweisbare, Uferlose führe, möge man Phantasten oder Träumern überlassen. Bekräftigt durch Nietzsche, der hier eine Kardinalfrage der Historie sah, ermuntert von dem Universitätsprofessor Alexander Demandt, der so diabolische Fragen gestellt hat wie: Was wäre, wenn ... Hermann der Cherusker im Teutoburger Wald *nicht* gesiegt hätte? Pilatus Jesus begnadigt hätte? Hitler 1938 gestorben wäre? Die Schüsse von Sarajewo *nicht* gefallen wären?

Fragen wir also: Was wäre geschehen, wenn Karl Martell bei Poitiers geschlagen worden wäre?

Hier hegt die Forschung, meint Demandt, im allgemeinen tiefe Besorgnisse: Italien abgeriegelt, die Peterskirche eine Moschee, der Papst nach Irland geflohen, der Rhein als Grenze des Kalifenreiches, bürgerliche und religiöse Freiheit für alle Zeiten abgewürgt. So die Pessimisten, die Optimisten sehen das etwas anders.

Die arabische Kultur war der fränkischen überlegen, die Wirtschaft weiterentwickelt, das Städtewesen blühend, die Technik fortschrittlicher; die Pflege und Bewahrung antiker Texte unübertroffen. Ohne christliche Kirche keine Inquisition, keine Hexenverbrennungen, keine Reformation, keine Religionskriege. Die das Leben lähmenden Konflikte zwischen Kaiser und Papst wären dem Mittelalter erspart geblieben. Das Christentum hätte als *religio licita*, als erlaubte Religion, unter dem Islam fortbestanden, so wie in Spanien geschehen. Das Arabische hätte das Latein als Hochsprache ersetzt, in Oxford und Heidelberg würde man den Koran interpretieren, alles schriebe von rechts nach links, und niemand dürfte mehr Schweinefleisch essen.

Ein Kuriosum am Rande: Am 17. Juni 1939 versuchte ein Abgesandter des Königs Ibn Saud von Saudi-Arabien Adolf Hitler auszumalen, was geschehen wäre, wenn Karl Martell die Araber damals nicht besiegt, sondern, »von deutschem Geist und deutscher Dynamik erfüllt«, den Islam in seiner Weise fortgebildet hätte. Und er fügte hinzu, daß es noch nicht zu spät sei, den Fehler des Jahres 732 wiedergutzumachen.

Ein Monarch wird Mönch

Karl Martells Sieg mag in den folgenden Jahrhunderten überschätzt worden sein, bei seinen Zeitgenossen brachte er ihm Ruhm und Ehre. Einen solchen Herrscher zum Feind zu haben war ein furchteinflößender Gedanke; mit ihm verbündet zu sein, sehr zu wünschen. Zu denen, die an seine Tür klopften, gehörte der Bischof von Rom, ein kirchlicher Amtsträger, der sich Jahrhunderte später als einziger offiziell *papa*, Papst, nennen durfte. Besagter Bischof, von seinem Herrn, dem oströmischen Kaiser, immer wieder bedrängt, ihm endlich Gehorsam zu leisten, andernfalls er ihn in Ketten nach Byzanz schleppen lassen würde, hatte kühn geantwortet: »Ich brauche nicht weit zu gehen, um Hilfe zu finden.«

Nicht weit, das bedeutete nach Spoleto und Benevent, zwei mit ihm verbündete Herzogtümer. Die aber wollte der König der Langobarden gerade heimholen, wie er das nannte. Er nahm Spoleto ein, der dortige Herzog flüchtete nach Rom, wo der Papst ihm Zuflucht gewährte. Doch als die beiden Herren eines Morgens auf die Zinnen der Engelsburg traten, sahen sie, wie sich Tausende von Kriegern der Ewigen Stadt näherten, um sie einzuschließen. Es blieb gerade noch Zeit, ein Schiff zu bemannen, das mit zwei hohen Gesandten den Tiber hinunter über das Mittelmeer den Weg zum Reich der Franken fand, im Kuriergepäck die Schlüssel zum Grabe des Petrus; ein deutlicher Hinweis darauf, daß der Apostelfürst jenen die Pforte zum Himmel öffnen könne, die der Kirche einen Dienst taten. In einem Handschreiben stellte der Papst in Aussicht, den treuen Sohn Carolus als Schutzherrn des Patrimonium Petri zukünftig anzuerkennen. Vorausgesetzt, die Franken befreiten ihn von der schweren Bedrückung durch den Langobardenkönig.

Das war ein Angebot, »wie es vordem noch zu keiner Zeit, so weit man auch zurückhört oder zurückblickt, geschehen ist«, konstatierte man in fränkischen Hofkreisen. Man fühlte sich geehrt, ja geschmeichelt, man beriet sich über das Für und Wider. Der Majordomus Karl, als Kriegsheld bewährt, erwies sich auch als ein Politiker, dergestalt, daß er dem Papst in aller Ehrerbietung versicherte, die römische Kirche stets zu schützen, doch ihretwegen einen Krieg zu führen sei er nicht bereit. Während einer seiner Abgesandten den Römern seine Antwort überbrachte, reiste ein anderer nach Pavia, um dem Langobardenkönig zu versichern, daß die alte Freundschaft zwischen Franken und Langobarden unverbrüchlich sei. Karl hatte nicht vergessen, daß König Liutprand bereit gewesen war, ihm gegen die Sarazenen zu helfen. Sein Sohn Pippin lebte am Hof zu Pavia; war dort an Kindes Statt angenommen worden, um die Verbindung der beiden Reiche zu verstärken.

In der zweiten Hälfte des 6. Jahrhunderts waren die germanischen Langbärte, wie man den Namen »Langobarden« deutet, von der ungarischen Tiefebene kommend über die Alpen gezogen und hatten innerhalb weniger Jahre den größten Teil Nord- und Mittelitaliens erobert. Anfangs darauf bedacht, sich als die neuen Herrscher von der besiegten einheimischen Bevölkerung zu unterscheiden, vermischten sie sich allmählich und bildeten den Grundstock der italienischen Nation. Landbau, Gewerbefleiß, Kunst, Handel und Verkehr blühten auf. Zumindest Oberitalien erlebte unter ihren Königen eine Epoche der Ordnung und Gerechtigkeit.

Auch einer zweiten Gesandtschaft des Papstes, die, nun schon etwas dringender, Carolus Martellus beschwor, die Freundschaft der Langobardenkönige nicht der Liebe zum Apostelfürsten vorzuziehen, und noch einmal bekräftigte, man werde sich vom Kaiser in Byzanz endgültig lösen, falls man auf die Franken zählen könne, wurde höflichst bedeutet, was »Karl und seinem Volke gut deuchte«. Und das hieß wiederum: »Nein!« Auch war man nicht bereit, die Besetzung der Bischofssitze Rom zu überlassen. Dem Vorwurf, die fränkischen Bischöfe wüßten besser zu reiten und zu jagen, als die Messe zu lesen, konnte Karl gelassen begegnen. Die päpstlichen waren nicht besser.

Glaubt man den in Germanien tätigen Missionaren, so rekrutierten sie sich aus »Wollüstlingen, Ehebrechern, Trunkenbolden und Pflichtvergessenen«. Die heiligen Männer, die sich in den Wäldern Germaniens bei der Bekehrung der Heiden aufopferten, wie Willibrord, Pirmin, Bonifatius, wurden von Karl geschützt und gefördert – vorausgesetzt, ihre Missionstätigkeit erwies sich für ihn als nützlich. Die Gründung von Klöstern zum Beispiel diente der Verbreitung fränkischen Einflusses. Merkte er jedoch, daß sie darauf aus waren, die kirchlichen Verhältnisse in Germanien und anderswo nach römischem Vorbild zu reformieren, so hielt er sie hin. Die Kreise der von ihm eingesetzten Kirchenoberen durften nicht gestört, der den Adligen »geliehene« kirchliche Besitz nicht angetastet werden.

So geschah es, daß Karl Martell, der auch nach Meinung der Kirche das christliche Abendland vor den Arabern gerettet hatte, von ebenjener Kirche verdammt wurde bis in das dritte, vierte und fünfte Glied. Einer der ihren, ein Bischof, war durch eine Verzükkung ins Jenseits versetzt worden. Und wen sah er dort im Höllenpfuhl sich winden: Karl Martell. »Wie das?« habe der Geistliche gefragt, und der Engel des Herrn habe geantwortet: »Gott vergißt nicht, daß er sich am Gut der heiligen Kirche vergriffen.« Auch die Kirchenoberen vergaßen nicht. Sie wärmten diese Legende stets von neuem auf, ausgeschmückt mit dem Zusatz, aus Karls Sarg, der innen ganz verkohlt gewesen, sei ein Drache hinausgefahren. Noch hundert Jahre später wurde sie Ludwig dem Deutschen als warnendes Beispiel aufgetischt. Eine *damnatio memoriae* ungewöhnlichen Ausmaßes.

737 war der Merowingerkönig Theuderich IV. gestorben. Niemand im Frankenreich nahm Notiz davon. Auch die Annalen und Chroniken schwiegen. Die meisten wußten gar nicht, daß es so etwas wie ein merowingisches Königtum überhaupt noch gegeben hatte. Dennoch hatte Karl diesen Theuderich auf den Thron gesetzt. Wie schattenhaft der Merowinger als Herrscher auch sein mochte, in seinen Adern floß das blaue Blut der Könige. Von ihm ging magische Kraft aus, er allein besaß das Königsheil, das den Sieg auf dem Schlachtfeld brachte, die Fruchtbarkeit der Äcker, den Reichtum an Kindern, die Ordnung im Chaos.

In den vier Jahren, die Martell noch verblieben, hat er den »Thron« dann verwaisen lassen. Sehr wohl scheint ihm dabei nicht gewesen zu sein, wie man an der Datierung der Urkunden gemerkt zu haben glaubt. »Im x-ten Jahre der Regierung Chlodwigs« (oder wer auch immer gerade König war) konnte man nicht mehr schreiben. Statt dessen datierte man jetzt mit »Im x-ten Jahr nach dem Tod Theuderichs«. Das war, wie die Beamten am Hof registrierten, in hohem Maße wider alle Gewohnheit.

»Und als es kam zum Sterben ...«, lesen wir in alten Chroniken. Oder: »Wie denn seine Zeit erfüllt war.« Oder: »Und als er sein Ende nahen fühlte.« Die Menschen des Mittelalters scheinen das Nahen des Todes gespürt zu haben. Sie hatten eine Vorahnung. Der Sterbende legte sich nieder, auf dem Rücken ausgestreckt, damit das Auge dem Himmel zugewandt war. Die Familie wurde herbeigerufen. Karl Martell teilte das Reich auf, nachdem er den Rat seiner Großen eingeholt, zwischen den Söhnen Karlmann und Pippin. Der Älteste bekam Austrien mit Alemannien und Thüringen, der jüngere Pippin Neustrien, Burgund, die Provence. Womit der eine Herr über eine mehr germanische Bevölkerung wurde, der andere über bereits romanisierte Untertanen.

Auf dem Sterbebett mag ihn das Gewissen an den dritten Sohn erinnert haben: Grifo entstammte einer illegitimen Verbindung mit der Bajuwarin Swanahild. Friedelfrau und Friedelsohn – wieviel angenehmer klingen diese Worte in unseren Ohren als »Maitresse« und »Bastard« – waren an sich Erben gleichen Rechts. Und Karl bat Karlmann und Pippin, sie möchten ihren Halbbruder mit einem zwischen Austrien, Neustrien und Burgund gelegenen Gebiet abfinden. Die beiden versprachen es hoch und heilig.

Das Versprechen war nicht hoch und heilig genug. Kaum, daß sie von den Bestattungsfeierlichkeiten in St. Denis bei Paris zurückgekehrt waren, setzten sie Grifo gefangen und verbrachten die Mutter zu den Nonnen des Klosters Chelles. Auch die Alemannen, Aquitanier, Sachsen brachen augenblicklich ihren Treueschwur und erhoben sich wider die Franken, die sie als die Unterdrücker ihrer Freiheit ansahen. Was war das überhaupt für ein Herrscherhaus, dieses karolingische, ohne König, ohne Königsheil? Dieses Haus hatte seine Herrschaft usurpiert. Waren sie Karl Martell ergeben gewesen, für die Söhne hatten sie nur Verachtung übrig. Überdies würden die sich, damit konnte man rechnen, irgendwann entzweien, und der Zwist würde sie schwächen.

Eine Rechnung, die diesmal nicht aufging. Die Brüder hielten zusammen und »züchtigten« die Aufständischen. Ein euphemistischer Ausdruck. In der Realität hieß das: Man eroberte Städte, schleifte die Mauern, nahm Geiseln, verwüstete Gärten und Felder. Galten solche Maßnahmen bei der Niederschlagung von Rebellionen damals als gang und gäbe – nur so läßt sich Geschichte gerecht betrachten: aus ihrer Zeit heraus –, was Karlmann tat, mußte seine Zeitgenossen empören. In seinem Kampf gegen die Alemannen verstieß er gegen ein ungeschriebenes Gesetz, später *salvus conductus* genannt, das einem Manne, der freiwillig vor Gericht erschien, freies Geleit garantierte, vorausgesetzt, er kam ohne Waffen. Und ohne Waffen erschienen die alemannischen Stammesfürsten in dem alten Gerichtsort Cannstatt, heute eine Vorstadt von Stuttgart.

»Auf dem Gerichtstag in Cannstatt gelang Karlmann 746 die endgültige Unterwerfung des alemannischen Stammesadels, indem er den Widerstand der aufsässigen Alemannen durch die Hinrichtung eines Großteils ihrer Führer brach.« So steht es heute noch im Lexikon. Doch war es keine durch Recht und Gesetz untermauerte Hinrichtung, sondern heimtückischer Mord. Waffen- und wehrlos, wie die Stammesführer waren, wurden sie auf dem Gerichtsplatz bis auf den letzten Mann niedergemacht. Das Blutgericht von Cannstatt als schauriges Vorspiel zum Massenmord von Verden ...

Karlmann galt als unstet, labil, jähzornig; in der Frage der Rückgabe enteigneten Klosterguts erwies er sich als kirchenfromm. Der im Kloster erzogene Hausmeier fürchtete um sein Seelenheil. Eine Furcht, die bei allen seinen Zeitgenossen mit einer für uns nicht mehr vorstellbaren Macht herrschte. Alles, alles wollte er wieder zurückgeben! Die Enteignung durch Karl Martell hatte ja eindeutig gegen damalige Gesetze verstoßen. Daß er damit auch Gottes Geboten zuwidergehandelt habe, daran bestand, zumindest für die Geistlichen, kein Zweifel. Sie versäumten nicht, darauf immer wieder hinzuweisen. Karlmann mußte bald einsehen, daß eine Rückgabe eine erneute Enteignung bedeutete. Jene Männer, die seinem Vater mit ihrem Blut und Gut geholfen hatten, seine Kriege zu führen – Kriege im Namen Christi! –, und dafür belohnt worden waren, würden von heute auf morgen ihres Lohnes beraubt werden.

Karlmann sah sich bald zu einem Entgegenkommen gezwungen. Auf einer Reichsversammlung erklärte er, »daß er nach Rat der Diener Gottes und des christlichen Volkes wegen der drohenden Kriege und Angriffe der Völker ringsumher einen Teil des Kirchengutes mit Gottes nachsichtiger Duldung zur Stärkung seines Heeres für einige Zeit zurückbehalte«. Für jede zurückbehaltene Hufe (1 Hufe = 17 Hektar) stellte er einen Zins von 12 Denar (etwa 2 Gramm Silber enthaltend) in Aussicht. Sollte der Belehnte, gleichzusetzen mit »der Belohnte«, sterben, falle der Kirche sein Besitz wieder zu; mit der Einschränkung allerdings, daß der Heimfall nicht eintrete, wenn die Not es erzwinge. Alles in allem ein Kompromiß, doch ein fauler Kompromiß.

Pippin wurde in seinem Herrschaftsbereich – Neustrien, Burgund und die Provence – mit ähnlichen Forderungen konfrontiert. Eher als sein Bruder erkannte er, daß er sich damit die mächtige Adelssippe, die den Karolingern zur Macht verholfen hatte, zum Feind machen würde. Er vermied es, zu versprechen, was er nicht halten konnte, und verlegte sich auf Vertröstungen.

Beide Brüder aber waren sich einig in dem Bestreben, die Kirche zu reformieren. Auf getrennten Synoden verkündeten sie Gebote, besser, Verbote, denen die Priester künftig unterworfen sein würden. Die Jagd auf Federwild, auf Wisent, Bär, Hirsch und Reh mit Hunden und Falken sollten sie den weltlichen Adligen überlassen. An Feldzügen durften sie teilnehmen und für die Krieger beten, aber keine Schwerter tragen, geschweige denn mit anderen Waffen das Blut von Christen und Heiden vergießen. Keine Frauen sollten sie in ihrem Haus dulden; keine Unzucht treiben, auch nicht mit Knaben, sie mußten die *casula* tragen (einen langen, kuttenartigen Rock); sich im Lesen und Schreiben vervollkommnen; Latein, die Sprache der Liturgie, lernen; heidnische Bräuche wie Wahrsagerei, Tieropfer und Wodansritte bekämpfen.

Rigorose Strafen – Auspeitschung, Kerkerhaft, Amtsentsetzung – wurden jenen angedroht, welche die Verbote nicht beachteten. Man mußte bald einsehen, daß allein durch die Androhung von Strafen die Geistlichen nicht zum christlichen Lebenswandel und zu wahren Hirten der ihnen anvertrauten Schafe gebracht werden konnten. Die Klagen des Bonifatius reißen nicht ab, besonders über »die sogenannten Diakone«, die »seit ihrer Jugend in Unzucht, Ehebruch und allerlei Schmutzereien gelebt haben, später vier oder fünf Beischläferinnen im Bett beherbergten, weder Scham noch Furcht empfanden bei der Verlesung des Evangeliums«, um schließlich zu Priestern, ja Bischöfen geweiht zu werden. Ach, und ihre Lateinkenntnisse, da tauft doch einer im Baierischen ein Kind und spricht: »Im Namen des Vaterlands und der Tochter« statt »Im Namen des Vaters und des Sohnes«. Aber in seinem Merkbüchlein habe halt in *nomine patria et filia* gestanden.

Im Jahre 746 zeigte sich Karlmann »regierungsmüde« und verkündete, daß er der Macht und dem Glanz fürstlicher Herrlichkeit entsagen wolle, um Mönch zu werden – möge Pippin doch allein herrschen!

Im Volk wußte man es anders: Dieser Herrscher war es nicht müde zu regieren, er wurde von seinem Gewissen gepeinigt, dergestalt, daß die gemeuchelten Alemannen ihn in seinen Träumen heimsuchten, ihre blutigen Glieder ihm anklagend entgegenreckend. Buße zu tun hinter Klostermauern, der Welt auf immer zu entsagen sei nun sein unauslöschliches Verlangen gewesen. Karlmann zog in der Tat nach Rom, warf sich dem Papst zu Füßen und flehte um die Erlaubnis, sein Haupt scheren zu lassen und die Mönchskutte zu nehmen.

Selbst die katholische Kirche zweifelt, ob Reue ihn zu seinem Schritt bewogen habe. Politische Gründe seien auch nicht erkennbar, konstatiert man im *Lexikon für Theologie und Kirche.* Karlmann sei wohl vom Ideal der Weltflucht ergriffen worden. Einem Ideal, das so manchen, ob hoch oder niedrig, in den Bann schlug. Jedenfalls war es ein Triumph für die Kirche, als der Franke auf dem Mons Soracte über der Flaminischen Straße und dem nahen Tiber ein Kloster gründete. Wenn er selbst in dieser Felsenwildnis seine Ruhe nicht fand, so lag es an den fränkischen Pilgern, die auf ihrem Weg nach Rom hier eine Rast einlegten, um ihren ehemaligen Herrn, mehr aus Neugier denn aus Verehrung, zu begrüßen.

Karlmann zog sich nun nach Monte Cassino zurück. In der dortigen Bibliothek kann man sich in die alten Schriften vertiefen, die von seiner Demut berichten, mit der er die niedrigsten Arbeiten verrichtete, die Gänse hütete, ja, sich eines Versehens wegen vom Gärtner mit dem Stock verprügeln ließ …

Die Seelen der wilden Germanen zu retten

Die Kirche hätte es lieber gesehen, wenn Karlmann der Welt nicht entsagt hätte. Er war es gewesen, der dem Angelsachsen Winfried, vom Papst »Bonifatius« genannt, bei seiner Arbeit geholfen hatte, die Seelen der wilden Völker Germaniens zu retten. »Wir haben«, hatte Karlmann verkündet, »nach dem Rat meiner Priester und der Großen in Franken Bischöfe eingesetzt und als Erzbischof den Bonifatius bestellt, den Gesandten des heiligen Petrus. Wir haben beschlossen, jährlich eine Synode abzuhalten, damit in unserem Beisein die Ordnung in der Christenheit verbessert wird.« Ohne den Schutz der Frankenfürsten war Bonifatius undenkbar, noch vermochte er, wie er sagte, »die heidnischen Gebräuche selbst und den Götzendienst ohne der Fürsten Auftrag und die Furcht vor ihnen zu beseitigen«.

Das war diplomatisch ausgedrückt, denn *beauftragt*, die Germanen zu taufen, war der Angelsachse ausdrücklich vom Papst: mit der Verpflichtung, die *römische* Taufliturgie zu befolgen, den Stellvertreter Christi als *seinen* Obermetropoliten anzuerkennen und unkanonische Bischöfe – sprich, nicht romhörige Geistliche – zu meiden und gegebenenfalls über sie nach Rom zu berichten.

Bonifatius machte sich auf, bei allen im Irrtum des Unglaubens befangenen Völkern den Dienst am Reiche Gottes auszuüben und zu erforschen, wie es in seiner Hagiographie heißt, »ob die unbebauten Gefilde ihrer Herzen von der Pflugschar des Evangeliums zu beackern seien«. In Rom drückte man sich etwas drastischer aus: Die Germanenstämme östlich des Rheins glichen umherirrenden rohen Tieren, die es von heidnischem Unflat und teuflischem Trug zu säubern gelte.

Die Säuberung, sprich Taufe, geschah durch Handauflegen und die Vermittlung der siebenfältigen Gnade des Geistes. »Andere Germanen aber«, schreibt der angelsächsische Mönch Willibald in seiner in der zweiten Hälfte des 8. Jahrhunderts entstandenen Bonifatius-Vita, »deren Geist noch nicht erstarkt war, weigerten sich, des reinen Glaubens unverletzbare Wahrheiten zu empfangen. Einige auch opferten heimlich Bäumen und Quellen. Wiederum andere trieben, teils offen, teils im geheimen, Seherei und Wahrsagerei, Losdeuten und Zauberwesen und trugen Amulette. Jene, die schon gesunden Sinnes waren, taten nichts dergleichen.«

Wer war denn dieser fremde Gott überhaupt? Er hatte schimpfliche Strafe erduldet; er war ans Kreuz geschlagen worden, so wie man es mit Verrätern macht; er wollte unter seinen Anhängern keinen Unterschied zwischen Edlen und Knechten; er war in namenlosem Geschlecht geboren, in dürftiger Hütte eines schwachen Stammes. Vor solchem fremdländischem Manne sollten die Abkömmlinge eines heimischen Gottes ihr Haupt neigen? Wie vermochte ein solcher Mann seinen Anhängern Sieg über die Feinde zu geben? So hat Gustav Freytag sich in die Denkweise der Germanen hineinzusetzen versucht.

Bonifatius mußte dieses wilde Volk davon überzeugen, daß *sein* Gott der stärkere Gott war. So wie Chlodwig erst dann an den Christengott zu glauben bereit war, nachdem er dem Franken den Sieg über die Alemannen geschenkt hatte. Er beschloß, den Germanen handgreiflich zu zeigen, wie überlegen Christus dem Donar war. Im hessischen Geismar stand eine jahrhundertalte Eiche, die dem Donnergott geweiht war, ein Heiligtum, zu dem die Germanen von weit her kamen, um im Schatten der Krone ihre Opfergaben darzubringen.

Bonifatius unternahm es, beschützt von fränkischen Kriegern, die Eiche zu fällen. Um noch einmal den Hagiographen Willibald zu bemühen: »Als er nun voller Entschlossenheit und in der Zuversicht seines standhaften Geistes einige Axthiebe gegen den Baum geführt hatte, da wurde nach kurzem Anhieb die ungeheure Masse der Eiche durch göttliches Wehen von oben her geschüttelt und stürzte mit gebrochener Krone zur Erde. Wie durch höheres Wirken zerbarst sie in vier Teile. Bei diesem Anblick priesen die Heiden, die den Gottesmann zuvor verflucht hatten, den neuen Gott, ließen von ihren früheren Lastern und glaubten nunmehr an ihn. Darauf baute der hochheilige Bischof nach Beratung mit seinen Brüdern aus dem guten Eichenholz ein Bethaus und weihte es zu Ehren des heiligen Petrus.«

Des Bonifatius berühmteste Tat, wie einige sagen, seine berüchtigtste, wie andere meinen, hatte ihre Wirkung nicht verfehlt. Denn wo, fragten sich die Germanen, blieb Donar mit seinem Hammer, warum zerschmetterte er diese Christen nicht, wehrte sich nicht gegen die Entweihung seines Heiligtums? War der Christengott vielleicht doch der stärkere Gott?

»Du hast uns Kenntnis gegeben von den Völkern Germaniens, die Gott aus der Gewalt der Heiden befreit hat, indem er an hunderttausend Seelen durch Dein und des Frankenfürsten Bemühen im Schoß der heiligen Mutter Kirche vereinigte«, schrieb ein freudeerfüllter Papst in Rom. »Setze den Kampf fort, Geliebtester, handele mannhaft und bleibe wachsam im Dienste Christi.« Der Apostel der Deutschen, wie man Bonifatius später nannte, *blieb* wachsam. Besonders gegenüber den Bestrebungen der fränkischen

Bischöfe, sich nicht gänzlich dem Vatikan auszuliefern. Es gelang ihm, auf einer Synode eine Reihe von Bischöfen für eine Ergebenheitsadresse an den heiligen Petrus und dessen römischen Stellvertreter zu gewinnen. Nach dem Rücktritt Karlmanns aber, wie erwähnt, wurde der Widerstand der Franken gegen den »unterwürfigsten Diener des Papsttums« stärker, einen Legaten, der, wie man spottete, einen Schnupfen bekam, wenn der Papst zu husten begann.

Den Stuhl des Erzbischofs von Köln zog man ihm weg, obwohl eine Synode ihm diesen Stuhl zugesagt hatte. Er mußte sich mit Mainz begnügen, einem Bischofssitz, was für einen *Erz*bischof und päpstlichen Legaten einer Brüskierung gleichkam. Darüber konnte auch der Ehrentitel »Sancta Sedes Moguntina – Heiliger Stuhl von Mainz«, bezugnehmend auf den Sancta Sedes in der Ewigen Stadt, nicht hinwegtäuschen. Soviele Freunde er in Rom hatte, die Zahl seiner Feinde in Germanien wuchs.

Es spricht für seine Zähigkeit und Willensstärke, daß er sein Missionswerk unbeirrt fortführte. Aus den Seelsorgestationen, die er in Hessen und Thüringen einrichtete, bildeten sich im Laufe der Zeit Klöster wie Fritzlar, Tauberbischofsheim, Kitzingen, Ohrdruf. Fulda entwickelte er zu einem Musterkloster. Die Sachsen wiesen ihn ab und versicherten, daß sie, trotz Geismar, an Wotan und Donar festzuhalten beabsichtigten. Um so bereitwilliger kamen ihm die Baiern entgegen, wo er in Regensburg, Freising und Passau Bistümer errichten konnte. In Ostfranken entstanden Erfurt und Würzburg. Wie wichtig Klöster werden sollten als Stätten der Lehre, der Entwicklung der Landwirtschaft, der Bewahrung der Kultur wird noch zu zeigen sein.

Im Laufe der Jahre verlor Bonifatius immer mehr an Einfluß. In Alemannien galt sein Wort in den Klöstern nichts mehr. Herzog Odilo von Bayern, einst sein großer Förderer, bat den Papst sogar um die Entsendung eines neuen Legaten. Die fränkischen Adligen hatte er sich längst zu Feinden gemacht. Sollten sie, die Enkel und Söhne uralter einheimischer Geschlechter, einem Angelsachsen gehorchen? Andere Kirchenherren traten in den Vordergrund wie Chrodegang von Metz und Fulrad, Abt von St. Denis, der Berater

Pippins. Niemand brauchte den alten, starrsinnigen, unduldsamen Mann mehr. Selbst zum Papst hatte das Herrscherhaus jetzt die besseren Verbindungen. Selbstzweifel plagten ihn. »Ohne jede Frucht des Evangeliums werde ich vor meinen Herrgott treten«, klagte er. Die Freunde berichteten, wie verbittert er war. Sein Lebensziel, die Kirche von der Vormundschaft der Karolinger zu befreien und direkt dem Papst zu unterstellen, hatte er endgültig nicht erreicht.

Dennoch blieb der Weg, den er unbeirrt verfolgt hatte, der Weg nach Rom, auf schicksalhafte Weise bestimmend. Daß der Apostel der Deutschen ganz Deutschland an den Papst ausgeliefert habe, wie man in der Reformation und im Bismarckschen Kulturkampf behauptete, war gewiß übertrieben. Was Karlheinz Deschner in seiner *Kriminalgeschichte des Christentums* schreibt, ist jedoch zumindest nachdenkenswert. »Hatte Bonifatius doch Rom die Führung verschafft, überhaupt das für Europa folgenschwere Bündnis zwischen Papsttum und Frankenreich vorbereitet, das dann zur päpstlichen Weltmacht führte.« Die Christianisierung Germaniens, die Reform der dortigen Kirche, wäre früher oder später auf jeden Fall erfolgt. Doch wie hätte sie sich dargestellt mit einem weniger römischen Missionar?

In hohem Alter ging er noch einmal dorthin, wo er einst als Missionar seine ersten, wenn auch vergeblichen Bekehrungsversuche unternommen hatte: nach Friesland, wo noch viele Menschen an Wotan glaubten. Vorher hatte er den Papst gebeten, ihn, wenn die Zeit gekommen sei, in der Abtei Fulda ruhen zu lassen. Die Zeit kam bald. Es ist nicht von der Hand zu weisen, daß der Angelsachse seinen Tod herausforderte. Als ein Märtyrer zu enden – konnte es einen schöneren Tod geben für einen Mann Gottes? Jedenfalls wußte er, daß er seines Lebens nicht sicher sein konnte, als er durch Friesland zog, das Wort Christi predigte, Männer, Frauen, Kinder durch Handauflegen taufte, ihre »Götzenbilder« zerstörte und die heiligen Haine verwüstete.

In der Pfingstzeit 754 schlug er seine Zelte am Ufer des Flusses Doorn auf, beim heutigen Dokkum, um anderntags ein Fest der Taufe zu feiern.

In des Mönches Willibald *Vita Sancta Bonifatii* finden wir eine Schilderung jenes letzten Tages. »... und als des Lichtes Morgenröte hervorbrach, kamen statt neuen Gläubigen viele Feinde, und sie drangen mit blinkenden Waffen, mit Speeren und Schilden in ihr Lager. Da stürzen sich ihnen sofort Mannen aus den Zelten entgegen, zücken Waffen gegen Waffen und versuchen, sich gegen die wütende Macht des rasenden Volkes zu schützen. Als der Mann Gottes das Andringen des tobenden Haufens gewahr wird, sammelt er die Schar seiner Geistlichen, nimmt die Reliquien der Heiligen, die er stets bei sich führte, schreitet aus dem Zelt heraus und verbietet sofort den Kampf, indem er sie hart anläßt und spricht: ›Laßt ab, Männer, vom Kampf, meidet Krieg und Schlacht, denn das wahre Zeugnis der Heiligen Schrift lehrt uns, nicht Böses mit Bösem, sondern Böses mit Gutem zu vergelten!‹ Zu den in der Nähe stehenden Priestern und Diakonen und den Männern, die im niederen Grade Gottes dienen, sprach er mit väterlich warmen Worten: ›Seid tapferen Mutes und fürchtet euch nicht vor denen, die den Körper töten, die Seele aber, die ewig leben wird, nicht vernichten können. Freuet euch vielmehr im Herrn, der euch belohnen und in der Himmelshalle Wohnung bei den Engeln geben wird.‹

Während er mit solcher Ermahnung die Schüler antrieb, sich die Krone des Märtyrertums zu verdienen, stürzte sich der ganze wütende Haufen der Heiden mit Schwertern über sie her und machte die Leiber in heilbringendem Morde nieder.«

Bonifatius habe versucht, seinen Kopf mit einem Buch zu schützen. Es war, wie man zu wissen glaubt, der Ragyndrudis-Kodex. Er liegt heute in der Landesbibliothek zu Fulda mit erkennbaren Hiebspuren auf dem Einband.

Um den Leichnam des Bonifatius kam es unmittelbar darauf zu heftigem Streit zwischen dem friesischen Utrecht, dem fränkischen Mainz und der Abtei zu Fulda. Man wußte, wie kostbar heilige Reste waren, wie sehr sie das Ansehen einer Kirche oder eines Klosters heben konnten und damit auch deren Reichtum. Der tote Missionar war bereits in Utrecht, doch als man ihn in den Dom tragen wollte, so die Legende, ließ sich die Bahre plötzlich nicht mehr von der Stelle bewegen: Gott wollte es nicht! So das besagte Wunder, das bekanntlich des Glaubens liebstes Kind ist. Aber auch Mainz schien dem Christengott nicht genehm zu sein, trotz Tausender Gläubiger, die ihn dort empfingen. Das jedenfalls behaupteten die Mönche von Fulda, und sie setzten sich durch. Schließlich hatte Bonifatius höchstselbst sich das von ihm gegründete Kloster als Ort der letzten Ruhe erkoren.

»Wenn Bonifatius, was die neuere Forschung durchaus für möglich hält, diesen Bühnentod gesucht«, schreibt Rudolf Pörtner, »so hatte er damit ein letztes Mal seine eminente Menschenkenntnis bewiesen. Sein Ende in Friesland wirkte über Zeit und Raum hinaus. Dem toten Märtyrer wurden höhere Ehren erwiesen, als sie dem Legaten des Papstes je zuteil geworden waren … Das Grab seiner sterblichen Reste zog Ströme von Pilgern und Wallfahrern an, zahlreiche Schenkungen mehrten den Besitz von Jahr zu Jahr …«

Wie man einen König macht

Im Jahre 751 zogen zwei hohe kirchliche Beamte über die Alpen nach Rom, baten Papst Zacharias um eine Audienz und stellten ihm eine Frage, deren Antwort, so die Geschichtsschreibung, die folgenschwerste Tat des Mittelalters zur Folge hatte.

»Betreffs der Könige im Frankenreich begehren wir zu wissen«, fragten Burchard von Mainz und Fulrad von St. Denis, »ob es gut ist oder nicht gut, wenn es dort Könige gibt, die keine königliche Gewalt besitzen?«

Der Heilige Vater antwortete: »Es ist besser, wenn derjenige, der über die königliche Macht verfügt, sich König nennt als derjenige, dem keine Macht mehr verblieben ist.« Er fügte hinzu: »Damit die heilige Ordnung der Dinge nicht gestört werde, möge Pippin König sein. Kraft meiner apostolischen Autorität.«

Diese Autorität allein genügte nicht, aber sie war die Voraussetzung, daß Pippin die Großen seines Reiches in Soissons versammeln konnte, die Antwort des Papstes verkündete und sich zum König wählen ließ. Da ihm das blaue Blut, die Geblütsheiligkeit, fehlte, mußte er mit einer ihr entsprechenden Würde ausgestattet werden: der Salbung. Auch David war einst zum König gesalbt worden mit dem Heiligen Öl, so stand es im Alten Testament, und bei den Westgoten war es üblich gewesen.

Der Hausmeier war nun König, wohin aber mit dem Merowinger, den man sich inzwischen wieder geleistet hatte, um den aufrührerischen Stämmen Legitimität wenigstens vorzutäuschen? Ohne eine Marionette, auf die Karl Martell in seinen letzten Jahren bereits verzichtet hatte, war es also doch nicht gegangen. Der unglückselige Mensch namens Childerich, der mit seinem Ochsenkarren hin und her fuhr wie eh und je, wurde kurzerhand beseitigt. Nicht durch Mord. So barbarisch war man nicht mehr als getaufter Christ. Anstelle des Henkers trat der Abt. Die Todesstrafe wurde umgewandelt in einen lebenslangen Aufenthalt hinter Klostermauern. Childerich wurde geschoren, in eine Kutte gesteckt und in die Abtei St. Bertin verbracht. Sein Sohn folgte ihm ein Jahr später. Die Verurteilung zum Mönch wird von nun an geradezu das Hausmittel der Karolinger. Ein Geschlecht von Gewaltmenschen, furchterregend in seiner absoluten Skrupellosigkeit, endet auf dem Abfallhaufen der Geschichte, schlimmer noch, in der Vergessenheit. Nicht einmal den Namen dieses letzten Sprosses der Merowinger wissen die Zeitgenossen mehr.

Pippin, seit der Entsagung seines Bruders Karlmann Alleinherrscher und nun König, wird, zur Unterscheidung von den älteren Pippiniden, der Jüngere genannt. Bekannter ist er unter seinem Beinamen *der Kurze.* Ob er wirklich kurz war, das heißt klein, ist zweifelhaft, erscheint er doch nur ein einziges Mal in den Quellen unter dem Namen *pippinus parvus* (parvus = klein). Daß er einen Sohn zeugte, der 1,92 Meter maß, wäre für einen so kleinen Mann zumindest ungewöhnlich, wenn auch nicht undenkbar. Seine angebliche Kleinheit leitet sich wohl von einer Sage ab, wonach Pippin, von den Großen seiner geringen Körpergröße wegen bespöttelt, sich einen Stier bringen ließ, in dessen Nacken sich bei einer Tierhatz ein Löwe verbissen hatte.

Pippin sei vom Thron gestiegen, habe sein Schwert gezogen, mit einem Streich den Kopf des Löwen *und* des Stieres vom Rumpf getrennt und beiläufig gefragt, ob sie nun wüßten, was der *kleine* David mit dem großen Goliath getan habe, und ob sie ihn jetzt als ihren Herrn anerkennen wollten.

Pippin bekam sehr bald die Rechnung dafür präsentiert, daß ihn Rom zum König *von Gottes Gnaden – gratia dei rex* erhoben hatte. *Do tibi ut des* – ich gebe dir etwas, damit du mir dafür wieder etwas gibst, die alte Formel war unausgesprochen gültig gewesen bei der Frage Pippins und der Antwort des Papstes. Die Rechnung war hoch: Die Franken sollten ihre Schulden begleichen durch ihr Blut …

Aistulf, der neue Herrscher der Langobarden, wollte den alten Traum eines italischen Großreiches endlich Wirklichkeit werden lassen. Die zwischen den beiden (langobardischen) Herzogtümern Spoleto und Benevent liegenden Gebiete mußten kassiert werden. Aistulf besetzte also Ravenna, wo der byzantinische Statthalter saß, und marschierte in den Dukat von Rom ein. Den Papst zum langobardischen Reichsbischof zu machen, ihm Tribut abzufordern, nichts Geringeres hatte der Langobarde im Sinn. Für Stephan II., wie der neue Papst sich nannte, war dieser Mensch ein Barbar. Sich ihm auszuliefern wäre eine Sünde wider den Apostel Petrus gewesen, dessen Grab Rom überantwortet worden war. Daß dieser Barbar ein christlicher Herrscher war, der über ein christliches Volk herrschte, übersah Stephan geflissentlich.

Doch der Papst hatte keine Divisionen, wie ein (Un-)Mensch namens Stalin Jahrhunderte später einmal bemerkte, von einer Bürgerwehr abgesehen. Er brauchte jemanden, der ihm militärische Hilfe zu leisten imstande war. Nun wäre der oströmische Kaiser gefordert gewesen, schließlich galt der Dukat noch immer als byzantinisches Hoheitsgebiet. Der Streit aber, ob man das Göttliche im Bild verehren dürfe oder ob es Ketzerei sei, vor einem Mosaik, einer Statue, einem Altargemälde niederzuknien, hatte längst zum Bruch geführt: Für Byzanz war die Bilderverehrung Götzenanbetung, für Rom war es Gottesdienst. Vom Kaiser war demnach keine Hilfe zu erwarten. Blieb nur jener fränkische Herrscher, den man gerade zum König gemacht hatte. Zwar galten auch die Franken in weiten Kreisen der römischen Gesellschaft als Barbaren, und man hatte sich bei einem ihrer Hausmeier, Martellus genannt, vierzehn Jahre zuvor eine Abfuhr geholt, als man gegen die nämlichen »Langbärte« um Hilfe gebeten, doch moralische Bedenken wären jetzt fehl am Platz gewesen.

Einige Wochen später überreichte ein von Rom heimkehrender Pilger dem auf einer seiner Pfalzen residierenden Pippin ein geheimes, vielfach versiegeltes Schreiben, in dem er gebeten wurde, Stephan zu einem Besuch im Frankenland einzuladen. Pippin ließ dem Papst durch den Mund eines Abtes eilends ausrichten – um mündliche Nachricht war gebeten worden –, daß er, was das Hilfsgesuch betreffe, nicht frei sei in seinen Entscheidungen, sondern die Zustimmung der Großen einholen müsse; einem Besuch Seiner Heiligkeit sehe er im übrigen mit Freuden entgegen. Die hohen Gesandten und Krieger, die ihm das gewünschte Geleit geben sollten, würde er alsbald in Marsch setzen.

Stephan II. war der erste Papst, der über die Alpen ging in jenes Land, das ihm nur vom Hörensagen bekannt war und jedem Römer, schon was das Klima betraf, unheimlich erscheinen mußte. Wärmte doch die Sonne dort weniger als der Mond über dem Tiber. Die Reise bestätigte sein Unbehagen: Reißende Flüsse, grausige Schluchten, eisbedeckte Pfade, peitschende Schneestürme und viele andere Gefahren hätten ihn und sein Gefolge bei Tag und Nacht bedroht, wie er später klagte. Erschöpft erreichte er das Kloster St. Maurice im Wallis, traf dort zu seiner Erbitterung nicht den König, sondern nur zwei Abgesandte, die ihn nach Ponthion weiterleiteten, der königlichen Pfalz in der Champagne.

Der erste Franke, der ihn weit vor den Toren begrüßte, war ein junger hochgewachsener Mann von etwa zwölf Jahren mit schulterlangen Haaren; Karl mit Namen, einer der Prinzen, später bekannt als Carolus Magnus, Karl der Große.

Pippin selbst ritt dem Papst mit seiner Familie 3000 Schritt entgegen, entbot ihm die Proskynese und leistete den Stratordienst. Die um Beistand und Gnade flehende kniende Körperhaltung war ursprünglich von Alexander dem persischen Hofzeremoniell entlehnt, von den römischen Kaisern später übernommen und schließlich von der Alten Kirche in die Liturgie aufgenommen worden. Neben dem Pferd des zu Ehrenden einherzugehen und den Zügel zu führen, gehörte einst zu den Aufgaben des Marschalls. Vom Kniefall und vom Zügeldienst berichtet uns die *Vita Stephani*. Sie schweigt aber über das, was die fränkische Quelle zu erzählen weiß: daß am zweiten Tag nach Ankunft der Heilige Vater sich in Sack und Asche vor dem König niedergeworfen und sich nicht eher wieder erhoben habe, bis ihm die Befreiung von der Langobarden Übermut versprochen worden war.

Historisches Faktum: Nach wochenlangen Verhandlungen schwor der König, nun in der Königspfalz zu Quierzy, allen päpstlichen Weisungen und Mahnungen mit ganzem Bemühen zu gehorchen, und unterzeichnete eine Urkunde, in der er der römischen Kirche die Übereignung des von den Langobarden entrissenen Besitzes zusicherte. Die Urkunde ist unter dem Namen »Pippinische Schenkung« geschichtsnotorisch geworden. Was im einzelnen geschenkt worden ist (die Rede war von ganz Mittelitalien bis hinauf zum Flusse Po), bleibt im Ungewissen, da die ersten darüber ausgestellten Urkunden nicht erhalten sind. Der Dukat von Rom und das Exarchat von Ravenna waren auf jeden Fall dabei. Womit der Franke etwas verschenkte, was nicht ihm gehörte, sondern dem Kaiser von Byzanz. Die Grundlage des Kirchenstaates war damit geschaffen.

Man nimmt an, daß die römische Delegation, um die zähen Verhandlungen zu beschleunigen, auf eine andere Schenkung verwiesen habe, die *Donatio Constantini*. Ihr zufolge hatte der römische Kaiser Konstantin der Große (306–333) dem römischen Bischof zum Dank für Taufe und Heilung vom Aussatz die Herrschaft über Rom, ganz Italien und alle Provinzen und Städte der westlichen Länder überlassen. Zur Urkunde geworden, diente sie immer wieder dazu, die Rechtmäßigkeit des Kirchenstaates zu verteidigen. Zweifel an der Echtheit der Donatio wurden gelegentlich vorgebracht, so von Otto III. aus dem sächsischen Kaiserhaus. Erst zwei klugen Humanisten gelang es Jahrhunderte später, durch historisch-philologische Untersuchungen zu beweisen, daß Kaiser Otto recht gehabt hatte mit seiner Behauptung, die »Konstantinische Schenkung« sei Lügenwerk und Fälschung. Es dauerte bis zum 19. Jahrhundert, bis die römisch-katholische Geschichtsschreibung sich zu dem Produkt aus der vatikanischen Fälscherwerkstatt bekannte.

Des Papstes Gegenleistung für die Pippinische Schenkung bestand aus einer erneuten Salbung des Königs und diesmal auch seiner Söhne, ausgeführt von eigener Hand. Für die beiden Prinzen diente sie später als Legitimation, daß auch sie Herrscher von Gottes Gnaden seien. Die Ernennung zum *patricius romanorum* schloß sich an, ein Titel so klangvoll wie unbedeutend. Die Franken sollten jedoch nicht das Gefühl haben, daß jenes *do ut des* ein für sie nachteiliges Geschäft gewesen sei, bei dem sie viel gegeben und wenig erhalten hätten. Der Papst war zu einer weiteren Zugabe bereit. Er versammelte die Großen des Reiches auf der Pfalz und verpflichtete sie unter Androhung der Exkommunikation und des Kirchenbanns, daß sie niemals aus der Nachkommenschaft eines anderen einen König zu wählen sich unterfingen, sondern nur jene, welche der heilige Petrus durch die Hände des Papstes zu weihen beschlossen hatte: jene aus dem Geschlecht der Karolinger.

Der Pakt gegenseitiger Liebe und Freundschaft, wie es im salbungsvollen Stil der päpstlichen Kanzlei genannt wurde, war besiegelt. Es galt nun, ihn zu verwirklichen. Für die Franken bedeutete das, mit einem Heer über die Alpen zu ziehen und die Langobarden mit Krieg zu bedrohen. Freiwillig, so gut kannte man Aistulf, würden sie die geraubten Gebiete nicht herausgeben. Auf dem Märzfeld zu Braisne mußte Pippin, wie es Sitte war, seine Großen auf eine militärische Intervention einstimmen. Er stieß jedoch auf die Opposition einiger einflußreicher fränkischer Adliger.

Was ging sie, so argumentierten sie, der Streit zwischen Römern und Langobarden an? Warum sollten sie ihr Blut und ihr Gut einsetzen, um für den Papst Gebiete zu erobern, die nicht ihm gehörten, sondern den oströmischen Kaisern. Und noch war nicht vergessen, daß die langobardischen Vettern ihnen einst gegen die Araber geholfen hatten. Sie, die sonst des Königs Vertrauen besaßen und ihn berieten, widersetzten sich seinen Plänen so entschieden, daß sie öffentlich erklärten, sie würden ihn verlassen und nach

Hause zurückkehren. Wäre es nicht besser, erst einmal zu verhandeln? Schließlich wolle auch der Langobarde den Krieg nicht.

Aistulf bediente sich eines Vermittlers, von dem niemand mehr etwas vernommen hatte, nachdem er hinter den Mauern von Monte Cassino verschwunden war: Karlmann. Der Karolinger, einst zweitmächtigster Mann in Franken, jetzt Kochgehilfe und Gänsehirt im Kloster, machte sich auf und zog über den St. Bernhard, um in St. Denis seinen Bruder zum Frieden zu bewegen – und seinen eigenen Söhnen das Erbe zu sichern. Zwar hatte *er* allen Ansprüchen entsagt, nicht aber seine erwachsenen Söhne. Schon im Burgundischen endete seine Mission.

Der Papst und der König wollten sich ihre Kreise nicht stören lassen. Sie steckten ihn erneut ins Kloster, diesmal in das von Vienne, wo er bald darauf starb, betrauert nur von seinen Söhnen (die man ebenfalls zu Mönchen geschoren hatte), endgültig vergessen von seinem Bruder. Pippin war zu diesem Zeitpunkt bereits mit einem Heer nach Italien unterwegs, um seinen Pakt mit dem Papst einzuhalten. Auch die Gegner dieses Feldzuges hatten ihren Widerstand aufgegeben, nachdem der langobardische König sogar das Angebot zurückgewiesen hatte, statt der Waffen das Gold sprechen zu lassen. Die von ihm eroberten Gebiete wollte er sich nicht abkaufen lassen. Ehre und Ruhm seien einem stolzen Langobarden nicht feil …

Das fränkische Schwert erwies sich, wieder einmal, als das schärfste Schwert. Den Marsch über den Mont Cenis vermochten die Langobarden nicht aufzuhalten und sahen sich bald in ihrer Hauptstadt Pavia eingeschlossen. Aistulf kapitulierte, versprach, der Kirche zu geben, was sie als ihr Eigentum ansah, und brach, kaum daß der letzte Hufschlag der abziehenden Franken verhallt war, nicht nur alle Versprechungen, sondern suchte die verhaßten Päpstlichen erneut blutig heim. Die Franken, so kalkulierte er, würden gewiß nicht ein zweites Mal über die Alpen ziehen wollen. Nachrichten vom Hofe Pippins bestätigten seine Vermutung. Die Zahl jener Adligen, die schon den ersten Feldzug nicht gewollt hatten, war gewachsen: Weniger denn je schienen sie geneigt, für etwas zu kämpfen, was sie im Grunde nichts anging.

Der Papst begann um Hilfe zu rufen. Er schilderte die Grausamkeiten der Langobarden: wie sie Heiligenbilder zerfetzten, die Hostien ihren Hunden vorwarfen, Nonnen schändeten, Kinder von den Brüsten ihrer Mütter rissen und erschlugen. Untaten, angesichts derer selbst Steine zu weinen vermöchten. »Leib und Leben haben wir bei der mühevollen Reise in Euer fernes Land darangesetzt«, beklagte er sich bei Pippin, »und Ihr habt gelobt, für den Schutz der Kirche Gottes zu sorgen und uns wieder in den Besitz der geraubten Länder zu setzen. Wisset, daß Gott Euer Schenkungsversprechen wie einen Schuldschein präsentieren wird.«

Bei den Karolingern zögerte man, und der Papst tat etwas, was bis dahin noch nicht getan worden war: Er ließ den Apostelfürsten höchstselbst sprechen, dergestalt, daß er sich an den König wandte, an die Prinzen, die Bischöfe, die Herzöge, Grafen, Richter, an das gesamte Volk der Franken.

»Ich, Petrus, der für Jesus Christus Qualen erlitten, ermahne und verkündige euch, ihr Söhne, daß es euch großen Lohn bringen und ihr durch meinen Beistand alle eure Feinde überwinden, ihr lange leben, die Güter dieser Erde und alle Wonnen des Paradieses genießen werdet. Wenn ihr aber, was ich nicht glaube, zögert, oder aus einem Vorwand nicht eilet zur Befreiung dieser meiner römischen Stadt und meines Grabes, worin auf Gottes Befehl ich ruhe, so wisset, daß ich im Namen der Dreieinigkeit, kraft des mir gegebenen Gnadenamtes, zur Strafe für die Nichtbeachtung meiner Mahnung euch ausschließe vom Reich Gottes und vom ewigen Leben.«

Ein endloser Brief, in dem alles herbeigerufen wird, was im Himmel Rang und Namen hatte: neben dem Himmelspförtner die jungfräuliche Gottesgebärerin Maria, die Erzengel, die Märtyrer, das Heer der himmlischen Heerscharen. Geschrieben war das Ganze, so die Linguisten, in einem schaudererregendem Latein, durchsetzt mit Floskeln wie »Euer honigflüssige Gnaden«, »Ihr, deren Blick süß wie Nektar« etc. etc.

Er traf dennoch ins Schwarze, weil seine Wirkung genau berechnet war auf naive Gemüter. Pippin jedenfalls ließ ihn kursieren, in der Zuversicht, seine laut murrenden Franken zu einem zweiten Feldzug anzustacheln. »Dem Verstand eines Königs selbst jener rohen Zeit zwang die seltsame Erfindung vielleicht ein Lächeln ab, aber er durfte den heiligen Petrus nicht vor der Menge bloßstellen, auch wenn *er* nicht fürchtete, ›Leib und Seele dem ewig unauslöschlichen tartarischen Feuer mit dem Teufel und seinen Pestengeln auszusetzen‹.« So Gregorovius in seinem klassischen Buch über die Geschichte der Stadt Rom im Mittelalter.

Doch wer sich in den Geist der Zeit tiefer hineinversetzt, mag jenes Lächeln eher bezweifeln. Auch Pippin, als politischer Kopf von hoher Klugheit gelobt, war in Fragen des Glaubens nicht weniger »naiv« (Haller spricht von der »Einfalt der Franken«) als sein adliges Gefolge. Er war ein Mensch des frühen Mittelalters: Himmelreich und ewige Verdammnis, Fegefeuer und Paradies, die Vergebung der Sünden und das Jüngste Gericht waren für ihn nicht bloße Glaubensinhalte, sondern Begriffe sinnlicher Erfahrung. Der Bischof, der vom Teufel versucht wurde und das Kruzifix nach ihm schleuderte, *hat* diesen Teufel gesehen. Der Heerführer, der nachts das Jammern der im Fegefeuer schmachtenden armen Seelen vernahm – für ihn war das Wirklichkeit. Und ebenso ging es dem kranken Mönch, an dessen Bett sich ein Heiliger setzte, um ihn zu trösten.

Vom ewigen Leben und vom Reich Gottes ausgeschlossen zu werden, am Tage des fürchterlichen Gerichts Rechenschaft zu geben über den Dienst am Apostelfürsten, mußte einen Menschen, ob er niedrigen oder hohen Standes war oder gar ein König, in tiefer Seele verstören, selbst wenn man berücksichtigt, daß für viele das Christentum noch kein wirkliches Glaubens*bekenntnis* war.

Die Drohung des Papstes zeigte auch bei jenen Wirkung, die lieber gegen die rebellischen Aquitanier geritten wären oder gegen die ewig unruhigen Sachsen als erneut gegen die Langobarden. Hinzu kam, daß Aistulf inzwischen die Mauern Roms berannte, womit er den nach dem ersten Feldzug geschlossenen Vertrag gebrochen hatte. Der Vertragsbruch mußte geahndet werden, denn das Ansehen der Franken stand auf dem Spiel.

Wieder zog der Heerbann über den Mont Cenis, umging auf Ziegenpfaden die befestigten Klausen, griff sie von der Rückseite her an, zerstörte sie, und bald stand man wieder vor Pavia und brauchte auf die weißen Fahnen nicht lange zu warten. Aistulf wäre diesmal als Wiederholungstäter dem Henker verfallen gewesen. Die Langobarden opferten lieber den Kronschatz als den Kopf ihres Herrschers. Doch der überlebte die Schmach nicht allzu lange. Bei einer Jagd stürzte er vom Pferd und verletzte sich tödlich. Der Papst schmähte ihn über den Tod hinaus als Nachfolger des Teufels und Säufer von Christenblut und hoffte, er werde im tiefsten Grund der Hölle landen.

In den Himmel hob er einen anderen König: Pippin. Der übergab ihm Ravenna mit dem Exarchat, den Dukat von Rom, die Pentapolis (die fünf Städte Rimini, Pesaro, Fano, Senigallia, Ancona) und ließ die Schlüssel der befreiten Städte am Grab des heiligen Petrus niederlegen. Die Kirche bekam nicht das, was sie sich in Quierzy hatte versprechen lassen, und doch hatte sie viel bekommen; zuviel, wie manche Historiker meinen.

Denn: Pippin war durch den Papst zum König gesalbt und damit von *Gottes Gnaden* berufen worden. Die *gratia dei rex* war anstelle der Geblütsheiligkeit getreten und hatte die Karolinger zu Königen legitimiert. Für ein junges Herrschergeschlecht war eine solche Legitimation entscheidend. Niemand unter den weltlichen und geistlichen Großen im Frankenreich konnte mehr von einer Usurpation, einem Thronraub, reden. Schutzherr Roms und des Oberhaupts der Kirche zu sein bedeutete eine unerhörte Steigerung des Prestiges in der damaligen Welt. Und dennoch …

»Daß Pippins Macht einen Zuwachs erfahren hätte«, schreibt Johannes Haller in seiner fünfbändigen Geschichte des Papsttums, »kann man nicht sagen. Sein Ansehen war gestiegen, seine Kräfte waren nicht vermehrt. Zwei schwierige Feldzüge hatten ihm nicht einen Fußbreit Landes, dafür aber Pflichten eingebracht, deren Erfüllung leicht neue Opfer fordern konnte. … Nicht umsonst hat Stephan II. sterbend den Franken die Erfüllung der übernommenen Pflichten mit fürchterlicher Beschwörung auf die Seele gebunden. Ihr Protektorat, sosehr es ihrem Selbstgefühl schmeicheln mochte, war eine Last. Das Fränkische Reich in seiner damaligen Lage hätte keinen Grund gehabt, sich diese Last aufzubürden.«

Die opponierenden Großen hätten wohl gespürt, daß mit Pippins Italienzügen eine neue, in ihren Konsequenzen nicht zu übersehende Ära fränkischer Politik begann. Hier habe die Italienpolitik begonnen, so vermerkt nüchtern das *Handbuch der deutschen Geschichte,* welche die deutsche Geschichte mit einer folgenschweren Hypothek belastete. Die *defensio ecclesiae Romanae,* die Verteidigung der römischen Kirche, wurde zur Hauptaufgabe, ja zum eigentlichen Inhalt des abendländischen Kaisertums.

2 Widukind und Karl

Bruderzwist im Haus der Karolinger

Der Beherrscher der Bretonen hatte eine schöne Tochter namens Bertha. Und König Pippin schickte seinen Hofmarschall aus, auf daß er um sie freie. Auf der Heimfahrt aber ließ der Treulose sie in einen finsteren Wald verbringen, um sie dort zu meucheln. Seine eigene Tochter dem Karolinger unterzuschieben, das war sein Plan. Die bretonische Jungfrau konnte jedoch dem Mordbuben entkommen und fand Zuflucht bei einem Müller, der an dem Flüßchen Würm bei Gauting (unweit des heutigen Starnberg) die Reismühle betrieb. Im Reiseführer heißt es: »Sehenswert: Historische Reismühle, sagenhafter Geburtsort Karls des Großen.«

Am Spinnrad verdiente sich Bertha von nun an ihren Lebensunterhalt. Auf Jahr und Tag geschah es, daß König Pippin sich mit seiner Jagdgesellschaft in jenem Wald verirrte und beim nämlichen Müller gastliche Aufnahme fand.

»Unterdem ging sein Sterndeuter hinaus um seiner Notdurft willen und sah dabei nach den Sternen. Da sah er an dem Gestirn, daß sein Herr heut auf die Nacht bey seiner ehlichen Hausfrau sollt liegen und sollt von ihm schwanger werden und gewinnen ein rechtes Degenkind. Er geht hinein und sagt es dem Herrn. Der fragt den Müllner, ob er nicht eine fremde Frau bey sich hätt?

Der Müllner läugnet und sprach, er hätt keine.

Sprach Kunig Pipinus: ›So leg deiner Töchter eine zu mir.‹

Der Müllner tat das ohne Widerred.

Aber der Sterndeuter sah, daß sie nicht sein ehlich Weyb sollt werden. Man legt nun die jüngere Tochter zu. Die war auch nicht die rechte.

Da mußt nun die Jungfrau Bertha herfürgehn. Des erschrak sie gar und der Herr sprach: ›Erschrecket nit so sehr.‹ Er legt sich zu ihr und der Sterndeuter ging und sprach: ›Es leit Kunigs Kind an Kunigs Arm.‹ Und der edle Kunig Pipinus hat die Nacht mancherley zu kosen mit Bertha, seiner edlen Frauen ...«

Wenn die Geschichtsschreibung versagt, wenn man etwas nicht genau weiß oder gar nicht weiß, so füllt die Legende die Lücke unseres Wissens: die Legende und der Lokalpatriotismus. Sieben Städte Griechenlands machen sich den Ruhm streitig, Geburtsort des Dichters Homer gewesen zu sein. Siebzehn Orte Italiens beanspruchten (und tun das zum Teil heute noch) Cristoforo Colombo, nachdem aus ihm der weltberühmte Columbus geworden war, als *ihr* Kind.

Das »rechte Degenkind« reklamierten neben der Mühle in Gauting noch andere Orte als Geburtsstätte des großen Kaisers. Wobei oft der Anklang des Namens genügte: Karlsfeld bei München, Karlsburg bei Oberzeismering, Karlstadt am Main. Die Pfalz in Ingelheim, wo der Kaiser so gern weilte; Mainz, die Prächtige; Worms, die Sagenträchtige; Aachen, des Reiches Mittelpunkt. Sie alle beteiligten sich an dem Wettbewerb: »Wo könnte der Kaiser geboren sein?«, und sie nahmen die Antwort vorweg: bei uns natürlich. Trotz solcher Konkurrenz wollte Frankreich nicht zurückstehen und meldete seine Ansprüche mit Saint Denis und Quierzy. Die Belgier plädierten für Lüttich und die Pfalz Héristal.

Am hartnäckigsten blieben die Verfechter jener Mühle an der Würm geheimen Gründen. Sie schufen auf der Burg Hohenschwangau ein ganzes Bertha-Zimmer und schilderten malerisch (mit Hilfe von Moritz von Schwind) auf Decken und Wänden, wie der König seine Bertha fand und sie, zusammen mit Knäblein Karl, festlich heimführte.

Den Historiker kann angesichts solchen Märchen- und Sagengestrüpps nur die stille Verzweiflung packen: Niemand könne die Geburtsstätte Karls für sich beanspruchen, weil niemand historisch beglaubigte Fakten vorzuweisen vermag. »Ebenso müßig wäre der Streit«, schreibt einer aus der Zunft, »ob Karls Wiege auf deutschem oder französischem Boden gestanden ist. Jener Zeit war dieser Unterschied noch vollkommen fremd, es gab nur fränkischen Boden, das Geschlecht der Karolinger selbst war ein germanisches und von der Romanisierung noch unberührt. Wollte man die Wahrscheinlichkeiten abwägen, so spricht die größere Wahrscheinlichkeit dafür, daß Karl in Neustrien, also auf jetzt französischem Boden, geboren wurde. Neustrien war zur Zeit der Geburt Karls das Reich Pippins und sein ständiger Aufenthalt, außer wenn Heerfahrten ihn riefen. 742 zog er erst im Sommer, nachdem Karl schon geboren war, gegen Aquitanien zu Feld.«

Siebenhundertundzweiundvierzig? In diesem Jahr soll er geboren sein? Auch hier herrscht Streit, weil historisch Ungesichertes des Zweifels Nahrung ist. Die Historiker, die für 742 eintreten, sind in der Mehrzahl. Mit der gelegentlichen Einschränkung, »... wenn den Berechnungen der Zeitgenossen zu trauen ist«. Was schon von Unsicherheit zeugt. Auch muß nicht stimmen, was die Mehrzahl annimmt. Die *Brockhaus Enzyklopädie* notiert den 2.4.747. Englands Paradelexikon, die *Encyclopaedia Britannica*, bietet 743 an. Der Charlemagne-Experte Pierre Riché meint kategorisch, daß Karl nicht, wie man lange geglaubt habe, 742 geboren sei, sondern erst 747. Die »742er« berufen sich auf Einhards um 835 entstandene *Vita Karoli Magni*, in der geschrieben steht, daß sein Held 814 im 72. Lebensjahr gestorben sei. Wenige Sätze später aber zitiert er die Grabschrift »Er starb als Siebziger ...«

Jener Einhard, Vertrauter Karls, Gesandter und Leiter der kaiserlichen Bauten, hat auch sonst einiges zur allgemeinen Verunsicherung über Jahr und Geburtsort Karls beigetragen, indem er in seiner Biographie, geradezu provozierend, notierte: »Ich halte es für sinnlos, von Karls Geburt, Kindheit und Jugendzeit zu erzählen, da bisher noch nie davon berichtet wurde und heute auch niemand mehr lebt, der Auskunft darüber geben könnte. Daher habe ich mich entschlossen, das Unbekannte wegzulassen und sofort dazu überzugehen, seine Persönlichkeit, Taten und andere Begebnisse seines Lebens zu schildern und zu beschreiben.«

Einhards Biographie gilt als eine der besten, wenn nicht überhaupt als die beste Biographie des Mittelalters. Einzelne Ungenauigkeiten, manche Mängel und das gelegentliche Verschweigen historischer Daten können ihren Rang nicht mindern. Allerdings war man nicht bereit, dem Autor abzunehmen, daß er nichts wisse über seines Helden Kindheit und Jugend. Das schien unglaubwürdig bei einem Mann, der über zwei Jahrzehnte zum engeren Familienkreis des Kaisers gehörte, an seinem Tisch saß, seinen Worten lauschte. Karl sprach viel, so viel, daß sein Biograph ihn weitschweifig, ja beinah geschwätzig nannte. Von Paulus Diaconus, dem Geschichtsschreiber der Langobarden, wissen wir, daß der Karolinger gern von seinen Ahnen erzählte.

Warum also schweigt Einhard hier so beharrlich, wo er doch zu Beginn der Biographie auch noch versichert, daß er nichts, was zu wissen wert oder nötig sei, auslassen werde? Bei dem Versuch, diese Frage zu beantworten, mag so manches Tintenfaß leer geschrieben worden sein. War diese Passage lediglich eine rhetorische Floskel, wie sie auch Einhards Vorbild, der römische Biograph Suetonius, benutzte, wenn es galt, einen Zeitraum abzuhaken, über den es nur wenig zu erzählen gab? Hat Karl bei seiner Redseligkeit nicht gern über eine Epoche gesprochen, in der er von Beruf nur Sohn war, Sohn Pippins und Bruder Karlmanns, des anderen Kronprinzen? Oder gab es einen dunklen Punkt in des Carolus Magnus frühester Kindheit?

In den *Annales Bertini* wird unter der Jahreszahl 749 vermerkt: »Pippin vermählte sich mit Bertrada, die den Beinamen Bertha trägt, der Tochter des Grafen Charibert von Laon.« Ob nun Karl 742 oder 747 geboren worden ist, er war auf jeden Fall ein voreheliches Kind. Das war im Zeitalter der Friedelfrauen und ihrer Bastarde, wie man später die unehelichen Kinder nannte, keine Schande, aber für einen Thronfolger auch keine Empfehlung. In die Biographie eines Mannes, den man bereits zu Lebzeiten »den Großen« nannte, hätte seines Vaters Schritt vom Wege jedenfalls schlecht gepaßt.

Im Jahre 751 bringt Bertrada einen zweiten Sohn zur Welt, der auf den Namen Karlmann getauft wird. Die Brüder verstanden sich nicht von früher Jugend an. Sie verstanden sich so wenig, daß selbst Einhard auf einen Bruderzwist eingehen mußte, der sich nach der Thronbesteigung der beiden immer mehr verschärfte:

»... konnte der Friede zwischen den beiden nur mit größter Schwierigkeit aufrechterhalten werden, da die Karlmannsche Partei wiederholt versuchte, die Eintracht zwischen den Brüdern zu stören. Ja, es gab sogar gewisse Leute, die die beiden Könige durch Intrigen in einen Krieg verwickeln wollten.«

Derlei Intrigen fanden ihre Nahrung in einem einzigen Bodensatz: dem Geburtsmakel. Dieser König Karl, so jene »gewissen Leute«, ist kein König wie unser Karlmann. Er ist in Sünden gezeugt worden, vor der Ehe, er gehört nicht auf den Thron. Und noch etwas munkelte man, bauschte es auf, ließ es als Gerüchte kursieren. Pippin sei mit Bertrada verwandt, und zwar enger, als es das von ihm selbst erlassene Gesetz erlaube. Noch einmal: Die alleinige Herrschaft gebühre Karlmann.

Annahmen, Vermutungen, Behauptungen, meinen einige Historiker. Einen anderen zwingenderen Grund für den Bruderzwist im Hause Karolingen vermögen sie nicht zu nennen.

Noyon ist ein Ort am Oise-Seitenkanal, der von Reiseführern, die ihm freundlich gesinnt sind, als ein friedliches Städtchen bezeichnet wird, weniger freundliche sprechen von einer verschlafenen Kleinstadt. Kein Baedeker aber vergißt, die interessante historische Vergangenheit zu erwähnen. Viele der 14 000 Einwohner allerdings wissen wenig davon, und einige halten ihre Kathedrale für die Stätte, in der Karl zum König gekrönt wurde. Die aber gehört der frühen Gotik an, wurde erst 1150 begonnen, die Königskrönung in Noyon fand 761 statt. Am selben Oktobertag und fast zur gleichen Stunde erhob man Karlmann im unweit gelegenen Soissons zum König.

Zwei Wochen zuvor hatten die Brüder ihren Vater im Kloster Saint Denis zu Grabe getragen. Pippin ließ sich mit dem Gesicht nach unten in den Sarg legen, als wolle er sich in alle Ewigkeiten schämen. Nicht seine eigenen Sünden drückten ihn so schwer, so die geistlichen Chronisten, sondern die seines Vaters, jenes Karl Martell, der der Kirche so viele Güter genommen hatte. »Wassersucht« wurde als Todesursache überliefert, eine Diagnose, zu der die damaligen Ärzte immer dann kamen, wenn sie nicht wußten, woran ihr Patient wirklich gestorben war. Auf dem Sterbebett hatte er, beraten von den herbeigerufenen weltlichen und geistlichen Großen, das Reich geteilt. Karl bekam Austrien und Neustrien, Karlmann Burgund mit der Provence und Septimanien, das Elsaß und Alemannien. Von Aquitanien fiel jedem der Brüder die Hälfte zu.

Eine ungewöhnliche Teilung, wie man festgestellt hat, wurde sie doch nicht nach der Maßgabe »Hier germanisches Gebiet, dort romanisches Gebiet« vorgenommen. Karls Reichsteil umschloß bogenförmig die Gebiete des Bruders. Wollte man Romanisches und Germanisches derart miteinander verzahnen, daß jeder auf jeden immer angewiesen war? Daß ein Plus stets durch ein Minus neutralisiert wurde?

Jedenfalls mischten sich in jedem Reichsteil Germanen und Romanen, wobei in Karls Reich die Germanen überwogen, in Karlmanns die Romanen. Beide Herrscher waren gezwungen, auf die jeweiligen Nationalitäten Rücksicht zu nehmen. Pippin hatte gehofft, daß auf diese Weise das Gefühl der Bewohner, in *einem* Reich zu leben, stärker sei als der Gedanke, nun getrennt zu sein. Die Geschichte hat den Brüdern nicht genug Zeit zugeteilt für den Nachweis, ob hier staatsmännische Weisheit sprach oder ob alles ein großer Irrtum war.

Ein Herrscher, der zur Regierung kommt, wird als erstes das ihm anvertraute Reich zu sichern suchen, um dann, dem inneren Gesetz jeder Dynastie zufolge, sein Gebiet zu vergrößern, zu expandieren – sei es durch Verträge, sei es durch Heirat, sei es durch Krieg. Zur Zeit der Franken war der Krieg der Vater aller Gewinne. »Das Handwerk der Karolinger war der Krieg. Nichts anderes hatten sie gelernt, für nichts anderes waren sie erzogen, durch nichts anderes konnten sie sich beweisen«, schreibt Wolfgang Braunfels, einer der besten Kenner dieser Zeit. »Die Siege allein gaben ihnen das Recht auf Herrschaft. Sie bezeugten zuletzt auch ihren Anspruch auf das Königtum. Wenn man später den Krieg als letztes Mittel der Politik genannt hat, so war es in der archaischen Welt doch ihr erstes.«

Über die Erziehung wissen wir nur, daß Karl am väterlichen Hof »mit Sorgfalt gebildet« worden sei, »in aller weltlichen Klugheit« unterrichtet und im katholischen Glauben unterwiesen. Die Wissenschaft und die Künste werden, wie beim hohen Adel bis weit in das 19. Jahrhundert hinein, zu kurz gekommen sein. Da man das, was in der Kindheit an einem Menschen versäumt wurde, später nur mit Mühe nachholen kann, mußte auch Karl hart arbeiten, um sein Wissen zu vermehren, seine Sprachen zu vervollkommnen – er sprach »Deutsch«, das heißt seine fränkische Mundart, konnte sich auf lateinisch so unterhalten, als sei es seine Muttersprache, und verstand Griechisch. Das Schreiben hat ihm ein Leben lang Schwierigkeiten gemacht. Er versuchte sich immer wieder darin und hatte unter seinem Kopfkissen eine Wachstafel, um in schlaflosen Stunden seine Hand zu üben.

Ein Kaiser als ein halber Analphabet, das konnte unseren Geschichtsschreibern, nicht nur denen des 19. Jahrhunderts, wenig gefallen. Sie wiesen darauf hin, daß der Franke zwar mit den Wachstäfelchen geübt habe, aber lediglich Schönschrift, jene kunstvollen Minuskeln, aus denen später die Antiqua hervorgegangen ist.

Größeren Wert legte man bei den jungen Adligen auf die »körperliche Ertüchtigung«. Das hieß nichts anderes, als für den Kriegsdienst tauglich zu werden. Sie lernten, wie man den Hunger erträgt, der Kälte trotzt, ein Pferd reitet, mit Pfeil und Bogen umgeht und, vor allem, die Waffe des Mannes, das Schwert, perfekt führt.

Die Jagd war hervorragend geeignet für den Jüngling, sich auf den Ernstfall vorzubereiten. Sie galt als eine Bewährungsprobe für alle jene Jungmannen, die das Pech gehabt hatten, noch keinen Feldzug zu erleben, auf dem sie ihren Mut hätten beweisen können. Den Edlen war das edle Wild vorbehalten: der Hirsch, der Elch, der Wisent, der Auerochse, auch Ur genannt. Vor allem die Jagd auf den Ur – hier hatte sich seit der Germanenzeit nichts geändert –, gehörte zur Ausbildung des künftigen Kriegers. Die Stiere mit ihren gut achtzig Zentimeter langen geschwungenen Hörnern wurden bis zu zwanzig Zentner schwer, vier Meter lang und zwei Meter hoch. Wer es wagte, sie mit der Wurf- oder Stoßlanze anzugreifen, mußte kühn und kaltblütig sein. Die Tiere waren von gewaltiger Kraft, in ihren Bewegungen trotz scheinbarer Plumpheit blitzschnell und angriffslustig.

»So müßte Hildegard mich sehen!« schrie Karl, als er einen Auerochsen gefällt hatte. So, wie er war, mit zerrissenem Wams und blutverschmiertem Gesicht, ging er dann zu ihr. »Da weinte sie und stöhnte sie und schlug sich an die Brust«, wie der Chronist zu erwähnen sich beeilte. Jagd gemacht wurde auch auf den Wolf, der in Rudeln auftrat und im Winter bis in die Dörfer kam; auf das Wildschwein, von den Bauern wegen der Verwüstung ihrer Äcker gehaßt; auf den Bären, der das vornehmlich in den Wäldern weidende Vieh dezimierte.

Mit Siebzehn durfte Karl seine Ausbildung als Jäger, Reiter, Schwertkämpfer unter den Bedingungen einer Heerfahrt erproben. Er nahm mit seinem Vater an einem der acht Feldzüge teil, die Pippin gegen das Land Aquitanien führte. Geschehen konnte ihm dabei kaum etwas. Seine *Leib*wächter waren darauf eingeschworen, den Kronprinzen mit ihren *Leibern* zu schützen, auf daß ihm kein Haar gekrümmt werde. Die Aquitanier, seßhaft zwischen den Pyrenäen und der Garonne, galten als ein heiteres Volk, waren so unbeschwert wie chaotisch, so trinkfroh wie rauflustig. Die Franken verachteten diese Leute, die sie für wankelmütig und hinterlistig hielten und deren *lingua romana* ihnen ein Kauderwelsch war. Sie beneideten sie insgeheim, weil ihre Zivilisation entwickelter und ihre Kultur höher schien. Nicht umsonst war das Land eine blühende Provinz des Römischen Reiches gewesen.

Die beiden Karolinger mußten nach ihrem Regierungsantritt feststellen, daß die Widerstandskraft dieses kleinen Volkes noch nicht gänzlich gebrochen war. Der eine König, Karlmann, war erst siebzehn, der andere, Karl, hatte sich noch nicht bewähren können – das schien den Aquitaniern eine günstige Gelegenheit, noch einmal gegen die verhaßten Franken aufzustehen und vielleicht ihre Freiheit zu erringen. So fanden sich die Brüder plötzlich in einen Krieg verstrickt, denn die Provinz war ihnen ja je zur Hälfte zugeschlagen worden. In einem Ort am Zusammenfluß der beiden Arme des Dive trafen sie sich: Karl mit seinen Panzerreitern, Karlmann lediglich mit seinem Gefolge. Als der Ältere den Jüngeren darauf aufmerksam machte, daß Aquitanien ihnen beiden gehörte und Karlmann deshalb verpflichtet sei, die Aufständischen mit ihm, Karl, gemeinsam zu bekämpfen, was er auch versprochen habe, verließ dieser das Lager – »den bösen Ratschlägen seiner Umgebung folgend«.

Der spätere »Große« führte den Feldzug mit seinen geringen Kräften allein, hier schon die Tugenden beweisend, die den Feldherrn auszeichnen: blitzschnell, überraschend, mit konzentrierten Kräften zuzuschlagen. Seine überlegene Bewaffnung der Panzerreiter, verstärkt durch die in der Bischofsstadt Angoulême liegende fränkische Besatzung, machten der Rebellion ein rasches Ende. Der in das Baskenland geflüchtete aquitanische Herzog, der den Aufstand losgebrochen hatte, wurde von den verschreckten Basken ausgeliefert.

»Und der gütige König Karl feierte Weihnachten auf dem Hofgut Düren und Ostern auf der Pfalz in Lüttich«, schreiben die Reichsannalisten.

Bertradas grosser Plan

Bertrada, der wir als Bertha bei jenem Müller an der Würm begegnet sind, nun im Witwenstand lebend, aber keineswegs geneigt, diesen Stand als einen Ruhestand aufzufassen, fand es an der Zeit, das ihrige zu tun. Sie litt unter dem Zwiespalt der Söhne und versuchte, die beiden miteinander auszusöhnen. Sie bestellte Karlmann nach Metz und hatte im dortigen Bischofspalais eine lange Unterredung mit ihm. Wie viele andere Mütter auch, mußte sie bald einsehen, daß es schwer ist, zwei sich seit Kindertagen feindselig gegenüberstehende Brüder wieder zusammenzubringen. Karl hatte noch nicht vergessen, wie schmählich ihn der Bruder in Aquitanien im Stich gelassen, und dennoch wäre er zur Versöhnung bereit gewesen. Karlmann jedoch stimmte nur scheinbar zu, sich in Zukunft brüderlich zu verhalten. Jene Großen, die sich in Aquitanien quergelegt hatten, schienen wieder ihren Einfluß geltend gemacht zu haben. Dieselbe Gruppe hatte übrigens seinerzeit Pippin damit gedroht, die Heeresversammlung aufzukündigen – wir erinnern uns –, wenn er dem Papst Hilfe leiste. Sie schienen also nach wie vor langobardisch gesinnt.

Kurze Zeit später begab sich Bertrada auf eine neue Mission. Das Reich der Langobarden war diesmal ihr Ziel. Sie wählte den Weg, der durch Bayern führte, einen erheblichen Umweg, den sie jedoch in Kauf nehmen mußte, wollte sie Tassilo in Regensburg treffen. Der Bayernherzog war in Ungnade gefallen seit jenem Tag, da er, obwohl durch den Vasalleneid gebunden, das fränkische Heer bei einem Feldzug »krankheitshalber« verlassen hatte. *Harisliz* hieß das auf althochdeutsch, wenn man das Heer eidwidrig verließ. Die Desertation war damals nicht geahndet worden.

Tassilo, ständig bedacht auf die Selbständigkeit seines Baiernlands (was uns bekannt vorkommt), war zu mächtig, als daß man ihn ohne weiteres zur Verantwortung hätte ziehen können. Er herrschte unumschränkt wie ein König, hatte auch eine Königstochter zur Frau, die Langobardin Luitperga. Die enge Verbindung mit dem langobardischen Herrscherhaus in verwandtschaftlicher, kultureller, politischer Hinsicht machte ihn für die Franken gefährlich. Auch konnte er sich auf die Unterstützung durch die einflußreichen Bischöfe und Äbte in seinem Land verlassen.

Bertrada ging es in Regensburg darum, die Karolinger mit den bairischen Stammesführern zu versöhnen, ja darüber hinaus die drei großen germanischen Stämme der Franken, der Baiern und der Langobarden zu einem Freundschaftsbund zu vereinen. Ein kühnes, ein gewagtes Projekt, und man mag sich wundern, welch eine Aktivität eine Frau entfalten konnte in einer Zeit, in der der Wahrspruch galt: *Mulier taceat in ecclesia* – das Weib schweige in der Gemeinde. Nun, die Freiheit galt nur für adlige Frauen, für die Töchter, die Gemahlinnen, die Witwen der Großen des Landes. Wobei ihr Einfluß um so größer war, je mehr Grundbesitz sie in die Ehe eingebracht hatten.

Nach Abschluß der Verhandlungen in Regensburg reiste die Königinmutter mit ihrem Gefolge in Richtung Brenner weiter. »... und sie zogen über die Alpen nach Italien« ist ein häufig zu lesender Satz in den diese Zeit behandelnden Geschichtsbüchern. Das klingt, als handele es sich um Zugvögel, die schwerelos dahingleiten, dabei läßt sich nichts Erdenschwereres denken. Die Italienzüge bedeuteten für den Reisenden Mühsal und Plage und, besonders für eine Frau, Gefahr für Gesundheit und Leben. Die Reise führte, von den wenigen, oft stark verfallenen Römerstraßen abgesehen, über grundlose Feldwege und immer wieder zuwachsende Waldpfade; über »Straßen«, für deren Erhaltung niemand etwas tat, zogen passierbare Wege doch nur den Feind an. Den Unbilden der Witterung ausgesetzt, Schneestürmen, Hagelschauern, Wolkenbrüchen, quälte man sich zu Pferd dahin; durchnäßt, kotbespritzt, staubbedeckt, die steilen Paßstraßen empor, vorbei an Galgen und Marteln zum Gedenken an tödlich abgestürzte Pilger; meist nicht mehr als zwanzig Kilometer bewältigend und am Tagesziel so erschöpft, daß baumstarke Männer aus dem Sattel gehoben werden mußten.

Auch die Frauen saßen zu Pferd und verschmähten den Wagen. Das Fahren in den klobigen, ungefederten, ständig von Rad- und Achsbruch bedrohten Karren war die schlimmste Art der Fortbewegung. Selbst Kranke oder Schwangere ließen sich lieber mit einer auf dem Pferderücken montierten Bahre befördern. Der Sattel wurde nicht dadurch bequemer, daß es ein Damensattel war (auf dem die Frauen nicht mit gespreizten Beinen sitzen mußten, was unschicklich gewesen wäre). Und niemand hatte auch nur einen einzigen Blick übrig für das, was wir heute den »Zauber der Bergwelt« nennen. Das Gebirge war ein Feind des Menschen. Welche Erleichterung dann, wenn die Reisenden hinabstiegen in die lombardische Ebene, die selbst im Winter von der Sonne verwöhnt wurde, im Sommer und im Herbst einem Garten Eden glich mit den golden schimmernden Weizenfeldern, den früchteschweren Obstgärten, den rebenbehangenen Weinbergen.

Bertrada blieb mehrere Wochen in Pavia, der langobardischen Metropole, einer Stadt, die mit ihren Mauern und Türmen noch heute erahnen läßt, wie machtvoll sie einst gewesen ist. Die Fränkin war Gast des Königs Desiderius, jenes Herrschers, der Tassilo zu seinen Schwiegersöhnen rechnete und nichts dagegen hatte, einen weiteren mächtigen Eidam in seinen Familienverband aufzunehmen: Karl, den späteren Großen. Bertrada hatte ihren Ältesten vor ihrer Abreise überzeugt, daß es gut sei, eine Langobardin zu heiraten, würde er doch damit seines Großvaters Karl Martells

Waffenbündnis, das allen Franken stets am Herzen gelegen habe, neues Leben verliehen.

»Und was wird der Papst dazu sagen?«

Desiderius stellte diese Frage, denn das, was die Pippinische Schenkung der Kurie an Landbesitz zugesagt hatte, war von den zur Herausgabe verpflichteten Langobarden noch keineswegs vollständig herausgegeben worden. Es bedurfte der ganzen Diplomatie einer Frau, um den Langobarden zumindest zu einer Vorauszahlung zu bewegen. Sie bestand aus einigen im Benevent liegenden Güterkomplexen, die man flugs dem Heiligen Vater überschrieb. Doch anstatt ihn damit zu beruhigen, verstärkte man sein Mißtrauen. Was ging dort in Pavia vor? Was wollte die Königinmutter im Hause des Erbfeinds? Was wurde so geheimgehalten, daß selbst seine gewieftesten Agenten nur Nachrichten zu übermitteln wußten, die mit dem Satz begann: »Es scheint so, als ob …«

Vorsorglich hatte er den beiden jungen Königen nach ihrer Krönung geschrieben, es sei nun ihre vordringliche Aufgabe, das Schenkungsversprechen von 754 endlich zu erfüllen, und ein Verzeichnis der ihm zustehenden Gebiete beigelegt. In Rom herrschte Unruhe, Nervosität, die sich aber legte, als Bertrada höchstpersönlich am Tiber erschien, am Grabe des Apostels Petrus betete und vom Papst zu einer Unterredung empfangen wurde, was allgemein als Zeichen gedeutet wurde, daß der fränkische Hof zu seinen Verpflichtungen stehen würde.

Von Rom ging es noch einmal nach Pavia. Als Bertrada die Stadt wieder verließ, hatte sich die Zahl ihres Gefolges vermehrt. Die Tochter des langobardischen Königs zog mit ihr nach Gallien, begleitet von ihren Brautführern. Sie hieß Desiderata, die Ersehnte. Karl empfing sie mit einer Kavalkade, doch das, was er erblickte, wird er sich nicht gerade ersehnt haben. Seine zukünftige Gemahlin war nicht sonderlich anziehend, weder von Gesicht noch von der Statur. Daß sie ausgesprochen häßlich war, ist von kaiserfrommen Chronisten später erfunden worden. Auch machten sie aus Himiltrud, mit der er seit Jahr und Tag verbunden war, die ihm bereits einen Sohn geschenkt hatte, eine Frau mit einer zweifelhaften Herkunft.

Die Nachricht von der beabsichtigten Eheschließung Karls, anfangs in Rom für ein Gerücht gehalten, sah einen fassungslosen Papst, mußte er doch, gingen Langobarden und Franken zusammen, um die Existenz des Kirchenstaates fürchten. Der Brief, den Stephan III. nun schrieb, läßt sich, wenn überhaupt, nur durch seine panische Angst begründen.

»Die Geschichte der Heiligen Schrift lehrt, daß manche Fürsten durch ihre frevelhafte Verbindung mit einem fremden Volk von Gottes Geboten abgewichen und in große Sünde gefallen sind. Was für ein Wahnsinn ist es, wenn ein Sproß Eures so glänzenden und edlen Geschlechts befleckt werden sollte durch das stinkende Volk der Langobarden, von welchem bekanntlich die Aussätzigen stammen. Was für Gemeinschaft hat das Licht mit der Finsternis, hat der Gläubige mit dem Ungläubigen?«

Stephan erinnerte an die böse Natur des Weibes schlechthin, an Eva, die durch ihre Sünde die Menschheit um das Paradies gebracht hatte. Er gemahnte die beiden Könige, den Freundschaftsbund nicht zu vergessen, der zwischen dem Apostolischen Stuhl und dem Haus der Karolinger geschlossen worden war.

»Dieses unser ehrfurchtsvolles Mahnschreiben haben wir auf das Grab des heiligen Petrus niedergelegt, das Meßopfer darüber dargebracht und senden es nun Euch unter Tränen zu. Sollte es jemand wagen, gegen diese unsere Beschwörung zu handeln, so wisse er, daß er kraft der Autorität des Apostelfürsten in die Fesseln des Bannfluches geschlagen und fern dem Reiche Gottes dem ewigen Feuer zum Verbrennen überantwortet wird.«

Karl fürchtete anscheinend weder den Bannfluch noch das Feuer der Hölle. Er heiratete die Langobardin …

Was er mehr fürchtete, war der erneut ausbrechende Streit mit seinem Bruder. Ein Streit, der trotz aller Bemühungen der Mutter nie ganz beigelegt worden war, sondern wie ein Schwelbrand weitergeglommen hatte. Für Karlmann mußte die Verbindung des Bruders eine politische Abwertung bedeuten. Hatte er doch durch seine Ehe mit einer anderen langobardischen Königstochter, Gerberga, ältere Rechte. Das fränkisch-langobardische Gleichgewicht, die Schaukelpolitik des Papstes, der sich mal Karlmann, mal Karl, mal Desiderius zuwandte, die Minderung Karlmannschen Einflusses in Pavia durch die Heirat des Bruders, all das hat man angeführt, um den Bruderzwist zu erklären. Im Grunde schien es nichts anderes zu sein als eine tiefgehende gegenseitige Abneigung, die im Charakter der beiden Männer beschlossen lag. Der Tag kam, da Karlmann dem Bruder endgültig den Fehdehandschuh hinwarf und ihn als einen »eid- und ehebrüchigen Heiden« beschimpfte.

Die Erklärung finden wir bei Einhard, der im 18. Kapitel seiner *Vita Karoli* schreibt: »Nach dem Tode seines [Karls] Vaters ertrug er seines Bruders Unfreundlichkeit und Eifersucht während der gemeinsamen Regierungszeit mit großer Geduld. Man wunderte sich allgemein darüber, daß er deswegen nie zornig aufbrauste. Sodann heiratete er auf Anraten seiner Mutter eine Tochter des Langobardenkönigs Desiderius.«

Nun der entscheidende Satz: »Aus unbekannten Gründen verstieß er sie nach einem Jahr und wandte sich Hildegard zu, einem Mädchen aus einer edlen schwäbischen Familie.«

Der gesamte Hof zeigte sich befremdet über die Scheidung auf fränkisch. Noch befremdeter war man über die Art, wie Karl die junge Frau an seinen Schwiegervater zurückschickte: »... als handele es sich um einen Ballen brüchig gewordener Seide.« Die amtlichen Apologeten haben sich später eilfertig bemüht, nach Entschuldigungen zu suchen: Desiderata sei unheilbar krank gewesen, habe keine Kinder bekommen können, sei unverträglich gewesen. Es blieben fadenscheinige Erklärungsversuche. Einhard ist klüger, wenn er einfach von »unbekannten Gründen« spricht.

Es ist keine Spekulation, wenn man annimmt, daß es auf jeden Fall zum Bruderkrieg gekommen wäre. Wobei es nicht sicher ist, ob Karlmann ihn, wie Einhard schrieb, vom Zaun gebrochen hätte. Der Biograph des Kaisers ist hier allzusehr Partei. Der Brief des Geistlichen Cathvulf, der um 775 geschrieben wurde, wird oft herangezogen, wenn es darum geht, Karlmann als Kriegstreiber hinzustellen. Der Geistliche preist die Güte Gottes, die Karl vor den Nachstellungen des Bruders bewahrt habe, »wie man von Jakob und Esau lese. Ein Glücksfall, daß er mit seinem Bruder zur Herr-

Die Vorfahren Karls des Grossen

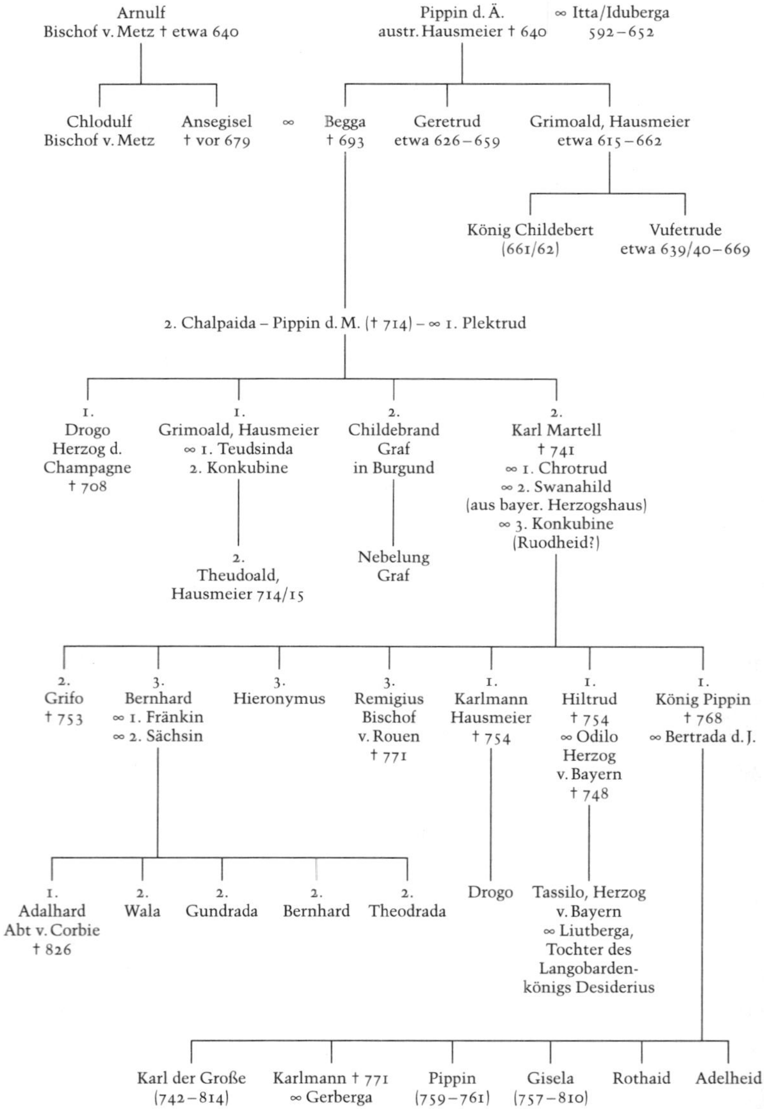

schaft gelangt sei; ein Glücksfall endlich, daß Gott Karl die Herrschaft über das gesamte Reich ohne Blutvergießen verliehen habe.«

Entscheidend für Karls urplötzlichen Sinneswandel, nicht mehr auf die langobardische Karte zu setzen, sondern die Politik wiederaufzunehmen, die seinem Vater die Krone verschafft hatte, war der plötzliche Tod des Bruders. Gerade zwanzig Jahre alt starb Karlmann Anfang Dezember 771 in der Pfalz Samoussi an einem Blutsturz. Oder hatte jemand den Blutsturz herbeigeführt? Der Tod eines so jungen gesunden Mannes, der einem Herrscher derart gelegen kam, öffnete wie stets in solchen Fällen bösen Gerüchten Tür und Tor.

Desiderata zu verstoßen, dieser Entschluß muß nach dem Tod Karlmanns gefaßt worden sein. Die unverhoffte Aussicht auf die alleinige Herrschaft ließ die Bindung an den Hof von Pavia als lästige Fessel erscheinen. Um in der Sprache der Juristen zu reden: Die Geschäftsgrundlage hatte sich verändert.

So werden die »unbekannten Gründe« offenbar: Erst jetzt konnte Karl es wagen, sich den bis aufs Blut beleidigten Schwiegervater Desiderius zum Todfeind zu machen; erst jetzt nahm er den Zorn der fränkischen Edlen gelassen in Kauf, die in Pavia mit ihrem Eid für die Eheschließung gebürgt hatten; erst jetzt durften ihm Enttäuschung und Zorn der Königinmutter gleichgültig sein. Eine Rolle hat bei seinem Entschluß gewiß jene »edle Schwäbin« gespielt, doch war Karl zu sehr Politiker, als daß er sich allein von der Liebe zu einer Frau in seinen Entscheidungen hätte leiten lassen.

Karl hat immer die alleinige Macht gewollt und in den Jahren nach der Doppelkrönung zielbewußt daraufhingearbeitet. Wenn diese Behauptung eines Beweises bedürfe – seine Schnelligkeit, mit der er in Corbény unweit von Laon einbricht, wo Karlmanns Edle noch zu trauern scheinen, die Leiche noch nicht einmal kalt ist; wie er die Hinterlassenschaft regelt, sich salben und zum König *aller* Franken auf den Schild heben läßt, das alles spricht für sich. Es ist ein Staatsstreich, ein Thronraub, denn rechtens wäre es gewesen, die Nachfolge für Karlmanns unmündige Söhne zu regeln. Die ganze Aktion wirkt so, als sei sie von langer Hand vorbereitet, ja als habe Karl mit den führenden Leuten am Hofe des Bruders seit geraumer Zeit in Verbindung gestanden. Verrat schien auch damals nur eine Frage des Datums zu sein.

Vielleicht haben einige der Edlen an jene Frau gedacht, die in diesem Moment über die schneeverwehten Straßen die Alpenpässe zu erreichen suchte – begleitet von einer Handvoll Getreuer und ihren beiden Kindern: Gerberga, Karlmanns Witwe, wie Desiderata Tochter des Langobardenkönigs Desiderius in Pavia. Es klingt wie Zynismus, wenn man bei Einhard liest: »Dort stellte sie sich mit ihren Kindern ohne ersichtliche Gründe unter den Schutz des Langobardenkönigs.« In anderen Quellen heißt es sogar, der neue Alleinherrscher habe Gerbergas Abreise mit Geduld und Fassung ertragen, jedoch als voreilig angesehen. Als hätte sie darauf warten sollen, daß ihre Söhne in ein Kloster, zu den lebenden Toten, verbracht würden. Das nämlich hatte Karls Vater Pippin mit seinen Neffen getan, und die Erinnerung daran war noch wach.

Die eisernen Reiter

»Und die Jahreszahl änderte sich in 772. Damals hielt der milde König Karl eine Versammlung in Worms und begab sich von hier erstmals nach Sachsen ...«, schreibt der Annalist. Das klingt beinah gemütlich. Doch stellen wir uns die Szene einmal vor: Die Wiesen und Felder um Worms sind erfüllt vom Lärm der Waffen, von Befehlsgeschrei, vom Wiehern der Pferde, vom Poltern der Ochsenkarren, auch vom Gesang der Spielleute und dem Lachen der gefälligen Mädchen. Die Reichsversammlung, die eine Heeresversammlung ist, wird von nun an Jahr für Jahr im Mai stattfinden, das Gelände, auf dem sie in Szene geht, wird Maifeld genannt werden. Und die Krieger, die aus allen Teilen des Reiches dem Ruf ihres Kriegsherrn folgen, folgen müssen, werden dabei erfahren, wohin die Reise, sprich der Feldzug, diesmal geht.

In einem späteren Schreiben Karls an den Abt Fulrad von Saint Quentin steht geschrieben: »Hiermit gebe ich Dir kund und zu wissen, daß wir unsere Versammlung in diesem Jahr in das östliche Sachsen nach Staßfurt an der Bode einberufen haben, und befehlen wir Dir, mit allen Deinen Männern dorthin zu kommen an den 15. Kalenden des Monates Mai. Dein Gefolge muß ausgerüstet sein mit Waffen, Kleidung und Lebensmitteln. Jeder Berittene muß einen Schild, eine Lanze, ein langes und ein kurzes Schwert haben, sowie einen Bogen nebst Köcher, in dem kein Pfeil fehlen darf. In den Troßwagen müßt Ihr Kriegsgerät jedweder Art mitführen, und der Proviant muß für drei Monate ausreichen, beginnend mit dem Datum der Versammlung. Waffen und Gewänder sollen für sechs Monate dauerhaft sein. Auf dem Wege zu uns darf nichts beansprucht werden außer Weide, Wasser, Feuerholz. Was sonst noch vonnöten, muß bezahlt werden …«

Zum Kriegsdienst war jeder freie Mann verpflichtet, wobei sich die Zahl der Gefolgsleute und die Art der Rüstung nach dem Vermögen richteten, und das hieß: nach dem Umfang des Landbesitzes. Wer wenig Land besaß, stellte zusammen mit anderen Kleinbesitzern einen Krieger mitsamt seiner Ausrüstung. Wer nicht am Krieg teilnehmen konnte, denn irgend jemand mußte die Hörigen

Die Lage der Fossa Carolina zwischen Rezat und Altmühl (nach H. H. Hofmann)

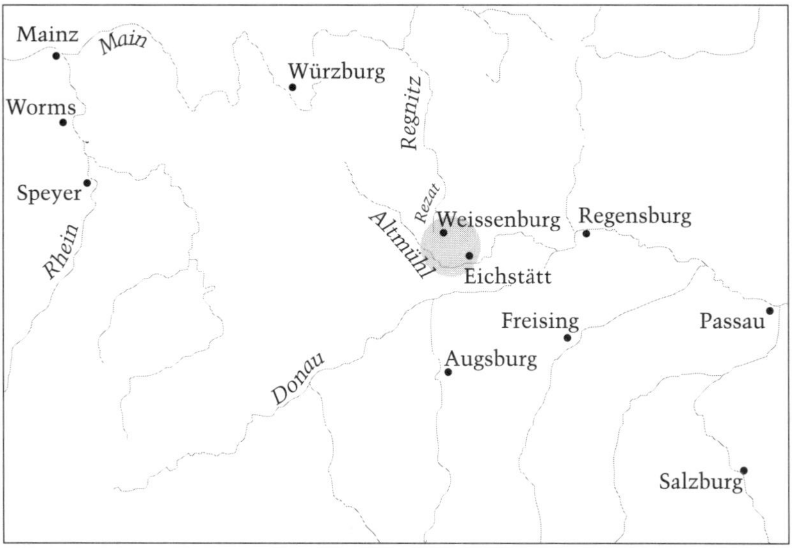

bei der lebenswichtigen Feldbestellung und Ernte beaufsichtigen, hatte zu zahlen. Auch Bischöfe und Äbte mußten gestiefelt und gespornt erscheinen, zusammen mit dem in ihren Waffenkammern lagernden Kriegsgerät. Selbst Äbtissinnen waren dazu angehalten, solche Arsenale in ihrem Kloster zu unterhalten.

Wer nicht für König und Reich sterben wollte, dem blieb nur die Flucht, oder er entschloß sich, die Kutte zu nehmen. Das ließ die Zahl der Mönche stark ansteigen, bis man per Gesetz verfügte, daß jeder, der das Kloster dem Wehrdienst vorzog, dafür eine Genehmigung brauchte.

Krieg zu führen kostete schon damals Geld, viel Geld. Besonders teuer kam der Panzerreiter, gefürchtet von allen Feinden und allen überlegen. Sein Helm, sein Schild, der Harnisch, die Beinschienen, die Lanze, das schwere lange Schwert, mit dem die eigentliche »Blutarbeit« verrichtet wurde, dazu ein Pferd mit Zaumzeug kosteten etwa vierzig Schillinge. Dafür bekam man eine Herde von achtzehn bis zwanzig Rindern. Allein für eine Brünne (ein lederner, mit Metallplatten besetzter Brustpanzer) berechnete der Waffenschmied den Gegenwert von vier Zugochsen. Unvorstellbar, wie teuer sich ein ganzes Heer gestellt hätte, wenn die Ist-Stärken stimmen sollten, die man aus dem frühen Mittelalter überliefert hat.

10 000 Panzerreiter würden demnach den Wert von 180 000 bis 200 000 Rindern ausmachen. Berichtet aber wird von 30 000 bis 40 000 Reitern zuzüglich leichter Reiterei, Fußsoldaten, Hilfstruppen, Troß. Ein Zeichen dafür, daß die Zahlen nicht stimmen können, denn solche Heere wären für niemanden bezahlbar gewesen. Etwa 10 000 Krieger zu Fuß und ca. 3000 Reiter, von denen ein Viertel gepanzert war, dürfte eine realistische Schätzung sein. Ein größeres Heer wäre schon an der Schwerfälligkeit des Trosses gescheitert.

Der Schmuggel fränkischer Waffen nach Skandinavien und in die Länder des Ostens blühte, wobei die damaszierten Klingen besonders begehrt waren. Er war auch nicht zu unterbinden, als Karl den Export unter schwere Strafen stellte. In diesen Ländern glaubte man, daß es nur dieser Waffen bedürfe, um ebenso erfolgreich zu kämpfen wie die Franken. Die nötige Tapferkeit würde man schon aufbringen. Man vergaß dabei, wie gut die Probleme des Nachschubs bei den Franken geregelt waren.

Die vierrädrigen Wagen verfügten über Lederplanen, die bei starkem Regen zu einem Verdeck aufgeschlagen wurden. Bespannt waren sie mit Pferden, die ihre Last mit Hilfe eines Brustblatts zogen, was ihre Zugkraft nahezu verdoppelte. Die Karolinger haben dieses Geschirr nicht erfunden (erfunden haben es wie so vieles die Chinesen), aber zumindest eingeführt. Zweirädrige Karren dienten dem einzelnen Krieger zur Marscherleichterung für sein Gepäck. Die Wagen rollten über Knüppeldämme, mit denen man Sümpfe begehbar machte, über Holzbrücken, mit denen kleine Wasserläufe überquert wurden; selbst der Rhein wurde – bei Mainz – überbrückt, ein Bauwerk, das in ganz Europa Aufsehen erregte. Sogar am Bau eines Kanals hatte sich Karl versucht, der die Donau mit dem Rhein über Nebenflüsse verbinden sollte.

Fossa Carolina, Karolingischer Graben, unter diesem Namen wurde das Projekt geschichtsnotorisch. Geplant nach dem System einer »torelosen Weiherkette«, sollte der Kanal die schwäbische Rezat mit der Altmühl verbinden (siehe unsere Skizze), womit es möglich geworden wäre, per Schiff den Rhein hinauf, den Main entlang bis zur Mündung der Donau zu fahren. Eine bequeme Art des Reisens im Zeitalter katastrophaler Straßen und Wege. Karl, dem Bauherrn, kam es weniger auf die Bequemlichkeit an als auf den wirtschaftlichen und, vor allem, militärischen Nutzen des Wasserwegs. Der kraft- und zeitraubende, nicht selten verlustreiche Anmarsch zum jeweiligen Einsatzort sollte seinen Truppenverbänden erspart bleiben.

6000 Mann stark war der Bautrupp, der im Herbst 793 daranging, einen Kanal auszuheben, der zwei Kilometer lang, acht Meter breit und zwei Meter tief werden sollte. Der Trupp setzte sich zusammen aus dienstverpflichteten Bauern, kriegsgefangenen Awaren und deportierten Sachsen. Weitere tausend Mann sorgten für die Verpflegung, das Werkzeug – und für die Bewachung. Mit Spaten, Schaufeln, Picken, Körben, ochsenbespannten Karren wurden die Erdmassen bewegt – eine Sisyphusarbeit: Was man am Tage herausgeschafft und zu Dämmen aufgeschüttet hatte, rutschte nachts wieder in den Graben. Außerdem regnete es. Tag und Nacht, Nacht und Tag brach es aus den Wolken hernieder. Die Priester im nahe gelegenen Hoflager beteten vergebens. Karl sah schließlich ein, daß Gott nicht mit ihm war, und ließ die Arbeiten zu Beginn des Winters einstellen.

In der Nähe eines unweit von Treuchtlingen gelegenen Dorfes, das bezeichnenderweise den Namen *Graben* trägt, kann man heute noch die Reste des kühnen Projekts bewundern. Es ist der mehrere hundert Meter lange Dorfweiher, der von baum- und buschbewachsenen Erdwällen umrahmt wird.

»Man sihet auch bey Weissenpurg die alte Fußtrit diser unnützen Arbeit«, schreibt ein mittelalterlicher Chronist. Daß sie nicht unnütz gewesen wäre, zeigten spätere Jahrhunderte. Bayerns König Ludwig I. gelang 1846 das, was Karl mißlungen war. Der Ludwigskanal aber wurde wenig benutzt und machte keinen Gewinn. Als im Herbst 1994, nach zweiunddreißigjähriger Bauzeit, die ersten 1200-Tonnen-Schiffe über den Rhein-Main-Donau-Großschifffahrtsweg fuhren – was für ein pompöser Name –, war Karls Graben längst vergessen.

Im Gegensatz zu den antiken Heeren der Griechen und Römer bekam der fränkische Krieger keinen Sold. Die hohen Adligen wurden mit dem Grund und Boden abgefunden, den man dem Feind abgenommen hatte. Der einfache Soldat mußte hoffen, daß die restliche Beute groß genug war, um ihn für seine Aufwendungen zu entschädigen. Die Fälle, bei denen der Truppe ganze Staatsschätze in die Hände fielen, bestehend aus Goldbarren, Silbergefäßen, Waffen, Gewändern, Elfenbeinschnitzereien, Truhen, Teppichen, Stoffballen, waren selten genug. Im allgemeinen fiel der Anteil der Gemeinen karg aus.

Bewaffnung, Logistik, Strategie und Taktik waren wesentliche Voraussetzungen für die Siege der Franken. Doch sie waren nicht alles. Am wichtigsten war das maßlose Selbstbewußtsein dieses Volkes, das Gefühl, allen anderen überlegen zu sein. Weder Karl Martell noch Pippin haben eine einzige Schlacht verloren. Karls Heer erlitt während eines halben Jahrhunderts nur zwei Niederlagen, eine in den Pyrenäen, als die Basken seine Nachhut überfielen, die andere bei Sünteln gegen die Sachsen. In beiden Fällen war er selbst nicht auf dem Schauplatz. Das Gefühl, auserwählt zu sein, wird nirgends so deutlich wie in den Zeilen, die das salfränkische Gesetzbuch einleiten. Dort heißt es:

»Der Franken erlauchtes Volk, durch Gott, den Schöpfer, begründet, tapfer in den Waffen, treu im Friedensbund, weise im Rat; wohlgestaltet, kühn, zupackend und wild, jüngst bekehrt zum christlichen Glauben, von Ketzerei unberührt, suchte, während es noch an den Brauch der Barbaren sich gebunden fühlte, auf Eingebung Gottes nach dem Schlüssel der Weisheit, strebte dem Grad seiner Sitte gemäß nach Gerechtigkeit und blieb fromm.

Heil sei dem, der den Franken liebt. Christus bewahre ihr Reich, tränke ihre Führer mit dem Licht seiner Gnade, schütze das Heer, mache sie stark im Glauben. Die Freuden des Friedens und des Glücks schenke der Herr ihren Königen ...«

Karlmann war tot. Karl konnte endlich, frei von Rücksichten und von Bedrohungen, das tun, was er für notwendig hielt. Und für notwendig hielt er einen Krieg gegen die Sachsen, gegen dieses – so der unbekannte Chronist – »wie alle germanischen Stämme von Natur aus wilde Volk, das Götzen anbetet, die Christen haßt und alle göttlichen und menschlichen Gesetze verletzt«. Einen rechten Frieden hatte es zwischen Franken und Sachsen nie gegeben. Karl Martell und Pippin waren immer wieder in die fast undurchdringlichen Wälder vorgestoßen, um Tribute (anfangs Rinder, später Pferde) einzufordern, Rebellionen niederzuschlagen – und die Sicherheit christlicher Missionare zu gewährleisten. Mit vulkanischer Gewalt brachen die Aufstände immer von neuem aus, begünstigt durch die überall in den Ebenen zusammenstoßenden Grenzen, die von beiden Seiten mit Mord, Raub, Brandschatzung verletzt wurden. Karls Unternehmen sollte mehr sein als eine der üblichen Strafexpeditionen. Sein Ziel war es, dieses Volk ein für allemal in die Knie zu zwingen, seinem Reich einzuverleiben und zum Christentum zu bekehren.

Er ahnte nicht, daß er dazu über dreißig Jahre brauchen würde. Kein Krieg, den das Frankenvolk führte, war so verlustreich, blutig, grausam und wurde mit soviel Fanatismus und Erbitterung von beiden Seiten geführt. »Er hätte zweifellos früher beendet werden können, wenn dies bei der Treulosigkeit der Sachsen möglich gewesen wäre. Es ist kaum glaublich, wie oft sie besiegt wurden und sich dem König unterwarfen, wie oft sie Gehorsam versprachen und vom König abgesandte Boten freundlich aufnahmen und Geiseln stellten. Einige Male waren sie derart aufs Haupt geschlagen worden, daß sie gelobten, den Götzendienst aufzugeben und das Christentum anzunehmen. Doch meist hatten sie es ebenso eilig, das feierlich Gelobte nicht zu halten.«

So schreibt Einhard in seiner *Vita Karoli Magni*. Auch alle anderen Quellen sind fränkisch. Wir haben also ein einseitiges Bild der damaligen Vorgänge. Sächsische Chronisten hätten »Treulosigkeit« vielleicht als Bruch unmenschlicher Verträge bezeichnet, »Götzendienst« als Verehrung ihrer alten Götter, »barbarische Wildheit« als Kampf um ihre Freiheit.

Die Bewohner dieses Landes zwischen Nordsee und Thüringen, zwischen Elbe und Rhein mit seinen Wäldern, Heiden und Mooren, Gewässern und Flußtälern, mit seinen Einzelgehöften und weltverlorenen Siedlungen hingen zäh an ihren Göttern: an Wotan, dem Allvater, dem wilden Jäger der Lüfte; an Donar, der die Blitze schleudert, mit seinem Hammer die heiligen Ordnungen schützt; an Baldur, dem Frühlingsgott, dem Früchtebringenden; an Freya, der Behüterin der Liebe, der Ehe; an Loki, dem Gott des Feuers, des Schöpferischen und des Zerstörenden. Sie wollten nicht einsehen, daß ein Amulett »heidnisch« sei, der Knochen eines zu Tode Gemarterten dagegen »heilig«.

Der Stoß des fränkischen Heeres richtete sich gegen das Flußgebiet der Weser zwischen Corvey und Minden. Dort siedelten die Engern, einer der vier Stämme der Sachsen neben den Ostfalen, den Westfalen und den Nordleuten. Ein solcher Zug pflegte eine Spur von Verwüstung zu hinterlassen. Die Gehöfte gingen in Flammen auf, die Kornfelder brannten, die Obstbäume wurden gefällt, die Scheunen ausgeraubt, die Rinder weggetrieben. Wie immer in der langen Geschichte der Menschheit waren es die Bauern, die das Leid trugen.

Am Oberlauf der Diemel hatten die Engern eine Festung gebaut, die Eresburg (die man heute mit der 900 Meter langen und 350 Meter breiten Bergkuppe von Obermarsberg gleichsetzt). Die Eresburg – eine Burg, die das *Heer* birgt – wurde im Sturm genommen und der Marsch nach Norden fortgesetzt, bis die Irminsul erreicht war. Die Säule, ein hochragender, riesiger Baumstamm, trug nach dem Glauben der Sachsen das Himmelsgewölbe und war von einem heiligen Hain umgeben.

Wo genau sie gestanden hat, bleibt umstritten. Vielleicht geben die Lorscher Annalen doch den entscheidenden Hinweis. Dort wird geschildert, wie die vom Durst gepeinigten fränkischen Krieger – es war Hochsommer – einen urplötzlich aus dem Boden aufspringenden Quell wahrnahmen. Eines der vielen Wunder natürlich, doch nicht mehr verwunderlich, wenn man an eine intermittierende Quelle denkt; das sind kleine Wasserläufe, die zeitweise aussetzen, wieder anschwellen, wieder aussetzen. Eine solche Quelle könnte der sogenannte Bullerborn bei Altenbeken sein, der erwiesenermaßen noch im 17. Jahrhundert regelmäßig zur Mittagszeit sprudelte.

Die Irminsul war von mehreren Gebäuden umgeben, in denen die den Göttern geweihten Gaben aufbewahrt wurden: goldene Fibeln, silberne Gefäße, Schmuck, Schwerter, Gewänder. Die Weihegaben waren eine willkommene Beute zur Entlohnung der Adligen für den Kriegsdienst. Dann flogen brennende Fackeln in die Häuser, die Säule wurde umgelegt, der heilige Hain niedergebrannt. Wie die Sachsen sich gegen die Zerstörung ihrer heiligen Stätten wehrten, darüber berichten die fränkischen Annalen nichts. Nur die zwölf Geiseln werden erwähnt, die die Engern als Bürgschaft dafür stellen mußten, die gemeinsame Grenze in Zukunft zu achten. Daß der Vertrag das Pergament nicht wert war, auf dem er geschrieben, war vorauszusehen. Die Zerstörung der Heiligtümer galt als eine, im Sinne des Wortes, himmelschreiende Tat. Man war es den Göttern schuldig, sie nicht ungerächt zu lassen. Und sie blieb es nicht ...

Das fränkische Heer marschierte ab, löste sich auf, die Krieger zogen wieder in ihre Heimatorte. Daß ihnen wegen des Sakrilegs das Gewissen schlug, ist nicht anzunehmen. Im Gegenteil: Ihre Priester, die bei jeder Unternehmung dabei waren, werden ihnen versichert haben, daß sie im Namen des Christengottes ihre Schwerter nicht auf einem Kriegszug mit Blut gefärbt hatten, sondern auf einem Kreuzzug wider ein barbarisches Heidenvolk. Christlicher Hochmut schien bei den Franken eigentlich nicht am Platz. Das Bekenntnis zu Jesus Christus war bei den meisten von ihnen lediglich Tünche. Eine Tünche, die in Ausnahmesituationen abzublättern begann.

Aus Dämonenglauben war Heiligenkult geworden. Die Reliquienverehrung und der Wunderglaube trugen heidnische Züge so wie die Feuerprobe und das Gottesurteil. Die Triebe dieser Menschen waren kaum gebändigt, Hemmungen nicht vorhanden, Atavismen brachen immer wieder durch. Wer sein Recht suchte und es nicht bekam, griff zur Selbsthilfe. Wer etwas begehrte, was ihm nicht zustand, versuchte es sich mit Gewalt zu nehmen. Sie glichen Zwitterwesen, die ihren Urgrund verloren hatten, ohne neuen festen Boden gewonnen zu haben. Aus dieser Zwiespältigkeit wuchsen Charaktereigenschaften von grellem Gegensatz: Barmherzigkeit wohnte neben erschreckender Brutalität, Mildtätigkeit neben mörderischer Habgier, Edelsinn neben abstoßender Gemeinheit, Bescheidenheit neben wahnwitzigem Hochmut.

Ein Papst ruft um Hilfe

Der *geneigte Leser* – wie Autoren aus guter alter Zeit ihre Leser anzureden pflegten – wird um Nachsicht gebeten, wenn dieses Kapitel mit Geschehnissen beginnt, an denen er bereits teilgenommen zu haben glaubt. Im Mittelpunkt steht wieder ein Papst, der von einem langobardischen König bedrängt wird und sich an einen fränkischen König um Hilfe wendet. Hadrian, Desiderius und Karl heißen die Hauptdarsteller der folgenden dramatischen Szenen auf der Bühne der Geschichte.

Hadrianus, Römer aus vornehmem Adelsgeschlecht, in einem Palast nahe San Marco residierend, hatte Anfang 772 den Päpstlichen Stuhl bestiegen, den er vierundzwanzig Jahre innehaben würde. Der Chronist schildert ihn als schön von Antlitz und brillant in seinem Geist. Seine erste Amtshandlung bestand darin, Desiderius klarzumachen, daß er noch immer nicht die Gebiete bekommen habe, die ihm gemäß der Pippinschen Schenkung zustünden, und auch nicht die Städte, die seit kurzem widerrechtlich besetzt worden seien. Desiderius aber wollte ein Geschäft machen, dergestalt, daß er für die Rückgabe die Salbung der beiden Söhne Karlmanns zu Königen verlangte (die er, wie wir wissen, zusammen mit ihrer Mutter Gerberga in Pavia aufgenommen hatte). Die Fronde im Frankenreich zu stärken und einen Bürgerkrieg zu entfachen war sein Plan.

Hadrian wollte von solchen Geschäften nichts wissen. Weniger aus Gründen der Moral als aus der Erkenntnis, daß es immer besser sei, die Partei des Feindes seines Feindes zu wählen, zumal wenn der über die stärkeren Bataillone verfügte. Zwei Abgesandte machten sich auf die Reise – auch diesmal zu Schiff, denn der Landweg war blockiert – mit dem Auftrag, König Karl in seiner Pfalz Diedenhofen aufzusuchen und zu bitten, er möge »gleich wie sein unvergeßlicher Vater Pippin seligen Angedenkens der heiligen Kirche seine Unterstützung leihen«. Die Erinnerung an Pippin selig hatte eher den gegenteiligen Effekt, denn auch Karls Vater hatte zögerlich reagiert und sich einer Opposition von Adligen gegenübergesehen, denen die Interessen des Papstes gleichgültig gewesen waren. Außerdem war bereits eine andere Delegation an der Mosel diplomatisch tätig gewesen: drei Herren aus Pavia, die ständig betonten, der Papst *habe* bereits alles zurückerhalten.

Karl entließ beide Gesandten, ohne sich durch irgendeine Entscheidung festzulegen, und entsandte seinerseits eine Delegation nach Rom und Pavia mit dem Auftrag, die Sachlage an Ort und Stelle *sine ira et studio* zu prüfen. Nach dem Studium dieser Prüfung tat Karl etwas Ungewöhnliches: er griff in den Staatssäckel, holte 14 000 Goldsolidi hervor und bot sie Desiderius an; unter der Bedingung, dem Papst zu geben, was des Papstes sei. Der Langobarde lehnte, wie schon einmal, entrüstet ab. Er wollte kein Geld, er wollte Rache; Vergeltung für die Schmach, die seinem Haus durch die Vertreibung der Tochter Gerberga und der beiden Enkel angetan worden war.

Karl also mußte marschieren. Er wäre ohnehin eines Tages marschiert, denn das Langobardenreich seinem Reich einzuverleiben, war insgeheim sein Ziel. Seine Politik war die Politik der Expansion. Er war der geborene Eroberer; ein Kriegsherr, tief durchdrungen von der Mission, alle auszuschalten, die ihm im Wege standen, das Abendland allein zu beherrschen. Doch das Jahr 774 galt ihm als zu früh für eine Auseinandersetzung mit den Langobarden. Noch glaubte er, nicht fest genug im Sattel zu sitzen. Doch letztlich war einem Mann, der am glücklichsten schien mit einem guten Pferd, einer eisernen Rüstung und einem scharfen Schwert, ein frisch-fröhlicher Krieg immer recht ...

Wieder standen die Franken am Einfallstor nach Italien, an den Klusen nördlich von Susa. Die waren inzwischen noch stärker bewehrt: Die Mauern sperrten das Tal mit den Bergen als Türstöcke derart gründlich, daß keine Maus hätte hindurchschlüpfen können. Den Paß von Mont Cenis (2083 m) hatte schon Hannibal benutzt bei seinem spektakulären Übergang mit den siebenunddreißig Elefanten. Auch Heinrich IV. sollte diesen Übergang wählen bei seinem bitteren Gang nach Canossa, wobei die Königin auf Ochsenhäuten die steilen Pfade hinuntergelassen werden mußte. Die Klusen zu stürmen schien unmöglich. Belagerungsgerät hatte man nicht hinaufschaffen können, und allein mit Sturmleitern wäre ein Angriff selbstmörderisch gewesen.

Karl versuchte Zeit zu gewinnen, indem er Unterhändler absandte, die das Angebot von 14000 Solidi verdoppelten und nach erneuter Ablehnung vorschlugen, sich mit der Stellung dreier Geiseln als Garantie für die Rückgabe der umstrittenen Gebiete zu begnügen. Weitere Emissäre gingen hinüber, während Karl ungeduldig auf die Meldung wartete, daß die andere Heeresabteilung, die sein Onkel über den Großen St. Bernhard zu führen hatte, endlich im Rücken des Feindes auftauchte. Die Meldung kam nicht. Dann geschah ein Wunder: Der Allmächtige schickte Angst und Schrekken über den bösen Desiderius, und seine Krieger ergriffen allesamt die Flucht. So jedenfalls lesen wir es in der Vita des Hadrian.

Die plötzliche Flucht der Langobarden hat tatsächlich stattgefunden. Kein Wunder aber hatte sie bewirkt, sondern Verrat.

Jener Mensch war erschienen, der, gleichsam als *deus ex machina*, den Gang der Weltgeschichte schon im Altertum zu beeinflussen pflegte, indem er als Kenner von Weg und Steg Soldaten in den Rücken anderer Soldaten führte. Der berühmteste, besser, der berüchtigtste unter ihnen hieß Ephialtes und lieferte bei den Thermopylen die Spartaner ans – persische – Messer. Oft war es ein Hirte; diesmal allerdings ein langobardischer Spielmann, der das Angebot machte, eine Eliteschar der Franken auf einem nur ihm bekannten Pfad so weit zu geleiten, bis sie bei Giaveno im Süden der Klusen standen; sprich, im Rücken des Feindes. *Via Francorum* hieß der Steig von nun an für Jahrhunderte. Der Volksmund bemächtigte sich des Spielmanns und webte ihn ein in eine hübsche Legende. Hiernach habe er als Belohnung Land gefordert; alles Land, so weit der Klang seines Horns zu hören gewesen sei, das er von hohem Berge geblasen. So wurden er und seine Söhne reiche Grundbesitzer. Und ihre Hörigen und Halbfreien hießen die *Transcornati* – die Zusammengeblasenen.

Karls Heer passierte die Klusen und durchschritt, nach Vereinigung mit dem Korps seines Onkels, die Poebene, die allmählich sich auflösenden langobardischen Truppenteile vor sich hertreibend. Ende September wurde es, bis die Franken die Residenz Pavia, wohin Desiderius geflüchtet war, rundum eingeschlossen hatten. Die gewaltigen Mauern, die Türme, Tore, Zugbrücken, Schießscharten, Vorwerke mußten jeden Belagerer entmutigen. Auch war die Kunst, eine Stadt zu belagern, sie mit Hilfe raffinierter Maschinen wie Schildkröten, fahrbare Türme, Torsionsgeschütze, Pfeilbündelkatapulte, Rammböcke sturmreif zu machen, seit der Antike längst verkommen, und man mußte sich mit dem Versuch begnügen, eine solche Festung auszuhungern.

Genau darauf schien sich Karl einzurichten. Er ließ aus der Heimat seine Frau und seine Kinder ins Lager kommen. Die Truppenführer instruierte er, daß sie damit rechnen müßten, mit ihren Kriegern einen Winter unter Waffen im Feindeslager zuzubringen – für ein fränkisches Heer das erste Mal. Dann unternahm er mit einer Scara, wie die aus Berufskriegern bestehenden Eliteeinheiten hießen, einen Streifzug nach Verona, dorthin, wo sich, wie ihm gemeldet worden war, Karlmanns Witwe mit ihren Söhnen verborgen hatte. Verona galt als die am stärksten befestigte Stadt Italiens, stärker noch als Pavia, aber der Wille, sie zu verteidigen – zweier Landfremder wegen –, war weniger stark. Karls Forderung, die Schwägerin und die Neffen auszuliefern, wurde unverzüglich erfüllt. Die Veronesen hatten sich bereits der aufgehenden Sonne zugewandt.

»Die Königswitwe mit ihren Söhnen verschwindet seitdem aus der Geschichte«, vermelden die *Jahrbücher des Fränkischen Reiches* knapp. Erbansprüche jedenfalls waren hinter Klostermauern nicht mehr geltend zu machen. Gerberga, eine Frau, von der wir nichts weiter wissen, als daß sie eine schöne Frau gewesen, war ein Opfer am Rand des Weges, den ein Großer ging.

Die Belagerung Pavias zog sich länger hin, als man erwartet hatte. Der September war vergangen, der Oktober, November, Dezember. Das Weihnachtsfest feierten die Belagerer in ihren vom Winterregen durchnäßten Zelten, in denen alles schimmelte, die Schuhe, die Decken, die Wämser, die Lebensmittel; an den Rüstungen und den Waffen gedieh der Rost. Bisweilen wußte man nicht, wer nun eigentlich die Belagerer seien, die da oben hinter den festen Mauern oder die da unten hinter ihren aufgeschütteten Erdwällen.

Karl wurde unruhig. Nichts war gefährlicher als unbeschäftigte, mißmutige, ins Grübeln kommende Soldaten. Aus der Heimat kamen schlechte Nachrichten über die Grenze zu Sachsen. Aus Rom verlautete, der Papst versuche, das Herzogtum Spoleto von der Kurie abhängig zu machen. Spoleto gehörte, immer noch, den Langobarden, und ein Eingriff dort mußte die Interessen der Franken empfindlich tangieren. Im März entschloß sich Karl unversehens, an den Tiber zu ziehen, um mit Hadrian die römischen Querelen zu besprechen und an den heiligen Stätten zu beten. Das Letztere war nicht das Geringere; denn der Franke war ein frommer, tief religiöser Mensch. Wenn er seinen Kriegen gegen die Sachsen, gegen die Awaren, gegen die Sarazenen einen kreuzzugähnlichen Charakter verlieh, so war das – bei ihm – keine bloße Heuchelei.

Seine Begleitung hatte er so zusammengestellt, daß sie bei seinen Freunden Vertrauen erregte, bei seinen Feinden Furcht. Vor seiner Entourage aus Herzögen, Grafen, Bischöfen und Äbten ritten die Panzerreiter, dahinter folgten Krieger zu Fuß. Als die Franken sich Rom näherten und Hadrian endlich erfuhr, welch hoher Besuch zu erwarten war – Karl hatte es nicht für wichtig gehalten, sich förmlich anzukündigen –, reagierte er schnell, obwohl er »von Staunen überwältigt« war.

Er alarmierte die Ämter, die Schulkinder, die Miliz, ließ Kreuze, Palm- und Ölzweige verteilen und hieß sie, dem König der Franken entgegenzuziehen. Er selbst eilte mit dem Klerus im Morgengrauen zur Peterskirche – damals noch ein schlichter hallenförmiger Backsteinbau –, um seinen Gast zu empfangen. »*Benedictus qui venit in nomine Domini*«, sangen die Priester und schwangen die Weihrauchgefäße.

»Als Karl endlich nahte, küßte er die einzelnen Stufen der Kirche, er umarmte den Papst«, lesen wir in der *Vita Hadriani*, »und sie stiegen hinab zum Sarg des heiligen Petrus, schworen sich gegenseitig Treue und dankten dem Apostelfürsten für der Franken großartigen Sieg.« Pavia war zwar noch nicht gefallen, aber wer würde daran denken in diesem Moment? Es war Ostern und die Ewige Stadt erfüllt vom Jubel über die Auferstehung des Herrn. »In der Früh des anderen Tages wurde Karl mit seinem ganzen Gefolge in die Marienkirche zur Krippe geleitet und das Meßopfer verrichtet. Und sie speisten zusammen im Lateran an der päpstlichen Tafel.«

Am vierten Tag wird der Heilige Vater sich gedacht haben, daß es nun genug sei mit Danksagungen, Lobpreisungen, Gebeten, Gesängen und man zum Geschäft kommen müsse. »Er drang beharrlich und inständig in den König Karl«, um die *Vita* wieder zu zitieren, »und ermahnte ihn mit väterlicher Liebe, jenes Versprechen vollständig zu erfüllen, das sein Vater Pippin dem Papst Stephan einst gegeben, als dieser ins Fränkische Reich gezogen war. Nämlich verschiedene Territorien dieser Provinz Italien zu ewigem Besitz des heiligen Petrus und seinem Nachfolger zu überschreiben.«

Es folgt die Aufzählung dieser Gebiete, und sie hätte eigentlich bei den Franken einen Schock auslösen müssen. Ihr zufolge wäre fast ganz Italien nun Eigentum des Papstes, einschließlich jener Provinzen, die sie nie erobert hatten, wie Venedig, Istrien, Korsika, das Herzogtum Benevent. Karl unterzeichnete die Urkunde dennoch, ohne zu zögern, legte sie eigenhändig auf das Grab des Petrus, ja, ein zweites Exemplar »innen auf den Leib des Apostels, unter die Evangelien, die sich dort befinden und geküßt werden«, und beschwor alles mit einem furchtbaren Eide. Eine weitere Abschrift, die er sich von seinem Kanzler Itherius anfertigen ließ, nahm er mit ins Frankenland.

Karls Großzügigkeit hat auch die Historiker gewundert. Pierre Riché nimmt an, daß es der König eilig hatte, wieder nach Pavia zurückzukehren; daß er ergriffen war von den flehentlichen Bitten des Papstes; daß er eingeschüchtert war vom kirchlichen Zeremoniell und der Größe der Stadt und deshalb ein Versprechen abgegeben habe, das er in diesem Ausmaß gar nicht halten konnte. Gregorovius konstatiert kurzerhand, die Schenkung Pippins, die er vor zwanzig Jahren in Quierzy gemacht habe, gehöre, genauso wie die Bestätigung von Rom, zu den »Märchen«: Hadrians Biograph habe das Dokument entweder schon gefälscht vorgefunden oder die darin enthaltenen Angaben zugunsten der Kurie selbst verfälscht.

Beweise gibt es dafür nicht. Tatsache ist lediglich, daß weder die Quierzy-Urkunde noch ihre Bestätigung durch Karl jemals aufgefunden wurden. So werden wir niemals genau erfahren, was »versprochen« worden ist, was »geschenkt« wurde, ob es eine Schenkung war oder nur das Versprechen einer Schenkung. Es bleibt anzunehmen, daß Kanzler Itherius, der mit allen Salben gesalbte fränkische Hofjurist, die einzelnen Bestimmungen so allgemein gehalten hat, daß sie auslegungsbedürftig waren. *Wie* auslegungsbedürftig, sollte sich bald herausstellen …

Karl logierte in einer der Bischofswohnungen neben St. Peter, das ja *vor* den Mauern Roms lag. Innerhalb der Mauern wollten ihn die Römer nicht residieren lassen, obwohl es einem *patricius* zugestanden hätte. Ihre Erfahrungen mit den Langobardenkönigen hatten sie vorsichtig werden lassen. Helfen durfte Karl ihnen, sie beherrschen sollte er nicht. Am nächsten Tag betete der König an jenen Stätten, an denen alle Pilger gewöhnlich zu beten pflegten: San Paolo, Santa Maria Maggiore, San Lorenzo und Santa Croce in Gerusalemme.

Was sich seinen Blicken bot, war nicht mehr *Roma aeterna*, die Stadt, die einst über ein Reich herrschte, das größer war als die Vereinigten Staaten von Amerika heute. Die Zahl der Einwohner, von 1,3 Millionen unter Kaiser Augustus auf etwa 40 000 Ende des 6. Jahrhunderts gesunken, war nur langsam wieder gestiegen. Die »Ewige« glich einer gigantischen Wüste, bedeckt mit Marmorblöcken, aus denen Säulen ragten, bevölkert von den Elenden, die sich in den Trümmern eingenistet hatten wie Troglodyten; bewohnt von Adligen, die ihre schwarzen Festungstürme in die Ruinen hineingebaut hatten. Dazu die Kirchen und Klöster, meist auf dem Schutt der alten Tempel errichtet, um Heidnisches zu bannen.

Diese gespenstische Ansammlung verfallener Paläste, zerstörter Tempel, geborstener Säulen, gestürzter Triumphbögen, zerbrochener Statuen war von einer dämonischen Anziehungskraft, der sich Karl nicht entziehen konnte, ein Mann, der, wie Einhard berichtet, sich immer wieder Geschichte vorlesen ließ, vornehmlich die Taten der Alten. Rom war nicht mehr der Sitz der Cäsaren, es war die Metropole der abendländischen Christenheit, in deren Erde so viele Märtyrer bestattet waren wie sonst nirgendwo, deren Basiliken die kostbarsten aller Reliquien bargen und das Grab des Petrus, des Felsens, auf den die Kirche sich gründete.

Und dennoch schien das Antike noch stärker als das Christliche. So wie es in einem Gedicht heißt: »Nichts ist, Rom, dir gleich, auch wenn in Trümmern du liegst. Dein Stolz zerbrach die allmächtige Zeit, der Cäsaren Burgen und der Himmlischen Tempel, sie liegen im Staub. Niemals aber haben Chronos, das fressende Feuer, das Schwert sie ihres Glanzes ganz zu berauben vermocht.«

Karl mag die Stadt so erlebt haben, wie sie später ein anderer deutscher Herrscher, Otto III., erleben würde. Er sah die Kaiserpaläste auf dem Palatin in kolossalen Ruinen, manche Gemächer noch mit Teilen der goldenen Tapete bedeckt; das Kolosseum, Schauplatz grausamer Christenmarter, mit den erhaltenen Sitzreihen. Die riesigen Monolithsäulen aus blauem Granit vor dem Tempel der Venus und der Roma boten ihm einen bewegenden Anblick, wie auch der Tempel der Concordia, vor dem Cicero seine berühmten Reden hielt, dann das himmelstürmende Capitol. Er blickte auf die Statuen der Kaiser, die die Goten nach der Erstürmung der Stadt nicht anzurühren wagten, weil sie deren Rache fürchteten.

Er wird auch die Schafherden gesehen haben in den Thermen und Theatern, die Krautgärten auf Marsfeld und Forum; die Paläste, deren Marmor zu Kalk gebrannt wurde; die zu Schweinetrögen gewordenen Sarkophage; die in Ladentische verwandelten Grabsteine. Und überall das Volk von Rom, das ameisengleich aus den Trümmern herbeischleppte, was brauchbar erschien als Baustoff, Fassadenschmuck, Dekoration, eine immerwährende Plünderung, denn niemand mehr hatte Sinn noch Macht, das Werk der Ahnen zu schützen.

Die Römer säumten die Straßenränder und starrten auf die riesige Gestalt des Königs, der sie von nun an beschützen sollte. Für sie war er ein Barbarenherrscher wie alle jene, die in den vergangenen Jahrhunderten gekommen waren, die Stadt Rom zu bedrohen, zu erobern, zu plündern. Barbarischer noch die ihn begleitenden Paladine mit ihren unförmigen Schilden, den langen Schwertern und schweren Panzern. Männer, »deren Bauch ihr Gott war, deren Rausch ihr Mut, deren blinde Wut ihre Tapferkeit«. Die Zuneigung war auf beiden Seiten nicht groß.

Im belagerten Pavia lebten keine Hunde und keine Katzen mehr. Sie waren in die Kochtöpfe gewandert. Nun begann man Jagd auf die Ratten zu machen. Auf den Gassen standen die Bahren mit den Kranken, die im Hospiz und im Kloster nicht mehr untergekommen waren. Die Pest sei ausgebrochen, hieß es, doch »Pest« werden die meisten Seuchen genannt. Auch wenn es sich um Typhus handelte, wie wohl in diesem Fall, dessen Ausbruch auf mangelnde Hygiene zurückzuführen ist. Das Volk begann zu murren, auch die Adligen zeigten offen ihr Mißfallen. Nach fast neun Monaten war die Not der Eingeschlossenen größer als die Treue zu Desiderius. Keiner regte sich mehr für ihn. Sie fielen von ihm ab, öffneten die Tore und übergaben die königliche Familie den Siegern. Man verurteilte sie zu lebenslanger Klosterhaft.

Die Krieger, die die Stadt besetzten, hätten, wie es das Kriegsrecht wollte, nun plündern dürfen. Da sie keinen Sold bezogen, nahmen sie dieses Recht für sich in Anspruch. Karl verweigerte es ihnen, was bei anderen Heeren nicht selten zu Rebellionen geführt hatte. Seine Autorität war groß genug, um jeden Gedanken daran zu ersticken. Seine Autorität *und* der überraschend große Königsschatz, den man in den Gewölben entdeckte, trugen zur Besänftigung auch des unzufriedensten Kriegers bei.

Karl nannte sich von nun an »König der Franken und Langobarden«. Daß er den Namen der Besiegten seinem Titel zufügte, zeigte sich als ein psychologisch kluger Zug, der ihm hoch angerechnet wurde. Er wahrte den Unterlegenen ihr Gesicht. Seine Großmut, seine Mäßigung und Milde erstaunten seine Zeitgenossen. Sie waren es gewohnt, daß der Sieger den Besiegten vernichtete. Dieser Sieger aber ließ ihnen ihre Verfassung, setzte, bis auf wenige Ausnahmen, ihre Herzöge nicht ab, sondern verlangte lediglich Treueschwur und Huldigung.

Er hatte erkannt, daß Beherrschung durch Besetzung bei diesem germanischen Volk fehl am Platz gewesen wäre. Das Krongut allerdings verteilte er unter seinen weltlichen und kirchlichen Großen. Da das Mißtrauen eine Verwandte des Vertrauens ist, wenn auch nur die Stiefschwester, kehrte er in die Heimat zurück mit einer Anzahl hochgestellter Geiseln, die, wie es bei Geiselstellung der Brauch war, getötet werden konnten, wenn die geschworene Treue zu Untreue wurde. In einigen Städten, vornehmlich in Pavia, wurden fränkische Garnisonen eingesetzt. Während der gesamten Regierungszeit Karls ist es, von einer einzigen Ausnahme abgesehen, zu keinem Aufstand gekommen: der Lohn für die kluge, maßvolle Politik des Eroberers.

Das unbezwingbare Volk der Sachsen

Die deutschen Könige und Kaiser waren ambulante Herrscher. Ohne feste Residenz zogen sie durch die Lande mit ihren Frauen, ihren Kindern, ihren Beamten, ihren Jägern, Dienern, Knechten und ließen sich nieder für einige Wochen, bisweilen auch Monate, auf den Königshöfen, Pfalzen genannt. Das Wort *Pfalz* kommt von *palatium*, Palast, aber Paläste hätte man dort vergeblich gesucht; selbst das Wohnhaus des Königs konnte niemand mit diesem Ausdruck bezeichnen; es war lediglich aus Stein gebaut, war unterkellert und verfügte über drei hallenartige Wohnräume und etwa zehn kleine Zimmer. Der säulengetragene Vorbau, der Portikus, bemühte sich wenigstens etwas Palast*ähnliches* vorzutäuschen. Die anderen Wohnhäuser, die Truppenunterkünfte, die Speicher, Stallungen, Werkstätten, die Meierei waren aus Lehm, Sträuchern und Stämmen gefügte Fachwerkbauten. Selbst das kleine Kirchlein mußte sich oft genug mit dem Baumaterial Holz begnügen.

Auf den Pfalzen saß Karl zu Gericht über korrupte Prälaten, schlichtete Streit zwischen Äbten, übereignete Klöstern Land oder enteignete sie, ernannte Beamte, setzte Kämmerer ab, belohnte treue Diener, stiftete Ehen, erließ Verordnungen, was angebaut werden sollte und was nicht, prüfte die geistlichen Schullehrer, ob sie mehr verstünden als ihre Schüler. Zwischendurch ging er auf die Jagd, teils um den Küchenzettel zu bereichern, teils aus Lust am Waidwerk. Beraten wurde auch, und das nicht zuletzt, wann gegen wen und wohin ein Feldzug zu führen wäre.

Dem jeweiligen Pfalzgrafen oder den Verwaltern der Krongüter oblag es, den König und sein Gefolge ihrem Stand gemäß zu versorgen. Der Besuch des Monarchen war ehrenvoll, oft aber wurde er zur Heimsuchung. War das letzte Korn gemahlen, der letzte Schinken verzehrt, das letzte Schwein geschlachtet, das letzte Faß Wein geleert, das Gut also so kahlgefressen, wie es, laut einem betrübten Verwalter, nur der Heuschreck vermag, zog die königliche Karawane weiter.

»Zwei Dinge solltest du nie tun«, sagte der alte Pfalzgraf auf dem Sterbebett zu seinem Sohn und Nachfolger, »einen Krieg führen und den König einladen.«

Man hatte über 250 solcher Residenzen auf Zeit gezählt. Düren, Ingelheim, Héristal bei Lüttich, Nimwegen, Quierzy, Worms, Diedenhofen, Attigny gehörten zu den beliebtesten Orten. Sie waren so ausgestattet, daß der Hof auch die Winter hier verbringen konnte; und die großen kirchlichen Feste.

Im Winter 774 auf 775 traf sich der Hof in Quierzy, einer der größten und bestausgestattetsten Pfalzen im Frankenreich. Hier war Karl Martell gestorben, hatte Pippin der Jüngere hofgehalten, später Bertrada mit ihren Kindern Karl und Karlmann gelebt. Am rechten Ufer der Oise gelegen, an der Straße zwischen Paris und Brüssel, war der Ort zu Schiff und zu Pferd gut zu erreichen. Die Wälder von Coucy, d'Ourscamp, Brétigny waren reich an Großwild, und in den Sümpfen der Oise wimmelte es von Federwild, das mit dem Falken gejagt wurde.

Karl war ein Mann von ungeheurer Wißbegierde. Diese Neugier war vor allem in Italien immer wieder geweckt worden. Während einige seiner Großen sich vornehmlich damit beschäftigten, die *jeweilige Beute* zu schätzen und ihren Anteil zu berechnen, hatte der König nachdenklich vor den aus Marmor gefügten Palästen gestanden, den kunstvoll gebauten Kirchen, den vielen Häusern aus Stein, den gepflasterten Straßen, den Türmen, Thermen, Theatern. Das große Staunen schien über ihn gekommen zu sein, das Staunen als Vorstufe der Erkenntnis. Was waren das für Städte, verglich man sie mit denen im Frankenreich, die sich in einem Zustand befanden, der nur noch entfernt daran erinnerte, daß hier einst römische Bürger lebten.

Mit Mailand und Pavia konnten sich Worms, Regensburg, Frankfurt nicht messen. Handel und Wandel, der Verkehr, die Schulen, die Gewandtheit der Rede, die Küche, ja die Kunst zu leben, die gesamte Kultur der Langobarden war der der Franken in allem und jedem überlegen. »So erlebte Karl in Italien auch sein kulturelles Damaskus, das sich später in der karolingischen Renaissance auswirken und den Anschluß des Reiches an die mittelmeerische Tradition herstellen sollte.« (Faber)

Karl war in Quierzy seltener auf der Jagd zu sehen. Er widmete sich einer für seine Zeit höchst ungewöhnlichen Tätigkeit: Er war eifrig bemüht, sein Küchenlatein durch das klassische Latein eines Caesar, eines Cicero zu ersetzen. Er paukte förmlich die Vokabeln, zitierte lange Passagen aus den Kaiserbiographien Suetons und saß viele Stunden über seiner Wachstafel in der Hoffnung, die schwierige Kunst des Schreibens zu lernen.

»Seine alten Waffengefährten«, schreibt Jacques Delpierié de Bayac, »lehnten es rundweg ab, ihren Kopf mit Dingen zu belasten, die für einen Mann, dem man keine Tonsur geschnitten, völlig nutzlos waren. Die plötzliche Neigung ihres Souveräns war in ihren Augen für einen fränkischen Herrscher ungewöhnlich und in einem gewissen Sinne geradezu bedenklich. Sie hofften, daß dieses befremdliche Verhalten einer Laune entsprach, die nicht lange anhalten würde.«

In Quierzy wurde nicht nur gelernt, gejagt, gebechert, es wurde mit den wichtigen *consiliari* beraten, was im Falle Sachsenland zu tun sei. Der wilde, ungebärdige Stamm hatte Rache geübt für die Zerstörung der Irminsul, hatte die Eresburg wiedererobert, Hessen gebrandschatzt, das Kloster Fritzlar verwüstet; nur die Kirche, von der Bonifatius geweissagt, kein Feuer werde ihr jemals etwas anhaben können, blieb heil. Zwei Jünglinge in weißen Gewändern wehrten den Flammen und lähmten einen Brandstifter. »Mit gekrümmten Knien, auf seine Füße sich hockend, in seinen Händen Feuer und Holz, als wollte er eben durch Anblasen die Kirche anzünden, wurde er nachher in Todesstarre vor dem Portal gefunden.«

Ein Wunder, das nicht weniger wunderbar erschien, wenn man betrachtete, daß das Kirchlein aus Stein erbaut worden war.

Karl war eben aus Italien von seinem Krieg gegen die Langobarden zurückgekehrt, ruhmgekrönt und gefeiert, aber nicht imstande, seine ausgelaugte Truppe erneut für einen Feldzug zu gewinnen. Er setzte lediglich drei Scarae in Marsch.

Das war lediglich eine der üblichen Strafexpeditionen, und damit wollte sich Karl nicht mehr begnügen. Der Rat der Großen beschloß, »das treulose und eidbrüchige Volk der Sachsen so lange zu bekriegen und nicht eher abzulassen, bis sie als Geschlagene das Christentum angenommen hätten oder gänzlich ausgerottet sein würden«. Ein solcher Krieg würde, setzte man das gesamte fränkische Heer ein, nicht sehr lange dauern. Sie irrten sich. Sie hatten mit einem Mann nicht gerechnet: mit Widukind.

»Damals hielt König Karl einen allgemeinen Reichstag ab in Paderborn. Dort kamen alle Franken und aus allen Teilen Sachsens die Stämme zusammen; nur Widukind blieb im Aufstand mit einigen anderen. Er, einer der ersten unter den Westfalen, war im Bewußtsein seiner vielen Freveltaten und deshalb aus Furcht vor dem König mit seinen Genossen zu den Dänen entflohen.« Zum ersten Mal erfahren wir aus den Quellen seinen Namen. Das geschieht mit solcher Selbstverständlichkeit, daß er den Franken bereits ein Bekannter gewesen sein muß, wenn auch kein guter. Zu den zitierten Freveltaten gehört gewiß der Feldzug, der die Zerstörung der Irminsul rächen sollte, der Überfall von Lübbecke.

»... ließ sich eine Abteilung des Heeres, die Karl an die Weser geschickt hatte, wo sie ein Lager aufgeschlagen, unvorsichtigerweise von der List der Sachsen in großen Schaden bringen. Als nämlich die auf Futter ausgeschickten Franken um die neunte Stunde des Tages zu den Zelten zurückkehrten, mischten sich, wie wenn sie zu ihnen gehörten, Sachsen unter sie und kamen so ins Lager, fielen dann über die Schlafenden und halb Wachenden her und richteten, wie erzählt wird, kein geringes Blutbad unter der sorglosen Menge an.«

Der Autor der Reichsannalen müßte kein Franke sein, um nicht zu versuchen, diese Schlappe in einen Sieg zu verwandeln, widerspricht sich dabei aber, als er erzählt, die Sachsen wären aus dem Lager getrieben worden durch die alarmierten Posten und seien abgezogen nach einem Übereinkommen, wie es unter solchen Umständen geschlossen werden konnte.

Widukind war die Seele der Aufstände. Ihm, dem Edeling (Aedheling), wie ein Angehöriger des Adels hieß, gelang es immer wieder, die Freien (Frilingi) und die Halbfreien (Liten) zum Kampf wider die verhaßten Fremden aufzurufen. Die drei Stände waren scharf, geradezu kastenartig, voneinander geschieden. Heiraten zwischen diesen Kasten waren undenkbar. Wollte ein Freier eine Halbfreie ehelichen, verfiel er dem Henker. Ihre, ungeschriebenen, Sittengesetze waren streng. Ehebruch bedeutete für die Frau den Strang, Geschlechtsverkehr vor der Ehe für ein Mädchen die Peitsche. Grausam auch die Strafen für jemand, der Vieh stahl, in andere Häuser einbrach, einen Brand legte. Ihm war der Tod gewiß.

Einen schwachen Abglanz der Landschaft des Sachsenlandes bieten uns die Eichenschläge des Spessarts, unter denen viele fünf- bis sechshundert Jahre alte Bäume stehen. Dort, wo die Eiche allein herrschte, bildete sie Urwälder, die undurchdringbar schienen, denn mit ihrer lichten Krone gestattete sie dem Unterholz ein uferloses Wachstum. Meist aber teilte sie sich die Herrschaft, je nach dem Landstrich, mit der Buche, der Linde, der Erle, der Fichte. Wer sich in den riesigen Moorgebieten verirrte, war verloren. An einigen Stellen hat man sie durch Moorbrücken, schmale, bis zu 25 Kilometer lange Stege, begehbar gemacht.

Diese Landschaft bildete den Schauplatz für Widukinds Kampf gegen die Franken, für seine guerillaartigen Überfälle, seine blitzartigen Vorstöße und Rückzüge. Die Unterlegenheit in der Bewaffnung seiner Westfalen versuchte er auf diese Weise wettzumachen. Offene Feldschlachten mied er möglichst. Gelang das nicht, wie in der Ebene von Detmold und an der Haase, wurden seine Männer geschlagen. Die verhaßten Zwingburgen der Franken, von denen aus sie das umliegende Land beherrschten, bildeten das Ziel der Angriffe: die Karlsburg, die Eresburg, die Sigisburg, die Brunisburg – wobei man sich die Burgen nicht vorstellen darf, wie sie im Lied besungen werden (»... ragen Burgen stolz und kühn«). Mit den zinnengekrönten Ritterburgen des späteren Mittelalters hatten sie nichts zu tun. Es waren Wehrbauten auf Kuppen oder Spornen, von Erdwällen und Palisaden umgeben. Mauern in Steinbauweise gab es nicht. Holzerdmauern waren die Regel oder einfache Grasplaggen, die man wie Ziegel aufmauerte und mit Lagen von Dreikanthölzern befestigte.

Das Land der Sachsen, das von der Ems bis zur Elbe und Saale reichte, von der Nordsee bis zum Harz, wurde in den langen, zähen, auf beiden Seiten verlustreichen Kämpfen schwer heimgesucht. Eine geradezu ermüdende Systematik lag ihnen zugrunde: Einfall der Franken, Zerstörung der Dörfer, Einzelgehöfte, Felder, Gärten und der Burgen; Treueschwüre der Sachsen, Stellung von Geiseln, Massentaufen, Errichtung von Zwingburgen, Rückzug der Franken; Aufruhr der Sachsen, Bruch der Eide, Aufgabe der Geiseln, Rachefeldzug, Zerstörung von Klöstern und Kirchen; erneuter Einfall der Franken und so grausam, blutig fort.

Widukind wurde für die Franken zum Staatsfeind Nummer eins. Sie vermuteten ihn hinter jeder Rebellion, hinter jedem Überfall, hinter jedem Anschlag. Ihre besten Leute wurden auf ihn angesetzt. Faßten sie ihn, die Verkörperung des sächsischen Freiheitswillens, würde der Widerstand zusammenbrechen.

Doch dort, wo er vermutet wurde, fand man ihn nicht, und wo man ihn zu finden glaubte, war er nicht mehr. Er schien überall zu sein, und er war nirgendwo. Ihn zu verraten erklärte sich niemand bereit: weder unter den Engern noch unter den Ostfalen, noch unter den Nordalbingiern, und unter den Westfalen schon gar nicht. Verfügte er über geheime Kräfte, über die Gabe, sich unsichtbar zu machen wie Siegfried mit seiner Tarnkappe? Die Erklärung ist viel einfacher. War Gefahr im Verzug, ging er über die Grenze, setzte sich ab zu den Dänen und war wieder zur Stelle, wenn Karl sich zurückgezogen hatte.

Historiker unserer Tage haben ihm das verübelt, haben ihm vorgeworfen, daß er die Glut des Aufstands schürte, um dann, wenn er lichterloh brannte, zu flüchten und seine Sachsen ihrem Schicksal zu überlassen. Nicht umsonst erwähne keine einzige fränkische Quelle, daß er seine Männer persönlich in den Kampf geführt habe. Doch was hätte den Sachsen ein Feldherr genutzt, der an vorderster Front sein Leben aufs Spiel setzte? Er schien zu klug, um tollkühn zu sein …

Karl wurde mit den Sachsen nicht zuletzt darum so schwer fertig, weil es ihm nie gelang, die vier Teilstämme gleichzeitig zu stellen. Mal hatte er es mit den Engern zu tun, mal mit den Westfalen, mal mit den Nordalbingiern, mal mit den Ostfalen. Dieses höchst befremdliche Volk hatte keinen König, keinen Herzog, kein geographisches oder politisches Zentrum. Selbst im Krieg wählte jeder Stamm seinen eigenen Heerführer, wie Brun bei den Engern, Hessi bei den Ostfalen, Widukind bei den Westfalen. Ob sie jemals gemeinsam kämpften, ist ungewiß. Gewiß ist nur, daß sie regelmäßig in Marklô zusammenkamen, einer Siedlung, die man unweit von Nienburg vermutet, wo die Abgesandten der Stämme berieten und beschlossen, was ihnen des Beratens und Beschließens wert schien.

Vom »ältesten Parlament der Welt« zu sprechen ist nicht vertretbar. Die Volksversammlung wurde von den Edelingen beherrscht, die es im Laufe der Kriege allerdings schwer hatten, sich gegen die Freien durchzusetzen. Zu den sozialen Spannungen der Besitzenden, der weniger Besitzenden und der Habenichtse war neuer Zündstoff hinzugekommen. Nicht wenige Adlige sahen das Heil ihres Stammes, besser ihr eigenes Heil, in der Versöhnung mit den Fremden. Weiterer Widerstand sei auf die Dauer zwecklos und würde nur neue Opfer kosten.

Anders die Freien, die ohnehin die Hauptlast der Feldzüge trugen: Ihr Freiheitsdurst, ihr Glaube an Germaniens Götter war so mächtig wie ihr Haß auf die Franken. Das Mißtrauen gegen die Adligen wuchs, nachdem Karl die Verwaltung nach fränkischem Vorbild eingeführt hatte und als Grafen Angehörige sächsischer Adelshäuser einsetzte. Die sich anbahnenden verwandtschaftlichen Beziehungen zwischen dem Adel hüben und drüben betrachteten sie als Verrat, und es kam vor, daß solche Verräter aus dem Land gejagt wurden.

Die Freien waren immer zur Stelle, wenn Widukind zu neuem Widerstand aufrufen ließ. Als Karl mit seinen Heeren in Spanien war, verwüsteten sie das Land von Deutz bis zur Mündung der Mosel, »Heiliges und Profanes dem Schwert preisgebend, weder Alter noch Geschlecht schonte ihre Wut«. Der Überfall auf das Kloster Fulda mißlang. Die Mönche konnten ihren kostbarsten Schatz, die Gebeine des heiligen Bonifatius, retten und nach Hammelburg in Sicherheit bringen.

Der Aufruhr wurde niedergeschlagen. Frauen, Kinder, Männer, deren man habhaft werden konnte, wurden zusammengetrieben und einer Zwangstaufe unterzogen: Sie schworen ab, was sie an-

1 An den Gestaden Phöniziens:
Zeus entführt in Gestalt eines weißen
Stiers die Königstochter Europa
nach Kreta. Hier die Version eines
griechischen Vasenmalers.

2 »Verbrenne, was du angebetet, bete an, was du verbrannt hast!« Und der Heilige Geist brachte in Gestalt einer Taube heiliges Öl. Die Taufe Chlodwigs in Reims.

3 Der angelsächsische Bischof Bonifatius wurde vom Papst beauftragt, die Germanenstämme »vom heidnischen Unflat und teuflischem Trug zu säubern.« 754 erlitt er den Märtyrertod durch die Hand der Friesen.

ET SOCIORUM EIUS

4 Das Grab des Bonifatius im St. Salvator-Dom zu Fulda, seit Jahrhunderten Ziel der Wallfahrer aus allen Teilen Europas.

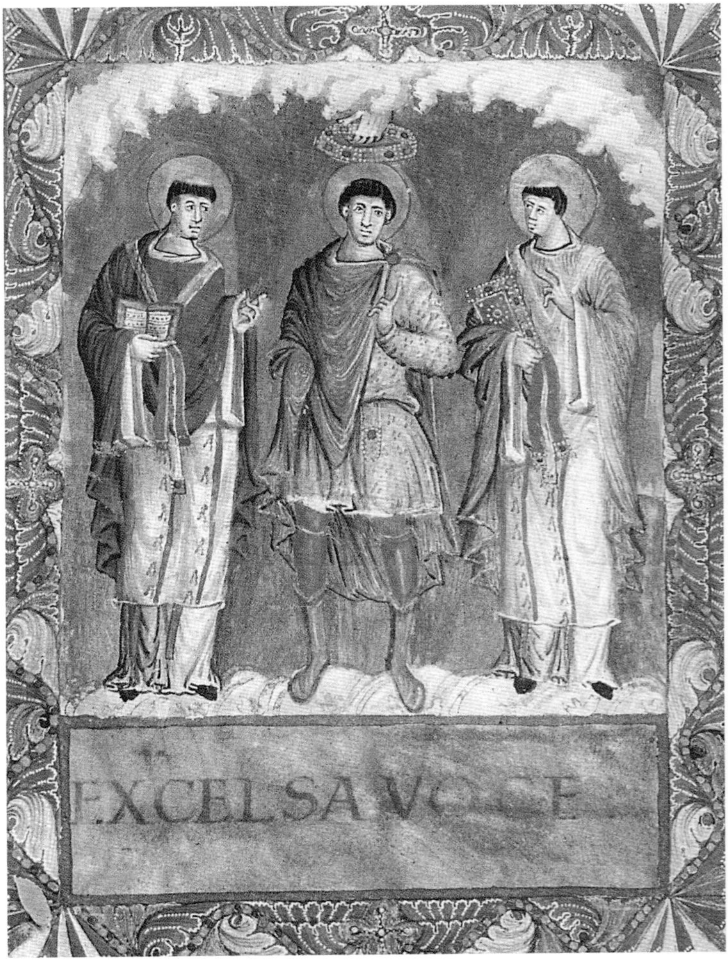

5 »Damit die heilige Ordnung der Dinge nicht gestört werde, möge Pippin König sein«, empfahl der Papst. Und der unaufhaltsame Aufstieg einer Dynastie begann.

6 »Gelobistu in christ godes suno?« »Ec gelobo.« In Attigny an der Aisne beantwortet Widukind die Tauffragen und wird Christ.

7 Anfang Januar gedenken die Niedersachsen ihres Helden in der Stiftskirche zu Enger. Die um 1100 entstandene Deckplatte zeigt Widukind als König mit Krone und Zepter.

8 Modell der sächsischen Siedlung von Warendorf (6.–8. Jh.). Wie alle Siedlungen war sie weltverloren, schwer zu verlassen und noch schwerer zu erreichen.

9 Die Irminsul. Sie trug nach dem Glauben der Sachsen das Himmelsgewölbe. Fränkische Krieger zerstörten den hochragenden Stamm und verwüsteten den heiligen Hain.

10 Roland in der Schlacht von Roncesvalles. Aus einer vernichtenden Niederlage durch das Hirtenvolk der Basken machte das »Rolandslied« einen strahlenden Sieg der Franken.

11 Markgraf Roland erschlägt mit seinem Horn »Olifant« einen Heiden und übergibt sterbend seinen Handschuh dem heiligen Michael.

12 Der Landmann und sein Tagwerk vom Januar bis zum Dezember. Die idyllisch anmutende Darstellung aus einer Handschrift von 818 entspricht nicht dem erbarmungslosen Kampf der Bauern um Leben und Überleben.

gebetet hatten, und beteten an, was sie verbrannt hatten. Wer sich weigerte, den neuen Glauben anzunehmen, verlor Haus und Hof.

Die auf diese Weise zu Christen gewordenen Männer wurden zwar den Franken rechtlich nicht gleichgestellt, aber sie bekamen das Recht, für ihre neuen Herren in den Krieg zu ziehen. Das Leben einzusetzen für Belange, die nicht die eigenen Belange sind, sich fremden Befehlshabern unterzuordnen gilt besiegten Völkern als die größte Demütigung. Gegen die Sorben durften sie marschieren, einen slawischen Stamm, der in das thüringische und sächsische Grenzgebiet eingefallen war. Während des Marsches verbreitete sich das Gerücht – bekanntlich die schnellste Art der Nachrichtenübermittlung –, daß Widukind wieder im Land sei. Rebellion also, Aufruhr. »Zieht eure Schwerter, Sachsen!« Der alte Schlachtruf, mit dem ihre Urväter einst nach England hinübergegangen waren, pflanzte sich fort, von Dorf zu Dorf, von Gehöft zu Gehöft.

»Die Ostfranken, befehligt von drei Königsboten, gaben den Zug gegen die Slawen sogleich auf und rückten dorthin, wo die Aufrührer sich versammelt haben sollten«, lesen wir in den Einhardischen Annalen. »Schon auf sächsischem Boden begegnete ihnen der Graf Theoderich, ein Verwandter des Königs, mit den Truppen, die er nach der Kunde vom Abfall der Sachsen in Eile hatte sammeln können. Er riet den Ostfranken, erst auszukundschaften, wo die Sachsen überhaupt stünden und ob jener Ort es zulasse, sie zu gleicher Zeit anzugreifen. Dieser Rat fand Beifall, und sie rückten nun mit dessen Leuten vereint zum Süntelgebirge, an dessen nördlichen Hängen sich die Sachsen festgesetzt.

Auf der Südseite schlug der Graf sein Lager auf, während die Ostfranken über die Weser setzten und sich dort verschanzten. Wie sie sich aber nun untereinander besprachen, fürchteten sie, die Ehre des Sieges möchte dem Theoderich allein zufallen, wenn er gemeinsam mit ihnen kämpfte, und sie beschlossen, ohne ihn mit den Sachsen anzubinden. Nachdem sie sich gewaffnet, jagten sie mit ihren Pferden los, als gelte es, Fliehende zu verfolgen und nicht einem in Schlachtreihen stehenden Feind entgegenzustürzen. So falsch der rasende Ritt, so schlimm der Kampf selbst. Von den Sachsen umzingelt, wurden sie fast bis auf den letzten Mann niedergehauen. Ihre Verluste waren noch schwerer, als die Zahl verriet: Mit den Königsboten starben vier Grafen, und von anderen erlauchten Männern fielen zwanzig; zu reden nicht von jenen Adligen, die lieber mit ihnen sterben, als sie überleben wollten.«

Von einer »Vernichtungsschlacht« zu reden, wie allzu sachsenfreundlich kolportiert wurde, konnte keine Rede sein. Das Treffen hatte nicht weit von jener Stelle stattgefunden, wo genau 773 Jahre zuvor ein römischer Feldherr sich in sein Schwert stürzte, um den Cheruskern nicht lebend in die Hände zu fallen. König Karl jedenfalls mußte seinen Kopf nicht gegen einen Türpfosten stoßen und verzweifelt nach seinem Heer rufen wie seinerzeit Kaiser Augustus (»Varus, Varus, redde legiones!«).

Dennoch wog die Niederlage schwer: Diese sächsischen Bauern hatten sich den Berufssoldaten der fränkischen Eliteeinheiten überlegen gezeigt, waren taktisch hervorragend geführt worden. Wer anders als Widukind sollte ihr Kommandeur gewesen sein … Auch schienen alle Anstrengungen zunichte gemacht, die Sachsen zu bekehren und in das Reich einzubinden. Die *Jahrbücher des fränkischen Reiches* untertreiben stark, wenn sie formulieren: »Die Nachricht von diesem Unfall brachte auf Karl den peinlichsten Eindruck hervor.« Mit deutlicheren Worten: Er verlor die Selbstbeherrschung, jene von Einhard so hervorgehobene Tugend, und beschloß, ein Exempel zu statuieren.

Karls »ewige Schmach«: der Tag von Verden

Mit seinen Scarae erschien er im Zentrum des Aufstandsgebiets und forderte die Edelinge auf, sich zu verantworten. Die meisten werden freiwillig gekommen sein, denn die Partei jener, die eine Aufnahme Sachsens in den fränkischen Reichsverband nicht ungern gesehen hätten, war gewachsen. Sie wurden aufgefordert, die am Aufstand beteiligten Männer dem König auszuliefern. Nach dem auch für die Sachsen geltenden Reichsrecht hätten sie Hochverrat begangen. Darauf stand *Strafe am Haupte*. Daß sie vollzogen werden würde, glaubte niemand so recht. Hatten sich die Franken doch bei den vorangegangenen Aufständen mit der üblichen Prozedur begnügt: Unterwerfung, feierlicher Schwur, Freiheit und Besitz verwirkt zu haben, wenn sie den Schwur brächen, Stellung von Geiseln, Zwangstaufen. Nur so ist es zu erklären, daß etwa 4500 Männer sich *widerstandslos stellten*, Männer, die es gewohnt waren, bis zum letzten Atemzug gegen ihre Unterdrücker zu kämpfen.

Bei Verden, dort, wo die Aller in die Weser fließt, stehen die Männer, in Gruppen aneinandergefesselt, und wissen nun, daß der Tod auf sie wartet. Doch wie sind sie zu Tode gekommen? Starben sie durch das Schwert oder durch das Beil des Henkers auf dem Block? Sind sie einfach zusammengehauen worden von den fränkischen Kriegern? Von Kriegern, deren Beruf zwar das Töten war, aber nicht das Morden; die im Blut gewatet sein müssen, inmitten zuckender Leiber, betäubt von den Todesschreien, dem Flehen der auf ihren Tod Wartenden. Was ist mit den viereinhalbtausend Leichen geschehen? Hat man sie verscharrt, verbrannt oder einfach in die Aller geworfen, die sie in die Weser trug und von dort zum Meer? Die Quellen geben hierüber keine Auskunft. Die *Annales Regno Francorum* vermelden lediglich, daß »die Bestrafung mit dem Tode, 4500 Männer, so geschehen ist«.

Um so stärker haben die Dramatiker, die Versdichter, die Erzähler, die Romanciers die Lücke zu füllen versucht. Für Hermann Löns, dessen Lieder, Balladen und Naturskizzen wir mehr schätzen als seine anderen Werke, für Löns war Karl nichts anderes als ein Metzger (»Ich hasse ihn so, als hätte ich bei dem Blutgericht meinen eigenen Sohn verloren.«). In seiner Erzählung *Die rote Beeke* läßt er seiner Phantasie und seinem Haß freien Lauf: »Der König hat üble Laune, da sitzen die Köpfe lose, und nicht nur die 4500 blonden Köpfe der Bauern und Hirten, Jäger und Fischer, Köhler und Flößer, die in Trupps von je hundert Mann hinter einem dreifachen Zaun von Lanzen und Spießen gefesselt und geknebelt dem Tode entgegensehen. Zwei Trommeln ertönen, zwei Hörner erschallen; lautlose Stille liegt über den Menschen, die rundherum auf den Sandbergen stehen. Ein Mann in schwarzem, goldbesticktem Rock tritt an den Rand des Hochsitzes. Gut setzt er seine Worte, aber das, was er spricht, ist Blut und Tod, das Blut von 4500 Gerechten, die ihre Hälse lieber dem Beile beugen denn dem fränkischen Recht. Ihre Köpfe werden in den Sand rollen, und ihr Blut wird in den Graben laufen, der sich zwischen gelben Sandwellen nach der Beeke hinzieht.«

Das Strafgericht selbst soll, der Überlieferung zufolge, zweieinhalb Kilometer nördlich von Verden vollzogen worden sein. Hier hat man Anfang der dreißiger Jahre einen Hain angelegt, den sogenannten Sachsenhain, mit Findlingen und einigen Niedersachsenhäusern. Als Mahnmal war es gedacht, um die Tat nie vergessen zu lassen.

Es hat nicht an Versuchen gefehlt, Karls Vorgehen zu entschuldigen oder ihn gar von jeglicher Schuld reinzuwaschen. Er habe in sinnloser Berserkerwut gehandelt, im Jähzorn. Es sind aber Monate vergangen, ehe Karl nach der Niederlage am Süntel in Verden Gericht halten konnte über die Rebellen. Auch die genaue, und damit suspekte Zahl von viertausendfünfhundert Opfern wurde immer wieder bezweifelt: Ein so dünnbesiedeltes Land hätte niemals so viele Menschen stellen können. Doch wenn es nach zuverlässigen Schätzungen über eine halbe Million Sachsen gegeben haben soll, ließen sich schon so viele Menschen zusammenbringen. In den Annalen – »Sie überlieferten zur Tötung IIII D« – wird das »D« von den Verteidigern Karls nicht als die alte lateinische Ziffer für »500« gedeutet, demzufolge das vorgesetzte »IIII« nur »4000« heißen könnte, sondern als *domino Carolo*. Dem Herrn Karl seien demnach nur vier Mann ausgeliefert worden, vier Rädelsführer.

Es ist überhaupt niemandem ein Leid angetan worden bei dem sogenannten Blutbad von Verden, behauptet der evangelische Kirchenhistoriker Karl Bauer. Das überlieferte Wort *decollare – enthaupten* sei ein Schreibfehler. *Delocare* habe das ursprüngliche Wort gelautet, *aussiedeln*. Die Sachsen seien also lediglich umgesiedelt worden in eine ferne fränkische Provinz. Doch das Massaker ist eine historische Tatsache und wird von keinem ernstzunehmenden Historiker mehr angezweifelt. Es wäre auch unsinnig, Karl freizusprechen.

»Dem König eine solche Tat nicht zuzutrauen«, meint der englische Historiker Donald Bullough, »hieße aber, ihn tugendsamer zu machen, als es fast sämtliche christlichen Könige des Mittelalters gewesen sind. Das Niedermetzeln eines besiegten Feindes war damals üblich, es sei denn, man versprach sich mehr Vorteil von Sklaven oder Lösegeld. Auch vergißt man leicht eines: Die meisten Geiseln, die der König Jahr für Jahr mit sich nahm, wurden regelmäßig getötet, sobald sich diejenigen, für deren Gehorsam sie bürgten, wieder gegen den König erhoben.«

Karls Tat kann nur aus den Zeitumständen begriffen werden. *Und das ist es:* Sie war einfach zeitgemäß. Ein anderer deutscher Kaiser, ebenfalls ein Großer, Otto I., ließ 700 slawische Kriegsgefangene über die Klinge springen. Einer aus der schrecklichen Dynastie der Merowinger, Dagobert I., befahl, die 9000 nach Bayern geflüchteten Bulgaren umzubringen. Wir erinnern uns der Alemannen, die von Karls Onkel, Karlmann, in Cannstatt zu Hunderten gemetzelt wurden. Das läßt indes die schwere blut'ge Tat, wie Shakespeare die Morde seiner Könige nannte, nicht weniger verabscheuungswürdig erscheinen.

Um die Abschreckung zu steigern, wurde nun das bei der Reichsversammlung zu Lippspringe erlassene Gesetz, die *Capitulatio de partibus Saxoniae*, rechtskräftig. Ihre einzelnen Paragraphen sind von barbarischer Strenge. Allein vierzehn von ihnen enden mit einem *morte moriatur* – sterbe des Todes. Noch nachvollziehbar mag es sein, daß die Ermordung eines Geistlichen, die Brandstiftung einer Kirche, die Planung eines Anschlags auf den König oder ein Menschenopfer nach heidnischem Ritus das Leben kosten soll. Die Capitulatio wird zum reinen Blutgesetz, wenn man liest:

»Wer den Leib eines Verstorbenen nach heidnischem Ritus dem Feuer überantwortet, so daß seine Gebeine zu Asche werden, sterbe des Todes ...

Wer sich unter seinen Landsleuten zu verbergen sucht, weil er die Annahme der Taufe verweigerte, sterbe des Todes ...

Wer aus Verachtung des Christentums das heilige vierzigtägige Fasten nicht hält und Fleisch ißt, sterbe des Todes ...

Wer gemeinsam mit den Heiden etwas gegen Christen plant

und in Feindschaft zu den Christen zu bleiben gedenkt, sterbe des Todes.«

Mit hohen Geldstrafen wurde belegt, wer sein Kind nicht im ersten Lebensjahr zur Taufe brachte; wer einen Eid außerhalb des Gotteshauses leistete; wer den Bund der Ehe nicht vor dem Altar schloß; wer sich mit anderen unter freiem Himmel versammelte; wer an Quellen, in Hainen und vor den Brunnen Opfergaben darbrachte. Die Capitulatio sah auch Ausnahmen vor, die auf den ersten Blick höchst widersprüchlich anmuten. Hatte jemand eines der todeswürdigen Verbrechen begangen, brauchte er lediglich in eine Kirche zu flüchten, dem Priester zu beichten, die Buße anzunehmen, woraufhin ihm auf Zeugnis des Beichtvaters die Todesstrafe erlassen wurde.

Die Sachsen selbst werden die Gesetze nicht so grausam empfunden haben, wie wir sie empfinden. Ihre eigenen waren, wie bereits betont, von ebensolcher Härte. Kein anderes Volk unter den Germanen wies eine derart strenge Gesetzgebung auf. Worüber sie sich viel mehr empörten, war ein sogenanntes göttliches Gebot. Ihm zufolge mußte jeder, ob Edling, Freier oder Halbfreier, ein Zehntel seines Einkommens der Kirche entrichten; davon jeweils ein Drittel für den Unterhalt der Priester, ein Drittel für den Kirchenbau, ein Drittel für die Armen. Gezahlt werden konnte mit Geld oder mit Sachwerten wie Erntefrüchten, Rindern, Schafen, Ziegen, Hühnern, Eiern. Wer dem Gebot nicht folgte, dem wurden die Ernte konfisziert und das Vieh beschlagnahmt. Die Bauern sahen nicht ein, warum sie für einen Glauben, der ihnen per Zwangstaufe aufgezwungen worden war, auch noch bezahlen sollten.

Der Zehnte wurde jährlich entrichtet, so daß der Haß auf die Kirche Jahr für Jahr aufs neue ausbrach. Es tröstete die Sachsen wenig, wenn ihnen die Geistlichen erklärten, daß der König hier mit gutem Beispiel vorangehe und von allen seinen Einkünften zehn Prozent abgebe. Selbst jene, die sich zum Christentum bekannt hatten oder sich auf irgendeine Weise mit ihm abgefunden, kehrten zu ihrem alten Glauben zurück.

Diese Kirchenmänner seien keine Prediger – *praedicatores*, sondern *depraedatores*, Räuber. Ihnen komme es nicht auf die Bekehrung an, sondern auf die Einkassierung des Zehnten. Kein Edling hat das gesagt, sondern ein Mann aus der engsten Umgebung Karls: Alkuin, der spätere Leiter der Aachener Hofschule. Der Angelsachse galt als einflußreicher Berater Karls in allen kirchlichen Fragen. Sein Einfluß war nicht groß genug, um die Einführung des Zehnten zu verhindern oder die Höhe der Abgaben zu senken. So blieb ihm nur die Klage in jenem Brief: »Ach, hätte man dem Volk das leichte Joch Christi und die angenehm zu tragende Last dem widerspenstigen Volk der Sachsen mit der gleichen Inbrunst gepredigt, mit der man den Zehnten eingefordert hat und die geringsten Vergehen bestraft. Schwerlich hätten die Menschen dort ihr Taufgelöbnis gebrochen.«

Er fügte hinzu: »Haben denn die Apostel, die Christus einst ausgesandt, um die ganze Welt das Christentum zu lehren, haben sie denn den Zehnten gefordert? Der Zehnte ist wohl nötig, aber sein Verlust ist unwichtig gegenüber dem Verlust des Glaubens.«

Was in Verden geschehen war, sprach sich im ganzen Sachsenland herum wie ein Lauffeuer: in den Katen der Bauern, den Freihöfen, den Gutshäusern der Adligen. Dort fehlte der Sohn, hier würde der Vater nicht mehr nach Hause kommen, der Bruder für immer fehlen. Das Entsetzen wich der Empörung, die Empörung wurde zu einem Schrei der Vergeltung. Rache für viereinhalbtausend Männer, die man hingerichtet hatte, als seien es gemeine Verbrecher, Angehörige eines stolzen Volksstamms, der seinen Ursprung von den Makedonen Alexanders des Großen herleitete. Die Seele dieses Volkes war tief verletzt.

Kaum hatte Karl das Land wieder verlassen, schossen die Flammen des Aufstands empor. In ihrem leidenschaftlichen Zorn taten die Sachsen etwas, was sie bis dahin klug vermieden hatten: Sie stellten sich in einer offenen Feldschlacht. Zum erstenmal wohl fanden sich zwei Stämme zu gemeinsamem Kampf, die Engern und die Westfalen, – und wurden geschlagen. An dem Flüßchen Hase zersprengten die Franken wenig später ein zweites Heer. Einhards Bemerkung, daß die Feinde nun keinen weiteren Widerstand mehr wagten, erwies sich als verfrüht. Er hatte nicht mit Widukind gerechnet.

»Dieser war nun darangegangen«, heißt es in der Biographie des heiligen Liudger, des ersten Bischofs von Münster, »die Friesen aufzuhetzen, dergestalt, daß er sie vom rechten Wege abbrachte, die Kirchen verbrennen ließ, die Gottesdiener jagte bis zum Flusse Flie. Viele der Getauften wurden Christo abtrünnig und opferten ihren Götzen nach alter heidnischer Weise. So wie der Hund, welcher zu seinem Gespei zurückkehrt.« Auch Liudger selbst wurde gejagt und floh zum Papst nach Rom, wo er, die erzwungene Muße nutzend, sich mit den Regeln des Benedikt vertraut machte.

Karl entschloß sich, den Krieg zum erstenmal als Winterkrieg weiterzuführen, damit die Sachsen keine Zeit mehr hatten, sich zu erholen und neue Kräfte zu sammeln. Er ließ Hütten bauen für seine Krieger und zog mit seinem Hof in die Eresburg, deren eisig zugige Räume auch seine Familie teilen mußte. Die schöne Hildegard, die er geheiratet hatte, als sie noch ein Kind war, hatte vor Jahresfrist das Zeitliche gesegnet. Erschöpft von der Geburt von neun Kindern, hatte sie ihre Lebenskraft verbraucht und teilte damit das Schicksal der meisten Frauen. Vierundzwanzig Jahre alt war sie geworden. Paulus Diaconus lobte in seiner Grabschrift die Gaben ihres Geistes und die Wärme ihres Herzens, versäumte aber nicht, hinzuzufügen: » ... doch das höchste Lob, das man dir spenden kann, ist dies, daß du einem so großen Manne gefielest. Als der Waffenmächtige den schwänereichen Fluß Po und den Tiber des Romulus vereint hatte, fand er deine Hand allein würdig, das goldene Zepter des vielgestaltigen Reiches zu halten.« Dem König seien, so Paulus, schwere Tränen zwischen Schild und Schwert herabgefallen, als er vom Tod erfuhr.

Er tröstete sich schnell, mußte es tun; eine Dynastie brauchte eine Herrscherin. Fastrada hieß sie diesmal, eine Ostfränkin, auch sie schön anzusehen, doch von einer morbiden Schönheit und von dämonischem Wesen, was immer man darunter verstehen mochte. Jedenfalls meint Einhard, daß es ihrer Grausamkeit zuzuschreiben gewesen sei, wenn Karl von seiner angeborenen Milde und seiner gewohnten Güte schreckliche Ausnahmen machte. So im Falle einer Verschwörung in Thüringen, deren Urheber er, trotz gegenteiligen Versprechens, blendete und in die Verbannung schickte.

Das Ausstechen oder Ausbrennen der Augen mit einem glühenden Eisen war die schwerste Verstümmelungsstrafe und schlimmer als eine Hinrichtung.

Der Winterkrieg wurde zum schmutzigen Krieg, bei dem keine Schlachten geschlagen, keine Gefechte geführt, sondern nur verbrannt, zerstört, geplündert, gemordet, verstümmelt, vergewaltigt wurde. Mit der Strategie der verbrannten Erde sollten die anscheinend durch nichts zu schreckenden Sachsen endgültig in die Knie gezwungen werden. Der Terror wurde raffinierter, als die Franken sich eines Mittels entsannen, das die römischen Cäsaren mit traurigem Erfolg angewandt hatten: die Umsiedlung ganzer Bevölkerungsgruppen. Statt wie bisher zwanzig bis dreißig Geiseln zu nehmen, nahm man nun Hunderte, schließlich Tausende von Männern und führte sie weg in entfernte Provinzen. Die zu Waisen gewordenen Knaben und Jünglinge wurden den Klöstern anvertraut mit der Maßgabe, sie zu Priestern auszubilden, damit sie später in ihrer Heimat das Wort Christi lehren konnten.

»Gelobistu in got?«

Irgendwann muß Karl eingesehen haben, daß Widukind nicht zu fassen war: So sehr die Meute den Wolf auch hetzte, sie kam immer, oft um wenige Minuten, zu spät. Daß er seinen Pferden die Hufeisen verkehrt herum beschlagen ließ, wie man kolportierte, wird nicht der Grund gewesen sein. Er kannte eben Weg und Steg, war zu Hause in den Wäldern, Heiden, Brüchen und Sümpfen, hatte Helfer, die ihn trotz angedrohter Todesstrafe verpflegten, beherbergten, seine Spuren verwischten, die Verfolger in die falsche Richtung schickten. Ein lebender Widukind war schlimm, er war die Seele des Aufstands; ein toter Widukind würde zum Märtyrer werden, und das wäre schlimmer.

Der König beschließt, den Kriegsherrn durch den Staatsmann abzulösen. Er will verhandeln, läßt durch sächsische Vertraute erkunden, wie man mit dem Herzog in Verbindung kommen könne. Er erfährt nach wochenlangen Ermittlungen, daß er bei den »Nordleuten« sein müsse, jenseits der Elbe etwa im heutigen Holstein. Boten gehen auf geheimen Wegen über den Fluß. Sie bringen eine königliche Botschaft, über deren Inhalt es in den Reichsannalen heißt: »Und genannter König kam auch in den Bardengau, und von dort schickte er nach Widochind und Abbio [mutmaßlicher Schwiegersohn Widukinds] und ließ beide vor sich bringen und versicherte, sie würden sich nicht retten, wenn sie nicht zu ihm nach Francien kämen ...«

Der Sachsenherzog war zu klug, um sich so einfach vor den König bringen zu lassen. Er verlangte die Zusicherung, daß er nicht bestraft werden würde, freies Geleit bekäme und die Stellung hochrangiger fränkischer Geiseln – für einen von allen Hunden Gehetzten, dessen Kampf schon verloren schien, eine ungeheuerliche Forderung. Karl ging zur Überraschung seiner Umgebung darauf ein. *Salvus conductus*, sicheres Geleit, zu gewähren war schon in der Antike ein Brauch – und wurde nicht selten mißbraucht. So auch im deutschen Mittelalter, als Kaiser Sigismund sich nicht scheute, sein dem Reformator Hus gegebenes Wort zu brechen, und ihn verbrennen ließ. Karl V. hielt sein Wort gegenüber Luther, meinte aber später, eigentlich wäre es vernünftiger gewesen, es nicht zu halten und diesen Ketzer umzubringen.

Attigny an der Aisne ist ein Ort, den kein Reiseführer mehr verzeichnet, über den das Lexikon schweigt, dennoch fand hier 785 n. Chr. in der Königspfalz eine folgenschwere Begegnung statt. Die Sprache, die damals gesprochen wurde, gibt uns einen Hauch jener so fern zurückliegenden Zeiten. Es sind die Tauffragen, die Widukind zu beantworten hatte.

»Forsachistu diobolae?« Widersagst du dem Teufel?

»Ec forsacho diobolae.« Ich entsage dem Teufel.

»End allum diobolgeldae?« Und allen Teufelswerken?

»Ec forsacho allum diobolgeldae.« Ich widersage allen Teufelswerken.

»Forsachistu thunaer ende woden ende saxnote ende allum them unholden?« Widersagst du dem Donar, Wotan, Saxnot und allen ihren Unholden?

»Ec forsache.« Ich widersage.

»Gelobistu in got alamehtigan fadaer?« Ich glaube an Gott, den allmächtigen Vater.

»Gelobistu in christ godes suno?« Glaubst du an den Christ, den Sohn Gottes?

»Ec gelobo.« Ich glaube.

»Gelobistu an halogan gast?« Glaubst du an den Heiligen Geist?

»Ec gelobo.« Ich glaube.

Widukind war nun Christ, er, der so viele Jahre sein Leben eingesetzt hatte, und das Leben vieler seiner Landsleute, um für die Ideale seines Volkes zu kämpfen: für die Freiheit und für den Glauben an die Götter Germaniens. Viel Blut war geflossen, Tausende waren hingemordet worden, Zehntausende auf den Schlachtfeldern geblieben, Sachsen und Franken; und der Mann, der letztlich dafür verantwortlich war, *gibt*, gleichsam von heute auf morgen, den Kampf auf und läßt sich taufen! Wen erstaunt es, daß die Kirche hierfür ein Wunder verantwortlich macht. Und Bonifatius höchstselbst soll den Taufakt zelebriert haben. Der aber war bereits 31 Jahre im Himmel. Es war ein taktisches Manöver, um Zeit zu gewinnen – meinten jene, die ihm nie getraut haben. Dazu aber hätte er nur, wie so oft, über die Grenze zu gehen brauchen ins sichere Dänemark. Deshalb *ist* auch die Möglichkeit einer mit Gewalt erzwungenen Taufe nicht denkbar. Selbst seine treuesten Anhänger hätten es ihm nicht verziehen, hätte er nur zum Schein seinen alten Glauben aufgegeben.

Vielleicht war Widukind müde des ewigen Kampfes, der zu nichts führte als zu neuen Opfern. Diese Franken waren besser geschult, besser gerüstet, besser geführt und vor allem ... Doch lassen wir hier einmal eine spätere Sage sprechen, die uns auf ihre Weise der Wahrheit vielleicht ein Stück näherbringt. Widukind mit seinen Mannen trifft bei den Externsteinen am Teutoburger Wald urplötzlich auf Karl und sein Gefolge. Sie messen sich prüfend. In diesem Augenblick mögen sie einander in ihrer Größe und heimlichen Verehrung erkennen. Und da sagt Widukind: »Dein Kind-Gott hat unsere alten Götter besiegt. So nimm mich denn hin, Sohn der Bertha.« Und Karl erwidert: »Du hast deinen Schild über

Sachsen gehalten, aber er ist von meinem Schwert zerspellt. Nun wollen wir Freundschaft halten.«

Eine Freundschaft ist es nicht geworden. Viele Niedersachsen und Westfalen konnten »Verden« nicht vergessen – manche bis heute nicht. 1836 schrieb Heinrich Heine: »Wie man behauptet, gibt es greise Menschen in Westfalen, die noch immer wissen, wo die alten Götterbilder verborgen liegen; auf ihrem Sterbebett sagen sie es dem jüngsten Enkel, und der trägt dann das teure Geheimnis in seinem verschwiegenen Sachsenherzen. In Westfalen ist nicht alles tot, was begraben liegt...

Eine geheimnisvolle Ehrfurcht durchschauerte meine Seele, als ich einst, diese Waldungen durchwandernd, bei der uralten Siegburg vorbeikam.

›Hier‹, sagte mein Wegweiser, und er seufzte tief, ›hier wohnte einst König Wittekind.‹

Er war ein schlichter Holzhauer und trug ein großes Beil. Ich bin überzeugt, dieser Mann, wenn es darauf ankommt, schlägt sich noch heute für König Wittekind; und wehe dem Schädel, worauf sein Beil fällt.«

Der Sachsenführer verließ Attigny mit einem Ehrengeleit. Die Taschen seiner Sattelpferde bargen die Geschenke, die ihm sein Taufpate überreicht hatte. Karl war es, der sich diesem Dienst gewidmet hatte. Es war ein edler Dienst, denn Patenschaft hatte den Vorrang vor Blutsverwandtschaft. Im Dionysiusstift zu Herford verwahrte man jahrhundertelang eine goldgetriebene, email- und edelsteinbesetzte Reliquienburse. Eine Burse ist eine kleine Tasche, in der die Pilger auch Reliquien mit sich führten. Nach der Überlieferung gilt sie als eines der Taufgeschenke Karls an Widukind. Jedenfalls gehört sie zweifellos dem 8. Jahrhundert an. Das gilt auch für die sogenannte Taufschale aus grünem Serpentin, die im 12. Jahrhundert mit einer vergoldeten Bronzefassung versehen wurde. Sie trägt die Aufschrift *Munere Tam claro Ditat nos Africa raro* – Durch das so berühmte und seltene Geschenk bereichert uns Afrika. Das Wort »Afrika« ließ natürlich die Legende nicht ruhen, und sie machte daraus ein Geschenk Harun ar-Raschids, das die Eigenschaft besaß, ein geträufeltes Gift sofort sichtbar zu machen. (Den Dionysiusschatz birgt heute das Kunstgewerbemuseum in Berlin.)

Karl *schien* nach dreizehnjährigem Kampf am Ziel.

Er schickte einen hohen Geistlichen nach Rom, um dem Papst die Freudenbotschaft zu verkünden: In allen Ländern, auch in denen jenseits des Meeres, überall eben, wo Christen leben, solle nun ein drei Tage währendes Fest gefeiert werden. Hadrian beeilte sich, ihn zu beglückwünschen, daß er das wilde Sachsenvolk endlich in die Knie gezwungen habe, und konnte es sich nicht versagen hinzuzufügen: »Wenn Du die dem heiligen Petrus und uns gemachten Versprechungen reinen Herzens und sinnigen Sinnes erfüllest, so wird Gott Dir noch mächtigere Völker zu Füßen legen.«

Von jenem Tag an wird aus dem Widukind der Historie der Widukind der Sage. Wir erfahren noch, daß er auf seine Ländereien zurückkehrte, die sich um Wildeshausen und Enger erstreckten. Karl hatte sie ihm offensichtlich gelassen. Nicht jedoch hat er ihn zum Herzog ernannt. Möglich dagegen ist, daß Widukind in einer Art Grafenamt tätig war: ein von allen geschätzter, hoch angesehener Mann, Vater eines Sohnes namens Wigbert, Großvater eines Enkels, der den Namen Walbert trug. Beide waren sie, so berichten kirchliche Quellen, der weltlichen Würde nach höchst vornehme Männer, aber vornehmer noch durch ihren Eifer in der Ausübung der christlichen Religion. Was nichts anderes bedeutet, als daß sie der Kirche gaben, was diese am liebsten nahm: Grund und Boden.

Wotanssohn, wie der Name Widukind gedeutet wird, wurde von den Geistlichen, die er gehaßt, deren Gotteshäuser er zerstört hatte, zum vornehmsten Diener Christi erhoben: Kirchen habe er gebaut, sie mit Reliquien versehen, Klöster gegründet, sogar ein Bistum errichtet (Minden) und mit Gütern ausgestattet. Die Historiker glauben, zumindest die lokaler Provenienz, daß die Gründung der Kirche von Enger mit ziemlicher Wahrscheinlichkeit auf ihn zurückgehe.

Der Westfale wurde zum Herzog, zum König, schließlich zum Heiligen, dessen Tag man feierte, dessen Reliquien man aufbewahrte. In welchem Jahr er gestorben ist, weiß niemand. 804, 807 oder erst 812? Starb er den Strohtod, im Bett, oder fiel er vor dem Feind im Kampf gegen die Friesen? In Enger glaubt man zumindest den Todestag zu kennen. Es ist der 7. Januar; schon am Tage zuvor läuten die Glocken vom Turm der ehemaligen Stiftskirche St. Dionysius. Man versammelt sich zum Gottesdienst und gedenkt seines Helden an jenem Kenotaph, dessen Deckplatte eine lateinische Inschrift trägt.

Sie lautet in der Übersetzung: »Die Gebeine eines Helden, dessen Schicksal den Tod nicht kennt, schließt diese Stätte ein, sein Geist hingegen hört: O du Frommer ... Jeder wird gereinigt, der diesen König verehrt. Die Kranken heilt hier von ihren Gebrechen der König des Himmels und der Erde.« Ein lebensgroßes Relief stellt einen Mann dar, der eine Krone trägt, ein Lilienzepter in der linken Hand, während die rechte Hand den Segen zu erteilen scheint. Die Platte ist vermutlich um 1090 entstanden und zählt ohne Zweifel zu den wichtigsten erhaltenen Bildhauerarbeiten aus der Salierzeit.

Ein Kenotaph ist ein Grabmonument, das an einen Toten erinnern soll, der an anderer Stelle bestattet ist. Widukinds Gebeine jedenfalls lagen unter dieser Grabplatte nicht. Wo aber ruhten sie dann? 1975 glaubte man es endlich zu wissen. Das mittlere von drei bei Renovierungsarbeiten in der Stiftskirche zu Enger freigelegten Gräbern könne als mögliches, wenn auch nicht sicher nachzuweisendes Grab von Widukind angesprochen werden (hieß es im Untersuchungsprotokoll des Anthropologischen Instituts in Mainz), der hier um 800 beigesetzt worden sei. Wie die Untersuchung ergab, handelte es sich bei dem Skelett um die Gebeine eines um 800 beigesetzten Mannes, der etwa sechzig Jahre alt gewesen sei, 1,81 Meter groß, und dessen Rückenwirbel zusammengewachsen waren. Unter feierlichem Glockenklang bestatteten sie ihn noch einmal, die Nachfahren jenes Stammes, der einer überlegenen militärischen Macht jahrzehntelang die Stirn geboten hatte ...

Das in derselben Stadt gelegene Widukind-Museum versucht »Wirken und Wirkung Widukinds aus dem Zusammenspiel überindividueller – sozialer, wirtschaftlicher und politischer – Gegebenheiten« zu erklären, wie es ein Beitrag zur Stadtgeschichte

Engers formuliert. Im »Dritten Reich« diente das Haus als eine Gedächtnisstätte mit Weiheraum, in dem eine jener Skulpturen stand, die schwertbewehrt, zukunftsfroh und markig dreinblickten. Oder wie es der damalige Bürgermeister in seiner Eröffnungsrede ausdrückte: »Hier soll der Sachsenherzog so dargestellt werden, wie wir ihn im Lichte unserer Weltanschauung sehen, als Freiheitskämpfer, der nur gezwungen die Taufe nahm, um dadurch die drakonischen Maßnahmen Kaiser Karls zur Ausrottung des Sachsenvolkes zu verhüten.«

Die Nationalsozialisten haben Widukind, wie so viele Persönlichkeiten der deutschen Geschichte, schändlich mißbraucht: Er wurde zum Herrenmenschen, zum Bewahrer edelsten Germanenbluts, zum Beschirmer einer in Blut und Boden wurzelnden Volkskultur. Er habe den ostisch geprägten, vom Morgenland geblendeten König Karl bekämpft, der die Freiheit und Religion der nordischen Rasse blutig unterdrückt habe. Der Geschichtslehrer (des Verfassers dieser Biographie) pflegte jeden Schüler, der Karl das Attribut »der Große« gab, zu verwarnen und im Wiederholungsfall mit einer Fünf zu benoten. Für ihn war Karl nicht »der Große«, sondern der »Sachsenschlächter«.

Widukind wurde immer dann aus der wurmstichigen Truhe der Geschichte hervorgeholt, wenn es um »Freiheit« und »Befreiung« ging. Um die Befreiung von Napoleon zum Beispiel, der überdies die Stirn gehabt hatte, sich mit *Charlemagne* gleichzusetzen. »Sachsen zu Rosse, Karl ist im Lande!« rief Turnvater Jahn, auf daß die fränkische (französische) Brut vom deutschen Boden vertilgt werde.

Auch in der Zeit des letzten deutschen Kaisers wurde »Wittekind« zum Recken erhoben, der zäh war wie die Eichen in Westfalens Wäldern, für die Heimat und die alten Götter sein Schwert schwang, oft besiegt wurde, doch nie überwunden. Im Westfälischen fanden Wittekind-Jahrmärkte statt mit Widukind-Carousels, mit Extra-Cabinets, in denen es Raritäten, nur den Sachsenherzog betreffend (»Noch nie dagewesen!«), zu besichtigen gab. Die Sage, die der Duft der Geschichte ist »und gleich Schmetterlingsstaub flüchtig auf ihren Blättern liegt«, wie das Herforder

Kreisblatt so schön schrieb, mußte sich natürlich reich und glänzend um diese Gestalt ranken. Und sie rankt heute noch ...

Keine Legende ist es, sondern hinreichend bezeugt, daß Widukind der Ahnherr war von Mathilde, keiner Geringeren als der Gemahlin Heinrichs I., von dem wir in der Schule gelernt haben, daß er am Vogelherd saß, als man ihm die königlichen Insignien brachte. Die Ururenkelin gebar ihrem Mann einen Sohn, der, wie Karl, zum Kaiser erhoben wurde und ebenfalls den Beinamen »der Große« bekam: Otto I., Sieger über die Ungarn auf dem Lechfeld.

Verständlich, wenn Dynastien in Deutschland auf der Suche nach einem standesgemäßen Vorfahren – schließlich konnten nicht alle die Trojaner oder die Makedonen Alexanders wählen – den Sachsen bevorzugten, der ja inzwischen sogar zum König avanciert war.

Wie weit Karl nach dreizehnjährigem Kampf noch von seinem Ziel, der endgültigen Unterwerfung der Sachsen und ihrer Bekehrung, entfernt war, sollte sich bald zeigen.

Widukind zwar hielt seinen Schwur, nie wieder das Schwert gegen die Franken zu ziehen. Viele seiner Landsleute jedoch, besonders die sogenannten Nordleute, die zwischen Weser, Nordsee und Elbe siedelten, dachten nicht daran, sich seinem Treueid anzuschließen. Sie hatten sich an den bisherigen Kämpfen wenig beteiligt, ihre Kraft war noch nicht erschöpft, ihr Rachedurst nicht gestillt. Sie schlugen nicht blindlings los, sondern versuchten Bundesgenossen zu finden, egal, welchen Stammes – Hauptsache, sie waren Feinde ihres Feindes. Und das waren die Awaren, ein innerasiatisches Reitervolk, das einst in den unteren Donauraum eingedrungen und sich nun von den Franken bedroht sah. Aber es stellte sich schließlich heraus, daß sie als Verbündete nicht taugten.

Der letzte große Sachsenkrieg dauerte über zwölf Jahre und ähnelte in seinem blutigen Einerlei von Rebellion, Niederschlagungen der Rebellion, Verträgen, Bruch der Verträge, Brandschatzung, Plünderung, Zerstörung, Geiselnahme den vorangegangenen Kriegen.

Der Furor der Sachsen war so gewaltig, daß sich Karl noch einmal zu einem Mittel der Kriegsführung gezwungen sah, das noch schändlicher war als die Strategie der verbrannten Erde: der Massendeportation.

Wer »verpflanzt« wurde – welch zynischer Euphemismus –, hatte noch Glück. Als besonders gefährlich eingestufte Freie hielt man in palisadenumzäunten, scharf bewachten Lagern bis zu ihrem Tode gefangen. Junge Frauen und Mädchen wurden in Verdun, dem großen Umschlagplatz für Sklaven, zum Verkauf feilgeboten. Dabei achtete man streng darauf, daß sie noch nicht durch das heilige Taufbad gegangen waren. Nur Heidinnen durften verkauft werden, keine Christinnen. Das entvölkerte Land wurde unter dem Gefolge des Königs aufgeteilt oder den Slawen als neues Siedlungsgebiet überlassen.

Viele Ortsnamen in Deutschland, im Schwäbischen, am Rhein, in Hessen, Franken, Thüringen, Baiern, erinnern an das Schicksal der Deportierten: Sachsenhausen, Sachsenmühle, Sachsenried, Saasen, Sachsbach, Sachsenstein, Sachsenheim; auch Ortsnamen, die mit »sachsen« enden.

Neben der Peitsche bot Karl das Zuckerbrot. Die erbarmungslos strenge *Capitulatio de partibus Saxoniae* von 782, von der wir einige Strafbestimmungen zitiert haben, verwandelte er in das mildere *Capitulare Saxonicum.*

Anstelle der Todesstrafe trat so vielfach die Geldbuße. Selbst die Gewalttat gegen einen Priester oder die Ermordung eines Königsboten konnte man jetzt durch Geld wiedergutmachen, wobei eine Rinderwährung als Grundlage diente: 1 Schilling = 1 einjähriges Rind. In der *Lex Saxonum* wurde das, was bisher rechtens war, zum erstenmal schriftlich fixiert: Ein Gesetzbuch war geschaffen worden, das lange Zeit gültig blieb. Die Sachsen mit den Franken zu einem Volk zusammenzuschließen war des Königs unabänderlicher Wille.

»Der Friede von 804 wurde mit einem Volk geschlossen«, schreibt Wolfgang Braunfels über das Ende des Sachsenkrieges, »das dezimiert, von seinen Führern verlassen und großer Landteile im Osten zugunsten der Slawenstämme beraubt worden war... Knapp hundert Jahre später war die Volkssubstanz gerade dieses Stammes wieder in einem Ausmaß erstarkt, daß er, angeführt von Herzögen, die vielfach den Karolingern versippt waren, nicht nur die Hauptlast des Krieges gegen die Ungarn tragen konnte, sondern die Führung in dem neuen Kaiserreich übernahm.«

3 Basken, Baiern und Awaren

Roncesvalles – Legende und Wahrheit

Anno Domini achthundertvier – wir sind dem Geschehen weit vorausgeeilt, das sich auf einem anderen Schauplatz abgespielt hatte: in Spanien.

Es waren über 1200 Kilometer zurückgelegt, als die Gruppe ihr Ziel endlich erreichte. Von Barcelona über Pamplona, Tours, Ponthion, Héristal, Köln bis Paderborn hatten sich die Männer durchgeschlagen. Sie erregten überall Aufsehen mit ihrer arabischen Kleidung, der Dschellabia, dem Turban, der Chamisa, dem Krummdolch mit dem Pulverhorn. Ihre Pferde trugen Schabracken aus Seidendamast, silberbesticktes, samtumhülltes Zaumzeug und reichverzierte Sättel. Ihr Anführer hieß Suleiman Ibn Jakthan al Arabi el Kelbi und war Wali, Statthalter von Barcelona. An der Pader feierte Karla oder Karlo, wie sie ihn nannten, gerade den Sieg über ein Volk, das weder christlich war noch islamisch, anscheinend gar keinen Glauben hatte und deshalb wohl von dem großen König aufs Haupt geschlagen worden war. In ganz Spanien war die Rede davon.

Suleiman nun bot dem fränkischen König die Oberhoheit an über seine beiden Städte Barcelona und Gerona und über die vorwiegend christlich besiedelte Nordmark Spaniens. In der Hoffnung, der Franke würde ihm gegen seinen Todfeind helfen, den Emir von Córdoba Abd ar-Rahman. Das war, so Suleiman, einer aus der von Allah verfluchten Dynastie der Omaijaden, der nicht nur die eigenen Landsleute knechtete, sondern auch die Christen im Lande. Ein überraschendes, ja sonderbares Angebot.

Suleiman gehörte zu den Abbasiden, die Mitte des Jahrhunderts die Omaijaden vom Thron des Kalifen vertrieben hatten, wobei »vertrieben« nichts anderes hieß als »ausgerottet«. Ausgerottet bis auf den letzten Mann. Doch *ein* Mann hatte sich retten können vor den Mordkommandos der neuen Herrscher: Abd ar-Rahman. Der Sohn einer Berberin witterte förmlich die Gefahr, entging allen Anschlägen; von Dorf zu Dorf gehetzt, durchschwamm er in letzter Not den breiten Euphrat, durchquerte in einer fünf Jahre währenden Flucht Palästina und Ägypten und gelangte endlich nach Marokko. Hier lebten die Verwandten seiner Mutter, hier wurde der letzte Enkel des Kalifen Hischam begrüßt wie ein von Allah Gesandter, beauftragt mit der Sendung, wenigstens in Spanien die Macht der Abbasiden zu brechen. Als Rahman auf die Pyrenäenhalbinsel übersetzte, begleitete ihn lediglich eine Handvoll Getreuer.

Kurze Zeit später war daraus ein schlagkräftiges Heer geworden. Aus dem Süden Spaniens strömten ihm die Anhänger des alten Herrscherhauses zu, und bald ritt er in Córdoba ein. Den Titel »Kalif« lehnte er ab, der »Emir« genügte ihm. Die Truppen, die der neue Kalif in Damaskus gegen ihn entsandte, trieb er ins Meer. Rahman, den die Geschichte als einen milden Herrscher kennt, wurde zum grausamen Rächer, wenn es gegen die Abbasiden ging. Ihren Heerführer ließ er enthaupten und schickte den Kopf nach Mekka mit der Bitte, ihn vor seinem Palast aufzuhängen.

Andalusien glich damals einem kleinen Paradies: Ein raffiniertes Bewässerungssystem ließ den Reis wachsen, die Baumwolle, die Früchte des Gartens, die Dattelpalme, die Rose. Auch die Wissenschaften blühten, und die Religionen erfreuten sich einer Toleranz, wie sie in christlichen Landen undenkbar gewesen wäre. Wenn auch die Juden und Christen den Muslimen nicht gleichgestellt waren, so wurden sie doch von niemandem verfolgt. Neben der Moschee standen die Kirchen, neben den Kirchen die Synagogen.

Undenkbar, daß ein Herrscher wie Karl, der überall seine Zuträger hatte, über die Lage der Christen in Spanien nicht einigermaßen informiert gewesen wäre. Daß er sie vom Joch der Muslime befreien wollte, hat ihm erst eine spätere Zeit nachgesagt. Von einem »Kreuzzug« konnte also keine Rede sein. Populär aber war ein Feldzug gegen die Ungläubigen schon. Des Großvaters Heldentat bei Tours und Poitiers, die ihm den Namen »Retter des Abendlandes« eingetragen hatte, war noch in aller Erinnerung. Auch der Gedanke, sich jenseits der Pyrenäen eine Basis zu schaffen, die Aquitanien besser schützte, wird eine Rolle gespielt haben. Entscheidend aber für seinen Entschluß, den arabischen Emissären sein Jawort zu geben, haben die Einhardischen Annalen so knapp wie zutreffend ausgedrückt: Es sei um die Gewinnung einiger neuer Provinzen gegangen.

De Bayac drückt es etwas schärfer aus, wenn er schreibt: »Karl war Kriegsmann und Eroberer sein Leben lang. Er hatte eine vorzügliche Armee an der Hand; diese Waffe blieb nur scharf, wenn sie eingesetzt wurde. Feldzüge halten die Krieger in Übung und straffen die militärische Organisation. Außerdem bringen sie Besitz und Beute. Die Vornehmen des Reiches mußten gelegentlich gefüttert werden, damit man ihre Zuneigung bewahrte.«

Man brauchte jetzt nur noch einen stichhaltigen Kriegsgrund, und der war rasch gefunden. Die Sarazenen, so wurde dem Papst mitgeteilt, bereiteten einen Angriff auf das Frankenreich vor. Ihm zuvorzukommen sei nun die Aufgabe der christlichen Streiter. Der Winter verging mit der Rüstung; die Magazine mußten kontrolliert werden, alte Waffen instand gesetzt, neue geschmiedet, Vorräte angelegt, Pferde gekauft. Begehrt waren nach wie vor die in aller Welt berühmten Harnische, für deren Fertigung die Waffenschmiede viele Monate brauchten. Mitte April 778 war es endlich soweit.

Mit der größten Kriegsmacht, welche die christliche Welt je gesehen, aufgeteilt wie oft bei Karl in zwei Heeressäulen, die nach dem Prinzip operierten, getrennt zu marschieren und vereint zu schlagen, rückte er nach Nordspanien vor. Wobei der linke Flügel, bestehend aus Provençalen, Aquitaniern, Langobarden und den sonst so widerspenstigen Baiern Tassilos, über den Col de Perthus in Richtung Barcelona marschierte, während der rechte Flügel, bei dem vornehmlich Franken, Alemannen und Burgunder aufgeboten waren, unter des Königs persönlicher Führung in das Baskenland vordrang.

Die christliche Bevölkerung, auf die Karl traf, war ihm von Anbeginn feindselig gesinnt, versagte seinen Soldaten Wasser, Holz, Gras, und als er endlich Pamplona erreicht hatte, wurde er nicht weniger unfreundlich empfangen. Die ebenfalls von Christen bewohnte Stadt hatte ihre Unabhängigkeit gegen die Araber verteidigt, sie wollte sie diesem König nicht preisgeben, und wenn er der allerchristlichste wäre. Sie verschloß ihre Tore und konnte erst nach blutigen Kämpfen genommen werden.

Als Karl sich mit dem linken Flügel vereinigt hatte, besserte sich die militärische Lage nicht. Auch Saragossa, ein für den Erfolg des ganzen Unternehmens wichtiger Stützpunkt, verweigerte sich. Die Männer hinter den Mauern wollten von den Franken nicht befreit werden. Mag der Emir von Córdoba nicht ihr Freund gewesen sein, gut leben ließ sich unter ihm allemal, was man von dem neuen nicht wußte. Und wo blieb endlich die versprochene Unterstützung durch die abbasidischen Verschwörer, des Emirs Todfeinde?

Den Franken schien zu dämmern, daß Suleiman ihnen in Paderborn ein Märchen erzählt hatte. Jedenfalls hatte er die Situation falsch dargestellt. Als er auch noch vorschlug, Saragossa zu erstürmen, diese mit meterdicken Mauern und himmelragenden Türmen befestigte Stadt, war sein Maß voll. Die Schlüssel Barcelonas und Geronas, die er übergeben wollte, eine rein symbolische Geste, nützten ihm nichts mehr. Karl ließ ihn in Eisen legen.

Dann tat er etwas, was bei Großen rar ist: Er gestand indirekt ein, daß der spanische Feldzug ein einziger grandioser Irrtum sei, den er, und nur er, zu verantworten habe. Sein Eingeständnis zeigte sich in dem Befehl, das Unternehmen abzubrechen und sich auf den Heimweg zu machen. Nicht nur Einsicht gehörte dazu, sondern auch Mut. Die Krieger, deren Sold ja im Anteil an der Beute bestand, mußten sich um diesen Anteil betrogen fühlen: Es war keine Beute gemacht worden. Rebellion? Karls Prestige war auch hier groß genug, um jeden Gedanken daran zu ersticken. Das Heer zog denselben Weg zurück, den es gekommen war. Vor Pamplona kam es zu einer Tat, die in ihrer Sinnlosigkeit die ohnmächtige Wut über den mißlungenen Feldzug offenbarte: Die Stadtmauern wurden geschleift, die Türme zerstört. Vielleicht war es diese abwegige Aktion, die die Katastrophe im Tal von Roncesvalles auslöste. Sie ereignete sich am 15. August 779 – ein Datum, das sich aus der Grabschrift des gefallenen Truchseß Ekkehard ergibt.

Einhard hat uns in seiner *Vita Karoli Magni* den ausführlichsten Bericht darüber gegeben, was in jenem Tal geschah. Er beschönigt nichts: »Diese Gegend ist wegen ihrer dichten Wälder für Überfälle aus dem Hinterhalt sehr geeignet. Als die Armee – die engen Bergpfade ließen es nicht anders zu – in langgestreckter Linie einherzieht, greifen die Basken, die sich auf dem Gebirgskamm in den Hinterhalt gelegt haben, den Troß sowie die ihn schützende Nachhut an und drängen sie, von oben herabstürzend, ins Tal hinab. Bei dem Gemetzel werden die Franken fast alle niedergemacht. Die Basken plündern das Gepäck und zerstreuen sich dann unter dem Schutz der hereinbrechenden Nacht schnell in alle Richtungen.

Durch die leichte Bewaffnung und das für sie günstige Terrain sind sie in diesem Gefecht im Vorteil; die Franken dagegen hindern ihre Rüstung, die Schwerter und die Helme sowie die Ungunst des Geländes. In diesem Kampf fallen der königliche Truchseß Ekkehard, der Pfalzgraf Anselm und Roland, Graf der Bretonischen Mark, und viele andere.

Bis heute konnte diese Tat nicht gerächt werden *(Neque hoc factum ad praesens vindicari poterat ...)*, da der Feind nach der Tat sich so weit zerstreute, daß nicht einmal das Gerücht hätte sagen können, wo er denn zu suchen gewesen wäre.«

Die Basken, damals Waskonen geheißen, gehörten längst dem Christentum an, was sie nicht hinderte, ihre Glaubensbrüder zu überfallen, umzubringen und auszuplündern. Rache für Pamplona, Raublust, die Empörung über die Verletzung ihrer Grenzen – es mag viele Gründe gegeben haben für ihren Überfall. Das stolze, in Armut lebende Volk – die Basken gingen in Ziegenfellen gekleidet und ernährten sich mühsam von Viehzucht und Fischfang –, ein Volk, von dem niemand weiß, woher es gekommen, dessen Sprache bis heute ein Rätsel ist, da es keiner anderen bekannten Sprache ähnelt, hatte mit seinen primitiven Waffen einen scheinbar

Unbesiegbaren das Fürchten gelehrt. Der Verlust einiger seiner besten Männer wie Ekkehard, Anselm, Roland »legte sich wie eine Wolke auf das Herz des Königs« *(Annales Regni Francorum).*

Sage und Dichtung haben nichts unversucht gelassen, die Schmach zu tilgen und die Rache nachzuholen. Das um 1100 entstandene *Chanson de Roland* braucht dazu genau 4002 Zehnsilbler. Es übertreibt das Kampfgeschehen ins Maßlose, verwandelt die christlichen Basken in heidnische Mauren – wer würde schon Ruhm ernten bei einem Kampf gegen fellbekleidete Hirtenkrieger – und setzt an das Ende einen gewaltigen Sieg des großen Karl. Das Lied gilt als ein großartiges Beispiel des Sagenkreises um den Karolinger und befruchtete die gesamte nachfolgende Literatur. Gefeiert wird Roland in seiner Liebe zur *dulce France,* dem süßen Frankreich, dem großen Land, dem Land der Ahnen. Er ist ein Held, tapfer bis zur Torheit, tollkühn bis zum Hochmut.

Er ist so stolz, daß er sich in höchster Not weigert, in sein Horn Olifant zu stoßen, um Karl zu Hilfe zu rufen. Als ihn sein Kampfgenosse Olivier endlich dazu überredet hat, ist es zu spät. »...hêtestûz enzît getân, so hêtestu manigen hêrlichen man dem rîche behalten«, heißt es in der mittelhochdeutschen Fassung des Pfaffen Konrad aus Regensburg. »Hättest du es zur rechten Zeit getan, so hättest du viele edle Männer dem Reich erhalten.« Schließlich erklärt sich der edle Tor doch bereit. »Ruolant vie mit baiden hanten den guoten Olivanten, sazt er ze munde, blâsen er begunde. Diu hirnribe sich im entrante, sich verwandelôt allez, daz an im was, sîn herze craht innen.« Roland faßte mit beiden Händen den guten Olifant, setzte ihn an den Mund und begann zu blasen. Der Schädel, die Hirnrübe, sprang ihm fast, er wechselte die Farbe und sein Herzschlag setzte aus.

Diesmal hört Karl das Horn, er kehrt zurück zum Tal von Roncesvalles, doch niemand lebt mehr von seinen Mannen. Roland hält sein Wunderschwert noch in den Händen, mit dem man Felsen zerspalten kann. Die Franken jagen den »Mauren« nach und rächen sich in einer großen siegreichen Schlacht.

Das Dörfchen Roncevaux diente mit seiner Augustinerabtei jahrhundertelang als eine wichtige Station für die Jakobspilger auf ihrem Weg nach Santiago de Compostela. Am Puerto Ibañeta erinnert eine Säule an die Katastrophe des Jahres 778. Und die Krypta der Wallfahrtskirche Sancti Spiritus wölbt sich über jener Stelle, an der Karl der Große für Roland und seine Getreuen ein Grab errichten ließ – wie die Überlieferung es will. Die Basken selbst wissen wenig von dem, was damals geschehen ist. Carlomagno kennen sie natürlich, doch wer genau dieser *Roldan* war in der *mocedad*, der Moritat von Roland, darüber herrscht Unklarheit. Sic transit gloria mundi ...

Auch hierzulande wüßte niemand so recht zu sagen, was für eine Bedeutung die Rolandssäulen haben, die auf den Marktplätzen oder vor den Rathäusern deutscher Städte stehen wie in Bremen, Brandenburg, Halle, Nordhausen, Wedel, Magdeburg, Perleberg, Zerbst, Stendal. Über vierzig sind es insgesamt. Die roh gearbeiteten Bildwerke aus Stein, die einen geharnischten Mann mit dem Schwert in der Hand darstellen, begriff man ursprünglich als Zeichen der befriedeten Gerichtsstätte oder als Symbol städtischer Freiheit. Erst später wurde die Säule mit dem Helden der Karlssage in Beziehung gesetzt. Eine Bedeutung, die auch wieder verlorenging.

Die Niederlage gegen die Basken war beunruhigend. Zum erstenmal hatte sich ein fränkisches Heer unterlegen gezeigt. Der Ruf, unbesiegbar zu sein, war dahin; und dieser Ruf war es bis dato gewesen, der die Feinde von vornherein gelähmt, sie an ihrem Schlachtenglück hatte zweifeln lassen. Die Südgrenze des Reiches schien nun unsicherer denn je. Aquitanien, unzuverlässig wie stets, blieb die Achillesferse. Doch Karl wäre nicht Karl gewesen, hätte er seine spanischen Pläne nun aufgegeben. Er begann das Grenzland zu sichern, dergestalt, daß er mit den führenden Ämtern Aquitaniens Franken betraute, neue Grafen einsetzte und, vor allem, sich die Bischöfe durch großzügige Zuwendungen geneigt machte, ja, er gab den Aquitaniern, um ihnen zu schmeicheln und ihr Selbstbewußtsein zu heben, einen eigenen König, verwandelte das Land also in ein Unterkönigtum des Fränkischen Reiches. Ludwig hieß der neue Herrscher, ein Kind noch, doch sein eigenes Kind.

Hildegard, die ihn nicht auf dem Feldzug begleitet hatte, weil sie schwanger war, hatte nach seiner Rückkehr in Chasseneuil Zwillinge geboren, zwei Knaben, die überraschenderweise merowingische Namen bekamen: Lothar und Ludwig; Lothar starb nach einem Jahr. Ludwig wuchs in Aquitanien auf, als Romane unter Romanen, vertraut mit der Sprache, der Sitte und den Gebräuchen. Drei Jahre war er alt, als er, angetan mit Kinderrüstung und Kinderschwert, hoch zu Roß in seinem Reich einzog.

Zu romanisch sollte er allerdings auch nicht werden, wird sich Karl, der kluge Pädagoge, gedacht haben und zitierte ihn immer wieder an den fränkischen Hof, wo er mit seiner Tracht, dem runden Mäntelchen, den Puffärmeln, den bauschigen Hosen und den langgespornten Stiefeln die Franken mehr belustigte, als daß er ihnen imponierte.

Niemand ahnte, daß hier der künftige Kaiser einherstolzierte, einer, der das Werk seines Vaters ruinieren würde.

Von Aquitanien aus gelang den Franken ohne ihren König das, was ihnen mit ihrem König mißlungen war: in Spanien Fuß zu fassen und im Laufe der Zeit einen Sicherheitsstreifen zu schaffen, die Spanische Mark. Der ständige Zwist der Araber untereinander erleichterte ihnen die Arbeit. Viele Goten, die einst von den Arabern in den Nordosten des Landes vertrieben worden waren, fanden sich ein und brachten zwei für ein Grenzland wichtige Tugenden mit: die Bereitschaft, zu kämpfen *und* den Boden zu bebauen. Die Burgen der Franken schoben sich immer tiefer in das Land hinein. Die Stadt Gerona war der erste größere befestigte Platz, wo man sich von den Franken mehr versprach als von den Mauren. Ihre Christen öffneten die Tore und stellten sich freiwillig unter fränkische Herrschaft. In der Kathedrale setzen sich die Touristen heute auf einen marmornen Thron, auf dem der Mann nie gesessen hat, nach dem er benannt wurde: Karl. Auch der von der romanischen Kirche übriggebliebene Turm soll noch an ihn erinnern. Der Franke selbst aber hat Spanien, das Land seiner ersten und einzigen Niederlage, nie wieder betreten.

Anders sein Sohn Ludwig. Der zum Oberkommandierenden einer Reservearmee ernannte Jüngling, mit der er vorsichtshalber nördlich der Pyrenäen abgewartet hatte, wie eine Belagerung Barcelonas durch fränkische Truppen ausgehen würde, ließ sich schließlich rufen, als die Stadt ihre Kapitulation anbot. Er erschien, nahm huldvoll die Schlüssel entgegen und zog mit großem Brimborium in die Stadt ein. Er war in mancher Beziehung ein unwürdiger Sohn seines Vaters. Wenn man ihm nachsagt, daß er kein »Waffenglück« gehabt habe, so ist das eine höfliche Umschreibung für seine Unfähigkeit, Truppen zu führen. Karl wußte das, und nach einer weiteren erfolglosen Unternehmung gegen Tortosa wurde der spätere »Fromme« von seinem Kommando abberufen: unter dem Vorwand, man brauche ihn, um den Bau von Schiffen gegen die Normannen zu überwachen.

Der weisse Elefant

Der Emir Abd ar-Rahman von Córdoba verfiel ob der Treulosigkeit der Christen von Gerona in tiefe Depressionen. Er fühlte sich persönlich hintergangen. Gegen den Widerstand seiner Ratgeber war er immer wieder dafür eingetreten, die christliche Religion zu dulden. Daß er versucht hat, mit Karl Kontakt aufzunehmen, scheint wahrscheinlich. Die beiden bedeutenden Herrscher hätten einander gebraucht: der eine, um seine Südwestgrenzen dauerhaft zu schützen; der andere als Rückversicherung im Konflikt mit den Abbasiden in Bagdad.

»Karla al-akbar, der fränkische König von Rom, der ein großer Herrscher war«, schreibt der arabische Historiker al-Makkari, »begann Verhandlungen mit Abd ar-Rahman, nachdem er eine Zeitlang in feindlichen Beziehungen zu ihm gestanden. Er hatte erkannt, daß der Emir tatkräftig war und mannhafte Eigenschaften besaß. Deshalb versuchte er, mit ihm zu einer Einigung zu kommen. Er bot ihm ein Bündnis an, einen Waffenstillstand, ja, er entwarf einen Heiratsplan. Abd ar-Rahman war für die Waffenruhe, für wie auch immer geartete Heiraten zwischen Christen und Islami war er nicht.«

Eine tragische Figur, dieser arabische Herrscher.

Was der dritte Abd ar-Rahman am Ende seines Lebens sagte,

gilt auch für ihn: »Reichtum und Ehre, Macht und Vergnügungen sind mir zuteil geworden, und keine irdische Segnung scheint zu meiner Glückseligkeit gefehlt zu haben. Eifrig habe ich die Tage echten und reinen Glückes gezählt, die mir zugefallen. Man kann sie an den Fingern zweier Hände und noch einer Hand abzählen. O Mensch, setze dein Vertrauen nicht auf diese Welt.«

Kam es mit den Omaijaden zu keinem wirklichen Kontakt, zu ihren Todfeinden, den Abbasiden in Bagdad, bahnten sich geradezu freundschaftliche Beziehungen an. Und das, obwohl sich kein größerer Gegensatz denken ließ als der zwischen der Welt des Harun ar-Raschid und der Karls. Während der eine in marmornen Säulengängen und brunnengekühlten Innenhöfen mit Dichtern und Denkern philosophische Gespräche führte, mühte sich der andere im einzigen Steinhaus einer Pfalz, das Schreiben zu lernen. Hier ein Reich mit einem ausgebauten Straßennetz, einer organisierten Verwaltung, mit Krankenhäusern, Altersheimen, mit einer prachtvollen Residenz. Dort ein ambulanter König, der mit seinem Hofstaat über steinige Wege rumpelte, keine Beamten besaß, immer wieder Hungersnöte bekämpfen mußte.

Harun ar-Raschid kennen wir aus den Lesebüchern als den Mann, der nachts inkognito durch Bagdad ging und die Menschen in den Gassen fragte, was sie von ihrem Kalifen hielten. Der Beiname ar-Raschid bedeutet »der Rechtgeleitete«. Geführt auf dem Pfad der Tugend und des Rechtes wurde er von Allah. Doch gelegentlich muß der durch die Finger gesehen haben. Der Kalif tat Dinge, wie sie gewiß nicht im Koran standen. Daß er habgierig war, rachsüchtig und wollüstig, mag dahingehen, und daß er bei seiner Thronbesteigung alle Blutsverwandten über die Klinge springen ließ, schien notwendig, wäre er doch sonst nicht auf den Thron gelangt. Befremdlicher war schon, daß er jene Männer umbringen ließ, die ihm zur Herrschaft verholfen hatten.

Die Geschichte hat ihm seine Taten höher angerechnet als seine Untaten. Er verwandelte Bagdad durch seine Baulust in eine Märchenstadt und machte sie zum Sammelpunkt von Dichtern, Künstlern, Gelehrten. Den Poeten war er besonders zugetan: Merwan zahlte er für eine einzige Ode 5000 Goldstücke, was nach dem heutigen Goldpreis etwa 100 000 DM wären (verschweigen wir nicht, daß es sich um einen Lobgesang handelte). Um seiner eigenen Gesundheit willen förderte er die Medizin. Musiker und Tänzer, die ihn enttäuschten, lebten gefährlich. Niemandem ging es besser als dem, der ihm eine gute Geschichte erzählte. Erzähler*innen* belohnte er mit kostbaren Gewändern und einer Nacht auf seinem Diwan.

Karla al-akbar, der große Karl, tat den ersten Schritt, um mit Harun in Verbindung zu treten. Denn die Omaijaden in Spanien waren und blieben für die Franken unberechenbar. Er schickte die Herren Lantfrid und Sigmund auf die Reise, auf eine unendlich lange, beschwerliche, gefährliche Reise. Ein Jude namens Isaak begleitete sie. Die jüdischen Kaufleute waren weitgereiste, vielsprachige Leute und als Reisebegleiter sehr begehrt. Bedroht von Räubern zu Land und von Piraten zur See, von brennender Hitze, wilden Stürmen und vor allem von Krankheiten, zogen sie dahin, und als das erste Jahr vergangen war, das zweite, das dritte, ohne daß jemand von ihnen gehört hätte, gab man sie verloren.

Im vierten Jahr jedoch, man schrieb bereits 801, traf Karl auf der Rückreise von Rom zwei orientalisch gekleidete Männer, die sich als Gesandte des Kalifen ausgaben. Sie brachten traurige Nachricht: Lantfrid und Sigmund seien im Morgenland von einer Seuche dahingerafft worden. Der Jude warte mit der Botschaft des Kalifen und kostbaren Gaben in der Nähe von Tunis darauf, daß ihn jemand abhole. Ihm sei überdies ein ebenso kostbares wie schwierig zu transportierendes Geschenk anvertraut worden. Kanzler Ercambald bekam die Order, eine kleine Flotte zusammenzustellen und nach Nordafrika in See zu stechen.

Es dauerte wieder ein Jahr, bis er mit besagtem Geschenk und anderen Gaben in Aachen, das nunmehr eine Residenz zu werden begann, endlich angelangt war. Man lebte offensichtlich in einer Epoche, in der das Wort »Zeit« keine Rolle spielte. Auch des Kalifen Gesandte waren zugegen. Notker Balbulus, der Mönch aus St. Gallen, schreibt in seinen *Gesta Karoli* über diesen Tag:

»Als nun am Sonnabend vor dem Osterfest der Unvergleichliche in unvergleichlicher Weise geschmückt war, ließ er die Männer aus jenem Volk hereinführen, das einst dem ganzen Erdkreis furchtbar gewesen war. Denen aber erschien Karl so furchtbar, als ob sie niemals einen König oder Kaiser zu Gesicht bekommen hätten. Er nahm sie freundlich auf und gewährte ihnen die Gunst, als wären sie seine Söhne, hinzugehen, wohin sie gehen wollten; sich alles anzusehen und nach allem zu fragen, was sie zu wissen begehrten. Sie stiegen auf den Söller, der um die Königshalle führte, starrten von hier auf die Geistlichen und die prächtig geschmückten Weltlichen, kehrten dann wieder zum Kaiser zurück und sagten, indem sie vor der Größe ihrer Freude das Lachen nicht verhalten konnten und in die Hände klatschten: ›Bisher haben wir nur Menschen aus Fleisch und Blut gesehen, jetzt aber aus Gold.‹ Am hochheiligen Tag selbst wurden sie zu einem herrlichen Festmahl des allerherrlichsten Karl gebeten, gemeinsam mit den Vornehmsten aus dem Reich der Franken und den Ländern Europas. Von Staunen schier überwältigt, verloren sie den Appetit und standen fast nüchtern wieder auf.«

Was Notker nicht schreibt, was man aber annehmen darf: Germaniens Küche wird die beiden verwöhnten Kinder aus dem Morgenland nicht erstaunt, sondern verschreckt haben. Der gute Mönch, der wegen seiner Liebe zum Anekdotischen von den Gegnern jeglicher Anekdote unter den Historikern immer wieder angezweifelt wird, fährt fort in seinem phantastischen Bericht:

»Als die Morgenröte ihr safranfarbenes Lager verließ und das Land mit dem Licht des Phöbus übergoß, da rüstete sich Karl, dem Ruhe und Muße unerträglich sind, zur Jagd und nahm die Gesandten der Araber mit in die tiefen Wälder. Beim Anblick der Wisente und Auerochsen aber, dieser gewaltigen Tiere, ergriffen sie vor Entsetzen die Flucht. Karl jedoch erschrak nicht. Auf seinem feurigen Roß sitzen bleibend, näherte er sich einem Auerochsen, zog sein Schwert, um ihm den Kopf abzuschlagen. Der Hieb mißlang, das Tier zerfetzte dem König Schuh und Wadenbinde und riß ihm mit der Spitze des Horns das Schienbein auf.«

Am nächsten Tag präsentierten die Gesandten des Kalifen *ihre* Geschenke. Gewürze packten sie aus, Myrrhe, Nardenöl, Heilmittel verschiedener Art, mancherlei Salben und den heißbegehrten Weihrauch, dessen weiß bestäubte Körner sie auf ein mit glühender Holzkohle beschicktes Becken warfen, so daß es in der Halle balsamisch duftete. Schließlich führten sie einen weißen Elefanten herein, das erwähnte, so schwer zu transportierende Geschenk. Er hörte auf den Namen Abul Abbas, gehorchte dreiundzwanzig Kommandos und wurde zur Attraktion des Aachener Tiergeheges. Vorausgesetzt, er war nicht gerade auf PR-Tournee; denn Karl pflegte Bestia Elephantus überallhin mitzunehmen, um seinen Gastgebern zu imponieren. Niemand hatte jemals in seinem Leben ein solches Fabelwesen erlebt. Staunen und Schrecken waren gleich groß. Sein Skelett soll in Lippeham noch bis ins 18. Jahrhundert zu bewundern gewesen sein.

Zwischen dem Kaiser und dem Kalifen entwickelten sich bald freundschaftliche Beziehungen, erzählt Einhard, wie Karl sie sonst zu keinem anderen Fürsten unterhielt. Wer reichlich schenkte, mußte ebenso reich wiederschenken. Die Franken gaben den Arabern fränkisches Tuch, spanische Maulesel und eine Meute Molosser, mächtige Kampfhunde, die bei der Jagd einem Auerochsen mit einem einzigen Biß das Genick brechen konnten. Harun zwang seine fränkischen Gäste, um sie zu blamieren, die Molosser bei der Löwenjagd einzusetzen. Die Hunde jedoch hielten den Löwen so lange fest, »bis die Franken mit ihren im Blut der Sachsen gehärteten Schwertern die Bestie töten konnten«. Bei diesem Anblick brach der Kalif in die Worte aus: »Jetzt glaube ich, was ich über meinen Bruder Karl gehört habe. Daß er durch sein unermüdliches Streben, seinen Körper und seinen Geist zu üben, imstande ist, sich alles zu unterwerfen, was auf Erden ist.«

Seine Gegengabe bestand diesmal, neben seidenen Mänteln und einem riesigen Zelt, aus einer raffiniert gefertigten Wasseruhr. Zur vollen Stunde warf sie ein ehernes Kügelchen in ein Messingbecken; der silberhelle Klang ließ einen von zwölf Reitern aus seiner Tür hervorschnellen, die sich anschließend wieder hinter ihm schloß.

Von den politischen Interessen, die die beiden Partner ja ursprünglich zusammengeführt hatten, wie die gemeinsame Bekämpfung der Omaijaden in Spanien, erfahren wir nichts. Und so gibt es Historiker, die den beiderseitigen Gesandtschaften keine Bedeutung zumessen: Sie seien lediglich inoffizieller Natur gewesen, und die Gesandten hätten nicht das Recht gehabt, im Namen ihrer Herrscher zu verhandeln. Ja, man bezweifelt, daß Harun überhaupt einen Begriff gehabt habe von Karl und seinem Frankenreich, oder ob er für ihn lediglich ein Barbarenkönig im äußersten Westen gewesen sei, den zu kennen sich nicht lohne. Die arabischen Quellen jedenfalls hätten keine Kenntnis von einem fränkischen Kaisertum.

Der amerikanische Historiker F. W. Buckler dagegen schreibt in seiner Abhandlung über Harun ar-Raschid, daß es verkehrt sei, aus dem Schweigen arabischer Quellen, deren Autoren vermutlich gegen Beziehungen zu Ungläubigen feindlich eingestellt waren, Schlüsse zu ziehen. »Wenn wir wirkliche Hofhistoriker der Abbasiden besäßen, hätten diese Beziehungen sicher Erwähnung gefunden. Aber die geringen Ergebnisse der Gesandtschaften berechtigten, wenigstens nach Meinung der Orientalen, kaum zu einer Aufnahme in ein historisches Werk.«

Tassilo, der Baiern edler Herzog

Bayern von heute, die sich mit den Baiern von damals befassen, werden angesichts dessen, was ihrem Herzog Tassilo geschehen ist, seufzend ein »Ja mei« von sich geben; jenes Wort, dessen Bedeutung sich aus der Tonlage ergibt (und darin dem Chinesischen gleicht). Dem Manne, der uns als gefühlvoller, sensibler, ja weicher Charakter überliefert wird und deshalb nicht in eine Zeit paßte, in der der Mensch des Menschen Wolf war; in der der Grausame, der Unbarmherzige, der Barbarische zu triumphieren pflegte, diesem Mann ist übel mitgespielt worden. Verantwortlich dafür waren nicht »die Preußen«, denn die gab es noch nicht, aber, wie es der Bayer von heute gern zu glauben bereit wäre: Sie hätten es gewesen sein können; nur daß sie damals eben »die Franken« hießen. Sie besaßen jene Charaktereigenschaften, die ein Baier vermutlich schon damals nicht gemocht hat: Sie waren kriegstüchtiger, besser organisiert, rascher im Denken und Handeln.

Angefangen hatte alles in Compiègne, in deren tiefen Wäldern die Karolinger zu jagen pflegten und Hoftage abhielten. Uns ist der Ort bekannt geworden durch den hier abgeschlossenen Waffenstillstand von 1918 und den von 1940 mit Frankreich, auf der sogenannten Waffenstillstandslichtung. Fünfzehn Jahre alt war Tassilo, als er von Pippin dem Kurzen, dem Vater Karls, nach Compiègne befohlen wurde, um über den eigens herbeigeschafften Reliquien der wichtigsten Heiligen zu schwören, daß er dem König und dessen Nachfolgern immer und ewig die Treue halten werde. Er legte seine Hände zum Schwur in die Hände Pippins – der sogenannte Handgang –, während die Priester die in kostbare Schreine eingeschlossenen Gebeine des Dionysius, des Rusticus, des Eleutherius, des Germanus und des Martin darboten.

Tassilo, für den bis dahin die Mutter die Regentschaft geführt hatte, kehrte zurück nach Regensburg, der Residenz seiner bairischen Heimat; nicht ohne daß ihn Pippin vorher gemahnt hätte, mit seinen Truppen zu erscheinen, wann und gegen wen auch immer die Franken einen Feldzug für nötig hielten. Für fremde Interessen sein Gut und Blut zu wagen – und die Interessen der Karolinger waren keineswegs die seinigen –, das haben die Baiern im 8. Jahrhundert so wenig gemocht wie die Bayern im 19. Niemand ahnte, welche Folgen der Schwur von Compiègne für den Herzog noch haben sollte …

In Regensburg wurde er von den daheimgebliebenen Großen mit den Worten begrüßt: »Heil in Christo dem ruhmreichen Herrn, unserem Herzog, dem großmächtigen Tassilo.« Auch »Fürst« wurde er genannt, höchster Fürst, Erlauchtester, Glorreichster. Das waren Titel, die normalerweise nur einem König zukamen, aber die Agilolfinger fühlten sich als Majestäten. Sie beriefen Versammlungen ein, die den Charakter fränkischer Reichstage besaßen; ließen Beschlüsse fassen über kirchliche und weltliche Angelegenheiten, die es den Kapitularien Karls gleichtun sollten, zeichneten ihre Urkunden nicht nach den Regierungsjahren des Königs, sondern nach denen ihrer Herrscher. Ja, Tassilo erhob seinen Sohn Theodo – Höhepunkt der Hybris nach Meinung der Franken – zum Mitregenten. Die Herzöge aber empfanden das keineswegs als

Selbstüberhebung. Was das Alter und den Adel ihres Geschlechts betraf, so waren sie den Karolingern ebenbürtig, wenn nicht edlerer Abstammung. Auch waren sie legal zur Macht gekommen und nicht durch einen Staatsstreich.

Sie vergaßen aber, daß es in der *Lex Baiuvariorum* einen Passus gab »von den Herzögen und den sie angehenden Dingen des Rechts«. Darin stand – und kein Geringerer als Pippin war hier federführend gewesen –, daß der Herzog vom König eingesetzt werde und, wichtiger noch, auch abgesetzt werden könne. Falls er so aberwitzig, so verbissen, so leichtfertig, so widerspenstig und dünkelhaft, so hochmütig und rebellisch sei, des Königs Gebote zu mißachten, würde er des Geschenkes der herzoglichen Würde verlustig gehen.

Tassilo hatte seine Eide geleistet, aber im übrigen ließ er den Franken einen guten Mann sein und widmete sich seinem eigenen Land. Es war ein schönes Land, das ihm sein Vater Odilo hinterlassen hatte und das von der Mutter als Regentin gut geführt worden war.

»Baiern ist sehr schön«, schrieb der Bischof Arbeo, ein Zeitgenosse und Zeitzeuge, »und eine Freude, es zu betrachten. Reich ist es an lichten Wäldern, gesegnet mit Weingärten. In den Bergen wächst das Eisen, das Silber, ja das Gold, und sie färben ihre Stoffe im Saft der Purpurschnecke. Die Erde ist fruchtbar und bringt üppige Saat. Des Viehs und der Herden aller Art sind so viel, daß die Weiden davon bedeckt zu sein scheinen. Bienen sind wahrlich in großen Schwärmen vorhanden, und sie bringen viel Honig. Überall springen Quellen, fließen Bäche und Flüsse. Die Netze der Fischer zerreißen schier.«

Vor lauter Heimatliebe vergaß der Bischof, daß es in dem Land zwischen Fichtelgebirge und der Mündung der Eisack in die Etsch, vom Lech bis zur Enns, von der Donau bis zum Inn auch trostlose Gefilde gab, bedeckt mit Geröllhalden, dichten, undurchdringlichen Wäldern, Mooren und Filzen.

Über die Einwohner wird Unterschiedliches berichtet. Sie seien rauh und unfreundlich, ungeschlacht und einfältig, aber auch gutmütig und handsam, liebten ihren Acker und das Vieh und mieden jeglichen Krieg. Sie griffen gern zum Bier, tränken sehr, machten viele Kinder. Daß sie sehr kirchlich seien, gerne wallfahrten und die kirchlichen Feste feierten, wie sie fielen oder nicht fielen, darüber sind sich die Chronisten einig.

Es gab keine Provinz in Deutschland, in der die Kirche so gefördert wurde wie im Baiernland. Allein neunundzwanzig Klöster wurden gegründet, als Tassilo das Zepter schwang. Innichen in Tirol und Kremsmünster in Oberösterreich wurden von ihm persönlich gestiftet und mit großzügigen Schenkungen ausgestattet. Kremsmünster, fünfzig Meter über dem Tal der Krems gelegen, besitzt heute noch den Tassilokelch, ein Kupfergefäß mit vergoldeter Ornamentik und niellierten Silberplatten. Am Fuß entziffern wir die Inschrift *»Tassilo Dux Fortis + Liutpirc Virgo Regalis«* – Tassilo, Herzog Erlauchter + Liutpirc Jungfrau von königlichem Geblüt. Der Herzog konnte mit Neunundzwanzig noch nicht schreiben, aber schließlich wurde diese Kunst von einem weltlichen Großen nicht unbedingt verlangt. War eine Urkunde zu unterzeichnen, so half man sich, wie Tassilo es tat bei der Stiftungsurkunde der von ihm gegründeten Abtei Innichen. »In Gegenwart meiner Vornehmsten habe ich eigenhändig«, und man sieht förmlich, wie ihm der Schweiß auf die Stirn trat, »den Anfang der Lettern dieser Handschrift sorgfältig nachgezogen«.

Klöster wurden von den Großen gegründet, »um dem Pfuhle des Teufels und seinem furchtbaren Grauen zu entgehen und den Himmelssaal aufzuschließen«. Sie dienten als Vorposten der Christianisierung im Heidenland – und sie bildeten nicht zuletzt kulturelle und wirtschaftliche Mittelpunkte. St. Marien in Freising, St. Peter in Salzburg, St. Emmeram in Regensburg, wo die Äbte gleichzeitig Bischöfe waren, gehörten dazu. Und Wessobrunn, Benediktbeuren, Niederalteich, Weltenburg, Osterhofen, Mondsee, Schäftlarn, Frauenchiemsee, Scharnitz desgleichen.

Allen mußte eine Existenzgrundlage geschaffen werden. »Ich habe erwogen«, sagte Tassilo bei der Einweihung von Kremsmünster, »von den Gütern, mit denen mich der Herr gesegnet, Ihm selbst etwas darzureichen. Schon mein Vater und sein Vater und dessen Vater haben von ihrer Habe Gott geopfert, soviel sie vermochten, haben Kirchen gebaut, sie mit eigenen Mitteln begabt, auch Klöster gegründet und mit nicht geringem Gelde bedacht. Daher war auch ich willens mit dem Beistand unseres Herrn Jesus Christus, ein Kloster zu erbauen, und es ist geschehen mit seiner Allerhöchsten Hilfe. An dem Flusse namens Krems steht es hier zu Ehren unseres Erlösers, und ich habe ihm einen Abt gegeben, auf daß an der ehrwürdigen Stätte ein geistiges Leben entstehe.«

Kremsmünster ist eine Benediktinerabtei. Die Mönche lebten nach der *Regula Benedicti*. Benedikt von Nursias Ordensregel wurde zur Hauptordnung des abendländischen Mönchtums. Das keine hundert Seiten umfassende Büchlein mit seinen Forderungen nach Gehorsam, Armut und Keuschheit und, vor allem, mit dem Grundsatz, daß neben dem Beten die Arbeit nicht vergessen werde – ora et labora –, hatte auf die Entwicklung der Kultur und Zivilisation Europas großen Einfluß. Dort, wo die Mönche ihre Klöster errichteten, mußten Urwälder gerodet, Moore trockengelegt, Straßen angelegt werden. Aus Ödland entstand Kulturland.

Wie ein solches Ödland aussah, erfahren wir zum Beispiel aus der Vita des Abtes Sturmius, der für Bonifatius unterwegs war. »Nun saß Sturmius ganz allein auf seinem Esel und begann seine Reise durch die wüstesten Gegenden der Wildnis. Da durchforschte der eifrige Späher nach einer geeigneten Klosterstätte allüberall mit scharfem Blick gebirgiges und ebenes Gebiet, besah sich Berge, Hügel und Täler, betrachtete Quellen, Bäche und Flüsse ... So zog der Mann allein durch die Wüsteneien. Außer den wilden Tieren, die es dort in einer Unzahl gab, großen, flatternden Vögeln, reißenden Wölfen, ungeheuren Bäumen und trostlosen Sümpfen fand er nichts. Endlich, der vierte Tag war es schon, da kam er an dem Orte vorbei, wo jetzt das Kloster [Fulda] liegt.«

Fulda entwickelte sich zu einem der reichsten Klöster des frühen Mittelalters. Die Landschenkungen der Großen ließen es gedeihen. Auch hier galt der Grundsatz *do ut des* – ich gebe, damit du gibst. Die Reichen schenkten, die Mönche beteten für ihr Seelenheil. Wie sehr sie auch des Königs Gunst genossen, erweist ein Blick in die Chronik der Abtei. Da beschwerten sich die allmählich ziemlich verwöhnten Mönche darüber, daß die aus Rindstalg gefertigten Kerzen beim Chorgebet allzusehr stanken. Und was tat Karl? Er übereignete ihnen umgehend einen Hain mit Ölbäumen in der Lombardei.

Vier bis fünf Stunden waren bei den Benediktinern dem religiösen Dienst vorbehalten, sieben Stunden der Arbeit: der Handarbeit, der Tätigkeit in den Bibliotheken, auf den Schreibstuben, in den von ihnen gegründeten Schulen. Sie bewahrten uns das Wissen der Antike und die Weisheit der Alten. Die Bauern, die sie angesiedelt hatten und die ihnen dienstpflichtig waren, hatten nichts zu bereuen. Sie lernten von ihnen, wie man Weingärten anlegt, den Boden gründlicher düngt, besseres Gerät benutzt, widerstandsfähiges Vieh züchtet, die Milcherträge erhöht, das Korn gut ausmahlt und so fort. Ihre Klöster ähnelten landwirtschaftlichen Musterbetrieben, waren autarke Produktions- und Konsumgemeinschaften.

In den Klostergärten wurden die Bauern mit der Veredlung von Obstbäumen vertraut gemacht, mit dem Anbau neuer Gemüsesorten und, nicht zuletzt, mit der Aussaat von Kräutern, die nicht nur würzten, sondern auch heilten. Kranke erfuhren ärztliche Hilfe, Kinder lernten die geheimnisvolle Kunst, Gedanken mittels Zeichen sichtbaren und dauernden Ausdruck zu geben: das Schreiben. Diese Kunst war nicht weit verbreitet: bei den kleinen Leuten nicht und nicht bei den Großen. Mit ihren Bibliotheken, ihren Schreibstuben, ihren Schulen dienten die Klöster einer Bewegung, die man die Karolingische Renaissance nennt. Worüber noch zu reden sein wird.

Ein Kloster zu gründen war nie ein Verlustgeschäft. Die investierten Kosten kamen hundertfach wieder herein. Bei aller Frömmigkeit vergaßen die Dynastien oder die großen adligen Gründerfamilien diesen wirtschaftlichen Aspekt nie. Doch die bestgelegene, mit Grundbesitz und Geld bestausgestattete Abtei würde nicht gedeihen, wenn sie eines nicht besaß: Reliquien. Dasselbe galt für die Gründung einer neuen Kirche.

Des Glaubens liebstes Kind

Das Weltbild des Mittelalters war weitgehend magisch bestimmt. Seine Menschen glaubten an die Existenz des Übernatürlichen, daran, daß derjenige, der einer Reliquie ansichtig wurde oder sie gar berühren durfte, ihrer Heilskraft teilhaftig werde. Und weil sie es glaubten, erfuhren sie eine Steigerung ihrer physischen und psychischen Kräfte: Es geschahen Wunder, jene Wunder, die des Glaubens liebstes Kind sind. Sich der Überreste eines Heiligen zu versichern, hieß, einen Fürsprecher an höchster Stelle zu haben, einen Helfer in der Not, und gleichzeitig das eigene Sündenkonto zu verringern.

Am günstigsten war es, wenn das Kloster über der Grabkammer eines Märtyrers errichtet wurde, einer jener hehren Gestalten, die um ihres Glaubens willen in den Tod gegangen waren, wie Bonifatius zum Beispiel. Von ihnen gab es nur wenige unter den Menschen. Der Tod durch Gewalt war jedoch keine Voraussetzung, um zum Heiligen erhoben zu werden. Missionare, die ihr Leben gewagt hatten bei der Taufe von Heiden; Eremiten, die in Wüsteneien sich kasteiten und für das Heil ihrer Mitmenschen beteten; Kirchenmänner, die ihr Dasein der Pflege der Kranken und der Fürsorge der Armen verschrieben hatten. Sie alle galten als heilige Männer und Frauen, und ihrer Gebeine sich zu versichern nach ihrem Tod gehörte zu den dringlichen Aufgaben von Erzbischöfen, Bischöfen, Äbten. Sie schickten regelrechte Suchtrupps aus mit der Weisung, in den Ruinen niedergebrannter Kirchen, im Krieg zerstörten Klosteranlagen, in verlassenen Eremitenklausen nach den heiligen Resten zu fahnden. Dazu gehörten nicht nur Knochen, sondern auch Gewänder, Sandalen, Gürtel, Gebrauchsgegenstände aller Art, die der Heilige benutzt hatte, der Brunnen, aus dem er getrunken, ja selbst Steine, auf denen er gesessen haben könnte.

Wurde man im Frankenreich nicht fündig, zog man über die Alpen nach Rom. Die Römer, zu deren praktischer Vernunft seit je die Ausbeutung menschlicher Passionen gehörte, trieben einen schwungvollen Handel mit Leichen und Leichenteilen. Unerschöpfliches Reservoir dafür bildeten die Katakomben, die unterirdischen Begräbnisstätten der frühen Christen. Reliquien von Märtyrern hatten ihren Preis. Man bezahlte sie mit Gold, Nutzungsrechten, Pfründen, Titeln, Weinbergen, Äckern, politischen und wirtschaftlichen Zugeständnissen. »Eine neue Leidenschaft hatte sich der Christenheit bemächtigt«, schreibt Gregorovius. »Sie steigerte sich, genährt durch die Habsucht und Herrschsucht der Priester, in der immer finsterer werdenden Welt bis zur Raserei. Wir blicken heute mit Schrecken auf jene Zeit, wo ein Totengerippe am Altar stand, die Klagen, die Wünsche, die schauerlichen Entzückungen zu empfangen.«

Konnte man Reliquien nicht bezahlen, weil sie wegen ihrer Kostbarkeit unbezahlbar waren oder die betreffende Gemeinde sich gegen den Verkauf wehrte, versuchte man sie zu rauben. Die Diebe hatten nicht viel zu fürchten. Was sie getan, galt als eine gute Tat, ein gottgefälliger Betrug, und wurde von höchster Stelle gedeckt. Auch tat der Entführte den Entführern nicht selten den Gefallen, bereits während des Transports ein Wunder zu vollbringen, was als Einverständnis mit seiner Zwangsübersiedelung ausgelegt wurde.

Zu den spektakulärsten »guten Taten« gehörte die Entführung der Reste von St. Marcellinus von Rom nach Soissons durch fränkische Geistliche. Die Leiche der Mutter des heiligen Constantin wurde bei Nacht und Nebel nach Reims geschafft. Der größte Coup gelang venetianischen Kaufleuten, als sie den Leichnam des Apostels Markus von Alexandria nach Venedig verbrachten, dessen Schutzherr er seitdem ist. Dann bot ein Eremit der Stadt Benevent die Knochen des Apostels Bartholomäus an, die der Mönch angeblich auf der Insel Lipari aufgesammelt, nachdem der Leichnam von den Sarazenen aus seinem Grabe gerissen worden war. Der Sachsenkaiser Otto III. (dem wir im Zusammenhang mit dem Grab Karls begegnen werden) »bat« die Beneventaner später, ihm den Apostel herauszugeben. Sie fügten sich zähneknirschend, kamen dabei aber auf eine italienische Lösung des Problems: Statt des wertvollen Apostels lieferten sie den Gesandten des Kaisers einen wertlosen Bischof. Seitdem wurde der Leib des heiligen Bartholomäus in zwei Städten verehrt. Solche Doppelexistenz war keine Seltenheit, und der Streit darum, wer nun den echten Heiligen habe, zog sich oft jahrzehntelang hin.

Die Translation, die Überführung eines Heiligen in seine neue Heimat, glich einem Festzug. Städte, die auf der Fahrtroute lagen, durften sich glücklich schätzen. Unter den Tausenden, die den Wagen umringten, ihn zu berühren suchten, sich vor die Räder warfen, geschahen die ersten Wunderheilungen. Bischöfe und Äbte, die beim Reliquienkauf weniger Glück gehabt hatten, meldeten, vom Neid getrieben, oft genug ihre Zweifel an der Echtheit an. Das da, kolportierten sie, seien nichts anderes als Esels- oder Hundeknochen. Besonders hartnäckige (und einflußreiche) Zweifler konnten nur durch Teilung zum Schweigen gebracht werden. Sie erhielten einen Arm, einen Fuß oder zumindest einen Finger.

Das eigentliche Mirakel begann erst, nachdem die Reliquie an ihrem Bestimmungsort, einem Kloster oder einer Kirche, erneut bestattet oder, falls es sich um einzelne Körperteile handelte, in kunstreich gefertigten Reliquiaren geborgen war. Die Schenkungen von Ländereien vermehrten sich nun; Erblasser versprachen ihren Besitz, es mußten mehr gutbezahlte Messen gelesen werden; und wer auf dem Kirchhof oder gar *in* der Kirche liegen wollte, den kostete das ein kleines Vermögen. Wichtig war es, daß bald eine Wunderheilung geschah. Gewann ein Blinder durch die Heilkraft der Reliquie sein Augenlicht wieder, ein Stummer seine Sprache, konnte ein Gelähmter wieder laufen, dann begann der Strom der Pilger, der das Geld hereinschwemmte, zu steigen.

Auch der Heilige hatte seine Verpflichtungen. Blieb seine Hilfe aus, strafte man ihn an seinen Bildern, mißhandelte seine Statuen. Man verfluchte ihn, schimpfte vor seinem Sarkophag: »Warum hilfst du uns nicht, wo wir dich so verehren?« Man erniedrigte ihn in Worten und Taten, um ihn anzuspornen, endlich seine Pflicht zu tun.

Da Klöster oder Kirchen meist nicht nur eine, sondern mehrere Reliquien bargen, wandte man sich einem anderen Heiligen zu. Ohne ihre Vermittlung, ohne ihre Fürsprache an höchster Stelle war kein Heil. Die höchste Stelle nämlich, der Herrgott, war ein gestrenger Gott. Man fürchtete ihn mehr, als daß man ihn liebte, und wagte es nicht, ihm seine kleinen oder großen Sorgen anzuvertrauen. Die Heiligen dagegen standen dem Gemüt des einfachen Menschen näher. Man kannte ihr Leben und ihr Schicksal, schmückte, küßte, berührte ihre Bilder, die Statuen, die Reliquiare, opferte ihnen Geld und Kerzen. In ihnen hatte das Volk für seine Nöte eine Vielzahl von Helfern. Augustinus zum Beispiel half gegen Augenleiden, Valentin gegen Fallsucht, Antonius gegen Vergeßlichkeit, Rochus gegen die Pest. Gallus schützte die Gänse, Wendelin die Schafe.

Es gab Äbte, bei denen die Reliquien eine wahre Sammlerwut auslösten. Um den Überblick zu wahren, mußten sie Verzeichnisse anlegen. In einem Verzeichnis des Klosters Hohenwart heißt es: »Wir haben von dem Schwamm, daraus Gott getränkt wurde am Kreuzesstamm, dann Erdreich und Steine vom Grabe, auch von dem Himmelsbrot, das auf den Berg Sinai gefallen ist. Außerdem vom Schweißtuche des Herrn Jesu Christi. Auch besitzen wir von der Windel, darin Maria Jesus gewickelt hat; item ein Stücklein von dem Gürtel, den Maria über dem reinen keuschen Leib getragen.

Auch sind etliche Gebeine dabei von Heiligen, aber man weiß nicht, von welchen, deswegen sind sie aber nicht minder zu ehren. Auch von Patriarchen, Propheten, von vielen Märtyrern, Beichtigern, man schätzt sie an die tausend, so daß man wegen Längerung der Schrift nicht alle schreiben mag. Auch sind vorhanden einige Zweiglein vom Busche des Moses, sichtlich unverbrannt. Ein Haarbüschlein von Maria Magdalena, der Büßerin, womit sie die heiligen Füße Gottes des Herrn getrocknet hat; ein Zahn Sankt Peters; ein ganzer Finger von Sankt Anton, Haut und Fleisch sind ganz abgedorrt. Und viel mehr wunderlicher Dinge, durch deren aller Verdienen und Marter verleih uns Gott das ewige Leben. Amen.«

Menschlich, allzu menschlich, daß der Heiligenkult bisweilen ausartete, so bei der Verehrung der Vorhaut Christi, seines Schweißes, seines Blutes und der Milch Mariens.

König Karl bekämpfte den Mißbrauch der heiligen Reste. Als

man ihm meldete, in Mantua habe man eine Phiole mit dem Blut Christi gefunden, entsandte er einen seiner *missi* mit dem Auftrag, zu prüfen, ob es sich um eine der üblichen Fälschungen handelte.

An die Heil- und Schutzkraft der für echt gehaltenen Reliquien glaubte indes auch er mit Inbrunst. In zwei Scheiben aus Bergkristall hatte er einen Span des Kreuzes Christi einschließen lassen. Daß er bis dahin noch in keiner Schlacht verwundet worden war, führte er auf sein um den Hals getragenes Amulett zurück.

Undank war der Kirche Lohn

Zurück zu Tassilo und den Agilolfingern! Ihren Klostergründungen hatten sie es mitzuverdanken, daß ihr Herzogtum kulturell und wirtschaftlich den anderen Provinzen Frankens einen guten Schritt voraus war. Nicht umsonst hatte ein kluger Kopf das Wort eines Kirchenvaters *extra ecclesiam nulla salus* – außerhalb der Kirche ist kein Heil – umgewandelt in *extra Bavariam nulla vita* – außerhalb Baierns ist kein Leben.

Wie hoch ihre Geistlichen beim Volk angesehen waren, geht aus dem Bußkatalog hervor, einem Katalog, der im gesamten Mittelalter ein wichtiger Teil der Rechtsprechung war. Das Wergeld (eine Sühnezahlung) schützte sie in unverhältnismäßiger Weise. Ein Bürger, der eine Braut entführte, wurde mit 80 Schilling zur Kasse gebeten. Wer eine Nonne aus ihrer Zelle holte und außer Landes zu bringen versuchte, zahlte das Doppelte. Höher noch waren die Bußen für Gewalttaten gegen einen Mönch, einen Diakon, einen Abt. Vergriff sich jemand gar an einem Bischof, indem er ihm vorzeitig das Himmelstor öffnete, so sollte dem Ermordeten ein Gewand aus Blei angegossen werden. Was dieses Gewand wog, mußte der Täter in reinem Gold entrichten, oder es kostete ihn selbst den Hals. Tassilo also hatte sich den Dank der Kirche verdient, doch sein Lohn – und dieser Tag sollte kommen – war Undank.

Karl war ein Vetter Tassilos (siehe Stammtafel) und eine Zeitlang auch sein Schwager. Beide hatten sie Königstöchter geheiratet, die Töchter des Langobardenherrschers Desiderius. Als Karl seine Langobardin nach einem Jahr wieder verstieß, begann Tassilos Gemahlin Luitberga, den Franken aus ganzem Herzen zu hassen. Die beiden gleichaltrigen Männer waren sich ohnehin nicht grün. Der Franke sah in dem Baiern einen Rivalen, der aus seiner Provinz, das glaubte er zu wissen, zusammen mit den Langobarden und den Alemannen irgendwann ein eigenes Reich, eine Art Alpenstaat, gründen wollte. Doch bevor er nicht die langobardische Frage zu seinen Gunsten gelöst hatte, ließ er den Vetter gewähren. Seine Flanke schien auf seinem Marsch nach Pavia auf das äußerste bedroht.

Tassilo aber bedrohte sie *nicht*. Er ließ den um Hilfe heischenden Desiderius, seinen Schwiegervater, im Stich. Er sperrte die in seinem Besitz befindlichen wichtigen Pässe nicht; nutzte die Gelegenheit nicht, die Franken im Rücken anzugreifen, als sie Pavia belagerten. Drang Luitberga auf ihn ein, doch endlich zu handeln, schien er bereit dazu. Dann zögerte er wieder. »In seiner beharrenden Baiernart«, schreibt Benno Hubensteiner in seiner *Bayerischen Geschichte*, »der die eigene Freiheit alles, das schrankenlose Ausgreifen in die Weite nichts bedeutete, fehlte ihm die Fähigkeit zur politischen Konstruktion und zum rücksichtslosen Nutzen der Lage.«

Rücksichtslosigkeit, Skrupellosigkeit, Unerbittlichkeit, solche Eigenschaften besaß er nicht. Nur einmal in seinem Leben hatte er Zivilcourage besessen: Als er vom damaligen König Pippin zum viertenmal zu einem Feldzug kommandiert wurde. Da kam er zwar, doch als er hörte, daß es wieder einmal gegen die Aquitanier gehen sollte, meldete er sich krank. (Was gingen ihn die freundlichen Menschen im Südwesten Europas an?!) Das war eine für einen Kommandeur ungewöhnliche Entschuldigung, und selbstverständlich glaubten ihm die Franken kein Wort. Doch sie beließen es dabei, vergaßen es aber nicht.

Im Jahre 781 erschienen in Regensburg, der mauerbewehrten, von Türmen geschützten Residenz Tassilos, einer stolzen Stadt, wie es sie bei den Franken noch nicht gab, denn Aachen war zu der Zeit nichts anderes als eine bessere Pfalz – eines Tages also schritten durch die quadergefügten Tore zwei Bischöfe in ihrem prunkvollen Ornat, geführt von zwei *missi regis*, zwei Königsboten. Die Boten waren abgeordnet, den beiden vom Papst delegierten hohen geistlichen Herren Geleit zu gewähren. Deren Auftrag lautete, den Herzog Tassilo zu mahnen und zu beschwören, daß er der Eide eingedenk zu sein und nicht anders zu handeln habe, als er es in Compiègne eidlich versprochen.

Der Herzog mag sich gewundert haben über die Mahnung, war er sich doch nicht bewußt, dagegen verstoßen zu haben. Auch hatte er von Karl das letztemal gehört, als er ein bairisches Truppenkontingent entsandte, um das Heer zu verstärken, mit dem der König über die Pyrenäen gegen die Sarazenen gezogen war. Seitdem war er unbehelligt geblieben in seiner königsähnlichen Position. Und warum mischte sich der Papst hier ein, dergestalt, daß er sich offensichtlich auf die Seite des Franken schlug?

Hatte er, Tassilo, nicht genug für Rom getan? Hatte er nicht Klöster gegründet ohne Zahl, Kirchen gebaut; die in seinem Reich siedelnden ungläubigen Slawen auf den Pfad der Wahrheit geführt? Ja, war sein Vater nicht der eifrigste Förderer des Bonifatius gewesen? Hatte nicht der Stellvertreter Christi den Sohn getauft, die kostbaren Gebeine des heiligen Tertulin nach Regensburg überführt und das Haus der Agilolfinger als das allerchristlichste unter den Herrscherhäusern bezeichnet? Tassilo, ein weicher, nachgiebiger Mensch, fühlte sich getroffen von diesem Appell an sein Gewissen und erklärte sich bereit, noch einmal zu schwören, was er bereits vor Jahren geschworen hatte: daß er ein getreuer Vasall des Königs bleiben werde bis an sein selig Ende und seine Nachkommen auch. Weil doppelt besser hält, stellte er zwölf Geiseln. Karl, der die erneute Unterwerfung in Worms entgegennahm, schien's zufrieden. Jedenfalls schweigen die Quellen für einige Jahre und erwähnen die beiden Kontrahenten nicht mehr.

Am Tiber trafen in jenen Wochen des Jahres 787 der Bischof Arn von Salzburg und der Abt Hunrich vom Kloster Mondsee ein. Sie gaben an, im Auftrag des Herzogs der Baiern zu kommen, und baten um eine Audienz bei Hadrian. Was denn ihr Begehr sei?

»Friede«, sagten sie, »Friede zwischen dem großen König Karl und dem Herzog Tassilo.«

Der Papst gab sich überrascht. Von einem Krieg zwischen den Baiern und den Franken war niemandem etwas bekannt. Die beiden Geistlichen müssen dem Papst klargemacht haben, daß, wenn auch noch kein Krieg wäre, ein Waffengang vielleicht vor der Tür stünde. Jedenfalls baten sie um die Fürsprache des Pontifex beim König, der gerade italienischer Geschäfte wegen in Rom weilte.

Eine Bitte, der der Papst gerne nachkam. Er sah eine Gelegenheit, dem Baier zu beweisen, daß er Tassilos Haus sehr wohl für ein allerchristliches Haus halte; daß er das, was es für die Kirche getan, immer geschätzt habe. Andererseits wußte Hadrian, der zu den bedeutenderen Päpsten gehört, recht gut, worum es dem Herzog ging: um die Rettung vor diesem übermächtigen König. Die Einbindung Baierns in sein Reich, die Vernichtung des letzten selbständigen staatlichen Gebildes – das pfiffen nicht nur in Rom die Spatzen von den Dächern –, war für Karl beschlossene Sache. Er schien nur noch auf eine passende Gelegenheit zu warten.

Sie bot sich ihm, als Tassilos Sendboten bei der gemeinsamen Unterredung die Unverletzlichkeit der bairischen Grenzen einforderten, als eine Garantie der Selbständigkeit. Würde das nicht, meinte Karl, die nun schon zweimal beschworene Vasallentreue in Frage stellen? Aber für einen Frieden sei er durchaus. Ein derartiges Abkommen könne man sogleich abschließen. Welche Bedingungen er für ein solches Abkommen stellte, wissen wir nicht. Sie mögen bewußt so gestellt worden sein, daß die Emissäre nicht darauf eingehen konnten. Ihnen fehle es an der nötigen Vollmacht, führten sie aus, sie könnten ihren Herrn lediglich über die Gespräche informieren. Dazu, mag sich Karl gedacht haben, brauchte Tassilo keine hochrangige Delegation, dazu müßten ihm Boten genügen. Anscheinend wollte der Herzog nur Zeit gewinnen. Er brach die Verhandlung abrupt ab.

Ebenso rasch fiel Hadrian um und schlug sich auf die Seite der stärkeren Bataillone.

»Der Papst drohte«, heißt es in den Reichsannalen, »nachdem er die Unzuverlässigkeit und Unwahrhaftigkeit der Abgesandten erkannt hatte, den Bannfluch über Tassilo zu verhängen, wenn er dem König Karl seine Eide nicht halte. Und wenn der Herzog in seiner Verstocktheit den Worten des genannten Papstes nicht gehorchen wolle, dann seien König Karl und sein Heer von jeder Sünde frei, und was in seinem Land geschehe an Brand, Mord oder sonstiger Übeltat, das solle über Tassilo und seine Männer kommen, die Franken dagegen blieben von jeder Schuld unberührt.«

Der Bann war die gefürchtetste Waffe des Papstes. Er schloß den Gebannten aus von der Gemeinschaft der Gläubigen und belud ihn mit dem Fluch Gottes. Ein Herrscher, der gebannt worden war, wurde zum Paria, zum Ausgestoßenen. Seine Großen mieden ihn, seine Krieger waren nicht willens, für ihn zu kämpfen, die Geistlichen verweigerten den Gottesdienst, die Taufe, die Sterbesakramente. Nicht umsonst hatte sich Friedrich II., der große Staufer, von islamischen Leibwächtern schützen lassen, weil sie immun waren gegen den Bannstrahl aus Rom. Kein Herrscher im christlichen Abendland konnte bei dem Gedanken ruhig schlafen, daß der Bann einer Verbannung in die Hölle gleichkam. Heinrichs IV. Gang nach Canossa, wie er barfüßig im Schnee vor dem Burgtor wartet, sich auf den Boden wirft, die Hände in Kreuzform ausgestreckt, vom Morgengrauen bis zur Dämmerung, wie der Papst ihm schließlich aufhilft und den Bann löst, diese oft geschilderte Szene wird die Bedeutung des Bannfluchs für immer veranschaulichen.

Bischof Arn habe sich von König und Papst mit einem Augurenlächeln verabschiedet. Das jedenfalls wurde schon damals kolportiert, denn der Salzburger hatte innerlich längst die Kehrtwendung vollzogen. Er sah das Heil der bairischen Kirche bei Karl besser aufgehoben als bei Tassilo; und mit ihm fast der gesamte Klerus seines Landes. Einen schlechteren Verhandlungsführer, einen, der auf beiden Schultern trug, hätte sich der Herzog nicht aussuchen können. Nicht umsonst hieß der Bischof beim Volk »der schwarze Arn«. Die fränkischen Agenten hatten gute Arbeit geleistet in den letzten Monaten. Bestechung durch »Handsalben«, wie man Barzahlungen nannte, Versprechungen, Zuteilung von Land, in Aussicht gestellte Rangerhöhungen waren in Baiern nicht ohne Wirkung geblieben. Daß allein dem Hochstift Salzburg 855 Bauernhöfe und 10 Herrenhöfe von den Agilolfingern übereignet worden waren, galt nicht mehr. Auch hier war Undank der Kirche Lohn.

Noch auf dem Rückweg von Rom wies Karl die Boten an, die Vornehmen des Reiches nach Worms zu einer Reichsversammlung einzuladen. Bericht zu erstatten galt es über seine italienischen Geschäfte. Auch in Regensburg erschien der Bote, klopfte aber vergeblich an. Tassilo entschloß sich zu einem Nein, das heißt, er »wurde entschlossen«, wie nicht nur böse Zungen behaupteten, durch Luitberga und ihren Kriemhildischen Haß auf alles, was fränkisch roch. Karls Boten jedoch waren nicht nur mit Einladungen unterwegs gewesen, sondern auch mit Mobilmachungsbefehlen. Der König hatte mit des Baiern Ungehorsam gerechnet.

Und bald erzitterte die Erde Germaniens, wie der Dichter sang, unter den Tritten unzähliger Scharen. Eine Schar marschierte von der Lombardei unter dem Befehl des Königssohnes Pippin auf die bairische Grenze zu. Die zweite Schar, die aus Thüringern und Sachsen bestand, bezog ihren Bereitschaftsraum zwischen Ingolstadt und Regensburg, während die dritte von Neustrien her kam, über den Rhein setzte und sich am Lech bei Augsburg aufstellte.

»Wie nun Tassilo erkannte, daß er von allen Seiten umschlossen war, und mit ansehen mußte, wie seine Baiern dem König treuer waren als ihm und das Recht des erwähnten Königs anerkannten und lieber *ihm* sein Recht zubilligten, als sich zu widersetzen, da kam der Herzog, von allen Seiten gezwungen, persönlich und gab sich auf dem Lechfeld König Karl in die Hände als Vasall. Das ihm übertragene Herzogtum gab er auf, gestand auch, in allem gefehlt und übelgetan zu haben. Dann erneuerte er wieder den Eid und stellte zwölf auserlesene Geiseln und seinen eigenen Sohn Theodo als dreizehnte.«

So berichten uns die Reichsannalen – und fügen den in seinem unfreiwilligen Zynismus schwer zu übertreffenden Passus hinzu: »Und es kam dieser milde König zu seiner Gemahlin Fastrada nach Worms, wo sie miteinander sich freuten und ergötzten und Gottes Erbarmen priesen ...«

Zwar berichten die *Annales*, Tassilo habe sein Herzogtum aufgegeben, vergessen aber hinzuzufügen, daß er es gleich zurückbekam, dergestalt, daß er dem König zwar sein Zepter überreichte, es aber am Ende der Zeremonie wieder in der Hand hielt; er war also mit dem Herzogtum erneut belehnt worden – pro forma? Das Zepter wurde übrigens ein Jahr später in Regensburg gestohlen, das heißt, es verschwand und tauchte in Kremsmünster höchst verfremdet wieder auf. Mönche hatten es, vermutlich um jede Spur zu verwischen, in zwei Kerzenhalter umgearbeitet. »Die Tassilo-Leuchter sollen das Zepter der Agilolfinger enthalten«, meint ein moderner Kunstführer vorsichtig.

Folgt der Tragödie dritter Teil. Tassilo hätte sich nach der erneuten Schlappe ausschließlich seiner Tätigkeit als regierender Herzog zuwenden können. Die Gründung von Klöstern mit ihren Schulen und Werkstätten, die Urbarmachung von Wüsteneien, die Rodung von Wäldern, die Förderung der Kultur hatten sich für das Land immer segensreicher ausgewirkt. Doch die Demütigung durch die Franken, der Verrat der weltlichen Herren, die ihm soviel verdankten, die Arglist der kirchlichen Herren mit ihrem Gesinnungswechsel – er wäre kein fühlender Mensch gewesen, wenn ihn das nicht tief verletzt hätte. Luitberga, die Gemahlin, sorgte dafür, daß die Wunde nicht verheilte.

Die fränkischen Geschichtsschreiber (und wir kennen alles nur aus *ihrer* Feder) nannten sie ein böswilliges, gottverfluchtes, haßerfülltes Weib. Von Haß erfüllt war sie in der Tat. Der da in Worms hatte das Land ihrer Väter, das Reich der Langobarden, überfallen, Städte zerstört, fruchtbare Landstriche verwüstet – und ihre gesamte Familie ins Elend gestürzt. Wobei »Elend« hier für lebenslängliche Klosterhaft steht. Nicht zu vergessen, daß er ihre Schwester Desiderata aus politischem Kalkül verstoßen hatte. Luitberga nahm nun Verbindung auf mit ihrer anderen Schwester, inzwischen Witwe des Herzogs von Benevent, ebenfalls eine eingeschworene Frankenfeindin. Hinzu kam als Dritte im Bunde Irene.

Die schöne Athenerin war keine Geringere als die Kaiserin von Byzanz, genauer: die Mitregentin ihres noch unmündigen Sohnes. Sie hatte einen sehr persönlichen Grund, den König der Franken zu verabscheuen. Einige Jahre zuvor, als Karl wieder einmal in Rom war, hatte sie ihn dafür gewonnen, ihren unmündigen Sohn Konstantin mit seiner unmündigen Tochter Rotrud zu verloben. Irene hatte die Verlobung arrangiert, weil sie, von inneren Gegnern und äußeren Feinden bedrängt, einen starken Mann im Abendland suchte. Karl seinerseits mußte sich geschmeichelt fühlen, mit einer Weltmacht – und das war Byzanz trotz des sich abzeichnenden Niedergangs immer noch – in verwandtschaftliche Beziehung zu treten.

Konstantinopel, die Metropole des Byzantinischen Reiches – der Franke kannte sie nicht. Doch Kaufleute und Diplomaten, die sie besucht hatten, wußten ihm Wundersames zu erzählen: eine Stadt von über 200 000 Einwohnern und damit die größte im Orient und Okzident, schön wie das Paradies und verworfen wie die Hölle, bevölkert von Bischöfen und Bettlern, Millionären und Marodeuren, Priestern und Prostituierten, Generälen und Gaunern, Mätressen und Matronen. Die Reichen wohnten in Häusern, deren Fenster Scheiben aus Glas hatten – unerhörter Luxus –, deren Decken aus Zedernholz bestanden, deren Wände mit Seide bespannt und deren Fußböden mit Mosaiken verziert waren, während aus den Marmorbrunnen im Innenhof parfümiertes Wasser rann.

Doch ihre Häuser waren bescheiden, verglichen mit der Residenz des Basileus, der sich als der wahre Nachfolger der römischen Imperatoren betrachtete. Hier herrschte jetzt die Kaiserin Irene mit ihrem unmündigen Sohn. Der Palast war ein riesiges, von vergoldeten Bronzetoren verschlossenes Areal, auf dem sich Gärten breiteten, Terrassen, Reitställe, Schwimmbäder, Pavillons, Schlösser, Kirchen, Sporthallen, Poloplätze und Wachstuben, Speicher, Küchen, Kerker, Folterkammern.

Residenz und Handelsplatz war diese Stadt. Mittlerin zwischen Orient und Okzident, ein Weltjahrmarkt, der den Westen mit Luxusgütern versorgte (sofern er sie bezahlen konnte), mit Parfüms, Seide, Perlen, Edelsteinen, Emailarbeiten, mit Elfenbein, Gewürzen, Arzneien, mit exotischen wilden Tieren, Sklavinnen; ein Paris des Mittelalters auch in der Mode.

Irene wollte nun nichts Geringeres, als ihren in Purpur geborenen Sohn einer purpurgeborenen Kaiserin mit der Tochter eines Königs verloben, von dem sie gehört hatte, daß er mit Planwagen in seinem Reich herumfuhr, mal hier, mal dort sich einquartierte, weil er so arm war, daß er sich keine eigene Hauptstadt leisten konnte. Ein hochgelehrter Rat und Eunuch zugleich war bereits entsandt worden, um die achtjährige Rotrud in griechischer Sprache und Bildung zu unterrichten.

Dieser König nun besaß die Stirn, die vor sechs Jahren vertraglich beschlossene Verlobung der inzwischen zum Jüngling und zur Maid Herangewachsenen in dem Moment aufzulösen, da eine Delegation am Tiber erschienen war, die Heimführung der Prinzessin nach Konstantinopel vorzubereiten. Und das mit der von aller Welt belächelten, verlachten, unglaubwürdigen Begründung: »Ich bringe es nicht über mich, meine schöne Tochter übers Meer in ein fremdes Reich ziehen zu lassen.« Wir werden später sehen, daß Karl das meinte, was er sagte.

Der Haß der Schwestern, die Rachegedanken der Kaiserin, die erlittene Demütigung des Herzogs gebaren Pläne, die, in die Tat umgesetzt, für Karl gefährlich werden konnten. Schon drohte Benevent sich auf die griechische Seite zu schlagen; wurde die überlegene byzantinische Flotte zu einer Invasion Süditaliens bemannt; schloß Tassilo ein Bündnis mit den Awaren, einem asiatischen Reitervolk, das sein Reich bis an die Ostgrenze Baierns vorgeschoben hatte. Noch nie, seit er herrschte, hatte der Franke solchen Bedrohungen gegenübergestanden. Ihnen rasch und entschlossen zu begegnen war für ihn und sein Reich zu einer Existenzfrage geworden.

Im Hochsommer 788 ließ sich Herzog Tassilo sein Pferd vorführen, stieg auf einen Trittstein, schwang sich in den Sattel, stemmte die Stiefel in die eisernen Steigbügel. Die Sonne brannte vom Himmel, das Korn stand gut, und so blies niemand Trübsal während des tagelangen Rittes. Das Hofgut Ingelheim, seiner Quellen wegen gehörte es zu den Lieblingspfalzen Karls, war das Ziel. Deshalb war es kein Zufall, daß er die diesjährige Reichsversammlung just dorthin einberufen hatte. Unterwegs begegnete man sächsischen, thüringischen, alemannischen Reitertrupps.

Es ist nicht bekannt, ob der Herzog irgend etwas ahnte von dem, was ihm in Ingelheim drohte. Doch schien er wie vom Schlag gerührt, als er nach dem Einritt in den Hof sofort von Bewaffneten umringt wurde und seines Schwertes, des Schildes, des Dolches beraubt. Vor seinem Quartier zogen Posten auf; schon anderntags wurde er vor seine Richter geführt. Es waren seine bairischen Landsleute, die an dem großen Eichentisch über ihn zu Gericht saßen. Was nun ablief, ähnelte bis ins Detail modernen Schauprozessen: Die Richter handelten im Auftrag der Obrigkeit, die Zeugen waren bestellt, das Urteil stand von vornherein fest.

»... und zuverlässige Baiern fingen an zu bezeugen, der Herzog halte sein Wort nicht, vielmehr habe er sich als eidbrüchig erwiesen, obwohl er unter anderen Geiseln auch den eigenen Sohn gegeben und den Eid geleistet, und dahinter stehe seine Gemahlin Luitberga. Das konnte Tassilo auch nicht bestreiten, sondern mußte gestehen, daß er mit den heidnischen Awaren sich verschworen, Vasallen des genannten ruhmreichen Königs zu sich entboten und ihnen nach dem Leben getrachtet habe. Wenn seine Leute geschworen hätten auf den genannten König, forderte er sie auf, sich anderes zu denken und den Schwur arglistig zu leisten. Ja, er bekannte sich sogar zu der Äußerung, auch wenn er zehn Söhne hätte, sollte er sie als Geiseln verderben lassen, ehe die Abmachungen gültig blieben und er zu dem stehe, was er beschworen habe.«

Das schienen schwere Beschuldigungen, doch anscheinend nicht schwer genug, um das ins Auge gefaßte Urteil zu fällen. Ein gewisses Unbehagen muß die »zuverlässigen Baiern« befallen haben. Sie zogen sich zur Beratung zurück, und irgendein Richter muß auf die *harisliz* gestoßen sein, das Verlassen des Heeres wider jeden Befehl. Nun lag diese Fahnenflucht zwar schon ein Vierteljahrhundert zurück. Pippin hatte der damalige König geheißen, und gegen die Aquitanier war es gegangen. Doch *harisliz* galt als Majestätsverbrechen, verjährte nicht und konnte nur durch den Tod des Beschuldigten gesühnt werden.

»Nachdem nun all dies erwiesen war gegen ihn und in Erinnerung an andere Übeltaten, riefen Franken, Baiern, Langobarden, Sachsen und wer aus allen Ländern auf diesem Reichstag versammelt war, dem König zu, er solle den todbringenden Richterspruch fällen.«

Das war das Stichwort für den Träger der Hauptrolle dieser Inszenierung.

»Der genannte fromme König Karl aber wurde von Milde ergriffen, und voll Erbarmen und aus Liebe zu Gott und da sein Vetter vor ihm stand, bewog er diesen Gott und seine ihm getreuen Männer, daß er nicht sterben sollte. Auf die Frage des genannten milden Königs, was denn Tassilos Begehr sei, bat derselbe darum, geschoren zu werden am Haupte und in ein Kloster einzutreten, auf daß er seine vielen Sünden bereue und seine Seele rette.«

Der Milde des genannten Königs war kein Ende. Als Tassilo flehentlich bat, ihm die Schande und Schmach zu ersparen, die darin bestand, vor aller Öffentlichkeit wie ein Schaf geschoren zu werden, erfüllte er ihm seine Bitte. Er wurde nach St. Goar am Rhein verbracht und verschwand später hinter den Mauern der weltverlorenen Abtei St. Jumièges. Auch seine Söhne bekamen lebenslänglich, sowie Luitberga und ihre Töchter: Sie nahmen den Schleier. In Regensburg wurde das Schatzhaus geöffnet, der Schatz abtransportiert und unter denen verteilt, die ihn sich durch Verrat und Denunziation verdient zu haben glaubten. Gleiches geschah mit dem riesigen Landbesitz der Agilolfinger. Ein Rest schlechten Gewissens muß bei den Karolingern übriggeblieben sein oder, besser, ein Rest von Unsicherheit. War auch wirklich alles getan worden, dieses Geschlecht auszutilgen?

Sechs Jahre später wird auf der Frankfurter Synode ein Mönch in den Saal geführt. Er ist tief gebeugt, sein Gang ist schleppend, seiner Stimme ist er kaum mehr mächtig: Tassilo, der einst so stolze Herzog, inzwischen im Kloster Lorsch verwahrt. Erneut steht er vor den Beamten des Herrschers und muß schwören, daß er das Urteil aus dem Jahre 788 mit seinen Konsequenzen anerkenne.

Das Leben im Kloster war hart, besonders für jemand, der nicht als Bruder, sondern als Häftling gehalten wurde. Die Zellen waren ungeheizt, die Kost karg. Geweckt wurde um ein Uhr früh nach nur vierstündigem Schlaf zu den Vigilien, dem Nachtgottesdienst. Um drei Uhr folgten bis zum Tagesanbruch die Laudes und um sechs Uhr das Morgengebet, die Prim. Wie bei der Terz um neun Uhr, der Sext um zwölf Uhr und der Non um drei Uhr nachmittags sangen die Mönche einen Hymnus mit drei Psalmen. Vor Sonnenuntergang dann die Vesper und um neun Uhr das Abendgebet. Insgesamt sang man während der Woche über 150 Psalmen.

Da Müßiggang der Todfeind der Seele ist, kam die Arbeit nicht zu kurz. Abgesehen von der Zeit zwischen Ostern und Pfingsten wurde nur eine Mahlzeit gereicht. Den Körper reinigen durch ein Bad durfte man nur zweimal im Jahr. Beredt klingt die Klage der Mönche von Tegernsee: »...besonders schwer empfinden wir es, wenn wir uns zum Gebet auf den Fußboden der Kirche werfen, der von Schnee bedeckt ist, und durch die offenen Fenster weht der Wind, löscht die Kerzen und trocknet unsere Tränen.«

Zum häufigen Fasten, der Askese, den ständigen Sündenbekenntnissen, der geforderten Reue und Bußfertigkeit kam bei den zum Mönchsein Verurteilten die Sehnsucht nach der Gemahlin, den Kindern, den Freunden. Die ständige Seelenpein führte zu Krankheiten und psychischen Zusammenbrüchen.

Bis weit in das 16. Jahrhundert hinein zeigte man im Kloster Lorsch einen Steinsarkophag mit der Inschrift:

»Tassilo, Herzog zuerst, Mönch am Ende,
starb eines ruhigen Todes
am Elften des Monats Dezember.
Hier liegt er in der Gruft.
Mach ihn selig, o Herr.«

Das Jahr seines Todes ist unbekannt. Unbekannt auch, wann man ihn umgebettet hat, um den steinernen Sarg als Schweinetrog verwenden zu können. Daß die Bayern den Herzog noch heute verehren und er im Herzen des Volkes weiterlebt, wie bajuwarische Historiker schreiben, ist eine fromme Mär. Sie wissen noch nicht einmal mehr, wer er war. Die Geschichte pflegt ihre Guten zu vergessen und erinnert sich nur ihrer Bösen: Die einen gelten als langweilig und die anderen als interessant. Iwan der Schreckliche ist eben ergiebiger als Philipp der Gute.

Doch gemach! Es gibt noch eine Stätte, in dem des *dux baiuvarorum* gedacht wird. In Kremsmünster, seiner höchsteigenen

Stiftung, versammeln sich an seinem Todestag die Mönche in der Klosterkirche zu einem Requiem. In der Bibliothek wird anschließend die Stiftungsurkunde verlesen, und wenn ein neuer Abt gewählt wird, werfen die Brüder ihre Stimmzettel in den Tassilokelch.

»Der allmächtige Gott kämpfte für den Herrn König Karl«, heißt es in den *Annales Petaviani*, »wie er für Moses und die Kinder Israel tat, als Pharao versenkt wurde im Roten Meer. So gab Gott, der gewaltige Streiter, ohne jeden Krieg und Kampf das bairische Reich in die Hände des großen Königs.« Das nehmen viele Bayern dem lieben Gott heute noch übel ...

Das Gold der Awaren

Als Karl über die Pyrenäen zog, schickten die Sarazenen eine Gesandtschaft und baten um Hilfe. Als es gegen die Sachsen ging, schlugen sich drei Krieger bis zur Enns durch und versuchten, sie zum Losschlagen gegen den gemeinsamen Feind zu veranlassen. Als Tassilo um seine Existenz kämpfte, schloß er mit ihnen ein Bündnis. Das Volk, das hier jeweils um Waffenhilfe gebeten wurde, waren die Awaren. Wo kamen sie her? Wer waren ihre Vorfahren? Wo siedelten sie?

Die Wissenschaft weiß wenig über ihre Herkunft. Man nimmt an, daß sie ursprünglich am Don, an der Wolga und am Asowschen Meer siedelten, wohin sie unter dem Bevölkerungsdruck der Türken ausgewichen waren. Wie die Hunnen gehören sie zur uralaltaischen Völkerfamilie, weisen aber neben mongolischen auch europide Züge auf. Sie gehörten zu den nomadisierenden Reitervölkern, eng verwandt in ihrer Lebensweise mit den späteren Mongolenstämmen. Und so ritten sie, so raubten sie, so kämpften sie: wilde, grausame, von unbändigem Stolz – dem sogenannten Reiterhochmut – erfüllte Männer, zentaurengleich mit ihren Pferden verwachsen. Mit ihren überfallartigen Angriffen, dem markerschütternden Kriegsgeschrei, ihrer absoluten Todesverachtung hatten sie es erreicht, daß schon bei der Nennung ihres Namens das Grauen sich verbreitete.

Sie galten als unbesiegbar, nicht zuletzt wegen ihres Bogens, bei dem die Bogenarme sich im entspannten Zustand zum Ziel hin krümmten. Dieser Reflexbogen erhöhte Schußweite und Durchschlagskraft der abgeschossenen Pfeile. Selbst Brustpanzer wurden durchbohrt.

Niemand wollte mit ihnen anbinden, es sei denn, man konnte sie als Bundesgenossen gewinnen. Doch beides war von Übel: Wer ihr Feind war, wurde vernichtet; wer sich mit ihnen verbündete, wurde sie nicht mehr los. Byzanz zum Beispiel beförderte sie Ende des 6. Jahrhunderts zu Föderaten, um irgendwelche Teufel mit ihnen, den Beelzebuben, auszutreiben, und der Basileus zeigte sich später glücklich, als er sie mit Tributzahlungen von 100 000 Goldstücken pro Jahr stillhalten konnte. Die Langobarden riefen sie zur Hilfe gegen die Gepiden, und als dieser ostgermanische Stamm ausgelöscht war, waren die Langbärte froh, einigermaßen unversehrt nach Norditalien ziehen zu können. In die nun menschenleeren Räume zogen, als neue, willkommene Untertanen, slawische Stämme.

Hier, in der weiten Donauebene, in der sich einst die römische Provinz Pannonien breitete, blieben sie für zweieinhalb Jahrhunderte. Beherrscht wurden sie von einem Khan. Der berühmteste hieß Baian. Er führte seine Krieger bis nach Konstantinopel, plünderte die Vorstädte, doch die gewaltigen Mauern, die schon so viele Heere zu stürmen versucht hatten, widerstanden ihm. Der oberste Führer, Khan der Khane genannt, *mußte* das Kriegsglück gepachtet haben. Verlängerten die Götter die Pacht nicht, wandten sich die Häuptlinge an den Jugur, die Nummer zwei in der Hierarchie, erklärten ihre Unzufriedenheit mit der Nummer eins und baten um seine Auslieferung. Wenn der Jugur das nicht wolle, möge er ihn selbst umbringen.

Auf dem Höhepunkt ihrer Macht erstreckte sich ihr Reich über den gesamten Donauraum von den Alpen bis zum Schwarzen Meer. Doch es war kein »Reich«, denn zur Staatenbildung waren sie nicht fähig, und die in den eroberten Gebieten lebenden Völker, meist Slawen, waren ihnen gleichgültig. Ihre Raubzüge führten sie in die Lombardei, nach Thüringen, in das Friaul, nach Baiern.

Hatten sie eine Stadt genommen, wurden die Männer umgebracht, die Frauen und Kinder versklavt. Daß sie Kirchen anzündeten, Priester an die Kirchentüren nagelten, die Kreuze auf den Gräbern mit den Köpfen der Erschlagenen schmückten, wird vorgekommen sein, die Regel war es nicht. Im Grunde unterschied sich die Art ihrer Kriegsführung wenig von der, wie sie christliche Heere bei ihren Eroberungszügen gegen »Ungläubige« praktizierten.

Kamen die Reiterhorden von ihren Raubzügen zurück, war ihre erste Sorge, die Beute zu sichern. Dazu dienten ihnen die »Ringe«. Die Ringe waren aus starken Eichenstämmen gebaut – sieben Meter breit und sieben Meter hoch – die Zwischenräume mit Steinen und Kalk ausgefüllt, ein Gemisch, das jedem Rammbock federnd widerstand. Wohnstätten und Festungen in einem, erstreckten sie sich, einem Geflecht gleich, in den Ebenen zwischen Donau und Theiß und waren so angelegt, daß man von einem zum anderen Ring den Klang eines Horns hören konnte.

Um einen Krieg zu beginnen, braucht man nicht unbedingt einen Kriegsgrund, aber vor Gott und den Menschen macht es sich besser. Eine Bedrohung bildeten die Awaren in den neunziger Jahren des 8. Jahrhunderts nicht mehr. Das Gros des awarischen Volkes hatte sich in den beiden letzten Generationen der Landwirtschaft zugewandt. Sie vergrößerten ihre Herden, züchteten Pferde und bebauten den Boden. Eine löbliche Tätigkeit, doch eine, die ihnen jegliche Aggressivität nahm. Ihre kriegerischen Tugenden begannen zu verkümmern. Aus todesmutigen Kämpfern wurden allmählich friedfertige Bauern. Hinzu kamen innere Streitigkeiten: der Kampf der Häuptlinge gegen den Khan, des Jugurs gegen den Tudum. Die Sarazenen, die Sachsen, die Baiern, die um Unterstützung gebeten hatten, wußten offensichtlich nicht, daß die Tiger ihre Zähne verloren …

Um sie guten Gewissens angreifen zu können, proklamierte Karl den heiligen Krieg. »Wegen der allzu großen und unerträglichen Verbrechen, welche die Ungläubigen gegen die Kirche und das christliche Volk begangen hatten«, schrieben die Reichsannalen, »und weil man durch Abgesandte keine Genugtuung erreichen konnte, zogen die Krieger mit Gottes Hilfe ins Feld. Als sie den Fluß Enns erreicht hatten, beschlossen sie, drei Tage lang Bittgänge zu machen und Messen abzuhalten. So suchten sie Gottes Trost und Hilfe für das Wohl des Heeres und für den Sieg und die Rache an den Awaren.«

Der König sandte der Gemahlin Fastrada einen Brief, in dem er bat, sie möge dafür sorgen, daß auch am Hof gebetet und gefastet werde. Wer zu alt oder zu krank sei, dürfe sich durch eine Geldspende vom Fasten freikaufen. In Form eines Postskriptums – und hier haben wir einmal den Herrscher höchst privat – fügte er hinzu: »Es hat uns Wunder genommen, daß wir seit unserem Abmarsch aus Regensburg weder mündliche noch briefliche Kunde von Euch erhalten haben. Wir wünschen daher, daß Ihr uns öfter über Euer Befinden und über anderes, was uns interessiert, Kunde geben möchtet.«

Von den Engländern ging im 19. Jahrhundert die Rede, daß sie von » Gott« reden und »Baumwolle« meinen. In der englischen Sprache wird das *cant* genannt »scheinheiliges Gerede«. Karl der Große sprach von »Christus« und meinte »Expansion«. Dennoch wäre es ungerecht, beides miteinander gleichzusetzen. Der König war in der Tat erfüllt von einer tiefen Frömmigkeit. Er glaubte mit Inbrunst an Christus, das wird von seinen Zeitgenossen immer wieder bestätigt, und begriff sich als einen Gesandten des Herren, betraut mit der Aufgabe, den Gottesstaat zu schaffen. Daß dabei seine Macht wuchs und das Reich expandierte, gehörte ebenfalls zu jener Sendung – was in sich widersprüchlich sein mag.

Wie Karl seinen Feldzug begann, zeigt einen Heerführer, der sich in den letzten Jahren zu einem Strategen entwickelt hatte; *seine* Abteilung führte er das rechte Ufer der Donau entlang, die von den Römern einst gebauten Straßen nutzend; während die Sachsen, Thüringer, Friesen auf dem anderen Ufer entlangmarschierten, das gemeinsame Ziel »Wienerwald« im Auge (wobei Donaukähne die Vorräte, das Material, die Ausrüstung transportierten), war vom Friaul her das dritte Kontingent bereits auf dem Weg nach Norden.

Wie schon bei den Feldzügen gegen die Langobarden, beim Vormarsch an den Ebro, bei der Umzingelung von Tassilo, bei einzelnen Aktionen gegen Sachsen und Slawen, blieb Karl auch hier seinem Grundsatz treu, getrennt zu marschieren und vereint zu schlagen. Wie schrieb doch der preußische Generalfeldmarschall Helmuth von Moltke: »Für die Operationen möglichst lange in der Trennung zu beharren, für die Entscheidung rechtzeitig versammelt zu sein ist die Aufgabe der Führung großer (Heeres-) Massen.«

Der Führer der dritten Heeresabteilung konnte bald einen Boten entsenden, der von Tausenden von gefallenen und gefangenen Feinden berichtete. Das war das übliche Kriegerlatein, denn das Gros der Awaren ließ es nicht zu einer offenen Feldschlacht kommen, sondern zog sich zurück in die Sümpfe und Wälder jenseits der Enns und führte hier, wie die Sachsen in ihrem Land, einen Guerillakrieg. Ihre Götter halfen ihnen dabei, indem sie eine Seuche schickten, der fast neunzig Prozent der fränkischen Pferde zum Opfer fielen. Die Reiterei ohne Pferde trat den Rückzug an und begnügte sich damit, das Land in eine Wüste zu verwandeln.

Vier Jahre lang gab es im Osten nichts Neues, von gelegentlichen Scharmützeln abgesehen. Bis zu jenem Tag, da der Markgraf Erich, die sich immer mehr ausbreitenden Kämpfe der Häuptlinge gegeneinander ausbeutend, den Awaren einen Schlag versetzte, von dem sie sich nicht mehr erholten. Er stürmte einige der Ringe, und als er den Großen Ring betrat, fiel er buchstäblich in Ohnmacht – angesichts des märchenhaften Schatzes, der in Kisten, Truhen, Körben, Kästen, Schatullen auf langen, regalartigen Brettergestellen lagerte. Was dieses Reitervolk in zweieinhalb Jahrhunderten erbeutet oder als Tributzahlungen eingestrichen hatte, war hier gehortet. Die Franken daheim verfielen, als ihnen Kunde kam von den Kostbarkeiten, in eine Art Raserei. Fünfzehn Ochsenkarren brauchte der Markgraf, um die Schätze abzutransportieren.

»Kein von den Franken geführter Krieg«, schreibt Einhard, »soweit Menschen sich erinnern können, hat dieses Volk mehr bereichert und mit Gütern versehen. Denn während man sie bis dahin als arm ansehen konnte, fand man im Palast des Khans so viel Gold und Silber, daß man sagen kann, die Franken hätten den Awaren mit Recht das abgenommen, was sie bei anderen Völkern früher zu Unrecht geraubt hätten.« Die Beute an Edelmetallen muß in der

Tat immens gewesen sein; denn der Wert des Silbers und des Goldes sank, während die Preise für Lebensmittel anzogen.

Karl gab das, was ihm in den Schoß gefallen war, die ganze Jahrhundertbeute, mit vollen Händen wieder aus. Er schenkte königlich, und nichts anderes wurde von einem Herrscher erwartet. Die Kirche erhielt, was der Kirche zukam; eifersüchtig beobachtet von den Bischöfen und Äbten, auf daß einer nicht mehr bekam als der andere. Die Markgrafen, die Repräsentanten der alten Adelsfamilien, die hohen Beamten genierten sich nicht, die Hand aufzuhalten. Geschenksendungen gingen an ferne Höfe wie an die (Zaun-) Könige von Mercia und Northumberland. Für den Papst wurde ein ganzer Planwagen gepackt. Auch der Armen wurde gedacht durch reichliche Spenden. Es gehörte zu den vornehmsten Aufgaben eines Herrschers, den Witwen, den Waisen, den Notleidenden Zuflucht und Sicherheit im Schutze des göttlichen Gesetzes zu bieten. »Swaz einem armen wird getan, zu guote, daz is got getan« – dieser Spruch im Margaretensaal der Wartburg galt auch für das frühe Mittelalter. Doch oft genug blieb es bei Sprüchen.

Das Reich der Awaren verschwand Zug um Zug von der Landkarte. Die von ihnen unterdrückten Slawen wurden nun zu *ihren* Unterdrückern und begannen, sie aus ihren Wohnsitzen zu verdrängen. Wer über die Theiß floh, fiel den Bulgaren in die Hände. Wer blieb, ließ sich nun bereitwillig zum Christentum bekehren. »Zu Christus kommt der Hunne mit seinen hinten geflochtenen Haaren und zeigt sich – er, der vordem unbändig und wild war – zur Demut bereit.« Der Ort, wo des Khans Königsburg lag, war so verödet, daß keine Spur menschlichen Lebens mehr existierte. Auf den Wällen der Ringe bauten die Geier ihre Nester, und das Geheul der Wölfe erfüllte die Luft. Bei slawischen Völkern gibt es noch heute die Redensart »Untergegangen wie die Awaren«. Die fruchtbaren Niederungen zwischen der Donau und der Theiß, den Römern einst als Kornkammern dienend, blieben wüst. Für die pannonische Mark wurde ein Markgraf eingesetzt. Awarien dem Frankenreich anzugliedern, wie es mit dem Langobardenreich und dem Sachsenland geschehen war, daran dachte Karl nicht.

»Karl der Große hielt es hier ähnlich wie mit den slawischen

Grenzbezirken. Man kann sich dem Eindruck nicht entziehen, daß er an Völkern fremder Herkunft und Sprache wenig interessiert war. Sie sollten Christen werden, Verbündete, tributpflichtig, doch nicht Angehörige des Reiches.« (Braunfels)

Die Jahre 792 bis 796 waren für König Karl schlechte Jahre. Er mußte erleben, wie sein eigen Fleisch und Blut, sein ältester Sohn, sich gegen ihn erhob und man ihn umzubringen versuchte. Pippin hieß der Verschwörer, ein Mann von schönem Antlitz und mißgestaltetem Körper. Der bucklige Zwerg, wie er am Hofe verächtlich genannt wurde, ließ sich von einer Gruppe Adliger, die aus den verschiedensten Gründen keine Gunst genossen, als Galionsfigur einer Verschwörung mißbrauchen. Karl sollte nicht nur gestürzt, sondern zusammen mit seinen Söhnen umgebracht werden. Pippin war um so eher bereit, diese Rolle zu übernehmen, da er selbst nie ein Günstling des Schicksals, sprich des Königs, gewesen war. Er, der älteste Sohn, von Karl gezeugt mit Himiltrud, einer Fränkin aus vornehmer Familie, sah sich urplötzlich um seine Rechte betrogen, als man seine Mutter zum Kebsweib, zur Nebenfrau, erklärte; denn nur so hatte Karl, wie erwähnt, die Langobardin Desiderata ehelichen können.

Pippin galt nun als Bastard und wurde von der Thronfolge ausgeschlossen, obwohl Söhne aus illegitimen Verbindungen nicht unbedingt auf den Thron hätten verzichten müssen. Er mußte mit ansehen, wie zwei seiner Halbbrüder Unterkönige geworden waren, mußte erleben, wie ihn die Stiefmutter Fastrada verhöhnte. Schließlich hatten sich Enttäuschung, Zorn, Verzweiflung so angestaut, daß er sich mit Hilfe der Verschwörer an die Stelle des Vaters setzen wollte.

Die Rebellierenden finden sich zu einem geheimen Treffen in einer Kirche ein, ohne zu ahnen, daß hinter dem Altar ein Mann sitzt, der mithört. Nachdem man ihn aufgespürt hat, schwört er zu schweigen, bricht diesen Schwur umgehend und reitet in derselben Nacht noch zu Hofe, um dem König alles zu entdecken. Es kommt in Regensburg zu einem Strafgericht, bei dem der stets als »milde« bezeichnete König zum »schrecklichen Karl« wird. Einige der Verschworenen enden auf dem Schafott, andere am Galgen, wieder andere werden zur Blendung durch ein glühendes Eisen verurteilt. Pippin vom Leben zum Tode zu bringen, wagt Karl nicht. Er begnadigt ihn zur Geißelung mit Rute und Peitsche und zu lebenslanger Klosterhaft.

»Man glaubt allgemein«, schreibt Einhard in seiner *Vita Karoli Magni*, »daß die Grausamkeit der Königin Fastrada diese Verschwörungen veranlaßt hat. Sie richteten sich deswegen gegen den König, weil er den rücksichtslosen Handlungen seiner Gemahlin beizustimmen und von seiner sonstigen Güte in ungewohnter Weise abzuweichen schien.«

St. Prüm in der Eifel heißt das Kloster, in dem der unglückselige Königssohn die letzten zwanzig Jahre seines Lebens verbrachte. Dort erschienen eines Tages zwei Abgesandte aus Aachen, fragten nach Pippin und wurden in den Garten geführt, wo sie ihn beim Unkrautjäten antrafen. Sie fragten ihn, was Karl mit Männern tun solle, die *wieder* versucht hätten, Hand an ihn zu legen.

Er stützte sich auf seine Hacke und sagte nach langem Zögern: »Nichts anderes habe ich ihm zu bestellen, als daß er das tue, was ich gerade mache. Er reiße das unnütze Gewächs heraus, damit die nützlichen Kräuter unbehindert wachsen können!« Nachzutragen wäre, daß der Verräter Fardulf, so sein Name, zum (Judas-) Lohn die reiche Abtei St. Denis bekam …

Die Bauern: Leben hieß überleben

»Das Land weist zwar im einzelnen beträchtliche Unterschiede auf, in der Gesamtheit jedoch wirkt es durch seine Wälder unheimlich, durch seine Sümpfe abstoßend. Für den Westen, nach Gallien hin, sind die Niederschläge bezeichnend, für den Südosten Stürme. Nur selten wagt sich aus unserer Welt ein Schiff in jenes unermeßlich im Norden Germaniens sich ausdehnende Meer. Wer hätte auch, von der gefährlichen Reise abgesehen, Lust, unsere Provinzen zu verlassen und dorthin auszuwandern? In jenes unwirtliche Land mit seinem rauhen Klima, trostlos zum

Leben und trostlos zum Anschauen für jeden, dem es nicht gerade Heimat ist.«

Das schrieb der römische Schriftsteller Publius Cornelius Tacitus in seiner berühmten *Germania* über das Land zwischen Rhein und Elbe, wie es im 1. Jahrhundert nach der Zeitenwende ausgesehen hat. Im Grunde hatte sich die Landschaft in den verstrichenen sieben Jahrhunderten bis zur Karolingerzeit wenig geändert. Noch immer gab es das riesige Waldgebiet – schon Caesar schrieb darüber –, das sich vom rheinischen Schiefergebirge über das hessische Bergland, den Harz, Thüringen, das Erzgebirge bis zu den Sudeten erstreckte; »einen Wald, von dem niemand behaupten könnte, er sei bis an sein Ende gekommen, wenn er auch sechzig Tage ununterbrochen gewandert wäre, oder der auch nur vernommen, wo dieser Wald endete«. (G. Duby)

Die Zahl der Bewohner war seit Tacitus gestiegen, doch mehr als sieben bis acht Menschen auf dem Quadratkilometer kamen nicht zusammen. Sie wohnten in weltverlorenen Einzelgehöften, doch hier und da, besonders im Südwesten, hatten sich Dörfer gebildet mit 120 bis 150 Personen. Andere wohnten in den wenigen Städten oder hatten ihre Häuser in der Nähe großer Klöster errichtet. Ab und an, auf große Entfernungen, existierten Siedlungen, »die lediglich ein von der Natur durchdrungenes verderbliches Skelett der römischen Stadt darstellen; von Ackerland umgebene Ruinenviertel, recht und schlecht ausgebesserte Zäune, Steinbauten aus der Zeit des römischen Imperiums, die in Kirchen oder Kastelle verwandelt worden sind; in ihrer Nähe einige Hütten, in denen Weinbauern, Weber und Schmiede wohnten …«

Die Häuser der Bauern – und vier Fünftel der Gesamtbevölkerung waren Bauern – bestanden aus Holz mit Pfostenwänden oder aus mit Lehm und Stroh verstärktem Flechtwerk; das Dach war strohgedeckt und wurde gehalten von einem Firstbaum und von Balken; aus den Luken suchte sich der Rauch des Herdes seinen Weg ins Freie. Kleinere Nebenbauten dienten als Scheunen, Schuppen, Backstuben; in den in die Erde eingegrabenen Hütten schnurrten Spinnräder und klapperte der Webstuhl. Es gab Ställe, doch meist lebte man mit dem lieben Vieh unter einem Dach. Kuh,

Ochs und Schaf sorgten für eine animalische Wärme (Pferde konnten sich nur wenige leisten), Ziegen waren selbst für unsere mit wenig empfindlichen Nasen ausgerüsteten Vorfahren problematisch. Doch Ziegen zu halten war für den Kleinbauern wichtig. Denn wo ein Schaf nichts mehr findet, finden zwei Ziegen immer noch etwas.

Auf dem festgestampften Lehmfußboden standen Bänke und Böcke für hölzerne Tafeln, die nach der Mahlzeit *aufgehoben* wurden; als Stühle boten sich Baumstümpfe an, Holzkästen bargen verschiedene Gerätschaften, und pritschenähnliche Gestelle dienten, mit Stroh aufgeschüttet, der Familie als gemeinschaftliche Schlafstätte. Von dem, was wir unter gemütlicher Häuslichkeit verstehen, konnte keine Rede sein. Nur eines war wichtig: zu überleben. Und das war schwer genug.

Der Bauer, der ein Getreidekorn aussäte, erntete im Sommer zwei Körner; in besonders günstigen Jahren sogar drei Körner. Bei Roggen war das Verhältnis zwischen Aussaat und Ertrag etwas günstiger. Die Hälfte des Ertrages mußte er für die nächste Saat einlagern und dafür sorgen, daß die Mäuse das Korn nicht fraßen, Feuchtigkeit es nicht faulen ließ. Bei einem Verhältnis von 1 : 3 wäre es ihm einigermaßen gutgegangen, wenn nicht die Kirche auf ihren Zehnten, der Grundherr auf seinen Abgaben bestanden hätten. Daß man in der Lombardei den achtfachen Ertrag erzielte, wie fremde Kaufleute berichteten, konnte der Bauer kaum glauben. Der Boden in Italien war eben besser und die Technik seiner Bearbeitung fortschrittlicher.

Der karolingische Bauer benutzte noch immer den Hakenpflug, der, von Ochsen gezogen, den Boden lediglich oberflächlich aufriß und nicht, wie beim Räderpflug, mit der eisernen Pflugschar tiefgründig wendete. Zwar war dieser Pflug schon bekannt, verwendet wurde er aber kaum, was man mit dem Mangel an Eisen erklärt hat. Lediglich die Äxte waren aus Eisen, die Sensen, die Sicheln, die Eggen. Den hölzernen Spaten verstärkte man mit Eisenblech, wenn es daranging, den mit dem Hakenpflug aufgerissenen Acker umzugraben, was eine besonders harte Schinderei bedeutete. Daß ein Hufeisen Glück bringt, wie man heute noch glaubt, erklärt sich aus der damaligen Zeit: Der Finder besaß nun ein Stück wertvollen Eisens.

Gern hätte man den Boden mit Stallmist gedüngt, der wenige Dung aber, der anfiel, wurde für die Gärten gebraucht. Es blieb nichts anderes übrig, als den rasch erschöpften Acker eine Zeitlang ruhen zu lassen. Zweifelderwirtschaft also. Woraus sich später die Dreifelderwirtschaft entwickelte mit der Fruchtfolge Wintergetreide, Sommergetreide, Brache.

Zu Ostern waren die Brotkästen bereits leer. Es galt nun, sich von dem zu ernähren, was Garten und Wälder boten. Die Wälder waren Speisekammer und Vorratskammer in einem. Sie lieferten Baumaterial und Brennstoff, Holz für das Werkzeug und für Gefäße, Kienspäne zur Beleuchtung, Holzkohle für den Schmied, Eichenrinde zum Gerben; Beeren, Pilze, wilden Honig für die Küche, Laubstreu für die Winterhaltung des Viehs; sie mästeten die Schweine mit Bucheckern und Eicheln. Der Schweinehirt trieb die Tiere immer tiefer hinein in den Forst, war oft viele Wochen lang verschwunden. Kam er zurück, erzählte er von seinen Begegnungen mit den in hohlen Bäumen hausenden Hexen, mit den im Mondlicht tanzenden Elfen, mit geheimnisvollen Zauberern und den Wichtelmännchen. In Sagen und Märchen werden wir ihnen später immer wieder begegnen. Die Wälder glichen nicht jenen aus Nadelhölzern bestehenden Holzfabriken unserer Zeit, zumindest im mitteleuropäischen Raum nicht, es waren überwiegend Laubwälder.

Die Forsten hatten, wie gesagt, eine heute kaum vorstellbare Ausdehnung. Die große Rodung hatte noch nicht begonnen, nur hier und da kündeten Rauchwolken von der Gewinnung neuen Ackerlandes mit Hilfe des Feuers. Karl begann sich dennoch zu sorgen um seine geliebten Bäume. »Er möge roden«, schrieb er an einen seiner Beamten, »wenn er glaubt, es sei notwendig und das Gebiet geeignet. Aber er achte darauf, den Wald dabei nicht mehr zu schädigen, als es unvermeidbar.«

Der große Mann kümmerte sich um die kleinsten Kleinigkeiten. In seinem *Capitulare de villis* schrieb er vor, welches Obst und Gemüse, über 70 insgesamt, in den Gärten der Pfalzen anzu-

13 Die aus der Mitte des 9. Jahrhunderts stammende Reiterstatuette zeigt Karl als einen breitschultrigen, hochgewachsenen Mann, stiernackig, mit großer Nase und starkem Kinn und dem herabhängenden fränkischen Schnurrbart.

14 Der Kelch des Tassilo. Vom Herzog der Baiern dem Kloster Kremsmünster gestiftet. Wenn ein neuer Abt gewählt wird, werfen die Mönche noch heute ihre Stimmzettel in den Kelch.

15 *(oben rechts)* Als Widukind endlich bereit war, sich taufen zu lassen, schenkte ihm Karl eine Burse (Gewebetasche), die kostbare Reliquien enthielt.

16 Auch Karl glaubte an die Schutzkraft der Reliquien. Sein mit Juwelen und Perlen besetzter »Talisman« umschloß einen Span vom Kreuz Christi.

17 »Weise weilend steht Karolus und zeigt hierhin und dorthin. Für Roma secunda bestimmt er die strebenden Mauern.«
Karl beaufsichtigte persönlich den Bau der Aachener Pfalz.

18 Tritt man mit frommem Schauder ein ... In der Mitte des Oktogons der Pfalzkapelle zu stehen, hinaufzuschauen zu den Säulen aus Porphyr, zu den zweifarbigen Quadern, den kunstvollen Bronzegittern, zu dem Radleuchter, ist ein unbeschreibliches Gefühl.

19 Vier aus römischen Ruinen herausgelöste Marmorplatten, zusammengehalten von bronzenen Haken, ein Brett aus Eichenholz – der Stuhl, auf dem 31 deutsche Herrscher gekrönt wurden, ist von ergreifender Schlichtheit.

20 »Nie würde er die Peterskirche freiwillig betreten haben, hätte er von dem Plan des Papstes gewußt.« Die Kaiserkrönung in Rom – ein Coup des Bischofs von Rom?

21 Der Codex aureus aus St. Emmeram in Regensburg. Das Evangeliar ist mit goldenen Buchstaben geschrieben, mit Miniaturen geschmückt und mit goldenem Einband gebunden. Handwerkliches Können und der Fleiß der Mönche schufen dieses Kunstwerk.

22 Mit der größten Kriegsmacht,
welche die christliche Welt je gesehen,
rückte Karl gegen die Araber vor.

23 Roland, der Held, tollkühn bis zum Hochmut, tapfer bis zur Torheit.

bauen seien. Auch Heilkräuter müßten dabeisein: Bärwurz zum Beispiel (gegen die Winde des Darms), Brunnenkresse (gegen Verstopfung), Flaschenkürbis (gegen Würmer), Frauenminze (gegen die Unruhe des Herzens), Gewürznelken (gegen Zahnweh), Haselwurz (bei der Monatsblutung der Frau), Zwergholunder (gegen schlechten Harn), Salbei (gegen Entzündungen im Mund- und Rachenraum), Liebstöckel (zur Steigerung der Potenz).

Den Frauen und den Mägden blieb der Garten anvertraut, ein sorgfältig mit Pfosten und Weidengeflecht geschütztes Stück Land, in dem das wuchs, was im wesentlichen auch heute dort wächst: Erbsen, Bohnen in der Form von Pferdebohnen, Kürbis, Gurken, Linsen, Lauch, Rüben, Zwiebeln, Knoblauch, Kohl und nochmals Kohl. Die Kartoffel, Lebensretterin in Hungersnöten späterer Jahrhunderte, kam erst, genauso wie der Liebesapfel, Tomate genannt, mit den spanischen Entdeckern aus der Neuen Welt nach Europa; desgleichen der alle sättigende Mais. Äpfel und Birnen wuchsen wild. Die Kunst des Pfropfens, der Veredlung, und damit die Erzielung besserer Früchte, versuchten die Mönche den Bauern beizubringen.

Wein wurde, vornehmlich von den Klöstern und großen Grundbesitzern, an vielen Orten angebaut, auch dort, wo die Sonne so bleich war, daß es nur zu einem elenden Säuerling reichte. Für die liturgischen Belange kam es auf den Wohlgeschmack ohnehin nicht an. Met kam nur an Festtagen auf den Tisch. Den Honig, den man dazu brauchte, fand man zwar in den Wäldern reichlich – es wird von riesigen, bis zu zweieinhalb Meter langen Waben in den Baumnestern berichtet –, er war aber dennoch knapp. Er bildete das einzige Mittel zum Süßen der Speisen, denn Zucker war noch unbekannt.

Bier ist deshalb immer das verbreitetere Getränk gewesen. Es erscheint als jenes Gebräu aus Weizen, Gerste, auch Roggen, von dem die Italiener behaupten, daß es eine entfernte Ähnlichkeit mit schlechtem Wein habe. In Rom kursierte das Wort eines Prälaten, der bei einem Besuch im Kloster Fulda dieses Getränk kennenlernte. »Was ist das, was so nach dem Bocke stinkt?!« fragte er stöhnend – kein Wunder bei einem Bier, das mit Hilfe von

Eschenblättern, Schafgarbe oder Sumpfporst haltbar gemacht werden mußte.

Trotz der Früchte des Waldes und des Gartens, trotz des vermehrten Anbaus von Dinkel und Gerste, die weniger Ansprüche an den Boden stellten und rascher reiften, blieb der Hunger ständiger Gast am Tisch der kleinen Leute: So war es im 8. Jahrhundert und im 9. Jahrhundert; im 10. Jahrhundert und im 11. Jahrhundert auch noch.

»Das ganze Jahr satt zu essen zu haben«, schreibt Georges Duby, »war damals ein außerordentliches Privileg, das Privileg einiger Adliger, einiger Priester und einiger Mönche. Alle anderen waren Sklaven des Hungers. Sie empfanden ihn als die wesensgemäße Bedingung des menschlichen Daseins. Das Leiden, so glaubten sie, liegt in der Natur des Menschen. Und dieser Mensch fühlt sich nackt, völlig entblößt, dem Tod, dem Bösen, dem Schrekken ausgeliefert. Weil er Sünder ist. Seit Adams Fall quält ihn der Hunger, und wegen der Erbsünde kann niemand von sich behaupten, ihn überwunden zu haben.«

Waren die Winter zu streng, hielt der Regen zu lang an, war die Dürre zu groß, kam es zu Mißernten und in ihrem Gefolge zu schrecklichen Hungersnöten. Die Jahre 779 und 792 waren solche Notzeiten. Sie forderten Zehntausende von Opfern. Den Überlebenden fehlte die Kraft, sie zu bestatten. Es gab nicht wenige, die gerade Verstorbenen Leber, Herz, Lunge und Nieren herausschnitten. Ja, viele warteten den Tod des Mitmenschen nicht ab, sondern schnitten ihm die Kehle durch und ernährten sich von Menschenfleisch. Brüder stachen ihre Brüder ab, Eltern ihre Kinder, und wenn so manche Chronik auch übertrieben haben mag, zu Fällen von Kannibalismus ist es immer wieder gekommen.

Wer noch gehen konnte, verließ seinen Heimatort und schloß sich den langen Zügen des Elends an. Kranke und Halbverhungerte belagerten die Klöster, drangen in die Domänen ein, plünderten die Kirchen. Gebete halfen nicht, Flüche halfen nicht, und die Herren, in deren Schutz man sich begeben hatte, wofür man mit Frondiensten bezahlte, *konnten* niemanden mehr schützen.

Auch in normalen Zeiten herrschte auf den Landstraßen, besonders im Sommer, lebhafter Verkehr. Pilger wallfahrten zu den Kirchen, deren Reliquien einen Sündenablaß versprachen, Krüppel zogen zu Klosterkirchen, wo es wiederholt zu Wunderheilungen gekommen war. Sklaven waren darunter, die ihrem Herrn davongelaufen waren; Mönche, denen die Verpflichtung zu Keuschheit, Armut, Gehorsam lästig geworden war. Büßer, die sich nach jedem zehnten Schritt geißelten; Vagabunden, Quacksalber, falsche Priester; freie Bauern, die zu den Sammelplätzen ritten, von wo aus der nächste Feldzug beginnen sollte. Von denen, die zu einem neuen Krieg nicht mehr taugten und nun auf Krücken die Straßen entlangkrochen, berichtet kein Chronist.

Jede Art des Reisens bedeutete ein hohes Risiko für Leib und Leben. Die wohlbestückten Galgen an den Wegkreuzungen zeugten von rascher Selbstjustiz. In einem seiner Kapitularien, wie die königlichen Erlasse genannt wurden, wendet sich Karl ausschließlich gegen Räuberei, Diebstahl und Mord auf den Landstraßen. Die Strafen muten uns barbarisch an: Hände wurden abgehackt, Nasen abgeschnitten, Augen ausgestochen. Dennoch war dem Räuberunwesen schwer beizukommen. Wer sich bewaffnete Knechte als Begleitschutz leisten konnte, reiste einigermaßen sicher. Die anderen Reisenden, und sie waren weit in der Überzahl, mußten selbst um die geringste Habe fürchten.

Harmloser waren die Bettler, aber lästig, wenn sie sich zu einer Landplage ausgewachsen hatten. Es gab Menschen, die ohne eigene Schuld zum Bettelstab hatten greifen müssen: verschuldete Kleinbauern, von Haus und Hof vertriebene Pächter, bankrott gegangene Kaufleute. Und es gab jene, die das Betteln zum Beruf gemacht hatten. Sie waren ambulant oder hatten ihre festen Plätze vor den Portalen der Kirchen. Ihre Existenz betrachteten sie als gottgewollt. »Gott hätte alle Menschen reich erschaffen können«, heißt es in der *Vita Eligii*, »aber er wollte, daß es auf dieser Welt Arme gibt, damit die Reichen Gelegenheit erhalten, sich von ihren Sünden freizukaufen.«

Den Armen zu helfen, war für die Reichen also nicht nur eine Angelegenheit des Herzens, der Barmherzigkeit, sondern auch der Berechnung. Das Wort Christi, wonach es leichter sei, daß ein

Kamel durch ein Nadelöhr gehe, als daß ein Reicher in das Reich Gottes komme, war ein bedrohliches Wort für jene, die im Überfluß lebten. Almosen zu spenden schien deshalb so notwendig wie Bußübungen und Fasten. Vielleicht ließ sich das Himmelstor damit wenigstens einen Spaltbreit öffnen. Die Klöster, die wir als Zentren der Landwirtschaft, des Handwerks, der Buchmalerei, der Künste überhaupt, bereits kennengelernt haben, wirkten auch in der Armenfürsorge segensreich.

Wer hier anklopfte von denen, die mühselig und beladen waren, und nicht wußte, wohin er sein Haupt legen sollte, dem wurde aufgetan. Der alte Spruch, wonach jeder Fremde erst einmal als Feind angesehen werden sollte und jeder Kranke als Simulant, galt hier nicht. Eine Suppe wurde ihm aufgetragen von den Mönchen und ein Nachtlager bereitet. Jeder hatte ein Anrecht darauf, doch nicht jedem konnte man gerecht werden. In Zeiten der Not klopften allzu viele an die Klosterpforte. Da nur ein Viertel des der Kirche zustehenden Zehnten der Armenfürsorge zukam, schienen die Vorräte irgendwann erschöpft. Karl war es, der in seinen Kapitularien die Geistlichen immer wieder mahnte, die Armen und die Kranken, ja selbst die Fahrenden, auch die fremden Reisenden aufzunehmen und ihnen einen Platz zuzuweisen.

Denn: »Alle, die kommen, sollen bewirtet werden wie Christus, und am Jüngsten Tag, wenn die guten Taten belohnt werden, wird er sprechen: ›Ich war fremd, und ihr habt mich aufgenommen.‹«

4 Die Krönung

Attentat auf den Papst

Am Anfang stand eine schwere blutige Tat ...

Das Fest des heiligen Markus beginnt in Rom mit einer Bittprozession. Es ist ein feuchtwarmer Apriltag im Jahre 799, der Himmel wolkenverhangen, als Leo III. im Lateran seinen Zelter besteigt, um die Prozession zur Basilika San Lorenzo zu führen. Dort wartet das Volk auf ihn zum großen Gebet. Leo trägt seit knapp dreieinhalb Jahren die Tiara als Nachfolger Hadrians, der in Rom dreiundzwanzig Jahre lang glanzvoll geherrscht hat. Seine Familie, die zu den edelsten der Metropole gehört, hatte Hadrian dabei nicht vergessen und die wichtigsten Ämter mit Verwandten besetzt. Diese Vetternwirtschaft, Nepotismus genannt, gewann der Familie Einfluß, Macht, Reichtum.

Einer der Nepoten mit Namen Paschalis, seines Zeichens Primicerius und damit neben dem Papst der mächtigste Mann in Rom, ritt voraus. Sein Amt war unabhängig vom Wechsel des Pontifex; dennoch haßte er Leo, wie nur ein Aristokrat einen Mann hassen kann, der aus dem Volke kam und nun seinerseits daranging, die hohen Ämter mit »Vettern« zu besetzen und die Kreaturen Hadrians hinauszudrängen. Paschalis glaubte sich der Sympathie der Römer gewiß zu sein, denn Leo war nicht beliebt bei ihnen.

Am Kloster Silvester in capite geschah es: Aus den Seitengassen brachen Paschalis' Mitverschworene mit gezückten Schwertern hervor, jagten die Prozession auseinander, zerrten den Papst vom Pferd, rissen ihm die Gewänder vom Leib, versuchten, ihm die Augen auszustechen und die Zunge herauszureißen. Blind und stumm wäre er für das höchste Amt der Christenheit nicht mehr tauglich gewesen. Leo wehrte sich mit der Kraft, die die Todesangst verleiht, und sie ließen von ihm ab, mehr erschreckt vom eigenen Frevel und der Höllenfurcht. Sie schleppten ihr Opfer in die Klosterkirche und warfen es vor den Altar. Später verbrachten sie Leo nach St. Erasmus in eine Zelle und befahlen den Mönchen, ihn zu bewachen. Dieser Mensch hier, verbrecherischer und lasterhafter Dinge schuldig, sei aus der Kirche auszustoßen.

Die Römer waren an Grausamkeiten gewöhnt, das Attentat auf den Stellvertreter Christi aber überstieg ihre Begriffe: Sie versagten den Verschworenen die Unterstützung, obwohl ihre Stadt in deren Händen war. Als man vernahm, daß einige Getreue den Papst aus seiner Zelle befreit und mit einem Seil an der Klostermauer heruntergelassen hatten, bildeten sie um St. Peter eine lebendige Mauer, um ihn zu schützen vor seinen Verfolgern. Alarmiert von den Vorgängen, erschienen zwei fränkische Königsboten, die mit ihren Soldaten in Spoleto stationiert waren, und brachten Leo endgültig in Sicherheit.

Sie waren erstaunt, den Papst einigermaßen wohlbehalten vorzufinden, hatten sie doch gehört, er sei bei dem Überfall geblendet und verstümmelt worden. »So geschah es auch«, sagte Leo zu den Königsboten, »doch Gott hat an mir ein Wunder getan und mir Gesicht und Sprache wiedergegeben.« So skeptisch die Chronisten auch waren (Einhard schreibt vorsichtig: » ... wie es den Anschein hat ...«), das Volk war nur allzu bereit, an das Wunder von Rom zu glauben. Wen Gott derart auszeichnete, konnte jene Dinge nicht getan haben, deren die Hadrian-Kreaturen ihn beschuldigten.

Keine Nachricht verbreitet sich schneller als das, was von Mund zu Mund geht. Ehe die Reiterstafetten das fränkische Kriegslager erreicht hatten – es ging wieder einmal, besser, immer noch gegen das Volk der Sachsen –, war Karl bereits von den Vorgängen unterrichtet. Was er jetzt erst erfuhr: Der Papst sei von Spoleto aufgebrochen, um ihn, den *defensor ecclesiae*, den Patricius Roms, um Hilfe gegen seine Feinde zu bitten (die sich inzwischen damit beschäftigten, Hab und Gut der Nepoten Leos zu plündern). Karl beschied ihm, er möge sich nach Paderborn begeben. Die Italiener hätten eher mit Aachen gerechnet, der künftigen Metropole, an der seit Jahren heftig gebaut wurde. Von Paderborn hatten sie noch nie gehört. Es scheint, als habe man den Pontifex zwingen wollen, durch das wilde Land sich vorwärts zu quälen, das man den heidnischen Sachsen abgerungen, damit er sich durch den Augenschein überzeugen könne, was die Franken hier für das Christentum geleistet hatten. Auch verschafften sich Heer und Klerus damit genügend Zeit, um einen prunkvollen Empfang vorzubereiten.

Wer im Reich zukünftig zu bestimmen habe, wie die Rollen verteilt sein würden, hatte Karl dem Papst nach dessen Wahl und Weihe eindeutig klargemacht. »*Unsere* Sache ist es«, schrieb er, »mit Gottes Hilfe die heilige Kirche überall vor dem Einbruch der Heiden und der Verheerung durch die Ungläubigen mit den Waffen zu verteidigen und sie im Innern zu festigen durch den katholischen Glauben. *Eure* Sache, Heiliger Vater, ist es, gleich Moses mit zu Gott erhobenen Händen unsere Streitmacht zu unterstützen, damit durch Eure Gebete das christliche Volk überall und immer über die Feinde seines Namens den Sieg erlange.«

Im Juli traf Leo III. in Paderborn ein, dessen zweihundert Quellen damals so erfrischend sprudelten wie heute. Er war erschöpft, von Sorgen erfüllt, aber doch getröstet. Die Menschen hatten ihn allerorten begeistert begrüßt, als einen Märtyrer, der durch Christi Gnade Leben und Gesundheit wiedergewonnen hatte. Der Jubel, der ihm an der Pader entgegenschlug, gehörte zu einer Inszenierung, die den Päpstlichen demonstrieren sollte, daß es sich bei Karl nicht um einen gewöhnlichen König handele, sondern um den König der Könige, um das Haupt der Welt – *caput orbis*.

»Das weite Feld bedeckt sich mit schimmerndem Heereszug. Die Waffen blitzen, die Fahnen wehen«, heißt es in dem Epos eines »unbekannten Dichters« (in dem man Angilbert vermutet, Karls Hofkaplan und späteren Eidam). »Mitten im Zuge der König selbst, in glänzendem Waffenschmuck, das Haupt mit einem goldenen Helm bedeckt. Als er den Papst herankommen sieht, läßt er halten und die Heerscharen kreisförmig aufstellen. Inmitten des Kreises erwartet er Leo, alle um Hauptеslänge überragend. Dreimal beugen die Soldaten das Knie vor dem höchsten Priester und empfangen den Segen. Teilnahmsvoll forscht der König nach dem erlittenen herben Geschick seines Gastes, staunend sieht er die des Lichtes beraubten Augen wieder leuchten, hört er die verstümmelte Zunge wieder sprechen. Dann ladet er den Papst in die von kostbaren Teppichen geschmückte Halle, die Sessel strotzen von Gold und Purpur. Sie setzen sich zu Tische, in silbernen Bechern schäumt der Falerner. Nach dem Mahle überreicht Karl, der Vater Europas, kostbare Geschenke ...«

Der König wird zum Augustus, sein Reich zum Imperium, Aachen in rührender Übertreibung zur *nova Roma*, zum neuen Rom. »Der Vater Europas«, zum erstenmal überhaupt erscheint dieser Begriff ...

Trotz aller schönen Worte läßt der König sich nicht davon abbringen, auch eine andere Gesandtschaft zu empfangen, jene Männer, die von den päpstlichen Chronisten »Söhne der Zwietracht« genannt wurden. Was sie, die sich am Tiber gegen Leo verschworen hatten, vorbrachten, wog zu schwer, als daß man es hätte übergehen können. Buhlerei, Unzucht, Meineid, Ehebruch, Simonie lauteten einige ihrer Anklagepunkte. Karl werden diese Vorwürfe nicht unbekannt gewesen sein. Unmittelbar nach der Weihe Leos hatte er ihm eine dringende Mahnung übersandt, er möge ehrbar durch das Leben wandeln, die Kirchensatzungen einhalten und, vor allem, die Simonie ausrotten (den Verkauf geistlicher Ämter), »welche den Körper der heiligen Kirche an vielen Orten befleckt«.

Karl hatte Hadrian I., trotz mancherlei Auseinandersetzungen, geschätzt und bei seinem Tod getrauert, als habe er einen Bruder verloren. Den Nachfolger respektierte er lediglich als das Oberhaupt der katholischen Kirche. Dabei hatte Leo ihn mit wahrem Übereifer seiner Ergebenheit versichert, ihm die Schlüssel zum Grabe Petri geschickt, das Banner der Stadt Rom und den Treueid ihrer Bewohner angeboten.

Der König verabschiedete ihn und ließ ihn von seinen *missi* zurück nach Rom geleiten. Wobei Geleit gleichzeitig Bewachung bedeutete. Im Gefolge befanden sich die beiden Erzbischöfe Hildebald von Köln und Arn von Salzburg, mit nichts Geringerem betraut, als am Tiber die Querelen und ihre Ursachen zu untersuchen.

Nach dem Abzug des Heeres, der aus allen Teilen Frankens gekommenen Geistlichen, der vielen Schaulustigen, sank Paderborn zurück in seinen provinziellen Schlummer. Das Lager wurde abgebrochen, die Plätze um den Palast und die Pfalzkirche verödeten. Worüber hier wirklich gesprochen worden war zwischen Papst und König – und es ging nicht in erster Linie um die Auseinandersetzungen zwischen Leo und den Hadrianern –, wußten nur wenige. Noch weniger ahnten, daß hier eine neue Epoche der europäischen Geschichte begonnen hatte, die für das spätere Deutschland mehr Unheil als Heil bringen sollte.

Nach dem Attentat auf den Papst hatte Alkuin dem König einen Brief geschrieben. Der Angelsachse, den wir in Aachen genauer kennenlernen werden, gehörte zu den einflußreichen Beratern am Hofe in allen kirchlichen, kulturellen und nicht zuletzt politischen Fragen. In seinem Brief hieß es: »Drei Männer standen bisher am höchsten in der Welt: der Papst in seiner Erhabenheit als Stellvertreter Petri. An zweiter Stelle kommt die Kaiserwürde und ihre weltliche Macht im zweiten Rom [Byzanz]; überall hörte man, wie ruchlos der abgesetzt worden ist, der auf diesem Thron saß, und zwar durch die eigenen Mitbürger. Und schließlich die Königswürde, mit denen Euch Jesus Christus zum Lenker des Christenvolks bestimmt hatte. An Macht, Weisheit und Erhabenheit überragt Ihr die beiden anderen Würden. So ruht jetzt bei Euch allein das Heil der Kirche Christi. *Dir* obliegt es, die Verbrecher zu strafen, die Irrenden auf den rechten Weg zurückzuführen, die Trostlosen zu trösten, die Guten zu erheben.«

Hatte Alkuin nicht recht, wenn er Karl als den eigentlichen Beherrscher der christlichen Welt bezeichnete? Der Papst war vertrieben worden, ohne daß ihn jemand hätte schützen können. Irene hatte sich die Krone aufgesetzt, womit über das Byzantinische Reich eine Frau herrschte: ein Weiberrock auf einem Kaiserthron, das war wider das Recht und wider die Natur. »Auch verbieten es die Schwäche ihres Geschlechts und die Wankelmütigkeit des weiblichen Gemüts einer Frau in Glaubensfragen und kirchlichen Amtsangelegenheiten die oberste Autorität über Männer auszuüben«, heißt es in den im Auftrage Karls verfaßten *Libri Carolini*.

Karl war König der Langobarden, König der Franken, Patricius von Rom. Er hatte die Awaren besiegt, die Sachsen, die Langobarden und gegen die Sarazenen, wenn auch mit wechselndem Erfolg, gekämpft. Die Christen Spaniens und die im Heiligen Land schauten auf ihn. Er hatte es sich leisten können, eine Kirchenversammlung nach Frankfurt einzuberufen, an der sich Geistliche aus ganz Europa beteiligten. Auf dieser Synode war der Adoptianismus verdammt worden, eine Lehrmeinung, wonach Jesus nicht von Anbeginn göttlicher Natur gewesen sei, sondern lediglich ein in der Taufe zum Gottessohn adoptierter Mensch – denn wie, so die Adoptianer, könne eine Jungfrau ohne Mann einen Sohn gebären? Der König griff auch ein in die von der Ostkirche entfachte Auseinandersetzung über die Frage, ob man Bilder religiösen Inhalts verehren dürfe: in den sogenannten Bilderstreit.

Karl der Große wurde nun von allen Seiten gedrängt, endlich nach Rom zu gehen, das Recht wiederherzustellen, den Papst zu schützen und die Verschwörer zu richten. »Siehe, was dem Heiligen Stuhl angetan worden ist in der erhabenen Stadt«, schrieb der nimmermüde Alkuin noch einmal. »Deinem Richterspruch ist alles vorbehalten.«

In Paderborn, davon sind namhafte Historiker überzeugt, war in wochenlanger Verhandlungsarbeit nichts Geringeres vorbereitet worden als der Weg zum Kaisertum Karls. Und Alkuin war der Mann, der die entscheidenden Impulse gab. Er gilt als der eigentliche Kaisermacher. Karl ließ sich Zeit, soviel Zeit, daß man daran zu zweifeln begann, ob er diese Würde überhaupt anstrebte. Er mag sich gedacht haben, daß es Dinge gab, die Eile, und solche, die Weile brauchten, die reifen mußten, *festina lente*, der Wahlspruch des Augustus, war auch sein Motto. Irgendwann würden *alle* einsehen, daß *er* und nicht der Papst dazu bestimmt sei, Petrus auf Erden zu vertreten.

Von den Paderquellen zog er 799 zurück zu den Brunnen Aachens, das einer einzigen großen Baustelle glich, und feierte dort das schönste Fest des Jahres, Weihnachten. Sein Geschenk waren Reliquien vom Grabe des Herrn, die ihm ein Mönch aus Jerusalem überbrachte. Im März begab sich die königliche Karawane auf eine

Rundreise zu verschiedenen Pfalzen. Anders als durch das persönliche Erscheinen des Mächtigen, das in unregelmäßigen Abständen wiederholt wurde, ließ sich ein Reich ohne Hauptstadt nicht regieren.

Karl hielt, wie erwähnt, Gerichtstag auf seinen Pfalzen, schlichtete zwischen den Parteien – die sich meist um Grund und Boden und um Privilegien stritten –, bestätigte alte Gesetze, erließ neue, rief in schwierigen Fällen Gottes Urteil an (indem er die Prozeßgegner zu Zweikämpfen zwang).

Vor allem repräsentierte er seine Macht durch seine körperliche Gegenwart. Er war der durch das göttliche Walten zum König Erwählte, von dem feststand, daß er durch das Geschenk der göttlichen Gnade über alle anderen Sterblichen erhoben war. In seiner Gegenwart war Heil, das Königsheil.

Auch auf den Krongütern mußte immer wieder kontrolliert werden, ob man die Vorschriften, die im bereits erwähnten *Capitulare de villis* niedergelegt waren, auch einhielt. Ob zum Beispiel die Frauen in den Kemenaten die zu ihrer Arbeit notwendigen Utensilien hätten wie Flachs, Wolle, Scharlachwürmchen, Disteln zum Wollkratzen, Wollkämme, Seife, Fett. Ob genügend Handwerker vorhanden waren, darunter auch Falkenabrichter, Seifensieder und Netzmacher, die für Jagd, Fischen und Vogelfang gleichgute Netze zu knüpfen verstanden. Ob beim Keltern des Weins niemand die Beeren mit Füßen austrat, sondern alles sauber und anständig zuging. Ob man den Wölfen oft genug nachspürte, um dieser Plage mit Gift, Schlageisen, Fallgruben, Hunden beizukommen. Ob die Leute ihre Arbeit gut verrichteten und nicht ewig feiernd die Märkte besuchten. Ob man sich gegen Räuber schützte und den Zauberern das Handwerk legte. Ob man mit Sorgfalt darauf achtete, daß alles mit der Hand zu Verarbeitende – wie Speck, Würste, Pökelfleisch, Maulbeerwein, Apfel- und Birnenwein – möglichst reinlich hergestellt wurde.

Es erstaunt immer wieder, über welch körperliche und nervliche Kraft Karl verfügt haben muß. Sein Itinerarium, das Straßen- und Stationenverzeichnis seiner Reisen, gibt uns einen ungefähren Begriff, was ein mittelalterlicher Herrscher physisch leisten muß-

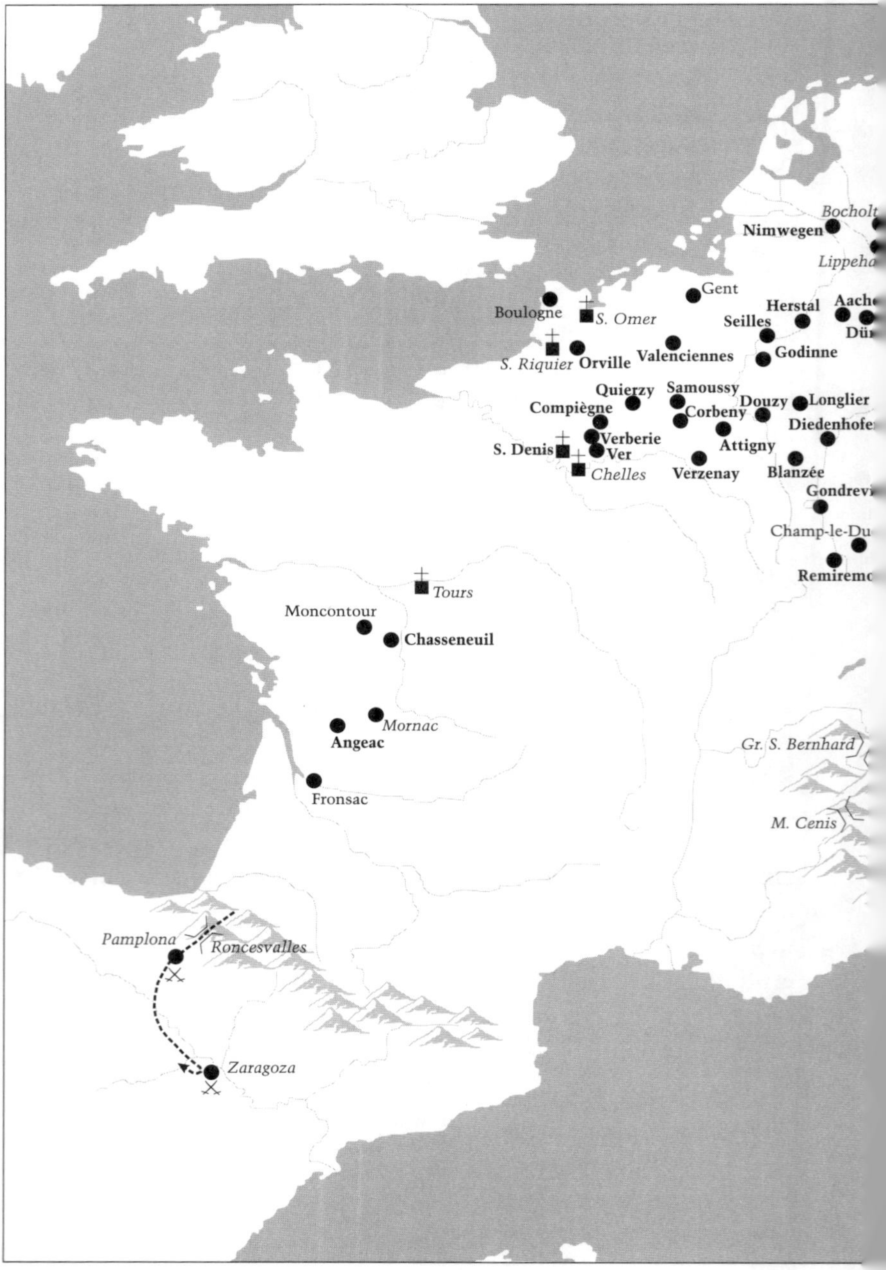
Bocholt
Nimwegen
Gent
Boulogne
S. Omer
Herstal
Seilles
S. Riquier
Orville
Valenciennes
Godinne
Quierzy
Samoussy
Compiègne
Douzy
Longlier
Corbeny
Verberie
Attigny
S. Denis
Ver
Chelles
Verzenay
Blanzée
Tours
Moncontour
Chasseneuil
Mornac
Angeac
Gr. S. Bernhard
Fronsac
M. Cenis
Pamplona
Roncesvalles
Zaragoza

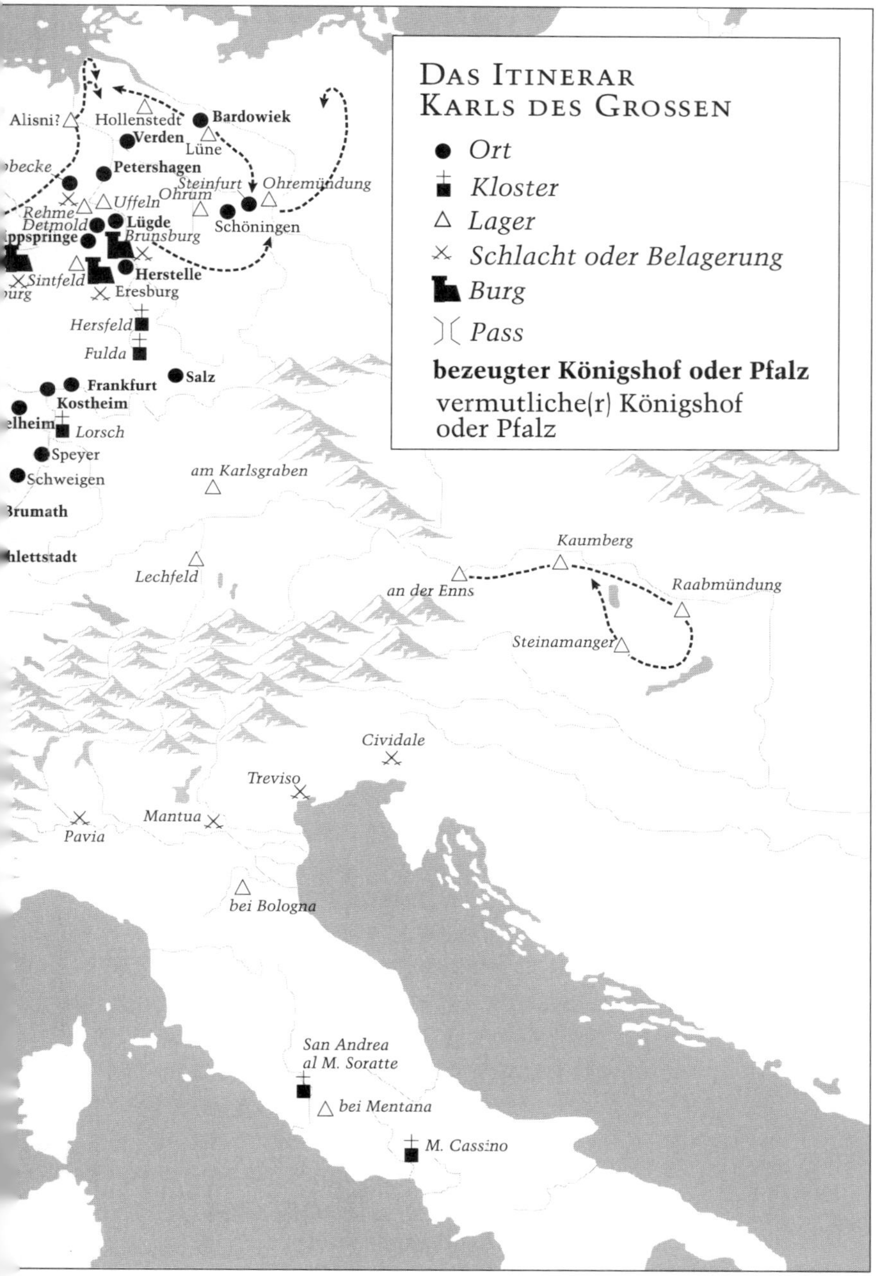
DAS ITINERAR
KARLS DES GROSSEN
Ort
Kloster
Lager
Schlacht oder Belagerung
Burg
Pass
bezeugter Königshof oder Pfalz
vermutliche(r) Königshof oder Pfalz
Alisni?
Hollenstedt
Bardowiek
Verden
Lüne
Petershagen
Steinfurt
Ohremündung
Rehme
Uffeln
Ohrum
Detmold
Lügde
Schöningen
Brunsburg
Sintfeld
Herstelle
Eresburg
Hersfeld
Fulda
Frankfurt
Salz
Kostheim
Lorsch
Speyer
Schweigen
am Karlsgraben
Lechfeld
Kaumberg
an der Enns
Raabmündung
Steinamanger
Cividale
Treviso
Mantua
Pavia
bei Bologna
San Andrea
al M. Soratte
bei Mentana
M. Cassino

te. Fünfundzwanzig Kilometer, bisweilen dreißig, betrug die Tagesleistung einer berittenen Truppe. Einen ganzen Monat brauchte ein Reiter, um vom Ebro nach Aachen eine Nachricht zu überbringen. In den fünfundvierzig Jahren seiner Herrschaft hat Karl Entfernungen zurückgelegt, die, wie erwähnt, dem doppelten Erdumfang entsprechen.

Diesmal ging es an die Kanalküste, wo ein Volksstamm aufgetaucht war, der in den nächsten Jahren und Jahrzehnten zum Schrecken ganz Europas werden sollte. Die Zerstörung des Klosters Lindisfarne und die Abschlachtung der Mönche waren ein blutiges Vorzeichen. In den Kirchen pflegten die Menschen das Gebet mit den Worten zu beenden: »... und beschütze uns vor den Normannen, o Herr!« Die Nordmänner, uns besser bekannt unter dem Namen Wikinger, hatten ihre unwirtlichen skandinavischen Gestade immer häufiger verlassen, um mit ihren schnellen Schiffen auf Beutefahrt zu gehen, zu plündern, zu brandschatzen, zu töten. Karl inspizierte die Küstenbefestigungen, ließ Wachtürme aufrichten, gab Auftrag, Schiffe zu bauen; alles in der Hoffnung, die Piraterie für die Berserker riskanter zu machen und die Freibeuter aus dem Norden abzuschrecken. Eine vergebliche Hoffnung, wie sich herausstellen sollte.

Wie man den Fischfang im Meer ertragreicher machen könne, stand als nächster Punkt auf der Reiseordnung. Zu Ostern fiel die Karawane in St. Riquier bei Abbeville ein, vom Abt freudig, aber beklommen begrüßt. Der hohe Besuch war auch für ein Kloster mehr eine Last als eine Lust. Rouen hieß die nächste Station, von der aus Karl mühsam die Seine überquerte.

Drei Tage später hoben sich die Türme von Tours aus dem Morgennebel. In der Kirche St. Martins zu beten, des Nationalheiligen der Franken, dessen Kappe den fränkischen Königen als Heerfahne voranwehte, war vornehme Pflicht. Alkuin leitete hier seit einigen Jahren die Abtei, betraut mit der Aufgabe, die Mönche an die Ordensregel zu erinnern, wonach sie keusch, gehorsam und in Armut leben mußten. Nebenher hatte er eine Schule eingerichtet und huldigte nun einem Lieblingsvergnügen der Äbte: der Jagd auf Bücher. In den Verliesen der Burgen, den Dachböden verlassener Schlösser, den Kellern anderer Klöster fand man Vergessenes, Verlorengeglaubtes, darunter bibliophile Kostbarkeiten antiker Autoren.

Im Spätsommer des Jahres 800 entschloß sich der Frankenherrscher, endlich über die Alpen zu ziehen. Seine Gemahlin, die Söhne Ludwig und Karl begleiteten ihn. Gar zu gern hätte er Alkuin, den Freund und Berater, dabeigehabt bei dieser wichtigen Reise. Vergeblich hatte er versucht, ihn zu überreden, die rauchgeschwärzten Dächer von Tours mit den goldglänzenden Giebeln von Rom zu vertauschen. Alkuin fühlte sich einer solchen Strapaze jedoch nicht mehr gewachsen. Karls halb im Scherz vorgebrachter Einwand, auch seine alten Knochen seien von Gicht geplagt, jedoch verfing nicht.

Vom Abt bereits vor die Tore geleitet, hieß es, noch einmal umzukehren: Die Königin hatte plötzlich heftiges Fieber bekommen. Der Arzt des Klosters wurde gerufen. Er konnte ihr nicht helfen: Luitgard starb am dritten Tag. Die Alemannin galt als die schönste der fünf Gemahlinnen Karls. Daß sie frommen Sinnes war, edel, freigebig, von feiner, einnehmender Rede, lerneifrig und kunstliebend, gehörte zu den Lobreden, die die Hofpoeten bei den Nachrufen bevorzugten. Die Ehe war kinderlos geblieben. Karl hat nicht wieder geheiratet. Nach Luitgards Tod, heißt es in den Jahrbüchern, »blieben ihm nur noch die Konkubinen«.

Der Coup im Petersdom

Die Bevölkerung Roms befand sich in höchster Aufregung. Gerüchte gingen um, schienen sich zu bestätigen, verstummten wieder. Der fränkische König näherte sich der Stadt, um das Fest der Geburt Christi in ihren Mauern zu feiern. Nun, soviel war allen bekannt. Doch kam er als Retter, als Richter, als Rächer? Würde der Papst beweisen können, daß er zu Unrecht beschuldigt worden war? Das Urteil aber sollte Karl höchstselbst sprechen. Der König hatte inzwischen den zwölften Meilenstein (etwa 20 Kilometer) vor der Stadt erreicht und war dort vom Pontifex begrüßt worden. Das sprach sich wie ein Lauffeuer herum, denn nur einem Kaiser durften die Päpste nach dem Protokoll so weit entgegenkommen. Waren das bereits kaiserliche Ehren?

Eine Woche gönnten sich die Franken, um sich von dem Marsch auszuruhen und die Vorbereitungen für eine Versammlung der weltlichen und kirchlichen Großen zu treffen. Am 1. Dezember 800 eröffnete Karl in der Peterskirche das Tribunal mit den Worten: »Ich bin gekommen, die gestörte Ordnung der Kirche wiederherzustellen, die an ihrem Oberhaupt begangenen Frevel zu bestrafen und zwischen den Römern als den Klägern und dem Papst als Beschuldigtem Gericht zu halten.«

Gericht über den Papst? Galt der Satz nicht mehr *papa a nemine indicatur* – Der Papst kann von niemandem gerichtet werden? Die Bischöfe beriefen sich guten Glaubens auf einen Grundsatz, von dem sie nicht wußten, daß er einer Fälschung entstammte (als eine der sogenannten Symmachianischen Fälschungen).

Drei lange Wochen tagte die Versammlung, ohne zu einem Ergebnis zu kommen. Der Prozeß kam vornehmlich deshalb nicht voran, weil die Verschwörer keine formelle Anklage zu erheben bereit waren. Anscheinend fürchteten sie, wenn ihre Beweise für des Papstes Vergehen – Inzucht, Meineid, Simonie – nicht stichhaltig wären, von Klägern zu Angeklagten zu werden. In der römischen öffentlichen Meinung galt Leo keineswegs als Unschuldslamm. Auch wenn man nichts von dem Brief wußte, in dem Bischof Arn, ein guter Romkenner, Alkuin über die Sitten im allgemeinen und die vatikanischen im besonderen berichtet hatte, was letzteren in hellen Zorn versetzte. (»Dieses Schreiben muß ich sofort dem Feuer überantworten ...«)

Karl aber brauchte diesen Papst. Die Wahl eines neuen hätte mit ziemlicher Wahrscheinlichkeit einen Griechen auf den Heiligen Stuhl gebracht, einen, der den Byzantinern ergeben war. Und Leo brauchte Karl, ohne dessen schützende Hand er nicht überleben würde. Mit Beginn der vierten Woche kam es zu einer Überraschung für die versammelten hohen Herren, zu einer Sensation, wie man heute sagen würde. Der Papst erhob sich und erklärte feierlich, daß er bereit sei, sich durch einen Eid zu reinigen. Freiwillig, wohlgemerkt, und von niemandem dazu gezwungen, werde er einen Entlastungseid leisten. Eine Bemerkung, die ein Augurenlächeln wert war. Die Eingeweihten wußten, *wer* dieser Freiwilligkeit nachgeholfen hatte: Karl.

Mit den Evangelien in der Hand besteigt Leo III. die Kanzel der Peterskirche. Die Stille ist fast hörbar, als er die Reinigungsformel spricht: »Es ist bekannt, teuerste Brüder, daß böse Menschen wider mich aufgestanden sind und daß sie mich und mein Leben gekränkt und bedroht haben. Zur Untersuchung ist der allergnädigste und erlauchte König Karl in diese Stadt gekommen. Deshalb reinige ich, Leo, Pontifex der heiligen römischen Kirche, mich vor Gott, der das Gewissen kennt, vor seinen Engeln und dem heiligen Petrus, in dessen Kirche wir stehen, daß ich die Verbrechen, die man mir vorwirft, weder begangen habe noch habe begehen lassen. Des ist Gott mein Zeuge, vor dessen Gericht wir alle kommen werden.«

Er hebt noch einmal die Stimme: »Und all dies tue ich aus meinem freien Willen, um jeglichen Verdacht niederzuschlagen, und nicht etwa, weil es von den Kirchengesetzen so verlangt würde, oder um durch einen Präzedenzfall meinen Nachfolgern, Brüdern und Mitbischöfen solchen Eid zur Gewohnheit, ja zur Pflicht zu machen.«

Leo galt zwar nun als frei von Schuld, aber die Demütigung, im Angesicht der Öffentlichkeit einen solchen Eid leisten zu müssen, saß in ihm wie ein Stachel. Es den Mann entgelten zu lassen, der dafür verantwortlich zeichnete, fehlten ihm die Mittel: Karl war ihm zu groß und wurde immer mächtiger. Denn allen Kirchenoberen und weltlichen Großen, die in der Peterskirche sich versammelt hatten, ja dem gesamten Christenvolk schien es nun angemessen, das *nomen imperatoris* dem Frankenkönig zu übertragen: Er besitze Rom, wo früher die Cäsaren residierten, er beherrsche Italien, Gallien und Germanien. Ihm allein gebühre die Kaiserkrone.

Die Niederlage, die das Papsttum erlitten hatte, wenn nicht in einen halben Sieg zu verwandeln, so doch auszugleichen, zu mildern war Leos, des Listigen, Verschlagenen, ja Skrupellosen, von nun an einziges Bestreben. Der Tag kam. Es war der 25. Dezember. Über das Ereignis ist viel gestritten worden, ganze Generationen von Gelehrten haben sich darob untereinander verfeindet. Dabei ist die Quellenlage recht gut, besser jedenfalls als bei anderen, weniger wichtigen Ereignissen. Wir haben das sogenannte Papstbuch, den Bericht des Lorscher Annalisten und die Reichsannalen: drei zeitgenössische Quellen, die nicht im Gegensatz zueinander stehen, sich sogar ergänzen. Die Reichsannalen schildern das welthistorische Ereignis in dürren sieben Zeilen: »Als der König sich am Weihnachtstag gerade vom Gebet vor dem Grabe des seligen Apostels Petrus erhob, setzte ihm Papst Leo eine Krone aufs Haupt, und das ganze Römervolk rief dazu: ›Dem erhabenen Karl, dem von Gott gekrönten großen und friedenbringenden Kaiser der Römer, Leben und Sieg!‹ Und nach den Zurufen wurde er nach der Sitte der alten Kaiser durch Kniefall geehrt und fortan, unter Weglassung des Titels Patrizius, Kaiser und Augustus genannt.«

Die Formulierung, daß ihm die Krone in dem Moment aufgesetzt wurde, als er sich vom Gebet erhob, hatte zu den ersten Irritationen der Historiker geführt. Sie verstärkten sich angesichts der berühmten Stelle im 28. Kapitel der Einhardischen Memoiren. »... begab sich Karl nach Rom, um die verworrenen Zustände der Kirche zu ordnen. Das dauerte den ganzen Winter. Bei dieser Gelegenheit erhielt er den Kaiser- und Augustus-Titel, der ihm anfangs so zuwider war, daß er erklärte, er würde die Kirche selbst an jenem hohen Feiertage nicht freiwillig betreten haben, wenn er den Plan des Papstes geahnt hätte.«

Ist es denkbar, daß Karl nicht geahnt hatte, was an jenem 25. Dezember geschehen würde? Hatte man ihn überrumpelt, indem man durch das Aufsetzen der Krone ein *fait accompli* schuf? Ja, geschah das alles gegen den Willen des Königs, ohne seine Einwilligung? Diese Fragen sind heute befriedigend beantwortet, dergestalt, daß Karl schon in Paderborn den Kaiserplan erörtert hatte; daß er in Rom vom Papst bereits als Kaiser begrüßt worden war; daß ihm die notwendigen Vorbereitungen nicht entgangen sein konnten (wozu die Chorproben gehörten, das Einstudieren der Akklamation, eine Art Generalprobe der ganzen Zeremonie).

Der mächtigste Mann Europas als Opfer eines überraschenden Coups? Daran überhaupt geglaubt zu haben erscheint heute naiv. Dennoch muß eine Persönlichkeit wie Einhard, der wie erwähnt der engsten Umgebung Karls angehörte, ernst genommen werden. Auch wenn dreißig Jahre zwischen dem Krönungsjahr und der Niederschrift der *Vita Karoli Magni* liegen. Der Franke hat diese von Einhard überlieferte Bemerkung zweifellos gemacht, nur wissen wir nicht wann, wo und in welchem Zusammenhang. Man hat zur Erklärung angeführt, daß es seit Augustus üblich gewesen sei, sich erst ein wenig zu zieren, Demut zu zeigen, ehe man die neue Würde annahm. Auch könne der Zeitpunkt eine Rolle gespielt haben. Wäre es nicht klüger gewesen, sich erst mit Byzanz zu verständigen (wo der Basileus als der wahre Nachfolger der Cäsaren thronte), sich nicht den Ruf eines Usurpators zuzuziehen und damit die Feindschaft Ostroms?

Beide Erklärungen machen die Bemerkung Einhards nicht verstehbar. Denn unbezweifelt ist Karl nicht »Kaiser wider Willen« geworden; auch der Tag der Krönung konnte nicht ohne sein Einverständnis festgesetzt werden. Etwas anderes mußte Karl irritiert haben: Die Krönungszeremonien richteten sich damals in der Regel nach dem Muster von Byzanz. Der Herrscher wurde durch Akklamation der in der Hagia Sophia Versammelten zum Kaiser erhoben, durch zustimmenden Zuruf und Beifall also; erst danach nahte sich der Patriarch mit der Krone.

Leo aber hatte die Reihenfolge geändert: Er setzte dem König die Krone auf und gab dann erst das Zeichen zum Zustimmungsjubel und den Lobgesängen. Er übernahm damit eine Rolle, die ihm nicht zukam. Das Volk in der Peterskirche konnte den Eindruck gewinnen, daß *er* den Kaiser »machte«, daß die Verleihung der Krone einem Geschenk glich, »einer Wohltat, einem Benefizium, an einem rein passiv empfangenden König«. Genau das muß die Absicht des Papstes gewesen sein, und daß sein »Plan« aufging, konnte man schon den *Annales Saint Amandi* aus dem Jahre 800 entnehmen, in denen es schlicht heißt: »Der Papst hat den König Karl zum Kaiser erhoben.«

Die Reihenfolge also war schuld daran, daß Karl die Krönung

nachträglich zuwider erschien. Nur so läßt sich seine Bemerkung gegenüber Einhard erklären. Diesem Pontifex die Kaiserkrone zu verdanken muß ihm unerträglich gewesen sein. Wie er wirklich empfand, zeigte er noch 813 in Aachen, als er seinen Sohn Ludwig zum Nachfolger bestellte: Er wies ihn an, die Krone vom Altar zu nehmen und sie sich eigenhändig aufzusetzen.

»So war der Vollzug der Krönung von 800 nicht frei von Widersprüchlichkeiten«, schreibt der französische Historiker Pierre Riché über Charlemagne. »Für die römische Geistlichkeit war Karl gemäß dem päpstlichen Willen *imperator romanorum* geworden, und die sogenannte [gefälschte] Konstantinische Schenkung gab dem Papst in gewisser Weise die Verfügungsgewalt über die Kaiserkrone. Während des ganzen Mittelalters wurde von den Päpsten die Erinnerung an Weihnachten 800 als Präzedenzfall wachgehalten. Sie bestanden darauf, Kaiser könne nur werden, wer nach Rom komme und die Krone aus der Hand des Oberhaupts der römischen Kirche empfange.

Die Franken dagegen hatten eine ganz andere Kaiseridee. [...] Als neuer Konstantin regierte Karl ein christliches Reich, [...] sehr verschieden vom antiken Römerreich. Auch blieb er König der Franken und Langobarden, seine Hauptstadt war nicht Rom, sondern Aachen. Er vergaß nie, daß er Franke war, und die Franken hatten nun mal das Abendland erobert. [...] So standen sich zwei Reichsideen gegenüber, in denen bereits der künftige Konflikt zwischen Papsttum und Kaisertum angelegt war, ein Konflikt, der die ganze mittelalterliche Geschichte des Abendlandes bestimmen sollte.«

Karl nannte sich nun, nach Ablegung des Titels Patricius, Kaiser und Augustus. Die bei der Krönung getragene römische Tracht, bestehend aus langer Tunika, roten Stiefeln und einem halblangen Schultermantel, die er auf Bitten des Papstes angelegt hatte, zog er nie wieder an. Wer sich in die Vergangenheit versetzen will, mag im Petersdom seinen Fuß auf die purpurfarbene Scheibe stellen, die jene Stelle kenntlich macht, an der Karl die Krone empfing – und wo der Papst ihm anschließend die Proskynese entbot. Eine fußfällige Ehrenbezeugung, die das *Liber Pontificalis* beredt verschweigt.

Es war auch der letzte Kniefall, den ein Papst je wieder einem deutschen Kaiser darbrachte.

Seine erste kaiserliche Amtshandlung sah ihn als Richter über die Verschworenen, die Leo nach dem Leben getrachtet hatten. Er verurteilte sie als Majestätsverbrecher zum Tode und ermöglichte dem Pontifex damit eine vorher abgesprochene Demonstration, wie barmherzig er sein konnte. Leo bat darum, die Todesstrafe in eine Verbannung von Haus und Hof und Heimat umzuwandeln.

Die Römer betrachtete Karl fortan als seine Untertanen, die ihm, wie seine Franken, bedingungslose Treue schuldeten. Er ließ Münzen auf den Imperator Karolus prägen. Alle päpstlichen Urkunden wurden nur noch nach Kaiserjahren datiert. Er besetzte kirchliche und weltliche Ämter nach seinem Gutdünken, schlichtete Streitigkeiten zwischen Bischöfen, erhob von den Städten Sonderabgaben. Seine Missi schalteten in ehemals päpstlichen, nunmehr kaiserlichen Gebieten derart autoritär, daß es Leos Pflicht gewesen wäre, dagegen aufzubegehren. Er beschwerte sich nur: zaghaft, mit leiser klagender Stimme. Manchmal wird er von dem Gefühl befallen worden sein, den fränkischen Teufel geholt zu haben, um seine römischen Beelzebuben zu vertreiben. Jedenfalls sehnte er den Tag herbei, da dieser Franke, den er, Leo, zum Kaiser gemacht hatte, die Hauptstadt des abendländischen Christentums wieder verlassen würde.

Kaiser und Basileus

Ostern feierten die Franken noch in Rom. Dann endlich, nach viermonatigem Aufenthalt, zogen sie durch die Tore hinaus. Viele von ihnen mit Abschiedsschmerz: Diese Stadt war nicht nur erhaben, ihre Quartiere waren komfortabel, die Kirchen bewundernswert, der Herrgott hatte ihr überdies eine Sonne geschenkt, die im Winter wärmer schien als die daheim im Sommer. Doch so ideal war dieses Land denn doch nicht: In der Nacht vom 30. April zum 1. Mai, als der kaiserliche Zug die erste Station, Spoleto, erreicht hatte, brach ein Erdbeben aus, das Städte in Trümmer legte,

Bergrutsche verursachte; in Rom stürzte das Dach der Paulskirche ein und begrub betende Mönche. Wem zürnte der Himmel?

In Ravenna, einst Sitz des Ostgotenkönigs Theoderich, später byzantinischer Vorposten in Italien, blieb Karl mehrere Tage. Wie man hört, heißt es in den *Jahrbüchern des Fränkischen Reiches*, sei es damals geschehen, daß der König dem bronzenen Reiterstandbild des Theoderich begegnete, einem Bildwerk, desgleichen er niemals gesehen zu haben versicherte. Den Theoderich ließ er nach Aachen umsiedeln, auf daß er die dortige Pfalz schmücke. Es störte Karl nicht, daß der Ostgote ein Ketzer war, ein arianischer Christ wie alle in das Römische Reich eingedrungenen Germanen. (Nach der Lehre des Arius hat Gott seinen Sohn vor aller Zeit aus dem Nichts geschaffen, weshalb Christus mit Gottvater nicht wesenseins sein könne.)

Vor den Mauern der Stadt Pavia, deren Einwohner Karl ein Vierteljahrhundert zuvor durch Hunger bezwungen hatte, wurde ihm durch einen reitenden Boten eine Nachricht übermittelt, wonach eine Gesandtschaft des Kalifen Harun ar-Raschid im Hafen von Pisa eingetroffen sei. Kostbare Geschenke seien für ihn unterwegs, darunter der bereits erwähnte Elefant: Abul Abbas mit Namen. Wichtiger als Geschenke war es ihm, den Kalifen zum Freund zu haben, zog Harun doch, wie er in einem schmeichelhaften Brief schrieb, Karls Zuneigung der Gunst aller anderen Könige und Machthaber vor. Ihm war es zu danken, wenn Karl die Schlüssel zum Grab des Herrn und zur Schädelstätte, auch die Schlüssel zur Stadt Jerusalem, in Rom hatte entgegennehmen können. Denn Jerusalem unterstand dem Machtbereich des Abbasidenherrschers.

Die Segenswünsche des Patriarchen, die Gesandtschaft des Kalifen, der Empfang des byzantinischen Statthalters von Sizilien durch Karl, der erneute Angriff auf das Herzogtum Benevent, all diese Aktionen weckten den Argwohn des Kaiserhofes in Konstantinopel. Was wollte dieser Barbarenherrscher, der sich vom Bischof von Rom zum Kaiser hatte krönen lassen? Wollte er Sizilien erobern mit der Unterstützung Haruns, des Erbfeindes des oströmischen Imperiums? »Nachdem Karl den Kaisertitel angenommen hatte, fürchteten sie, er würde ihnen ihr Reich entreißen, und sie mißtrauten ihm ... Die Macht der Franken wurde von ihnen immer mit Scheelsucht betrachtet, und daher stammt auch das griechische Sprichwort ›Den Franken habe zum Freund, aber nicht zum Nachbarn‹.« (Einhard)

Es gab nur einen Kaiser, und der saß in Byzanz und trug den griechischen Namen Basileus. Seit den Tagen Konstantins I., seit Jahrhunderten also, galt die Stadt als Neues Rom. Karl wußte, daß die meisten Menschen in Ost und West das für rechtens hielten. Einen Krieg zu führen um die Vorherrschaft kam ihm nicht in den Sinn. Dazu war die byzantinische Flotte zu stark. Er wollte Frieden, und er wollte vom oströmischen Kaiser anerkannt werden.

»Die Eifersucht, ja den Haß der oströmischen Kaiser, die ihm die Annahme der Titel schwer verübelten«, weiß Einhard, »trug er mit erstaunlicher Gelassenheit und überwand ihre Abneigung dank seiner Großmut – denn in dieser Beziehung war er ihnen überlegen – und der Tatsache, daß er ihnen häufig Gesandtschaften schickte und sie in den Briefen als Brüder anredete.«

Auch die andere Seite suchte sich zu verständigen. Das ging so weit, daß Irene vergaß, wie sehr Karl sie beleidigt hatte, als er Tochter Rotruds Verlobung mit Konstantin kurzerhand löste. Sie schlug vor, Karl möge sich doch mit *ihr* ehelich verbinden, womit Ost und West vereinigt seien und es anstelle von zwei Kaisern nur noch einen geben würde. Der Gesandte, der in Aachen dieses Projekt überbrachte, stieß auf ungläubiges Staunen bei den Großen des Reiches. Ihr König, sechzig Jahre alt, sollte sich mit einer schon betagten Witwe verbinden, sollte seine Residenz allen Ernstes nach Konstantinopel verlegen und von dort beide Reiche regieren? Es war ein geradezu abenteuerlicher Plan, der sich ohnehin von selbst erledigte, als man Irene stürzte und auf die Insel Lesbos verbannte.

Karl wurde inzwischen *der Große* genannt. Normalerweise werden solche Epitheta ornantia einem Herrscher erst von der Nachwelt zuerkannt. Daß es hier schon die Mitwelt tat, war ehrenvoll, aber brachte es Gewinn? Der »Große« hatte nach wie vor anderes im Sinn. Über Jahre hinaus arbeitete er zäh daran, vom Basileus endlich »Bruder« genannt zu werden. Ein kleiner Krieg mußte her – für Karl ohnehin der Vater aller Dinge –, um der Erfüllung dieses Wunsches näher zu kommen. Er brauchte ihn diesmal gar nicht selbst anzufangen, sondern nur zu provozieren, indem er sich in die inneren Angelegenheiten Venetiens und Dalmatiens einmischte, die unter byzantinischer Oberhoheit standen: für Byzanz ein Grund, mit seiner gefürchteten Flotte auszulaufen, Dalmatien zu besetzen und Venedig anzugreifen. Die Franken mußten rasch einsehen, daß sie zwar stark zu Lande waren, aber schwach zur See. Nur Venedig vermochten sie noch zu halten. Da die Bulgaren jedoch just in diesem Moment wieder einmal Konstantinopel bedrohten, schien der Basileus, Michael hieß er inzwischen, einem Gegengeschäft nicht abgeneigt.

Er schickte erst mal einen Bischof und einen hohen Beamten auf die Reise ins *Barbarenland* nach Aachen (das ja die Barbaren sich erfrechten, ein zweites Rom zu nennen), um dort zu verhandeln …

5 Aachen, das »Neue Rom«

Magie der Zahlen

Irgendwann kam die Zeit, da es Karl müde geworden sein muß, in seinem Riesenreich, das inzwischen eine Fläche von 1,35 Millionen Quadratkilometern umfaßte, von Pfalz zu Pfalz zu ziehen. Freudig begrüßt bei seiner Ankunft und freudiger noch wieder verabschiedet. Ein Herrscher, der sein Reich auf der Reise regierte, ein Reisekaiser, wollte er nicht mehr länger sein. Wenn er sein Pferd wendete und die Karawane, die sein Hof bildete, an sich vorüberziehen ließ, mag er an Rom gedacht haben, an Byzanz, an Damaskus, ja selbst an Pavia und Córdoba, an Städte, die Residenzen bildeten, Regierungssitze.

Er wollte Verwaltungsgebäude haben, Bibliotheken, Archive, heizbare Gemächer, Hallen für den Empfang hoher Gäste; einen Dom, um Gott zu ehren; Höfe, Straßen, Reitställe, Säulengänge, einen Tierpark. Eine *nova Roma*, ein neues Rom, schwebte ihm vor, die Welt sollte staunen. Das alles wollte er, und er wollte es rasch. Die Wahl des Ortes, an dem diese Monumentalpfalz entstehen sollte, blieb lange offen. In der Nähe großer Flüsse sollte er liegen, um die gefährdeten Punkte des Reiches gut zu erreichen, die umliegenden Wälder wildreich sein, der dort wohnende Adel königstreu, die Einwohner fränkischen Geblüts. Worms wäre in Frage gekommen, auch Ingelheim und Nimwegen. Die Wahl fiel schließlich auf Aachen, der heißen Quellen wegen. Die schwefelhaltigen Natriumchlorid-Hydrocarbonat-Thermen wirken (wie es im Kurprospekt heißt) leicht erregend und werden mit Erfolg angewandt gegen Gicht und Rheumatismus.

Das wußten schon die Kelten, die hier ihrem Wasserheilgott

Grannus eine Weihestätte errichtet hatten. Ein Heiligtum, dem der Ort den lateinischen Namen *Aquae Granni* verdankt oder, in der Lokativform, *Aquisgrani*. Vielleicht hat auch Caesar hier gebadet, als er mit seinen Legionen auf die linksrheinische Seite vordrang. Die Legionäre, die ihre heimatlichen Thermen im unwirtlichen Germanien sehr vermißten, begannen in den folgenden Jahrzehnten, die Quellen in Stein zu fassen und zu überdachen. Zwei Bassins entstanden: Das eine maß 22 Meter mal 8 Meter und lag etwas unterhalb der Büchelquelle. Das kleinere Bassin befand sich unter dem Münster. Man entdeckte die Reste beim Umbau der Ungarischen Kapelle im Jahre 1755. Da die dem Boden entspringende Quelle viel zu heiß war zum Baden, mischten die findigen Römer sie mit kaltem Wasser, das sie über Aquädukte heranführten. Die Ziegel mit den eingedrückten Stempeln der am Niederrhein stationierten Legionen zeugen allerorten von der Römer-Gegenwart.

Allmählich entstand hier das, was die Amerikaner in den besetzten deutschen Gebieten nach dem Zweiten Weltkrieg für die GIs anlegten: ein Erholungszentrum. Die römischen Soldaten, im Kampf ergraut, narbenbedeckt, erschöpft von den Märschen durch Sumpf und Sand, versuchten hier wieder zu Kräften zu kommen, bevor es zu neuem Einsatz gegen Gallier und Germanen ging. In den kleinen Läden, den Gasthäusern, den Bordellen ließen sie ihren Sold. Sie beteten zur Göttin Fortuna, auf daß sie ihnen Glück bringe; und zu Mercurius, dem Beschützer des Handels und Verkehrs, dessen Kult durch einen Weihestein bewiesen ist.

Auch Karls Vater Pippin war hier eines Tages erschienen und trug jenen Hauch von Mystik bei, ohne den eine Bädergeschichte offensichtlich nicht auskommt. Notker der Stammler, der Mönch aus Sankt Gallen, schrieb über Pippins Besuch: »Gegen das Treiben böser Geister führte Pippin einen unerhörten Kampf. Als in Aachen noch vor Erbauung der Badehäuser die heißen und sehr heilsamen Quellen emporsprudelten, ließ er seinen Kämmerer nachsehen, ob die Quellen auch gereinigt seien. Nachdem dieses geschehen war, nahm der König das Schwert und eilte in Hemd und Schuhen zum Bade, als ihn plötzlich der alte Feind, der Teufel, angriff, um ihn zu töten. Der König aber schützte sich mit dem Kreuzeszeichen, entblößte sein Schwert, und da er einen Schatten in Menschengestalt erblickte, stieß er seine unbesiegbare Waffe so tief in den Boden, daß er sie kaum wieder herausbrachte. Immerhin war jener Schatten so dick, daß er all diese Quellen mit Moder, Blut und abscheulichem Fett besudelte. Auf den unüberwindlichen Pippin machte das aber keinen Eindruck, und er sprach zu seinem Kämmerer: ›Mach dir darum keine Sorge. Laß dieses verunreinigte Wasser abströmen, damit ich in dem, was rein hervorkommt, baden kann.‹«

Die Legende beweist zumindest eines: daß zu Pippins Zeiten heidnische Tieropfer noch üblich waren: Opferhandlungen, bei denen die Priester das Blut, das Fett, die Eingeweide der Tiere in das Wasser fließen ließen.

An Rheuma und Gicht litt auch Karl, und das Dasein ward ihm sauer, wenn die Schmerzen einsetzten. Das jahrzehntelange Leben im Sattel, die vielen Nächte im Zelt oder unter dem gestirnten Himmel waren an ihm nicht spurlos vorübergegangen. Fleisch vom Spieß zu Mittag und zu Abend, das ein Gichtbrüchiger meiden sollte wie der Teufel das Weihwasser, gehörten zu seinen Leibgerichten. Die Ärzte waren, wie erwähnt, machtlos mit ihren *Ver*boten und die Geistlichen mit ihren *Ge*boten, wenigstens die Fastenzeiten einzuhalten. Karl pflegte sich in der Regel freizukaufen, indem er eine größere Summe für die kirchliche Armenpflege spendete. Enthaltsamkeit schade seiner Gesundheit, meinte er. Außerdem tränke er Bier und Wein nur in Maßen. Die Ärzte, denen er ohnehin nicht grün war, warf er einfach hinaus.

Der König ging ans Werk, als sei der Bau der neuen *Roma secunda* ein militärisches Unternehmen. So wie die Krieger auf das Maifeld gerufen wurden, wenn es um einen neuen Feldzug ging, so schwärmten die Boten aus, um Handwerker, Maler, Bildhauer, Baumeister zu verpflichten, und zwar die besten, die sich finden ließen. Ein Heer von Arbeitern wurde aufgestellt, die sich aus den zum Frondienst verpflichteten Bauern, aus slawischen und awarischen Sklaven rekrutierten. Die Verpflegung mußte sichergestellt, Magazine mußten angelegt, die benachbarten Pfalzen und Königsgüter zur Lieferung von Lebensmitteln verpflichtet werden. Was

Nachschub und Transport betraf, war der Krieg der beste Lehrmeister gewesen.

Im Winter hatten die Bauern in den umliegenden Wäldern die für das Bauholz benötigten Bäume geschlagen und mit Ochsengespannen zum Bauplatz geschleift. Auch der Steinbrechmeister war mit seinen Gehilfen in den großen Steinbrüchen der Eifel und der Ardennen längst tätig. Kaum war der Boden aufgetaut, gingen die Arbeiter daran, Hügel abzutragen, Gruben auszuschachten, Bäume und Buschwerk zu roden. Nicht alle hatte man mit eisernen Spaten, Schaufeln und Hacken ausrüsten können. Holzgefertigtes Werkzeug war noch die Regel und erschwerte die Arbeiten. Daß »der Mörtel mit dem Schweiß und den Tränen der Armen angerührt wurde«, wie eine spätere Quelle berichtet, mag übertrieben sein, aber daß die Arbeit bitterhart war, ist es nicht. Unter den versklavten Kriegsgefangenen gab es nicht wenige, die zu fliehen suchten. Aufseher ließen sich bestechen, indem sie rekrutierte Bauern wieder nach Hause schickten, wenn sie ihre Höfe verpfändeten. Andere unterschlugen Baugelder. Ein Mönch ersetzte das ihm bewilligte Silber für eine Glocke durch Zinn. Baumaterial wurde beiseite geschafft.

Trotz aller Schwierigkeiten konnte Karl Ende 794 mit seinen Hofbediensteten die ersten Räume beziehen. Von nun an verwendete er jede ihm verbleibende Zeit, die Arbeiten persönlich zu beaufsichtigen. Angilbert, den wir als »Homerus« der berühmten Tafelrunde kennenlernen werden, dichtete:

Weise weilend steht Karolus und zeigt hierhin und dorthin.
Für Roma secunda bestimmt er die strebenden Mauern:
Hier sei der Markt, sagt er, und die heiligen Hallen des Rates,
Der des Volkes Rechte wahrt, die Gesetze und Ordnungen.
Eifrig lauscht die fleißige Schar, es schneiden die einen der
ragenden Säulen Steine und türmen den Bau in die Höhe.
Andere forschen nach neuen Quellen der Bäder halber.
Die siedenden Fluten in Steine zu fassen, ist ihr Werk,
Und aus marmornen Stufen die prächtigen Sitze zu fügen.

Es störte damals niemanden, daß der römische Dichter Vergil just so die Entstehung Karthagos besungen hatte. Man schrieb die antiken Dichter ja nicht ab, man schrieb sie aus.

Ebenso unbefangen war man, wenn es darum ging, sich kostbares Baumaterial zu beschaffen. Der Papst war nolens volens dabei behilflich, als er dem Kaiser gestattete, Ravenna ein bißchen zu plündern. Mosaiken wurden von den Fußböden gelöst, Kapitelle, Emporengitter, Marmorplatten, Säulen abgebaut, Statuen von ihren Sockeln gehoben. Auch in den Ruinen der römischen Kaiserpaläste in Trier wurde man fündig. Man scheute sich nicht, die Stadtmauern von Verdun zum Teil einzureißen, um Quader zu gewinnen. Über das Roß mit schnaubenden Nüstern und offenem Gebiß, ein Reiterstandbild aus vergoldeter Bronze, das den Germanenkönig Theoderich darstellte, sprachen wir schon: ein Prunkstück der Beutekunst. Das viele Zentner wiegende Material von Rom und Ravenna mit Ochsenkarren über die Alpen zu transportieren dauerte Monate.

»... tritt er mit frommem Schauder ein«, dichtete Schiller und meinte damit den Hain der Götter. Ein ähnliches Gefühl erfaßt einen, wenn man die Bronzeflügel der Pfalzkapelle passiert hat, in der Mitte des Oktogons steht und hinaufschaut zu den Säulen aus Porphyr und Granit, zu den aus zweifarbigen Quadern gewölbten Bögen und Galerien und Umgängen, zu den Bronzegittern aus karolingischen Werkstätten, zu den Mosaiken der Kuppel, zu dem prächtigen Radleuchter und zum Kaiserthron mit seinen sechs marmornen Stufen.

»Die christliche Religion, mit der Karl seit seiner Kindheit vertraut war«, schrieb Einhard, »hielt er gewissenhaft und fromm in höchsten Ehren. Deshalb erbaute er mit wunderbarer Kunst die Basilika der heiligen Gottesgebärerin in Aachen, die er mit Gold und Silber ausschmückte, mit Leuchtern, mit Gittern aus massivem Metall.«

Einhard, den wir als Verfasser der *Vita Karoli Magni* kennengelernt haben, gehört zu den wichtigsten Mitgliedern des fränkischen Hofes. Er entstammte einer altadeligen Familie aus dem Maingau, wurde im Kloster Fulda erzogen, zeichnete sich als Urkundenschreiber aus und war ein so guter Schüler, daß sein Abt eines Tages zu ihm sagte: »Wir wissen nichts, was du nicht schon wüßtest. Suche dir nun wissendere Lehrer.«

Er fand sie in Aachen an der dortigen Akademie und erwies sich auch hier als einer der Besten, doch litt er unter seinem kleinen Wuchs. Nicht größer als ein Tischbein sei er, verspottete man ihn, eine Ameise, eine Narde. Als der Bischof Theodulf von Orléans sagte: »Einhard, in deinem winzigen Gehäuse wohnt ein mächtiger Wirt«, verstummte der Spott. Bald saß er am Tisch Karls. Wegen seiner *prudentia* und *probitas*, seiner Intelligenz und Lauterkeit, hoch angesehen.

Er machte sich unentbehrlich und wurde zu einem Mann für alle Fälle. Die Briefe Karls verwandelten sich unter seiner Feder, und die Empfänger in Rom verwunderten sich über das gute Latein, das dieser Herrscher plötzlich schrieb. Er betreute die Bibliothek, vermehrte ihren Bestand und verfuhr nicht zimperlich, wenn es darum ging, bibliophile Raritäten zu erwerben. Genauso bedenkenlos handelte er später bei der Erwerbung der Reliquien. Das heißt: er stahl sie. Schließlich vertraute ihm Karl eine Aufgabe an, die so ehrend war wie verantwortungsvoll, so zeitraubend wie aufreibend: die Oberleitung beim Bau der Residenz.

»Sind die lebendigen Steine zur Einheit harmonisch verbunden, stimmen in jeglichem Teil Zahl und Maß überein, so wird leuchten das Werk des Herrn, der die Halle geschaffen; frommen Volkes Bemühen krönt der vollendete Bau«, heißt es in der Weihe-Inschrift im Oktogon. Die Steine zu verbinden, bis Zahl und Maß übereinstimmen, erwies sich als ein schwieriges Unterfangen. Die Karolinger hatten respektable Pfalzen gebaut, mit heizbaren steinernen Häusern, Portiken, Kirchen aus Holz und Stein, Klosteranlagen, Festungen, doch einen Monumentalbau hatte Karl noch nie in Auftrag gegeben. Es fehlte auch an Baumeistern, die über die Erfahrung verfügten und die nötige Technik, eine hochragende Kuppel zu errichten.

Mit Odo fand er seinen Mann. Wir wissen von ihm nur, daß er aus Metz stammte und daß dort auch sein Grab liegt. »Man nimmt an ...«, so lautet, wenn von ihm die Rede ist, die gängige Formulierung. Man nimmt an, daß er weit herumgekommen ist, die Bauten der Römer in Mailand und Rom gesehen hat, und die der Byzantiner in Ravenna, daß von ihm die berühmte Lorscher Königshalle stammen könnte, daß er am Bau des Klosters Centula bei Abbeville beteiligt war. Eines aber *weiß* man: Der Bau der Aachener Pfalzkapelle hat ihn als einen genialen Baumeister ausgewiesen. Daß Alkuin schreibt, Karl habe die Pfalzkapelle nach seinen eigenen Plänen bauen lassen, zeigt, daß Odo auch ein weiser Mensch gewesen sein muß. Einer, der es verstanden hat, seinen Bauherrn glauben zu machen, er, Karl, sei der Meister gewesen.

Ravenna hatte nicht nur Marmor geliefert, sondern auch die Bauidee: San Vitale, die Hofkirche des oströmischen Kaisers Justinian, und das Grabmal des Ostgotenkönigs Theoderich lassen sich als Vorbilder erkennen. Karl war 786 in der Stadt, die damals noch an einer Lagune lag, und wird die im magischen Licht schimmernden Mosaiken der Chorkapelle erlebt haben, die Justinian und seine Gemahlin abbildeten – für jeden heutigen Besucher immer noch ein tiefer Eindruck. Vielleicht wird er Ähnliches gedacht haben wie Alexander, der beim Anblick eines Palastes des persischen Großkönigs Dareios in den Ruf ausbrach: »Das also heißt es, ein Herrscher zu sein ...« Verglichen mit dem, was Justinian repräsentierte, war der Franke ein armer König. Die Aura, die die byzantinische Palastkirche ausstrahlte, blieb auch für Karl unauslöschlich.

Bauplatz in Aachen war die quadratisch gegliederte alte Römersiedlung, mit jeweils 1500 Fuß, den Fuß gerechnet zu 33,3 Zentimeter. Das Gelände stieg sanft an von der Kapelle bis zur Königsaula, dorthin, wo heute das Rathaus steht. Das bei den Römern übliche, gegen die Windrose gedrehte Achsensystem wurde zu der als heilig geltenden Ostrichtung gewendet, *ge-ostet*. Das ganze Baugelände mußte nun in ein Zahlensystem gebracht werden. Viele große Kulturvölker von den Sumerern über die Ägypter bis zu den Römern, Griechen, Azteken waren dem Geheimnis der Zahl unterworfen. Man hatte damals gerade begonnen, Vitruvius zu entdecken, den römischen Ingenieur, der um die Zeitenwende ein zehnbändiges architekturtheoretisches Werk geschrieben hatte. Die darin enthaltene Proportionslehre, die er besonders an der Tempelarchitektur ausführte, wurde zum Lehrbuch, das Generationen von Künstlern beeinflußt hat. Der Römer war der Meinung, daß nur eine *gute* Zahl auch einen *guten* Bau ergeben könne. Entscheidend war der *Kanon*, das Maßverhältnis der Teile zueinander, basierend auf einem Grundmaß. *Ordinatio* und *dispositio*, die künstlerische Formung und die räumliche Ordnung, waren wichtig für das, was der Architekt mit seinem Werk sagen wollte.

Von der Maßeinheit des Fußes ausgehend, ergeben sich, laut Stephany, folgende dem Bau der Pfalzkapelle zugrundeliegende Zahlen: Der Umfang der Kuppel beträgt 144 Fuß, des Kuppelraums 50 Fuß, des Sechzehnecks 100 Fuß; die äußere Höhe bis zum Ansatz des Daches beim Umgang ebenfalls 50 Fuß, für die Kuppel bis zum goldenen Apfel 100 Fuß. Das alles sind Zahlen, die in für uns nicht mehr verständlichen Beziehungen zueinander stehen. 50 und 100 sind die Meßzahlen für das Heiligtum Gottes, beim Zelt des Moses zum Beispiel; 144 hingegen ist die Meßzahl für den Umfang der heiligen Stadt; nach Länge, Breite und Höhe gleich ist das Neue Jerusalem.

»So wird die Kirche Karls«, schreibt Stephany, »ein an den Zahlen ablesbares Abbild des himmlischen Jerusalem. In ihm weist der nach Salomons Thron gebaute Kaiserstuhl dem Herrscher den höchsten Platz zu. Diese Symbolik wird noch dadurch hervorgehoben, daß der Sitz genau in den Westen gestellt ist und die Achse der Kirche deshalb genau von Westen nach Osten verläuft. [...] Zu diesen Andeutungen trat das Mosaikbild der Kuppel, das die vierundzwanzig Ältesten zeigt, wie sie sich zur Huldigung vor dem Messias in Macht und Herrlichkeit erheben und die Krone abnehmen. [...] Der Jüngste Tag, der von Osten aufleuchtete, wird das Ende des irdischen Reiches bringen. Die Erwartung des Endreiches Christi, des Königs aller Könige, gibt dem Anspruch auf die höchste Stelle, wie sie der Thron zum Ausdruck brachte, das richtige Maß. Das Bild des Kaisers auf seinem Thron lebte weiter in der Sage, daß er am Ende der Zeiten wiederkehren würde.«

Der Königsstuhl, der Kaiserstuhl, der Thronsessel, wie immer man das in der Westempore des oberen Umgangs plazierte Sitzmöbel, Sinnbild weltlicher und geistlicher Herrschaft, nennen mag – daß hier einunddreißig deutsche Herrscher gekrönt wurden im Laufe der Jahrhunderte, kann man sich nur schwer vorstellen. Der »Erzstuhl des Reiches« ist von ergreifender Schlichtheit. Sechs Stufen führen hinauf zu dem kastenartigen Sitz. Die vier aus römischen Ruinen herausgelösten Marmortafeln werden von bronzenen Haken zusammengehalten. An einer der Seitenplatten hat man eingeritzte Linien ausgemacht, die sich nach der fotografischen Vergrößerung als ein Mühlespiel entpuppten. Da in den Fußbodenplatten römischer Bäder auch schon eingeritzte Schachspiele gefunden wurden, dürfte die Platte aus einer Therme stammen.

Gesessen hat Karl auf einem harten Brett aus Eichenholz, das kein Kissen trug. Bei Gottesdiensten oder stundenlangen Zeremonien war das gewiß anstrengend. Ein Brett wird nicht dadurch weicher, daß es von der Arche Noah stammt, wie die Fremdenführer um die Jahrhundertwende den englischen Touristen zu erzählen pflegten. Wahr dagegen ist, daß sich unter der Eichenholzplatte in einem Hohlraum Reliquien befanden. Ob es sich dabei um die zu den Reichsinsignien gehörende Stephansburse handelte mit der von Märtyrerblut getränkten heiligen Erde, sei dahingestellt. Und wahr ist, daß das Holz aus einer zur Zeit Karls gefällten Eiche stammt und nicht aus einem um 935 geschnittenen Baum. Ein Streit, nach Gelehrtenweise mit der üblichen Heftigkeit geführt, der inzwischen beigelegt ist.

Auf den Thron durfte sich außer dem Kaiser niemand setzen, aber unter dem Thron hindurchgehen durfte jeder, wozu man sich tief beugen mußte: eine erzwungene und doch gewollte Demutshaltung zur Verehrung des Herrschers. Beim Bau des Sessels muß man bewußt darauf verzichtet haben, den Unterbau zu ummauern, was sich angeboten hätte. Eine unendliche Zahl von Gläubigen wird diesen »Verbeugungsgang« absolviert haben, betrachtet man die bis zu fünf Zentimeter tief eingefrästen Kanten, die von

Millionen Händen abgewetzten, geradezu poliert wirkenden Innenseiten der den Oberbau tragenden vier Pfeiler.

Der Kaiserstuhl bleibt, trotz seiner einfachen, ja beinah primitiven Gestaltung, das Herzstück des Münsters, besser, der *Kapelle*, wie die Kirchen der Frankenkönige genannt wurden: nach der »Cappa«, der Mönchskutte des fränkischen Nationalheiligen Martin. Dieses Herzstück hat alle baulichen Veränderungen überstanden, die der sich verändernde Stilwille der Zeiten, der Übermut der Restauratoren und die Kriegszerstörungen an der Pfalzkapelle angerichtet haben. Besonders gelitten hat die Kapelle nach dem Einmarsch der französischen Revolutionsheere, als die Säulen in den doppelgeschossigen Arkaden »entnommen« wurden (wie man noch heute lesen kann).

In Wirklichkeit wurden sie von der Soldateska herausgebrochen und als Beutekunst nach Paris geschafft – ein Begriff, der aktuell geblieben ist. Die jeweiligen Sieger stahlen immer, meist die wertvollsten Stücke, und waren nur schwer dazu zu bringen, sie nach dem Friedensschluß wieder herauszurücken. So sollte es auch über zwanzig Jahre dauern, bis die Säulen wieder zurückkamen, und weitere dreißig Jahre, bis Friedrich Wilhelm IV. von Preußen sie wieder aufstellen und ergänzen ließ. Die kostbarsten Stücke, darunter zwei rote Porphyrsäulen, *blieben* im Louvre und schmükken die dortige Antikengalerie.

Die acht aus einem Stück gegossenen Bronzegitter, wahre Kleinodien karolingischer Schmiedekunst, sollten 1794 ebenfalls abtransportiert werden. Doch die gewitzten Aachener Spediteure, von den Pariser Behörden immer wieder nach dem Verbleib der Gitter gefragt, beteuerten, daß sie längst abgeschickt, die Wagen jedoch in den Sümpfen der Ardennen stecken geblieben seien. In Wahrheit standen sie wohlverwahrt in einem Versteck. Später war es ein anderer Franzose, Napoleon Bonaparte, der sich für Aix-la-Chapelle und seine Schätze interessierte. Zwar betrachtete er sich als Vollstrecker des großen Karl, aber das hinderte ihn nicht daran, ein wenig zu stehlen.

Aus spätantiker Zeit stammen zwei Bildwerke, die heute in der Eingangshalle des Westbaus zu besichtigen sind: die berühmte

Wölfin, inzwischen längst als Bärin entlarvt, und ein ebenfalls bronzener Pinienzapfen. Beide Werke waren von Karl aufgestellt worden. Der Pinienzapfen sollte an den im Atrium der Peterskirche zu Rom stehenden Pinienbrunnen erinnern und die »Wölfin« an jenes Tier, das Romulus und Remus genährt hatte. Nichts geschah ohne verborgene Symbolkraft: hier die kirchliche, dort die weltliche Macht.

Das Portal am Vorbau der Pfalzkapelle trägt zwei Löwenköpfe, von denen der rechte Kopf einen genau wie ein Fingerglied aussehenden kleinen Höcker trägt. Die Überlegung, der Höcker könne beim Guß entstanden sein, ließ der Volksmund nicht gelten. Der Auswuchs sei auf ganz andere Art entstanden. Der Bau eines Doms war teuer, irgendwann ging immer das Geld aus; die Bauarbeiten zogen sich über viele Jahrzehnte hin, bisweilen über Jahrhunderte. Also sei auch über Aachen eines Tages der Pleitegeier gekreist.

Der Teufel, der davon Wind gekriegt hatte, klopfte eines Tages beim Domkapitel an und offerierte seine finanzielle Hilfe. Als Gegenleistung forderte er, daß ihm die Seele des ersten gehöre, der den fertigen Dom betrete. Der Pakt hatte sich herumgesprochen, und niemand wagte es, sich der Kirche auch nur zu nähern. »Der erste, der das Portal öffnet und eintritt«, überlegte ein listiger Domherr, »muß kein Mensch sein. Es könnte auch ein Tier sein, ein Wolf zum Beispiel.« So gesagt, so getan. Der Teufel, der unter dem Altar gelauert hatte, stürzte sich blindwütig auf den »Eintretenden« und entriß ihm seine Seele. Geprellt um seinen versprochenen Lohn, donnerte er die Bronzetür zu und quetschte sich dabei einen Daumen ab. Wer es nicht glaubt, möge mit der Hand den rechten Löwenkopf abtasten, und er wird den Finger spüren.

Der Teufel wird seitdem selten gesehen in der Stadt an der Wurm. Die Ööcher, wie die Aachener sich nennen, seien ihm einfach zu *lues*, zu schlau.

Wer sich heute dem Dom nähert, wird nicht mehr den Bau sehen, den die Zeitgenossen sahen. Viel hat sich im Laufe der tausendjährigen Baugeschichte geändert. Das fing mit der Spätromanik an, deren Baumeister dem achteckigen Kuppelbau eine

Blendgalerie und hohe Dreiecksgiebel zumaßen. Die Meister des 14. Jahrhunderts ersetzten die schlichte karolingische Apsis durch eine gotische Chorhalle, und das Westwerk versahen sie mit einem Turm. 1656 ereilte die Stadt das gleiche Schicksal wie die meisten mittelalterlichen Städte. Der Ruf »Feuer! Feuer!« gellte durch die winkligen Gassen, Eimerketten bildeten sich, mit Pferdegespannen wurden Feuerspritzen herangekarrt. Viele Häuser versanken im Funkenregen des Feuersturms und mit ihnen der Turm, den wir noch aus einer Zeichnung Albrecht Dürers kennen. Dürer, der über Aachen geschrieben hatte: »Da hab ich gesehen alle herrliche Köstlichkeit, dergleichen, der bei uns lebt, köstlichere Dinge nicht gesehen hat.« Fast zweieinhalb Jahrhunderte später verzierte, besser, verunzierte ein neugotischer Turm das Westwerk. Das ursprüngliche zeltförmige Dach der Kapelle verwandelte sich nach dem Brand in ein gefaltetes Kuppeldach.

Auch das Innere der Kuppel blieb nicht verschont von der Zeiten Wandel. Der Staufer Friedrich I., von dem die Sage berichtet, daß er unter dem Kyffhäuser schliefe, ständig bereit, zur Rettung Deutschlands wiederaufzuerstehen – und sein roter Bart wächst und wächst durch den steinernen Tisch –, dieser Kaiser, uns besser bekannt unter seinem Beinamen Barbarossa, ehrte den großen Vorfahren, indem er einen riesigen Radleuchter aus vergoldetem Kupfer anbringen ließ. Er hängt an einer siebenundzwanzig Meter langen Kette, hat einen Durchmesser von 4,20 Meter und symbolisiert mit seinen sechzehn Zinnen und dem Mauerkranz das Himmlische Jerusalem. In der Inschrift heißt es: »Friedrich, des Römischen Reichs katholischer Kaiser, gelobte, darauf zu achten, daß Zahl und Gestalt mit den Maßen des erhabenen Tempels harmonisch sich einander ergänzen: achteckig, diese Lichterkrone – als fürstliche Gabe!«

Eine solche Krone lebt erst dann, wenn ihre Kerzen – insgesamt achtundvierzig – angezündet werden, was nur zu besonders feierlichen Anlässen geschah und geschieht. Die in den Türmen stehenden Silberfiguren fraß die erbarmungslose Zeit, wie auch die Kuppelmosaiken, die die Majestas Domini mit den vierundzwanzig Ältesten der Apokalypse darstellten. Sie wurden schon bei der

Installation des Radleuchters schwer beschädigt. In einer Zeit, in der viel restauriert und wiederaufgebaut wurde, sich der großen deutschen Vergangenheit erinnernd, begann man die Mosaiken wiederherzustellen, wobei der gute Wille größer war als das künstlerische Vermögen. 1881 war das, als es wieder einen deutschen *Kaiser* gab, den Preußen Wilhelm I.

Bleibt die 1414 errichtete gotische Chorhalle zu erwähnen, ein hochstrebender, lichtdurchfluteter Raum, den man nicht umsonst das »Glashaus« genannt hat. Mit eisernen Ankern hat man es einfach an der Kapelle befestigt: ein Zeichen, wie festgefügt die war. Kein größerer Gegensatz ließe sich denken, betrachtet man den schweren karolingischen Bau und den schwerelosen Chor. Nimmt man die Kapellen hinzu, die sich knospenartig an den Baukörper fügen, wobei die barocke Ungarnkapelle an das Achteck noch einmal erinnert, so haben wir ein architektonisches Konglomerat aus den verschiedensten Perioden christlicher Baukunst – von der Romantik bis zur Neugotik. Ist es der Respekt vor der gewachsenen Geschichte, die Überzeugung, daß gut sein muß, was alt ist, die Tatsache, daß mit Karl dem Großen alles angefangen hatte, wenn Laie und Fachmann in Bewunderung vereint sind? Doch der erste große Kuppelbau nördlich der Alpen mit seinen zweiunddreißig Metern Höhe, jenes Achteck, das von einem Sechzehneck ummantelt wird, hat bei den Experten auch Kritik gefunden.

Der französische Historiker Joseph Calmette meint, daß es für einen künftigen Kaiser wie Charlemagne natürlich eine ungeheure Versuchung gewesen sein muß, sich das zu schaffen, was für einen Herrscher wie Justinian selbstverständlich war: eine Kirche von so glanzvoller, erhabener Schönheit wie die in Ravenna. Aber der Bauplan von San Vitale sei in Wirklichkeit sehr kompliziert und schwer auszuführen. Die Nachahmung brachte derartige technische Schwierigkeiten mit sich, daß man den Plan vereinfachen, versimpeln mußte.

Will Durant bezeichnet das Bauwerk kurzerhand als »eine im Westen gestrandete orientalische Kathedrale«.

Richard Hamann, der große alte Mann der Kunstgeschichte, geht einen Schritt weiter, wenn er feststellt: »Aber man hat den

Bau [San Vitale] weder kopiert noch eine neue Bauform aus ihm entwickelt, man hat ihn vergröbert und um den eigentlichen Sinn seiner letzten Verfeinerungen gebracht. Schwere Pfeiler, kräftige Gesimse verändern den Charakter des Baus, er wird dumpfer, massiger, ungefüger, aber auch ernster und monumentaler [...], mehr Mausoleum als Gemeinderaum.«

Das aber habe Odo von Metz doch ganz bewußt gewollt, diese Wucht und Strenge, die Härte und die Herbheit. Dort sei Byzanz mit dem Verschwimmen der festen Grenzen in Licht und Farbe, hier aber Germanien-Franken mit seiner Kraft der Fügung. Nicht künstlerisches Unvermögen habe Pate gestanden beim Bau der Pfalzkapelle, sondern die jugendliche Dynamik einer neuen Baugesinnung. So das Urteil jener – und sie sind in der Überzahl –, die den Bauherrn Karl und den Baumeister Odo bedingungslos feiern.

Ein 133 Meter langer Gang verband die Basilika mit der Aula Regia, der Königshalle. Auch hier haben wir wieder einen Superlativ. Gilt die Pfalzkapelle als der erste große Kuppelbau nördlich der Alpen, so ist die Halle der größte Profanbau, der seit der Römerzeit im wilden Germanien errichtet wurde. Mit einer Länge von 47 Metern, einer Breite von 19 Metern und einer Höhe von etwa 21 Metern, verziert von Arkaden, aufgelockert durch drei apsidenartige Anbauten (von denen die nördliche Apsis dem Thron Raum bot), repräsentierte die Aula die weltliche Macht auf imponierende Weise. Das Imperium stand dem Sacerdotium nicht nach, und wer das nach einer Rekonstruktion von Leo Hugot geschaffene Modell (siehe Abbildung) betrachtet, wird das Staunen nachempfinden können, das die Delegationen aus aller Herren Länder befiel, wenn sie den Innenhof betraten, das Reiterdenkmal Theoderichs passierten und des Kaisers ansichtig wurden.

Karl hat übrigens nie in seinem Palast gewohnt, sondern in einem der großen, auf steinernem Sockel stehenden Fachwerkhäuser. Solche Häuser waren seinem Wesen gemäßer als die stockwerklose Halle, deren Wände zwar mit Wandgemälden geschmückt waren, die ansonsten ihrer Funktion als Versammlungs- und Empfangsraum halber für eine Wohnstätte aber weniger geeignet schien. Von der Aula Regia hat ein Bau den Zeiten getrotzt, der

Granusturm, der vermutlich als Archiv und Schatzkammer gedient hat. Zusammen mit dem mittelalterlichen Rathaus, das auf den Grundmauern der Königshalle entstanden ist, bildet er heute ein prächtiges Ensemble.

Anhand des Hugotschen Modells können wir mit Karl, der ein schlechter Schläfer war, nächtens den gedeckten steinernen Gang entlangwandeln, durch die große Torhalle, um über einen hölzernen Gang die Kapelle zu erreichen. Oder zusammen mit seinem Gefolge das Bad besuchen, das, so wird berichtet, groß genug für hundert Personen war. Es gab, welch ein Luxus, ein offenes Sommerbad und ein geschlossenes Winterbad. Badeten die Männer nackt, oder trugen sie eine Art Schwimmanzug? Man weiß nur, daß Karl ein glänzender Schwimmer war und beim Wettschwimmen von niemandem besiegt wurde. Was ohnehin niemand gewagt hätte. (Auch der schnellste Läufer der Antike, Krisson, wußte, was sich ziemte, als er im Wettlauf gegen Alexander sich kurz vor dem Ziel überholen ließ.)

Etwa zwanzig Hektar groß war des Kaisers Pfalz. Sie bildete das Hirn, die Schaltzentrale, den kulturellen Mittelpunkt des Reiches. Hier lagen die Schulen, die Bibliotheken, die Archive, die Schatzkammern. Hier trafen sich die Gelehrten in ihrer Akademie, die hohen Beamten in den Verwaltungsräumen, arbeiteten die Künstler. Hier residierten die Bischöfe und Äbte, die Vasallen und die hohen Würdenträger wie Angilbert und Einhard. Etwas abseits hatten die Händler ihre Quartiere, kamen die Bauern mit ihren Früchten, erstreckte sich das Tiergehege.

»Die Aachener Pfalz ist ein Spiegelbild der Persönlichkeit, die sie geschaffen hat. Man schwankt, ob man mehr die Größe dieser Konzeption bewundern soll oder die geringen Ausmaße dieser *nova Roma* als Kennzeichen eines sich in utopischen Wunschvorstellungen verlierenden politischen Denkens ganz anders beurteilen muß. Wir haben einen großen Ansatz, kein Ganzes. Die ungeheuren Aufgaben des Kaisers und seiner Zentralverwaltung stehen in krassem Gegensatz zu den Möglichkeiten dieses Hofes und seiner Kultur.«

In lakonischer Kürze hat Wolfgang Braunfels hier ausgedrückt, worin die Tragik eines Mannes liegt, den man »den Großen« nennt: das ständige Bemühen, wie einst Sisyphus den Stein zu wälzen und immer wieder zu erleben, daß er den Berg hinabzurollen begann.

Wer heute vor dem Aachener Dom steht, ihn betrachtend bewundert, staunend umwandelt, wird erahnen, warum er 1978 als erstes bau- und kunstgeschichtliches Ensemble Deutschlands in die UNESCO-Liste des Weltkulturerbes aufgenommen wurde. Dieses Baudenkmal zu schützen und zu pflegen, um es künftigen Generationen in all seiner Schönheit und Würde zu erhalten, das sollte damit gewährleistet werden. Eine großartige Idee, die jedoch nicht verwirklicht werden kann ohne eine höchst banale Voraussetzung: das Geld. Siebenstellige Summen sind dafür bereits aufgewendet worden, und weitere Millionen werden noch gebraucht.

Die Jahrhunderte haben ihre Narben hinterlassen, vor allem durch unsere gegenwärtige Umwelt. Schäden an Dachstuhl und Mauerwerk, an Stein und Holz, an Skulpturen und Malereien, an Metallen und Textilien gefährden die Substanz des Doms. Und nicht nur des Aachener Doms.

Die alten Kirchen in ganz Europa leiden besonders unter einem Übel: dem Steinfraß. Er geht mit Schwefeldioxid zu Werk, das Schlote, Kamine, Auspuffrohre freisetzen. SO_2 verbindet sich mit Regenwasser zu Schwefelsäure, die den Kalkanteil der Bausteine in Gips verwandelt und damit zerstört. Sulfate und Nitrate bilden Salzkristalle, die bei Feuchtigkeit selbst das Porengefüge von Backsteinen sprengen. Wie bei den einzelnen Gesteinsarten sich der biologische, physikalische und chemische Zerstörungsprozeß abspielt, ist noch nicht bis ins einzelne erforscht. Steine sind komplizierte »Wesen«, die auf die verschiedenen Schutzmittel verschieden reagieren: Manche lassen sich schützen, manche überhaupt nicht.

An den Außenseiten des Aachener Doms zum Beispiel haben die Wissenschaftler fast zwanzig verschiedene Natursteinarten nachgewiesen. Oft bleibt nichts anderes übrig, als die schadhaft gewordenen Steine auszuwechseln. Das ist leichter gesagt als getan. Der ursprünglich verwendete Stein wird nicht immer zur Verfügung stehen. Als der unweit Aachens gelegene Steinbruch Herzogenrath, der bereits im Mittelalter ausgebeutet wurde, nicht mehr zur Verfügung stand, hatte man lothringische Sandsteine eingefügt. Die Materialien vertrugen sich nicht miteinander. Es kam zu schädlichen chemischen Prozessen, die eine erneute Auswechslung nötig machten.

Restaurierungsarbeiten sind eine harte, oft entmutigende Arbeit. Allein um eine Kreuzblume aus einem 40 mal 40 Zentimeter messenden Block Muschelkalk herauszuschlagen, braucht ein Steinmetz gut vier Wochen. Länger noch dauert die Wiederherstellung oder Nachgestaltung zerstörter Figuren.

Der Aachener Dom wird noch für viele Jahrzehnte eine Baustelle bleiben, wenn nicht, wie Pessimisten fürchten, eine ewige Baustelle. Denn die Gelder fließen spärlich. Auch wenn im Kuratorium der Europäischen Stiftung für den Aachener Dom jene Länder vertreten sind, die einst dem Karolingischen Reich angehörten. Die Geburtskirche Europas, wie man die Pfalzkapelle genannt hat, gilt als Symbol für das Zusammenwachsen des alten Kontinents. Ein Sinnbild, das nicht zum Gegenbild werden sollte.

Die Dome des Mittelalters boten den Verfolgten Zuflucht, den Verzweifelten Trost, den Sorgenbeschwerten Erleichterung. Die Menschen, die in ihrem Schatten wohnten, fühlten sich geborgen, und wenn sie aufblickten zu den Türmen, glaubten sie sich hinausgehoben über die Enge ihres Lebens. Sie spürten: Dort wohnt Gott, und er wird mich nicht verlassen. Jahrhunderte haben die Dome, trotz aller Wunden, überstanden. Nun scheint es, als würden Jahrzehnte genügen, sie dem schleichenden Verfall preiszugeben. Bauten, vor denen die Zeit sich einst fürchtete, fürchten nun die Zeit.

Die Königsboten und das Recht

Als Karl seinen Feldzug gegen die Sarazenen abbrach und über die Pyrenäen nach Hause zurückkehrte, hatte er wenig Ruhm geerntet, wie wir wissen, kaum Beute gemacht und viel verloren. Er konnte nicht ahnen, daß die Verluste aufgewogen wurden durch einen Mann, der sich ihm auf dem Rückzug angeschlossen hatte. Theodulf, ein aus seiner nordspanischen Heimat vertriebener Gote, erwies sich bei näherem Kennenlernen als klug, gebildet, couragiert, kreativ, ideenreich: ein Mann für vieles, einer nach Karls Geschmack. Er zögerte nicht, ihn mit nach Aachen zu nehmen, wo er neben Alkuin, Paulus Diaconus, Petrus von Pisa und Angilbert zur Zierde des berühmten Gelehrtenkollegiums wurde.

Theodulf schrieb ein Handbuch für die Priester, mit dessen Hilfe sie versuchen sollten, ein gottgefälliges Leben zu führen und den Pflichten ihres Amtes nachzukommen. Bei so manchem von ihnen blieb alle Mühe vergebens, weil sie das Büchlein erst gar nicht lesen konnten. Den Text der Bibel nahm er nicht hin wie seine Amtskollegen, die Bischöfe und Erzbischöfe (Karl hatte ihn zum Bischof von Orléans gemacht), sondern reinigte und überprüfte ihn wieder und wieder. Daß ein hoher Kirchenmann auch humorvoll sein kann, bewies er mit seiner Parodie *Ad carolum regem* auf die Schmeichler und Lobredner, wie sie zu allen Zeiten ihr Unwesen trieben. Mit seinem fast tausend Verse umfassenden Gedicht *Gegen die Richter* gibt er uns einen unschätzbaren Einblick in die Rechtsverhältnisse der Zeit.

Die Herrscher und das von ihnen beherrschte Reich waren abhängig vom Recht, und deshalb bemühten sie sich, es zu bewahren und zu schützen. Landfrieden und innere Sicherheit waren mit der Einhaltung der Gesetze verbunden. Deshalb hatte die Gerichtsbarkeit unter jeder Regierungsform Bedeutung. Besonders bei einer Gesellschaft, die noch in primitiven Vorstellungen steckte. Die Begegnung mit der Zivilisation Roms und die Bekehrung zum Christentum hatten bei den Franken, den Alemannen, den Sachsen, den Baiern, den Thüringern und Friesen keine grundlegende Wandlung bewirkt.

»Nachdem er den Kaisertitel angenommen hatte, widmete Karl seine Aufmerksamkeit den Gesetzen seines Volkes, die in vielem mangelhaft waren. Allein die Franken haben zwei verschiedene Rechte (das ripuarische und das salische), die in manchen Einzelheiten stark voneinander abweichen. Er beabsichtigte, Fehlendes zu ergänzen, Widersprüchliches auszugleichen und alles Falsche und Verkehrte zu berichtigen. [...] Er ließ auch alle ungeschriebenen Gesetze der von ihm beherrschten Stämme sammeln und schriftlich festhalten.« So Einhard in seiner Biographie.

Zum Rechtswesen gehörte die Rechtskontrolle. Standen die Gesetze nur auf dem Pergament, oder wurden sie auch angewandt? Mühten sich die Richter um Gerechtigkeit, oder urteilten sie parteiisch? Behandelten sie die Beklagten ohne Ansehen der Person, ob sie nun arm waren oder reich, ohne Einfluß oder einflußreich? Karl wird seinen Richtern vertraut haben, doch wußte er, daß Vertrauen gut war, Kontrolle aber besser. Diese Einsicht ließ ihn eine ältere Institution wiederbeleben und weiterentwickeln: das Amt des Königsboten. Die *missi dominici*, wörtlich die Gesandten des Herrn, wurden, ausgestattet mit Vollmachten für Rechtsprechung und Verwaltung, in die Provinzen entsandt. Meist reisten einmal im Jahr je ein weltlicher und ein geistlicher Königsbote in einen Bezirk, um dort die Ämter zu kontrollieren, Prozessen beizuwohnen und eigene Gerichtstage abzuhalten.

In einem seiner *Kapitularien*, die gelegentlich seine Hand erkennen lassen, in der zupackenden Art sich auszudrücken, wendet er sich direkt an die Königsboten und ermahnt sie, den Wit-

Aufbau der Verwaltung im Reich Karls des Großen

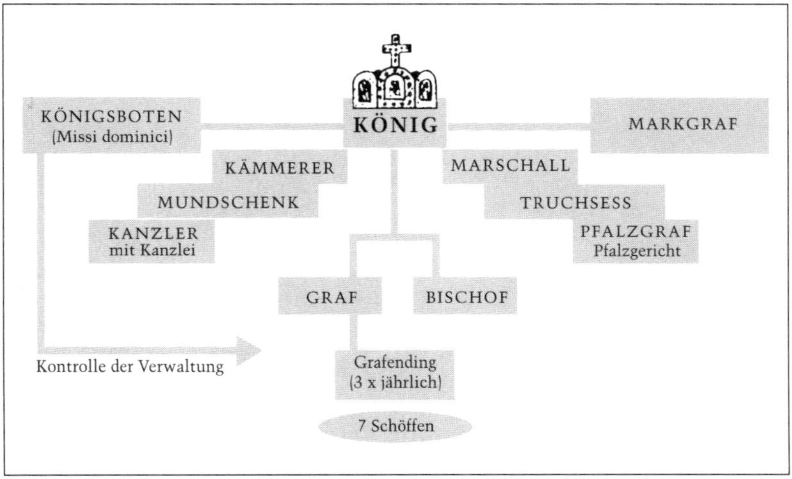

wen, Waisen und Schwachen *gerecht* zu werden, mißbräuchliche Verzögerungen zu verhindern und sich nicht von jenem Geist anstecken zu lassen, den sie oft antreffen würden. »Ach schweigt doch, bis diese Königsboten wieder verschwunden sind. Wir werden uns dann schon untereinander Recht verschaffen.« Im übrigen wirke Bestechlichkeit wie eine Krankheit und jeder möge sich vor Ansteckung hüten. Zum Schluß empfiehlt er, dieses Kapitular immer wieder zu lesen und sich seinen Inhalt gut zu merken.

Bei der Wahl der Sendboten hatte man in Aachen darauf geachtet, nur Männer zu ernennen, die so reich waren, daß sie es nicht mehr nötig hatten, Geschenke anzunehmen oder sich mit Geld bestechen zu lassen. Zu diesen Männern gehörte Theodulf von Orléans, womit wir auf seinen in Versen geschmiedeten *Versus contra iudices* zurückkommen.

Er ist nach Südfrankreich entsandt worden, um in einer Stadt als Prozeßbeobachter zu fungieren. Doch der Prozeß kann nicht zum anberaumten Termin stattfinden: Der Richter liegt noch im Bett, schwer gezeichnet von einem Zechgelage, das ihm eine der Parteien am Vorabend ausgerichtet hat. Schließlich erscheint er, wankend, atemlos, stotternd. Man zeigt mit den Fingern auf ihn und lacht.

Auch Theodulf bleibt nicht unbehelligt. Wohin er auf seiner Inspektionsreise kommt, irgendwann zupft ihn irgendwer am Ärmel, nimmt ihn zur Seite, spricht auf ihn ein. »Hier verspricht mir jemand eine kristallene Schale und ein perlenbesetztes Geschmeide aus dem Orient. Vorausgesetzt, ich schanze ihm das umstrittene Weingut zu. Dort bietet mir ein anderer einen Beutel mit arabischen Goldstücken oder römischen Silbermünzen, wenn ich ihm zu einer Pacht, Äckern und Häusern verhelfe. Ein dritter wendet sich verstohlen an meinen Notar und flüstert ihm zu: ›Sag deinem Herrn, ich besitze eine Vase aus reinem Metall, verziert mit heidnischen Figuren, ganz schön schwer im Gewicht. Wenn dein Herr mir eine Urkundenfälschung durchgehen läßt, ist sie die seine. Auch du sollst nicht leer ausgehen …‹«

Das klingt, als sei das gesamte Rechtswesen korrupt gewesen, und zu einem gewissen Grade war es das auch, sieht man es von der

Warte unserer Zeit, in der Justitias Augen – meist jedenfalls – verhüllt sind. Doch Geschenke auszutauschen, zu geben, um des anderen Gunst zu erringen, eine Freundschaft zu gründen oder zu befestigen war allgemein üblich. »Wenn Ihr kommt, so vergeßt die Geschenke nicht«, läßt der Bischof dem Abt ausrichten. Der König erinnert den Papst daran, und der wiederum erwartet bei jedem Besuch kostbare Gaben. Der von Orléans ist unbestechlich, gewiß, aber weiß um das *do ut des*, um das Geben, damit einem gegeben werde. Er ist kein Moralapostel, auch kein Heiliger, und so schreibt er die weisen Worte: »Um nicht durch das Befremdliche meines Tuns aufzufallen und den Eindruck eines Heuchlers zu vermeiden, wollte ich nicht zurückweisen, was mir als eine Gabe der Zuneigung erschien und was man, um der Herzen Einklang halber, gern gibt und nimmt. Dies wohl bedenkend, nahm ich Kleinigkeiten gerne an, sofern sie nicht mit Anmaßung gegeben wurden, sondern mit Aufrichtigkeit; nämlich Früchte des Feldes und des Gartens, Eier, Brot, Geflügel oder eine Kanne Wein.«

Gegen Korruption war Karl, wie die meisten Herrscher, letztlich machtlos. Denn »diese Königsboten« verschwanden ja wieder, und ihre Gebiete (manche umfaßten ein Geviert von 40 deutschen Meilen, etwa 280 Quadratkilometern) waren viel zu groß, ihre Aufgaben zu mannigfaltig, als daß mit einer erneuten Prüfung so bald zu rechnen war. Zu ihren Aufgaben gehörten auch die Überwachung der Kirchenmänner und ihrer Lebensführung, der Mönche und der Einhaltung ihrer Ordensregel, die Wahrung der Rechte der Witwen, Waisen und Armen, die Kontrolle der Grafen und Amtsleute, die Verhinderung von Wilddieberei in den staatlichen Forsten (Karl, der Nimrod, war hier besonders empfindlich), die Bestrafung schändlicher Unzuchtfälle in den Klöstern. Das *Allgemeine Kapitular* über die Königsboten enthält allein vierzig Abschnitte mit genauen Anweisungen.

»Von dem guten Willen des Herrn Kaiser«, äußerte Alkuin einmal mit unüberhörbarer Resignation gegenüber einem Freund, »bin ich überzeugt und daß er in dem ihm von Gott überantworteten Reich alles nach der Richtschnur der Gesetze einzurichten wünscht. Aber er hat nicht soviele Helfer der Gerechtigkeit als vielmehr Unterwühler, nicht soviele Prediger derselben als Plünderer (nec tantos *praedicatores* quantos *praedatores*). In der Mehrzahl sind immer die, welche nur ihre Interessen verfolgen, als jene, die nur die Sache Gottes vertreten.«

Vielleicht hat Alkuin dabei an den »Fall Wala« gedacht, wie man den Prozeß heute nennen würde. Eine Witwe, von ihrem adeligen Verwalter schamlos betrogen, hatte sich, die winterliche Reise über die Alpen nicht scheuend, nach Aachen begeben, um ihr Recht am dortigen Hofgericht, der höchsten Instanz, zu suchen. Wala, ein Vetter Karls des Großen, war bereit gewesen, sie vor Gericht zu vertreten. Bevor der Prozeß eröffnet werden konnte, fand man die Witwe in ihrem Blut, von gedungenen Mördern umgebracht. Wenig später starben auch zwei der Täter, getötet von einem dritten Mörder.

Anstifter der Verbrechen war der Verwalter. Doch »durch Geschenke bestochen«, schrieb der Benediktiner Paschasius Radbertus, »verhinderten italienische Große mit allen Mitteln, daß der angeklagt wurde, dessen Urheberschaft an den Morden allgemein bekannt war. Einflußreiche Persönlichkeiten am Hofe bemühten sich, Beweise zu fabrizieren, Zeugen zu bestechen, und sie erreichten, daß ein Schuldiger nicht schuldig gesprochen werden konnte ...«

Daß selbst der Vetter eines Königs dem, was rechtens war, nicht zum Siege verhelfen konnte, scheint bedenklich. Dennoch gehört der Fall zu den Ausnahmen. Keine Ausnahme war die Institution des Eideshelfers. Wie der Name besagt, halfen sie einem Beschuldigten, indem sie unter Eid aussagten, daß er *nicht* schuldig sei an der ihm vorgeworfenen Tat. Sie untermauerten dessen Schwur mit ihren eigenen Schwüren. Der Kläger, der dem Beklagten vorgeworfen hatte, er habe sich widerrechtlich ein Grundstück angeeignet (die meisten Prozesse drehten sich um Grund und Boden), verfügte wiederum über seine eigenen Eideshelfer, die die Hand hoben und bezeugten, daß *er* recht habe. Die Männer gehörten überwiegend dem eigenen Familienverband an und wurden von der jeweiligen Partei vorgeschlagen. Zeugen in unserem Sinne waren sie nicht, beruhte doch ihr Schwur keineswegs auf eigenen Tatsachenwahrnehmungen. Sie untermauerten lediglich auf magisch-sakrale Weise, daß der Eid des Beklagten oder des Klägers wahr sei.

Wer mehr Helfer hatte (oder die einflußreicheren), konnte den Richter überzeugen, und das Urteil fiel zu seinen Gunsten aus. War die Zahl der Helfer gleich, stand Eid gegen Eid, dann erklärte sich der Richter außerstande, ein Urteil zu fällen: Er überantwortete die Sache dem lieben Gott. Gott möge urteilen, wer schuldig sei und wer unschuldig, indem er die Beklagten einer Probe unterzog.

Zu den Gottesurteilen gehörte der Zweikampf: wer siegte, bekam Recht (was erst später die zynische Bedeutung »das Recht des Stärkeren« bekam); die Kreuzprobe, bei der die Streitenden mit ausgestreckten Armen vor ein Kreuz gestellt wurden, bis einer die Arme sinken ließ; die Feuerprobe: die den Beweispflichtigen zwang, mit bloßen Füßen über glühend gemachte Pflugscharen zu gehen (was Kunigunde, die von ihrem Gemahl, Heinrich II., des Ehebruchs verdächtigt worden war, unverletzt überstanden haben soll); die Wasserprobe: blieb der gefesselt ins Wasser Geworfene oben, so war er schuldig, da das Wasser, mit dem ja Christus getauft worden war, ihn nicht aufnehmen wollte; die Kesselprobe: der Beschuldigte mußte einen Ring aus siedendem Wasser holen, und die verbrühte Haut mußte nach drei Tagen geheilt sein; die Bissenprobe: trokkenes Brot und harter Käse wurden verabfolgt; wem der Bissen im Halse steckenblieb, der war schuldig; das Bahrrecht schließlich beruhte auf dem Glauben, daß die Leiche des Ermordeten zu bluten begänne, wenn der Mörder sie berührt.

Die Gottesgerichte oder Ordale sind nicht von der Kirche eingeführt worden, wie man irrtümlich annahm (wohl weil seit dem Mittelalter immer die Priester zugegen sein mußten). Sie stammten aus prähistorischer Zeit, waren bei fast allen Völkern bekannt und entsprangen magischem Denken. Der Mensch glaubte, die dämonischen Kräfte der Natur durch Magie beeinflussen zu können.

»Allmächtiger Gott, der Du ein gerechter Richter bist«, sprach der Priester bei der Kesselprobe, »der du die drei Jünglinge aus dem feurigen Ofen gerettet, heilige Du dieses wallende Wasser. Mache, daß, wenn jemand unschuldig ist an der ihm zur Last gelegten Tat, er seine Hand heil und unverletzt aus der siedenden Flut wieder herausziehe. Wenn aber ein Schuldiger, dessen Herz der Teufel verstockt hat, sich dieser Probe unterzieht, dann möge sich Deine Wahrheit an seinem Leib zeigen und seine Hand zerstört werden.« Bei nicht wenigen Ordalien war Betrug im Spiel, wurde mit allen möglichen Kunstgriffen gearbeitet. Tricks, wie man wahrscheinlich heute sagen würde.

Zur juristischen Wahrheitsfindung erwiesen sich die Ordalien als wenig tauglich. Das mußte man schon damals gespürt haben, sonst hätte man nicht so oft versucht, ihren Gang zu beeinflussen. Bei den Intellektuellen am Hofe in Aachen begannen sich Zweifel zu regen. Theodulf gehörte zu jenen, die es für frevelhaft hielten, den Herrgott für solche Urteile verantwortlich zu machen. Die Kirche hat sich allmählich davon abgewandt, hat sie als Versuchung Gottes, als Vorgriff auf das Jüngste Gericht bezeichnet und keinen Anspruch des Menschen anerkannt, von Gott prozessuale Wunder zu verlangen. Der Mann jedoch, der eine Reform des Rechts sich vorgenommen hatte, Karl, war zutiefst davon überzeugt, daß hier Gott sprach. In einem seiner Kapitularien heißt es: »An alle. Jeder solle ohne Zweifel an das Gottesurteil glauben.« Die Ordalien waren beim Volk viel zu populär – und besonders bei den Germanen Brauchtum seit Jahrhunderten –, als daß er daran hätte rühren wollen.

Wichtiger war für ihn das, was er in einem anderen Kapitular ausdrückte: »Wenn der Richter erkannt hat, wie das richtige Urteil lautet, soll er sich hüten, es zu beugen, weder aus Freundschaft zu irgend jemandem oder aus Liebe zu einem Freund noch aus Furcht vor der Macht irgend jemandes oder um einer Belohnung willen.« Auch erschien es ihm unehrenhaft, wenn der Richter sich vorher mit den Eideshelfern zu einem Liebesmahl treffe.

Die Macht der Eideshelfer zu brechen, darauf kam es an. Das konnte nur gelingen, wenn der Richter »das von Weisen für das Volk zusammengestellte Recht fleißig lerne, damit er nicht aus Unwissenheit vom Wege der Wahrheit abweiche«. Fleißig lernen war die eine Sache, das Gelernte richtig anzuwenden, die andere. Für den den Vorsitz führenden Grafen (es gab 230 Grafschaften) erwies sich die Rechtsprechung als kompliziert, weil jeder Untertan dem Gesetz *seines* Volksstammes unterlag. Bei einem salischen Franken kam das salische Recht zur Anwendung, bei einem Westgoten das westgotische und so fort bei Baiern, Sachsen, Schwaben, Burgundern, Langobarden. Dem Manne mußte geholfen werden. Aber wie?

Karl verordnete ihm sogenannte *scabini*, sieben an der Zahl, ein Ausdruck, der sich zu unserem Wort *Schöffen* entwickelte. Die *scabini* waren hoch angesehene, gebildete, unabhängige Leute, die sich im Dickicht der verschiedenen Volksrechte auskannten. Ihr Amt war ihr Beruf. Diese *boni homines* kamen alle vierzehn Tage zusammen und entschieden die kleineren Streitfälle, während die großen Prozesse nach wie vor dem Thing vorbehalten waren, einer Versammlung, die dreimal im Jahr in Gegenwart aller Freien stattfand.

Das beste Rechtssystem nützt nichts, wenn sich niemand fand, eine Untat, die ihn nicht persönlich betraf, auch anzuzeigen: aus Angst vor Rache, vor der Verfolgung durch die Mächtigen. Karl »erfand«, darf man sagen, daraufhin die Rügezeugen. Sie waren verpflichtet, jedes ihnen bekanntgewordene Verbrechen vor Gericht zu bringen. Die Rügezeugen übernahmen damit die Aufgabe unserer Staatsanwälte, und kein Richter durfte es wagen, einer »Rüge« nicht nachzugehen.

Karls nahezu verzweifelte Mühen, für Recht und Ordnung zu sorgen, ließen ihn den alten Treueid erneuern. Jeder Untertan männlichen Geschlechts vom zwölften Lebensjahr an hatte zu schwören, dem Herrn Karl ohne Trug und Hinterlist zu dienen, den Geboten der Kirche zu folgen, sich zum Waffendienst zu verpflichten, Witwen und Waisen oder anderen *miserabiles personae* keinen Schaden zuzufügen und die Justiz nicht bei ihrer Tätigkeit zu behindern. »So wahr mir Gott helfe, schwöre ich auf die hier ruhenden Reliquien.« Auf die heiligen Reste zu schwören und diesen Schwur nicht zu halten – wer solches tat, verdarb sich die Fürsprache der Heiligen; was gleichbedeutend sein konnte mit den Qualen der Hölle. Meineid wurde also nicht nur auf Erden bestraft (mit dem Verlust der Schwurhand zum Beispiel), sondern auch im Jenseits.

Und an einen anderen tief verwurzelten Brauch legte Karl Hand an: daß Blut nur mit Blut abgewaschen werden könne. Hatte ein Familienverband einen Mann durch Totschlag eingebüßt, so versuchte man des Täters habhaft zu werden, um ihn ebenfalls zu töten. Ein Mord, der wiederum gerächt werden mußte, was wiederum einen neuen Racheakt auslöste. Zwar sah das Volksrecht auch Bußzahlungen vor, sogenanntes Wergeld, dessen Höhe sich nach Stand und Ansehen des Getöteten richtete. Der Ehrenkodex jedoch gebot – und die mächtigen Familien folgten ihm –, Auge für Auge zu fordern und Zahn für Zahn.

In dem eigens von ihm erlassenen Kapitular hieß es: »Wir befehlen, die Mordtaten, durch die viel Christenvolk umkommt, streng zu verbieten und zu verhindern. Hat nicht der Herr gesagt, man möge auch seine Feinde lieben? Wie kann einer hoffen, Ihm zu gefallen, wenn er seinen Nächsten tötet? Wir wollen deshalb den mit schwerer Strafe belegen, der es wagen sollte zu töten. Und niemand unter den Verwandten solle das geschehene Übel durch neues Übel vermehren und den friedenswilligen Täter zurückweisen, sondern die Bußleistung annehmen und selbst dauerhafte Aussöhnung gewähren. Wer nicht willens ist, angemessene Wiedergutmachung zu leisten, soll seines Erbes verlustig gehen, bis wir unser Urteil gesprochen haben.«

Der König und Kaiser konnte nur wenig von dem verwirklichen, was er plante. Das Wenige aber war immerhin genug, um das allgemeine Rechtsgefühl zu stärken. »Sein großes Verdienst war es, die bestehenden Grundsätze auch zur Anwendung zu bringen«, schreibt Joseph Calmette in seinem Buch über Charlemagne. »Er achtete streng auf die Verwirklichung der Gesetze und Verordnungen. Wie viele Regierungsformen rühmen sich edler Grundsätze, verzeichnen sie sogar in ihren Inschriften auf den öffentlichen Denkmälern, verletzen sie aber täglich. *Er* war sich der gebieterischen Pflicht bewußt, dem öffentlichen Wohl zu dienen.«

Spätere Generationen haben die Ära Karls des Großen sogar als das goldene Zeitalter der Ordnung bezeichnet.

Wenn die Königsboten ihr *missicata* verließen, ihren Zuständigkeitsbereich, ritten sie mit ihrem Gefolge zurück nach Aachen, um dem König Bericht zu erstatten. Die jeweiligen Grafen oder Markgrafen begleiteten sie bis zur Grenze ihres Gebietes und kehrten dann aufatmend zurück auf ihre Pfalz. Zwei, drei Jahre würde es mindestens dauern, bis die Revisoren wieder erschienen. Das war eine lange Zeit. Vieles von dem, was sie versprochen hatten, hielten sie nicht. Denn das Reich war groß und der Herrscher sehr weit weg.

Vom Tauschen, Kaufen und dem Wert der Münzen

Sie atmeten auf und feierten ein Fest mit den Naturalien, die sie von den den Missi zustehenden Lieferungen abgezweigt hatten. Die königlichen Sendboten waren anspruchsvoll gewesen, wie es aus einer uns erhalten gebliebenen Liste hervorgeht. »Zwei junge Wildschweine, ein Lamm, vierzig Weizenbrote, vier Hennen, zehnmal so viele Tauben, zwei Scheffel Hafer, den Scheffel zu 55 Liter, zwei Tonnen Bier, zwei Fässer roten und weißen Weines.« Wer die Naturalien durch Bares hätte ersetzen wollen, wäre in Schwierigkeiten gekommen. War im Rechtswesen nicht alles rechtens, so bedurfte auch die Geldwirtschaft einer Reform.

Noch gab es verschiedenenorts den Tauschhandel: Man gab etwas, um zu bekommen, was man nicht hatte, der andere aber brauchte. Wer beispielsweise ein wollenes Gewand benötigte, ein für den Winter oft lebensrettendes Kleidungsstück, dessen Wert wir heute nicht mehr begreifen können, konnte dafür einen eisernen Spaten bieten, ein Rad, eine Truhe etc. – eine Art des Handels, auf den die Menschheit immer wieder zurückgekommen ist, wenn man dem Wert des Geldes nicht mehr traute. Das erstreckt sich bis in unsere Zeit. Doch ohne einen Wertmaßstab kam auch die Tauschwirtschaft allmählich nicht mehr aus. Der Anbieter bezog sich auf den Geldwert, indem er sagte: »Das, was ich dir anbiete, ist fünf Denare wert. Deine Sache aber höchstens drei Denare.« Das Geld begann das Tauschmittel zu verdrängen.

Voraussetzung dafür waren einheitliche Münzen. Das ursprünglich königliche Monopol, Münzen zu prägen, war in der Merowingerzeit an Abteien, Stadtverwaltungen, ja Privatleute verlorengegangen. Über zweitausend dieser »Monetare« hat man gezählt; erkennbar durch die Legenden auf der Vorder- und Rückseite der Münze. VIENNA DE OFFICINA LAVRENTII, steht dort. »Zu Wien aus der Werkstatt des Laurentius.« Oder aus Trier: LAVNOVIUS MO CONSTII – »Der Monetar Launovius hat festgesetzt.« Münzen zu schlagen war ein gutes Geschäft, was die hohe Zahl der Monetare erklärt. Karls Vater Pippin griff dann auch sofort zu, nachdem er die dafür notwendige Machtstellung errungen: Er machte das Münzrecht wieder zum Königsrecht.

Sein Sohn baute es aus, indem er bestimmte, daß aus dem Pfund Silber 240 Denare geschlagen werden mußten; daß der Denar, Vorläufer des Pfennigs, 1,60 Gramm zu wiegen hatte. Das Pfund gleich 20 Schillinge, der Schilling gleich 12 Denare – das kommt uns bekannt vor: Jedenfalls haben die Engländer mit diesem System bis zum Jahre 1971 gerechnet. Daß die karolingischen Vorschriften die europäische Münzordnung für Jahrhunderte bestimmten, wie die Numismatiker behaupten, ist also nicht übertrieben.

»Was die Pfennige betrifft«, heißt es in einem Kapitular, »befolgt auf das genaueste unseren Erlaß, wonach an jedem Ort, sei es ein Dorf oder eine Stadt, und auf jedem Markt die neuen Pfennige zu gleichem Kurs umlaufen und von allen angenommen werden; vorausgesetzt, sie tragen unseren Namen, haben das rechte Gewicht und sind von reinem Silber.«

Auf der Vorderseite des Denars prangte nun das Monogramm des Königs, auf der Kehrseite der Medaille erscheint ein einfaches Kreuz. Über die Münzwirtschaft der Karolinger wissen wir nicht zuletzt deshalb so gut Bescheid, weil es in unserer Zeit immer wieder Glückskinder gab, die auf eines der Verstecke stießen, die die Erde barg. (Wie viele mag es davon noch geben, fragt man sich unwillkürlich.) Allein 114 Münzschätze hat man gezählt, die zwischen 752 und 888 vergraben worden waren. Darunter der Schatz von Ilanz in Graubünden, heute noch im Rätischen Museum zu Chur vollständig ausgestellt; der von Kringberg in Holstein, im

Landesmuseum in Schleswig zu bewundern; der von Biebrich, zu besichtigen im Landesmuseum Wiesbaden.

Zu den rarsten und kostbarsten Münzen zählen die, auf denen Karl im Profil abgebildet ist: mit der Umschrift KAROLVS IMP AVG – Karolus Imperator Augustus –, dem Bild einer Kirche auf der Rückseite und der Legende XPICETIANA RELIGIO – Christliche Religion. Auf einigen wird das Kirchengebäude durch ein Schiff ersetzt. Das Profilbild des Kaisers weist übrigens eine frappierende Ähnlichkeit mit dem Kopf der Reiterstatuette auf, die sich heute im Pariser Louvre befindet. »Karls rundes Haupt sitzt auf einem kräftigen, kurzen Hals, das Haar bedeckt fast die buschigen Brauen. Unter der schwach gebogenen Nase hängt ein Schnurrbart. Das Antlitz ist von vitaler Wucht, doch auch von wacher Geistigkeit, vom Künstler nicht brillant geformt wie auf altrömischen Kaisermünzen, sondern sparsam auf kraftvolle Linien beschränkt.« (Faber)

Die bronzene Statuette, die mutmaßlich der zweiten Hälfte des 9. Jahrhunderts angehört und in einer Metzer Werkstatt gegossen wurde, ist keineswegs so hoch, wie die Abbildungen vortäuschen. Mit ihren 23,5 Zentimetern überragt sie knapp einen Lexikonband.

Wer sich mit den karolingischen Münzen beschäftigt, wird sich fragen, was man denn dafür bekam. Nun ist die Kaufkraft von Währungseinheiten vergangener Epochen schwer zu bestimmen. Schon wegen der regionalen Unterschiede wäre die Fehlerquote hoch: In Aquitanien wurde der Denar anders bewertet als in der Lombardei, in Paris anders als in Aachen. Da wäre das alte Hilfsmittel, ein Gewicht oder ein Hohlmaß, als Bewertungseinheit zu nehmen. Also, was kostet ein Brot von einem Pfund Gewicht oder ein Scheffel Getreide im Vergleich mit den Preisen von Waffen oder Ackergerät? Eine Rechnung, die höchst ungenau bleiben muß, weil es keine einheitlichen Maße und Gewichte gab. Andernfalls hätte Karl nicht verfügt: »Alle sollen gleiche Gewichte und Maße und gleiche und richtige Gewichte verwenden, sowohl in den Städten als auch in den Klöstern, beim Einkauf und beim Verkauf. Zweierlei Gewicht und zweierlei Maß sind für den Herrn Christus ein Abscheu.«

Daß 794 der Scheffel Hafer ein Denar und der Scheffel Weizen 4 Denar gekostet hat, bringt uns schon deshalb nicht weiter, weil dieses Hohlmaß mal 20 Liter, mal 50 Liter, mal 70 Liter faßte. Daß der Harnisch eines Panzerreiters soviel kostete wie zwei Stiere, zeigt uns nur, wie teuer gut gearbeitete Waffen waren. Über die Kaufkraft sagt der Vergleich wenig aus. Nur eines wissen wir genau: Daß alle Preise von Jahr zu Jahr stiegen.

Der Kaiser mit der Schultafel

»Höre das Wort deines Dichters, du höchster König, in Milde – und mit gütigem Sinn blicke mich Weinenden an.«

So beginnt die Bittschrift des Paulus Diaconus, den die damalige Welt als Historiker und als Dichter kannte. Er lebte hinter den Mauern des Klosters Monte Cassino, denn woanders wäre er seines Lebens nicht sicher gewesen: vor den Häschern jenes »Königs in Milde«. Paulus hatte den für Karl unverzeihlichen Fehler begangen, seinem Volk, den Langobarden, die Treue zu bewahren und nicht zu den Franken überzulaufen. Bitterer mußte sein Bruder Arichis diesen Fehler büßen, weil er sich sogar an einem Aufstand gegen die verhaßten Fremden beteiligt hatte, die sein Vaterland überfielen. Er wurde als Gefangener ins Frankenreich verschleppt und sein Besitz beschlagnahmt.

Sieben Jahre sei das nun her, schreibt Paulus, und noch immer schmachte Arichis gebrochenen Herzens in der Fremde, während seine Frau kaum imstande sei, die vier Kinder zu ernähren und zu kleiden, denn die Familie eines Geächteten sei schutzlos und niemand wage es, ihr zu helfen.

»Aber erbarme, wir flehn, erbarme dich, mächtiger Herrscher.
Setze endlich in Huld alle den Übeln ein Ziel!
Gib dem Gefangenen wieder die vaterländischen Fluren,
Gib ihm mit mäßigem Gut wieder sein heimisches Dach.
Daß unser Herz zu Christus auf ewig den Lobgesang singe,
Der allein nach Gebühr wiederzugeben vermag.«

Um Gottes Lohn also sollte Karl den Bruder wieder in Amt, Besitz und Würden setzen. Das aber ist ihm zu wenig. Er will diesen kultivierten, gelehrten, hochgebildeten Adligen, der schon einmal einem König gedient hat, für seinen Hof gewinnen. Latein schrieb er, als sei er Vergil oder Ovid; in der Geschichte kannte er sich aus; Griechisch, eine Sprache, die nur wenige im Frankenland beherrschten, sprach er geläufig, wodurch er geeignet war, Tochter Rotrud zu unterrichten. Er lädt ihn ein, und er weiß wohl, daß das Frankenreich dem aus einer Kulturlandschaft kommenden Gelehrten barbarisch vorkommen muß (»Immer scheint's Frühling im geliebten Langobardien, wo aus heiteren Gärten Granatäpfel leuchten«). Aus dem Bittsteller wird ein heftig Umworbener. Der König wird sogar zum Dichter bei seiner Werbung, das heißt, vorsichtshalber läßt er dichten:

»Was im Gleichnis du gesprochen, läßt uns hoffen,
daß du gern,
da im Acker unserer Liebe tief du eingewurzelt,
kommen werdest und zur alten Höhle nicht zurückbegehrst.«

Diaconus kam und blieb und blieb und blieb. Die Hoffnung, den Bruder als freien Mann begrüßen zu können, hielt ihn an des Königs Hof und nicht, wie er schreibt: »Was mir hier zum Anker wurde, es ist eure Liebe nur.« Geschenke, so läßt er in weiteren Versen durchblicken, vermag er nicht zu geben; Gold und Silber besitze er nicht, sein Kapital ist sein Kopf; in die Waagschale könne er nur sein Wissen legen, seine Bildung – und seinen guten Willen.

Vertrauensleute raten ihm zur Geduld. Der König hatte in italienischen Städten erfahren, was wissenschaftliches Leben bedeutete, und wolle nun, daß auch sein Hof eine Pflegestätte feiner Bildung werde. Dazu bedürfe es gebildeter Männer, die fähig seien, eine gelehrte Gesellschaft, eine Art Akademie, zu gründen. Niemand wäre geeigneter dazu, als Paulus Diaconus aus Monte Cassino. Das wisse Karl, und deshalb werde der Tag kommen …

Karl aber schien zu zögern. Zu viele Männer in den eroberten Gebieten hatten ihm Treue geschworen und den Schwur wieder gebrochen, hatten sich an Aufständen beteiligt oder sie organisiert. Wie just gerade wieder die Sachsen (man schrieb das Jahr 782), und dieser Arichis war keinen Deut besser gewesen. Er hielt den Diakon hin; lobte dessen Werke in peinlicher Überschwenglichkeit; machte ihm die glänzendsten Angebote, die einem Wissenschaftler nur schmeicheln konnten. Was könne er der Menschheit schon geben, wenn er wieder seine »alte Klosterhöhle« aufsuchte, fern von der Welt? Auf seinen Zügen von Pfalz zu Pfalz, denn noch ist Aachen nicht feste Residenz, bekommt Paulus die ruhigsten Pferde, die komfortabelsten Quartiere, das beste Essen und auch die edelsten Weine.

Eines Tages erbricht er das königliche Siegel eines Schreibens, in dem ihm in Versform, gleichsam verschlüsselt, offenbart wird, daß der Bruder aus der Verbannung zurückkehren dürfe, die Familie in ihre alten Rechte und Besitztümer wiedereingesetzt werde. Bewegt antwortet er, natürlich ebenfalls in Versform:

> Darf man aus höchstem Bereich Lehren ins Heutige ziehn?
> Wohlan: wie der heilige Petrus in Christi unendlicher Liebe
> Aufbrannt, als ihm der Herr seine Vergehen vergab,
> So nun du den Frevel verziehen hast, Freund du der Milde,
> Reißt deine starke Lieb' Flammen im Herzen mir auf.

Selten ist ein Herrscher so für einen Gnadenakt belohnt worden wie Karl. Paulus schrieb für ihn die *Gesta episcoporum Mettensium*, die nicht zuletzt dazu dienten, Karls Ahnherrn, Arnulf von Metz, die längst fällige Ehrung zukommen zu lassen, dergestalt, daß er das karolingische Haus mit den Trojanern in Zusammenhang brachte, denn dem Haus fehlte etwas sehr Wichtiges – die Geblütsheiligkeit. Schließlich waren sie, wenn das auch langsam in Vergessenheit geriet, Usurpatoren gewesen, Thronräuber. Obwohl es ihn schmerzlich berührt haben muß, befaßt er sich in den *Gesta* erstmals mit der Geschichte auch seines unterdrückten Volkes.

Er stellte ein Homiliar zusammen, eine Sammlung von zweihundertvierundvierzig Predigten, – eine Aufgabe, für die er eigentlich zu schade war, die aber ganz im Sinne des Ordnungsbewußtseins Karls war. Jeder Priester wußte von nun an, woran er sich zu halten hatte bei den Lesungen der Messe, bei den Predigten, und die beigefügten Ausdeutungen des Bibeltextes nahmen ihm sogar das Denken ab. Paulus verfaßte eine lateinische Grammatik, schrieb einen Kommentar zur Regel des Benedictus, der an Klöster verschickt wurde, auf daß die Mönche danach auch *lebten*: in Keuschheit, Gehorsam, Armut, im Streben nach Vollkommenheit. Ihr Gewissen zu schärfen erwies sich immer wieder als notwendig.

Fast fünf Jahre blieb er in der engsten Umgebung des Königs. Wer ihn zu kennen glaubte, hielt ihn für einen Menschen, der bei den Franken seine eigentliche Berufung gefunden hatte. Er war ausgeglichen, zufrieden, ja heiter. Doch wie es wirklich in ihm aussah, ersehen wir aus einem Brief, den er seinem alten Abt nach Monte Cassino schrieb: »Gute Christen sind es, unter denen ich hier lebe, gewiß. Dennoch erscheint mir das Leben bisweilen wie das Leben in einem Gefängnis. Hinter euren Mauern ist Frieden, hier ist Sturm. Seid versichert, mein Herr und Meister, nur das Gefühl des Mitleidens, nur das Gebot der Liebe, nur die Forderungen der Seele lassen mich ausharren, noch eine Zeitlang zu bleiben; dieses und noch mehr als dieses: die schweigende Macht unseres Königs.«

Wie alle Fremden, die in Gunst standen, hatte er Neider unter den Franken. Sie zweifelten, mit dem Blick auf den »verräterischen Bruder«, daß er seinem Gastgeber in Treue ergeben sei. Ihre Zweifel äußerten sich in Denunziationen. Karl beschied ihnen halb ernsthaft, halb spottend: »Ihr wollt, daß ich ihn bestrafe. Die Hände soll er verlieren durch das Beil. Wer wird dann in meinem Reich noch so gut die Feder führen? Oder soll ich ihn gar blenden mit dem Eisen? Werdet ihr ihn dann ersetzen und unser Wissen bereichern? Hat er nicht von den blumenreichen Matten der Kirchenväter die schönsten Blüten zu einem Strauß gesammelt, um das Jahr hindurch die Tage der Heiligen zu schmücken?«

Eines Tages bat Paulus um seinen Abschied. Die Sehnsucht nach dem stillen Monte Cassino war übermächtig geworden. Was bedeutete ihm noch der Ruhm der Welt. Karl, der so um ihn gerungen hatte, ließ ihn tatsächlich gehen. Es wurde ein schmerzlicher Abschied: Sie waren Freunde geworden. Freundschaft mit Großen ist zwar ein zweifelhaftes Geschenk, doch der Franke besaß die, nicht nur bei Fürsten, rare Gabe, eines Freundes Freund zu sein. Ein Schreiben, das Paulus zur Rückkehr bewegen sollte, leitete er mit den Worten ein: »Schnell soll durch Stadt und Dorf, über Berg, Wald und Fluß dieser Brief die Worte des Königs vor das Antlitz des ehrwürdigen Paulus tragen, und wenn er den Greis gefunden, soll er mit freundlicher Rede zu ihm sagen: Es grüßt dich Karl, der König.«

Wieder in seinem Kloster, schrieb Paulus sein berühmtestes Werk, die *Historia Langobardorum*, das seit dem Mittelalter wegen seines Faktenreichtums und seiner Erzählkunst nicht nur die Bewunderung der Historiker verdient. Das Werk bricht abrupt und offenbar unvollendet ab. Den Untergang dieses germanischen Reiches finden wir nicht in den sechs Bänden. Zu vermuten bleibt, daß er es nicht übers Herz gebracht hat, eine Katastrophe zu schildern, deren »Held« jener Mensch war, den er als Zierde und Wunder der Welt zu nennen sich überwunden hatte: Karl.

Man schrieb 787, als Paulus den fränkischen Hof verließ. Ein Jahr später wurde Tassilo von Bayern, der letzte Stammesherzog, abgesetzt. Weitere drei Jahre später warfen die Franken die Awaren nieder. 794 erwählte der König Aachen zu seiner Residenz. Zwar wurden immer noch kleinere Kriege geführt – besonders die Sachsen gaben keine Ruhe –, doch allmählich begann der Waffenlärm zu verstummen. Karl, der Große, Waffengewaltige, Gefürchtete, der Eisenstarrende, der blutige Kriege geführt hatte, Eroberungskriege, auch wenn er sie bisweilen als Kreuzzüge getarnt, der sein Reich fast verdoppelt hatte, legte das Schwert nieder. Er kam zu der Erkenntnis, und das macht einen Teil seiner Größe aus, daß ohne Kultur, ohne Wissen, ohne Bildung kein Staat zu machen war. Es schien auf den ersten Blick eine unendlich schwere, nahezu hoffnungslose Aufgabe, dieses Volk zu bilden.

Die allgemeine Bildung hatte in den Wirren der nachrömischen Zeit in den Ländern nördlich der Alpen ihren Tiefpunkt erreicht. Kriege, Raubzüge, Hungersnöte, Vertreibungen hatten die wenigen Schulen verwaisen lassen, die Lehrer vertrieben, die Bibliotheken zerstört. Die weltliche Ordnung wie die kirchliche Zucht lagen darnieder. O Jahrhundert! O Wissenschaften! Es war *keine* Lust zu leben. Die Musen schwiegen. Verwahrlosung, Verfall, Verwilderung, Schriftfeindlichkeit und Unbildung allerorten. Priester kannten die Bedeutung der liturgischen Worte nicht; die meisten Untertanen waren Analphabeten; selbst die Adligen konnten nicht lesen und schreiben. Die Kultur des Altertums war praktisch zugrunde gegangen.

Der Mann an der Spitze dieses Großreiches galt, zumindest bei den Langobarden, den Römern, den Byzantinern, den Arabern, selbst als ein Barbar. Sein Latein war mittelmäßig, Griechisch sprach er nicht, verstand lediglich ein wenig davon; der germanische Dialekt der Ostfranken, seine Muttersprache, klang den Päpstlichen greulich im Ohr, lesen konnte er nur mühsam, die Kunst des Schreibens aber beherrschte er, wie erwähnt, bis zu seinem Lebensende nicht. Sein Vater, Pippin, hätte es für »weibisch« angesehen, einen Prinzen darin zu unterrichten; eines echten Mannes jedenfalls war sie nicht würdig.

Karl wäre nicht Karl gewesen, wenn er nicht auch diese Herausforderung angenommen hätte. Wenn er wollte, daß alle seine Untertanen sich bildeten, mußte er bei sich selbst anfangen. Er nahm sich einen Lehrer – Petrus von Pisa hieß er, ein schon betagter Kirchenmann – und paukte mit ihm Grammatik. Alkuin unterrichtete ihn in den Sieben Freien Künsten, die aus dem Trivium und dem

Das Signum Karls. Nur das »V« im Rhombus ist eigenhändig.

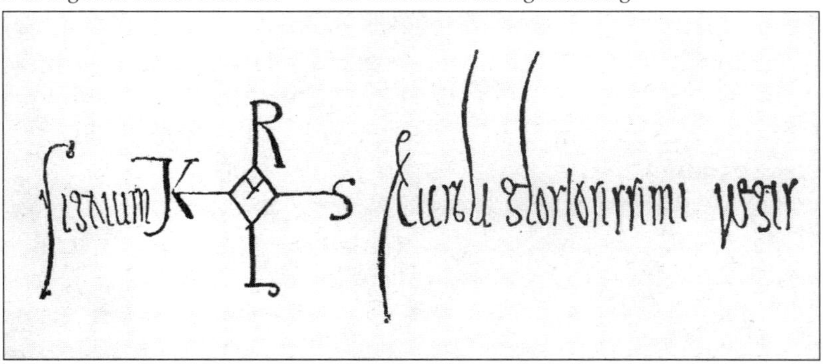

Quadrivium bestanden. Zum Trivium gehörten die Grammatik des Lateinischen, Rhetorik, Dialektik. Zum Quadrivium zählten Geometrie (Geographie, Naturgeschichte, medizinische Pflanzenkunde), Arithmetik (Rechnung und Berechnung des Kalenders), Musik (gregorianischer Choral, Harmonielehre) und Astronomie.

Da er erst verhältnismäßig spät begonnen hatte zu lernen, brachte er es auf diesem Gebiet nicht sehr weit. Nicht sehr weit hieß wohl, daß er selber zu seiner Signatur, dem von den Hofschreibern vorgeschriebenen Karlsmonogramm, lediglich einen einzigen Strich beitrug.

Der Monarch mit der Wachstafel ist ein anrührendes Karls-Bild, doch ist der Mann auf dem Thron, der nicht schreiben konnte, auch in den folgenden Jahrhunderten keine ungewöhnliche Erscheinung. Der Sachsenkaiser Otto I. (912–973) hatte ebenfalls im gereiften Alter versucht, diese vertrackte Kunst zu lernen. Der Salier Konrad versuchte es erst gar nicht. Heinrich IV. war nicht nur wegen seines Ganges nach Canossa weit bekannt, sondern durch die Tatsache, daß er an ihn gerichtete Briefe mühelos entziffern konnte.

Schreiben, heute jedem ABC-Schützen ein leichtes, war damals etwas Schweres. Der Gänsekiel und die Hand schienen Feinde zu sein. Die Hand weigerte sich einfach, das auszuführen, was der Kopf ihr zu übermitteln versuchte. Es waren nur drei Finger, welche die Feder umklammerten, aber …

»Der ganze Leib arbeitet mit. Ja, hier wurde der ganze Mensch gefordert, etwas Ungeheures, nie zuvor im Vorleben der Sippen dieses Mannes Geschehenes, geschah hier. Der Leib krümmt sich, um die winzigen Zeichen in einer mörderischen Ordnung zu Pergament zu bringen. Alle Triebe, alle Leidenschaften müssen gebändigt werden, um dem schweren Leib, der ungelenken Hand, dem Hirn und Herz dies abzuringen …« (F. Heer)

Die verwahrloste Werkstatt der Wissenschaften zu ordnen; die durch die Nachlässigkeit der Vorfahren in Vergessenheit geratenen Schriften wiederzubeleben; verschüttete Schätze zu bergen – das war eine Aufgabe, der Anstrengungen der Edelsten wert. Sie in Angriff zu nehmen ging nicht ohne die Erzbischöfe, die Äbte, die

Priester, die Mönche. Zahlreiche Befehle, Mahnschreiben, Kapitularien gingen nun hinaus.

»Wir haben«, läßt Karl wissen, »in der letzten Zeit Briefe bekommen, die uns aus den verschiedensten Klöstern erreichten. Sie waren in der Regel inhaltlich richtig, aber in einer mangelhaften Sprache abgefaßt. Was dem Schreiber der fromme Sinn eingab, konnte er nur in einem groben Stil und mit vielen Fehlern ausdrücken, weil ihm die Bildung fehlte. Wer zu ungebildet ist, um richtig zu schreiben, von dem steht zu befürchten, daß er auch nicht imstande ist, die Heiligen Schriften zu verstehen. Und wir wissen, wie gefährlich sprachliche Irrtümer sind. Noch weit gefährlicher aber ist es, wenn man den Sinn falsch wiedergibt.«

Besonders das Alte und Neue Testament waren durch die Abschreiber oft entstellt. Das Falsche richtigzustellen, das Wuchernde zu beschneiden, das Rechte zusammenzuführen, überall zu bessern, was zu bessern sei, wurde auch den weltlichen Großen dringlich empfohlen. Vor allem mußten die verderbten, fehlerhaften Texte gereinigt und korrigiert werden. In den Schreibstuben der Klöster hockten die Kopisten vor ihren Blättern aus Pergament, das Tintenhorn zur Rechten, die Radiermesser und Federkiele zur Linken, das zu kopierende Manuskript auf den Knien. Die Bänke waren hart, das Licht oft schlecht genug. Wer sie in den Abbildungen der Evangelien sieht, wie sie bemüht waren, »ihre eilende Feder auf den rechten Weg zu führen, auf daß keine Leichtfertigkeit ihre Hand irre«, wird ihre Stoßseufzer verstehen, die sie, des Redeverbotes eingedenk, auf den Rand der Pergamente notierten. »Wie zugig ist es doch.« – »Hunger plagt mich …« – »Die Lampe rußt arg.«

Die Kopisten waren ziemlich ungebildet und verstanden wenig von dem, was sie abschrieben. Mechanisch malten sie Buchstaben für Buchstaben. Anstelle der zu tilgenden Fehler schlichen sich neue ein zur Verzweiflung des Oberkopisten, der schon genug zu tun hatte mit der Interpunktion und der Orthographie. In den großen Skriptorien wie auf der Reichenau, in Tours, Fulda, Metz arbeiteten mehrere Schreiber gleichzeitig, ja, ganze Gruppen. Hier war in der Regel ein Vorleser tätig. Ein guter Schreiber schaffte 15

Seiten am Tag, vorausgesetzt, das aus Kalbs- oder Schafshäuten hergestellte Pergament war gut abgeschabt und gespannt. Verständlich die Freude, wenn das Buch endlich fertig war. Der Abt ließ ein Faß guten Weines anstechen, und Braten, Fisch, Geflügel kamen auf den sonst kargen Tisch.

Wenn es sich um einen besonders raren Text handelte, setzten sich die Buchmaler ans Pult. Sie illuminierten, »erleuchteten«, die Anfangsbuchstaben und verwandelten frei gelassene Seiten und Ränder in kleine Kunstwerke. Sie glichen Fahrenden, weil sie nach getaner Arbeit zum nächsten Kloster weiterzogen. Eine eigene Klasse bildeten sie und dünkten sich den Kopisten gegenüber erhaben. Die Besten unter ihnen waren gefragte Leute, besonders dann, wenn es galt, einen Band zu illuminieren, der einem Großen als Geschenk überreicht werden sollte. Solche Prunkhandschriften wurden mit elfenbeinernen und silberdurchwirkten Buchdeckeln versehen. Kein Wunder, daß der Bischof Dido von Laon auf das erste Blatt schrieb: »Wer dieses Buch beschädigt, erregt den Zorn Gottes und beleidigt Maria.«

Am kostspieligsten war es, mit Gold und Silber auf mit Purpur gefärbtes Pergament zu schreiben. Einen solchen Band, ein Evangeliar mit sechs Miniaturbildern, schenkte Papst Hadrian I. dem Frankenkönig zur Erinnerung an die Taufe seines Sohnes Pippin in Rom. Der Strom der Zeiten trug es nach Toulouse in die Abtei St. Sernin, es wurde während der Französischen Revolution auf einen Scheiterhaufen geworfen, im letzten Moment durch einen Kenner gerettet, 1811 einem anderen Herrscher geschenkt, Napoleon I., und liegt heute in der Nationalbibliothek zu Paris. Eine Kostbarkeit, nach Geld nicht zu messen. Unbezahlbar eben.

Bei den Schreibern setzte sich immer mehr eine Schrift durch, die als karolingische Minuskel in die Geschichte der Handschriften eingegangen ist. Sie bestand, im Gegensatz zu den bis dahin gebräuchlichen Majuskeln, aus kleinen Buchstaben mit Ober- und Unterlängen. Sie war besser lesbar, schneller zu schreiben und trennte zum erstenmal die Wörter voneinander. Eine klare, schöne Schrift, die man als Mutter der abendländischen Schriftfamilien bezeichnet hat.

Bücher waren Schätze und mußten gut behütet werden wie Reliquien. Zu einem Kodex zusammengeheftet, wanderten sie in den Bibliotheksraum. Regale gab es noch nicht überall, eher verschließbare Schränke, doch meist legte man sie in große, mit schweren Schlössern versehene Truhen, wo sie vor Dieben, Feuchtigkeit und Mäusen einigermaßen sicher waren. Nicht sicher waren sie vor jenen Entleihern, die die Leihfristen überschritten oder die Bände gar nicht mehr zurückbrachten. So etwas galt damals wie heute als ein Kavaliersdelikt. In den Archiven der Abteien finden wir Bittbriefe, nun endlich diese oder jene Handschrift wieder herauszurücken; auch zornige Schreiben an hartnäckige Bummelanten, denen die Strafen der Hölle angedroht werden. Zwischen einzelnen Klöstern kam es zu regelrechten Bücherkriegen unter dem Motto: Behältst du meines, behalte ich deines. Hohe Kirchenmänner wurden nicht selten gebeten, ein Machtwort zu sprechen. Ein kluger Mönch aus Lorsch gab den von ihm entliehenen Büchern Stimme und ließ sie sprechen: »Ach, lieber Leser, vergiß nicht, mich beim Bruder Pförtner wieder abzugeben. Würde ich doch verschimmeln vor Kummer bei einem anderen Besitzer.«

Karl hatte eine große Menge Bücher zusammengetragen im Laufe seines Lebens, erfahren wir von Einhard. Es ist die einzige Nachricht über die Hausbibliothek in Aachen. Sie erscheint, und das ist das Makabre, im Zusammenhang mit dem Verkauf der gesamten Bestände. »Zugunsten der armen Leute«, so hatte der Kaiser testamentarisch verfügt. Das schien eine noble Geste zu sein. Es bleibt jedoch vieles rätselhaft an diesem Totalausverkauf, der so umfassend war, daß man vergeblich versucht hat, das Verzeichnis zu rekonstruieren. Käufer aus aller Welt erschienen in Aachen, und in alle Welt wurden die einzelnen Bände verstreut.

Kostbarkeiten müssen darunter gewesen sein, war es doch bei den Großen des Okzident und des Orient bekannt, daß man den Frankenherrscher durch ein Buchgeschenk ehren und erfreuen konnte. Gebundenes war auch immer unter der Kriegsbeute. Wie mühsam muß es gewesen sein, eine Bibliothek anzulegen und ständig zu erweitern. Da klagt Alkuin über den Mangel an geeignetem Lesestoff und bittet den Kaiser, einige seiner Schüler nach England schicken zu dürfen, damit sie dort die benötigten Lehrbücher besorgen könnten. York in Northumbrien zum Beispiel mit seiner riesigen Bibliothek war eine wahre Fundgrube. Andere Kirchenmänner reisten zu den großen Skriptorien nach Spanien, in die Lombardei, nach Rom auf der Suche nach geeigneten Vorlagen. Ohne Bücher keine Wissenschaften, keine Gelehrten am Hof (denn womit sollten sie arbeiten?); keine Möglichkeiten, sich weiterzubilden, zu forschen, zu unterrichten.

Alkuin hatte an der Kathedralschule in York als Lehrer gewirkt, war dann auf einer Romfahrt dem fränkischen König begegnet, der ihm nach einem langen Gespräch eine führende Stellung in Aachen anbot. Der Angelsachse sagte schließlich zu – kein leichter Entschluß für ihn, denn seine Heimatstadt galt als die berühmteste Bildungsstätte des ganzen christlichen Abendlandes. Doch aus der Residenz »Barbariens« einen kulturellen Mittelpunkt zu machen war für ihn Verlockung und Herausforderung zugleich. Dieser Karolinger schien ihm der Mann, der das Wort Platos verwirklichen konnte, wonach die Völker erst dann glücklich seien, wenn die Philosophen Könige und die Könige Philosophen geworden sind.

»Wenn recht viele Euren Bestrebungen folgten, dann würde vielleicht ein neues Athen in Franken entstehen, sogar ein viel herrlicheres. Athen glänzte in den Sieben Freien Künsten; Franken aber, bereichert durch die siebenfache Fülle des Heiligen Geistes, wird auch die würdigste Weisheit der Weltlichen, der Griechen, übertreffen.«

Alkuin übernahm in Aachen die Leitung der Hofschule. Eine solche Schule hat es an den Höfen seit den Zeiten der Merowinger gegeben. Die jungen Adligen waren hier angehalten worden, wie Zucht, Sitte, Ehre ihres Standes zu bewahren seien, vor allem, wie man die Waffe führe. Nun versuchte man ihnen beizubringen, daß Schreiben und Lesen keine verächtlichen Tätigkeiten seien, die ihre Eltern den Pfaffen überlassen hatten. Daß auch die Beschäftigung mit Grammatik, Rhetorik, Dialektik oder Astronomie nicht

24 Karl empfängt die Gesandten Harun ar-Raschids. Sie brachten Weihrauch, Myrrhe, seidene Tücher, Teppiche und eine kunstvoll gearbeitete Wasseruhr. Der Franken Gegengabe: einheimisches Tuch, spanische Maulesel und riesige Molosserhunde.

25 Die berühmte bronzene »Wölfin«, inzwischen längst als Bärin entlarvt, ließ Karl im Atrium der Pfalzkapelle aufstellen.

26 Einer der bronzenen Löwenköpfe, die das karolingische Portal schmücken.

27 Die Rekonstruktion der Aachener Palastanlage, von Osten gesehen.

28 Das Büstenreliquiar Karls des Großen, eine silbergetriebene, teilweise vergoldete Arbeit, war bestimmt für die Aufnahme der Hirnschale des Kaisers.

29 Der Staufer Friedrich II. schlug den letzten Goldnagel in den »gar wundersamen neuen Schrein«, der Karls Gebeine nach der Umbettung barg. Die vordere Giebelseite zeigt den Karolinger mit dem Modell seiner Pfalzkapelle.

30 In den Jahrhunderten nach seinem Tod entwickelte sich ein wahrer Karls-Kult. Maler, Bildhauer, Zeichner schufen sich den Kaiser nach ihrem Bilde.

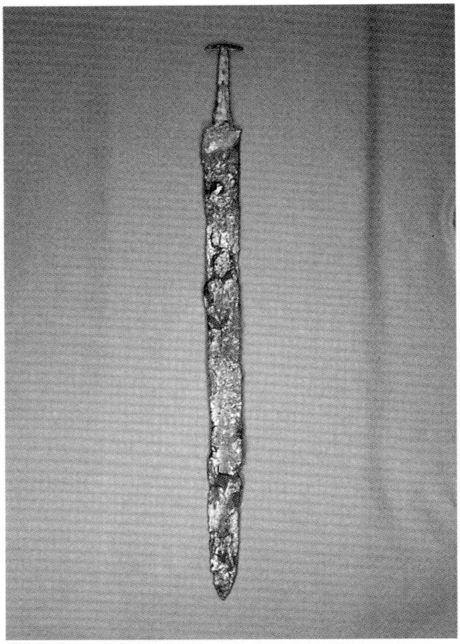

31 Fränkische Schwerter waren wegen ihrer Damaszierung so begehrt in ganz Europa, daß Karl ihren Export unter Strafe stellen mußte.

32 Zu den kostbarsten Münzen aus der karolingischen Zeit zählen die silbernen Denare, auf denen Karl im Profil abgebildet ist.

33 Ein Mann in Eisen. Karl wird zum Kampf gerüstet: mit den Beinschienen, dem Ringpanzer, der Halsberge, dem Schwert, dem konisch geformten Helm.

34 Wer sich heute dem Aachener Münster nähert, wird nicht mehr den Bau sehen, den die Zeitgenossen sahen. Die Veränderungen in der Baugesinnung, die Restaurierungen, Brandkatastrophen, Kriegszerstörungen, der Steinfraß hinterließen ihre Spuren.

35 Kam der Richter bei einem Prozeß zu keinem Urteil, so überließ er den Entscheid dem lieben Gott. Der Beklagte mußte sich einer Probe unterziehen: im Wasser, auf glühendem Eisen, am Kreuz, im Zweikampf.

36 So wie der heilige Gregor auf diesem Elfenbeinbild, so saßen die Mönche an ihren Schreibpulten. Ihnen verdanken wir es, wenn ein Großteil der antiken Klassiker gerettet wurde.

37 Die Tor- und Königshalle in Lorsch gehört zu den wenigen uns erhalten gebliebenen Bauten aus karolingischer Zeit. Nicht von ungefähr wurde sie von der UNESCO zum Weltkulturerbe erklärt.

38 Kaiser Barbarossa stiftete den gewaltigen Radleuchter für die Pfalzkapelle. Mit seinen sechzehn Zinnen und dem Mauerkranz symbolisiert er das Himmlische Jerusalem.

von Schaden zu sein bräuchte, konnte man doch mit der Feder rascher ein Amt oder eine Pfründe erlangen als mit dem Schwert. Noch dazu, wo es derzeit keine lukrativen Kriege mehr gab: Der Friede war ja ausgebrochen. Es sprach sich herum, daß von den Hofschülern keiner zurückblieb, der nicht Abt, Bischof, Kämmerer, ja Kanzler, Minister, Marschall, Hofkapellan geworden wäre. Solche Aussichten spornten den faulsten Schüler an.

In Aachen wirkten Vertreter der geistigen Elite des Abendlandes, die Karls Ruf gefolgt waren: Iren, Angeln, Langobarden, Franken, Sachsen, Westgoten, Friesen, Baiern. Sie verwandelten die Hofschule in eine Hochschule. Männer wie Angilbert gingen aus ihr hervor, der Sonderbotschafter Karls; der uns schon vertraute Einhard; Tatto, Gründer der Reichenauer Schule; Grimald, Abt von St. Gallen; Ebbo, Erzbischof von Reims; Arn von Salzburg, Hrabanus Maurus und viele andere. Über den Unterrichtsbetrieb wissen wir wenig. Hörsäle, Vorlesungen, Seminare wird es nicht gegeben haben.

Die Jüngeren wurden mit harter Hand erzogen. Die Rute lag stets bereit und wurde sofort benutzt, wenn die Schüler vom Lateinischen in ihre Muttersprache zurückfielen. Klassenziel war es, die Bibel lesen zu können. Um es so weit zu bringen, lernte man die Psalmen auswendig und wiederholte sie im Chor, wieder und immer wieder, ohne vom Inhalt irgend etwas zu begreifen. Man *psalmodierte*. Dieses laute Lesen wurde verlangt, damit das Wissen durch das Ohr den Geist erreiche. Das Gedächtnis zu schulen war eminent wichtig in einer Zeit, in der Bücher Raritäten waren.

Alkuin selbst galt allen als unerreichbares Vorbild. Er besaß ein phänomenales Gedächtnis, kannte lange Passagen aus den Klassikern auswendig, verblüffte mit seinen Zitaten, die immer auf die jeweilige Situation zugeschnitten waren. Ein lebendes Lexikon, nie verlegen um eine Antwort, was auch immer die Schüler ihn fragten. Beinah nebenher war er darangegangen, eine auf dem hebräischen Urtext beruhende lateinische Fassung der Bibel niederzuschreiben, die später berühmt gewordene Alkuin-Bibel.

Er erarbeitete auch die Lehrbücher, nach denen der Unterricht zu gestalten war. Man muß viele Fragen stellen, um belehren zu können, lautete sein Motto. Ein Dialogstück zwischen einem Angelsachsen und einem Franken schien besonders beliebt zu sein. Beide versuchten, das Dickicht der lateinischen Grammatik zu lichten.

»Auf denn, Sachsensohn«, beginnt der als etwas weniger schwerfällig bezeichnete Franke, »beantworte meine Fragen, bist du doch ein Jahr älter.« – »So ist es, willst du aber schwierige Dinge wissen, müssen wir uns an den Lehrer wenden.«

In Form von Rede und Gegenrede wurden nun grammatikalische Konstruktionen abgehandelt, die Klangfarben der Vokale, die Schreibweise von Wörtern und Namen. Die über ihre Wachstafeln gebeugten Schüler, den Griffel in der Hand, stöhnten. War ihnen etwas besonders gut gelungen, durften sie es auf das teure Pergament übertragen. Selbst dort finden wir an den Rändern Bemerkungen wie: »Ich bin ein Esel und werde ein Esel bleiben ...«

Aufgelockert werden die Texte durch Rätsel, Scherzfragen, Gedichte, Merkreime. Rechnen fiel den Schülern leichter. Auch in der Zeit, da die Menschen weder lesen noch schreiben konnten, in der absoluten Schriftlosigkeit – die Fähigkeit, zu zählen und zu rechnen haben sie schon immer beherrscht. Die Finger waren auch jetzt noch die besten Hilfsmittel. Kleiner Finger, Ringfinger, Mittelfinger der linken Hand, einwärts gekrümmt, standen für die Einerzahlen; Daumen und Zeigefinger in verschiedenen Stellungen für die Zehner. Die Finger der rechten Hand repräsentierten je nach Krümmung die Hunderter und Tausender. Für die Zehntausender und Hunderttausender benutzte man die Hände, indem man sie ausstreckte, und wenn man Brust, Bauch, Oberschenkel mit einbezog, kam man zu noch höheren Zahlenwerten.

Mit Dreisatzaufgaben mußten sich die Schüler, damals wie heute, herumplagen. In Bedas Handbuch finden wir die 5 Handwerksmeister und 1 Lehrling, die ein Haus bauen sollen. Die Meister bekommen einen Lohn von 25 Pfennigen, müssen davon aber noch den Lehrling bezahlen, und der bekommt halb soviel wie ein Meister. Wieviel erhält jeder der sechs?

»Wenn es auch besser ist, das Gute zu tun, als zu wissen, was gut ist, so geht doch das Wissen dem Tun voraus«, schrieb Karl an die Bischöfe, die Äbte, die Grafen im ganzen Reich und befahl ihnen, Schulen einzurichten, Schulen, an denen nicht nur die Kinder der oberen Zehntausend unterrichtet werden sollten, sondern auch die der einfachen Leute.

Immer neue Erlasse gingen hinaus, immer neue Mahnungen, immer neue Briefe: Lehren sollt ihr, lernen sollt ihr, bilden sollt ihr euch! Richtet Unterrichtsstunden ein, in denen die Knaben lesen lernen. Unter den Empfängern aber, nehmen wir nur einmal die Grafen, die den Grafschaften vorstanden, gab es nicht allzu viele, welche die Schreiben überhaupt verstanden. Weil sie zuwenig Latein konnten. Und so ging es der niederen Geistlichkeit.

Ein König und Kaiser, der seinen Völkern, die zu neunzig Prozent Analphabeten waren, befahl, sich zu bilden, schreiben zu lernen, und es selbst nicht konnte, hat etwas Wirklichkeitsfremdes, aber auch etwas Tragisches. In der Weltgeschichte gibt es kein ähnliches Beispiel.

Natürlich entstanden auch Schulen. Vornehmlich an den bedeutenderen Klöstern und Hochstiften wie in Fulda, Reichenau, Tours, Utrecht, Freising, Lyon; auch außerhalb der Klosterbereiche gründete man Anstalten, in denen Knaben erzogen wurden ohne Rücksicht darauf, ob sie später einen geistlichen oder einen weltlichen Beruf ergreifen wollten. Aber es waren, verglichen mit der Masse der Bevölkerung, allzu wenige. »Wollte man Karls erzieherische Bestrebungen nur nach der Zahl der überlieferten Schulen beurteilen«, so schreibt Donald Bullough, »so müßte man glauben, sie seien völlig fehlgeschlagen.«

Von einer umfassenden Schulreform, ja von einem Versuch, die Schulpflicht einzuführen, konnte nicht die Rede sein. Diese Bestrebungen scheiterten auch daran, daß es einfach an Lehrern fehlte. Doch die Saat war gesät, und sie würde aufgehen ...

Hier wäre es, wieder einmal, an der Zeit, auf den Mönch Notker zurückzukommen, bekannt unter Notker *Balbulus*, was auf lateinisch der Stotterer oder Stammler heißt. In seiner Zelle im Kloster St. Gallen war eines Tages hoher Besuch erschienen: ein Kaiser. Karl III., der das dreigeteilte Reich der Karolinger noch einmal hatte vereinigen können, schlug Notker vor, er möge doch die

Hymnen, an denen er gerade arbeitete, beiseite legen und sich an ein Werk wagen, das ihm mehr Ruhm einbringen würde: an die Heldentaten des großen Karl. Der Wunsch eines Kaisers, auch wenn er den despektierlichen Spitznamen »der Dicke« trug, war Befehl und Notker machte sich an die Arbeit: Es entstanden die *Gesta Karoli Magni Imperatoris*, die *Taten Kaiser Karls des Großen*; ein Geschichtswerk, von dem uns der Prolog fehlt, das Ende des ersten Buches und das gesamte dritte Buch. Der Autor nennt seine Gewährsleute, einen Mönch, einen Kriegsmann und Gerold, den Bruder der Königin Hildegard. Da der brave Notker hier und da falsche Daten brachte, auch Ortsnamen verwechselte, seinen Helden kräftig idealisierte und Geschichte mit Geschichtchen vermengte, senkten die Historiker den Daumen. Dies sei, so ihr Urteil, nichts anderes als »Anekdotenklatsch«, die Wiedergabe einer gemütlichen Unterhaltung bei etlichen Bechern Falerners, die Notker mit dem dicken Karl in der St. Gallener Bibliothek geführt habe. Nun vermag die Anekdote eine geschichtliche Persönlichkeit oft besser zu charakterisieren als ein Dokument oder eine Urkunde. Gerade die erziehungspolitischen Bestrebungen Karls werden durch derartige Stimmungsbilder verdeutlicht. Und so haben sich selbst gestrenge Historiker inzwischen dazu entschlossen, Notkers Buch als Geschichtsquelle »nicht gänzlich unbrauchbar« zu finden.

Das gilt für die Szene in der Schule des Clemens, dem Karl eine jener Visiten abstattete, die ehrenvoll und gefürchtet gleichermaßen waren.

»Als der siegreiche Karl nach langer Abwesenheit heimkehrte nach Franken, ließ er die Knaben, welche er dem Clemens anvertraut hatte, vor sich kommen und hieß sie ihre Arbeiten vorzeigen. Da brachten ihm die von geringer Herkunft die ihrigen, welche über alle Erwartungen mit der Würze der Klugheit bereitet waren, die vornehmen Knaben aber wiesen ganz unnütze und nichtige Werke vor. Karl, der sehr weise Richter, tat nach dem Vorbild des ewigen Richters.

Er sonderte die guten Schüler aus, stellte sie zu seiner Rechten und redete sie solchergestalt an: ›Habt vielen Dank, meine Söhne, daß ihr meinen Befehl zu eurem Frommen nach Kräften auszuführen bemüht gewesen seid. Jetzt also bestrebt euch, die Vollendung zu erreichen, dann werde ich euch gar herrliche Bistümer und Klöster geben, und ihr werdet immer hochgeehrt in meinen Augen sein.‹

Darauf wandte er sein Angesicht mit großem Unwillen zu den Linksstehenden, erschütterte ihr Gewissen mit flammendem Blick und stieß mit furchtbarem Hohn, mehr donnernd denn redend, diese Worte gegen sie aus: ›Ihr Hochgeborenen, ihr Fürstensöhne, ihr zierlichen und hübschen Leutchen, die ihr vertraut auf eure Abkunft und auf euren Reichtum. Meinen Befehl und euren Ruf hintansetzend, habt ihr die Wissenschaft vernachlässigt und im Wohlleben mit Spiel, Nichtstun und leerem Treiben die Zeit vergeudet.‹

Nach diesem Eingang erhob er sein erhabenes Haupt, streckte die nie besiegte Rechte zum Himmel und rief, gleich einem Donnerhall, seinen gewohnten Schwur: ›Beim Herrn des Himmels! Ich gebe nicht viel auf euren Adel und euer hübsches Aussehen, wenn auch andere euch anstaunen mögen. Und dessen seid versichert: Wenn ihr nicht eiligst eure Faulheit durch Fleiß wiedergutmacht, so habt ihr von eurem König nichts Gutes zu erwarten.‹«

Karls Sinn für Gerechtigkeit, sein Eintreten dafür, daß jeder seiner Untertanen gleich sei, zeigt sich auch im Kapitularien von 802, in dem er befahl, daß bei der Besetzung kirchlicher Ämter nicht die Geburt maßgeblich sei, sondern die Befähigung. In einem weiteren Kapitular weist er die Leiter der Klosterschule an, keinen Unterschied zu machen zwischen Knechten und Freien, auf daß alle kommen und auf denselben Bänken Grammatik, Musik und Arithmetik betreiben könnten.

Gleichheit vor dem Gesetz, in der Schule, bei der Bewerbung, das war gewiß seine Überzeugung – in die Tat umzusetzen vermochte er sie nicht. Seine Adligen brauchte er sehr, die kleinen Leute brauchte er weniger.

So streng wie in der Aachener Hofschule ging es in der Akademie nicht zu. Den Lehrbetrieb könnte man vergleichen mit dem Verhältnis, das heute zwischen Doktoranden und ihrem jeweiligen

Professor herrscht. In den Kollegs diskutierte man, palaverte man, stritt man sich um Gott und die Welt. Mal diente eine Pause bei der Jagd als willkommene Gelegenheit für solche Diskussionen, mal die Tafelrunde, mal das gemeinsame Bad in den wohltuenden Quellen. Im Mittelpunkt stand natürlich Karl, der eine unbändige Freude an jeder Diskussion hatte. Der Alte hatte sich bewahrt, was die Griechen »das große Staunen« nannten, das Staunen als Voraussetzung aller Erkenntnis. Redselig von Natur, ja bisweilen eine richtige Plaudertasche, wie sein Biograph einmal bemerkt, führte er das Wort. Doch im Gegensatz zu anderen »Unumschränkten« unterbrach er seine Monologe und ließ auch die Männer aus der Runde zu Wort kommen. Apropos Männer: Frauen waren ebenfalls von der Partie. In der *schola palatina* hantierten sie mit der Schreibtafel, unter den Akademikern gehörten sie zumindest zu den eifrigsten Zuhörern.

Wer Karl unterbrach, mußte etwas zu bieten haben. Am raschesten zu fesseln war er, und das wußten die Gewieften unter den Höflingen, mit *astronomischen*, oder, wie man damals sagte, astrologischen Themen. Wie entsteht eine Sonnenfinsternis? Woher kommen die Sternschnuppen? Ist dort, wo das Nichts ist, wirklich nichts? Karls nie erlahmende Wißbegier, die ständigen Fragen nach dem Bau der Welt, den Ordnungsprinzipien, dem Sein und dem Nichtsein – dieser Herrscher wollte das Warum des Warum wissen – hielt die Runde in Bewegung.

Theodulf mit seinem Buch *Ad Carolum regem* und Angilbert mit seinen Gedichten geben uns die Möglichkeit, wie durch eine aufgerissene Wand in das Leben des Hofes hineinzuschauen. Der Leser bekommt das Gefühl vermittelt, einer der Jagdgenossen oder Tischgäste gewesen zu sein. Setzen wir uns an die Tafel, wo sich Akademiker mit der Hofgesellschaft zum gemeinsamen Mahl treffen.

Von der letzten Jagd hängen noch zwei Frischlinge am Haken, dazu die Keule eines Wisents, die etwas zäh zu sein scheint. Um so besser werden die Bärentatzen schmecken, eine nicht alltägliche Delikatesse. Um das gefährliche Tier aufzustöbern und zu erlegen, bedarf es eines Jägers, der Mut und Erfahrung besitzt. Bald prasselt unter den eisernen Kesseln das Feuer. Der Frischling, gefüllt mit einer Paste aus fünfzig Taubeneiern und ein paar Dutzend Kastanien, dreht sich am Spieß. Einer der Kochlehrlinge legt um die Singvögel, die in die Netze gegangen sind, eine Speckschicht, bevor er sie brät. Der Küchenchef, der aus Aquitanien stammt, wo man sich besser auf die Kochkunst versteht als im Norden des Frankenreiches, schmeckt die Saucen ab. Immer wieder muß er den Verbrauch allzu vielen Knoblauchs verhindern, den diese Barbaren anscheinend scheffelweise verwenden. Bald zieht durch die Königshalle ein Duft, der den dort versammelten Gästen das Wasser im Mund zusammenlaufen läßt. Sie warten auf den *König*, ein Titel, der den Franken lieber ist als der des Imperators und Augustus.

Da ist der Kämmerer, wie stets umringt von einer Schar von Männern, denn er hat das Geld unter sich, die Schatzkammer: Wer was wann und wieviel geschenkt bekommt, seien es hochgestellte Gäste oder Amtsinhaber am Hofe, das liegt in seiner Macht. In seiner »Kammer«, die er behütet wie seinen Augapfel und die niemand betreten darf außer dem König, liegen in Truhen und Kästen die Gold- und Silbermünzen der Tributzahlungen, die Geschenke der Gesandten, die Kriegsbeute (Schmuckstücke, Edelsteine, Teppiche, Seide), die Barren, aus denen der Münzmeister das Silbergeld prägen wird. Sein Amt hat ihn zum Zyniker gemacht, weil er weiß, daß Treue sich kaufen läßt.

Der Seneschall hat die Tafel zu bestellen, die Zubereitung und das Auftragen des Mahles zu überwachen. Die Zeit, als er in der Küche stand, die Küchenjungen prügelte und die Köche beaufsichtigte, ist längst vorbei: Er, der einstige Diener, hat jetzt selbst Diener, über die er gebietet, auf daß der königliche Haushalt wie am Schnürchen läuft. Auch der Mareschalk ist kein Pferdeknecht mehr, der dem Marstall vorsteht; er ist zum Marschall geworden; nicht selten betraut mit der Führung einer Heeresabteilung. Ihm unterstehen der Falkner, der Jägermeister und der Quartiermeister, der *mansionarius*, ein besonders undankbares Amt, das viel Ärger bringt. Die Pfalzgrafen sind meist widerspenstig, die Verwalter der Königsgüter liefern immer zu wenig. Er beteiligt sich kaum an der Unterhaltung, sein Blick wandert über die Tafel, die kleinste Nachlässigkeit der Diener bemerkend. Dem neben ihm stehenden obersten Mundschenk, der sich diesmal für einen griechischen Wein entschieden hat, geht es ähnlich.

Der Kanzler unterhält sich mit seinen Notaren, die am Gürtel ihre Schreibtafeln befestigt haben; es gibt ständig etwas zu notieren. Der *cancellarius* ist für die Ausfertigung der Urkunden verantwortlich, die im Namen des Königs erlassen werden. Er ist mit allen Staatsgeschäften vertraut und wird auch mit diplomatischen Missionen beauftragt. Er schaut mit Verachtung auf die alten Haudegen des Königs herab, diese ungehobelten Kumpane, die bei jedem längeren Vortrag einzuschlafen pflegen und nur eins im Sinn haben: fressen, saufen, derbe Witze reißen.

Die geistlichen Hofbeamten bilden eine gesonderte Gruppe, angeführt vom Erzkaplan. Kaplan ist eine Würdenbezeichnung, die von der *capella Sancti Martini* herrührt, dem Mantel des heiligen Martin, den er geteilt hatte, um die Hälfte einem frierenden Bettler zu geben. Der Mantel ist Reliquie und Reichskleinod in einem, und der Erzkaplan sorgt dafür, daß er überall dort ist, wo der König ist. Der oberste Hofgeistliche ist ein hochangesehener Abt und sollte eigentlich in seinem Kloster sein. Der Papst hat ihm Dispens erteilt, damit er seine Aufgaben am Hof erfüllen könne. Er verrichtet den Gottesdienst in der Pfalzkapelle; er wird auch nachher den Segen über Speise und Trank sprechen. Darüber hinaus ist er der Seelsorger des Königs. Doch wichtiger noch nimmt er seine Aufgabe, Karl in allen geistlichen Angelegenheiten zu beraten. Wobei er darauf achtet, daß die Kirche bekommt, was ihr frommt.

Daß der Kanzler ihn zu einem Gespräch zur Seite nimmt, ist bezeichnend, Kanzler und Kaplan arbeiten eng zusammen: Alle weltlichen Dinge sind immer auch kirchliche Dinge. Die *consilarii*, die Gruppe der Ratgeber, unterliegen nicht von ungefähr dem Proporz: Jedem geistlichen Vertreter steht ein weltlicher gegenüber. Bei ihrer Wahl setzt man voraus, daß sie klug sind, gebildet, schweigen können und nichts höher achten als ihren König und das Reich.

Endlich erscheint der König, begleitet von zwei *consilarii* und dem Pfalzgrafen bei Hof, einem wichtigen Mann; sein Amt ist es, der obersten Gerichtsinstanz jene Fälle zu unterbreiten, die nur in Aachen entschieden werden können. Karl trägt, wie meist, die Tracht der Franken: Leinenhemd, leinene Hosen, darüber die mit Seide eingefaßte, bis zu den Knien reichende Tunika. Die Oberschenkel und die Waden sind mit Bändern umhüllt. Im Winter schützt er seine Schultern und die Brust mit einem Wams aus Marderfellen. Die Stiefel sind aus Hirschleder gearbeitet. Sieht man von dem Schwert ab, dessen Griff und Gehenk aus Silber sind, so unterscheidet er sich in seiner Kleidung nur wenig von der des einfachen Volkes. Die Gespräche verstummen. Beifall brandet auf. Karl läßt sich eine Schüssel mit warmem Wasser reichen und wäscht sich die Hände; die anderen tun es ihm gleich. Im selben Moment werden die Türen aufgestoßen. Mägde decken die Tischplatten mit dampfenden Schüsseln, heißen Kasserollen, irdenen Tellern, runden Brettern.

Gegessen wird mit dem Löffel, dem Messer und den Händen. Die Gabel wartet noch darauf, erfunden zu werden. (Als sie im 14. Jahrhundert in Gebrauch kommt, widersetzt sich die Kirche ihrer Verbreitung, gilt sie doch als Attribut des Teufels und der Hexen.) Fünf Gänge werden serviert; eine bescheidene Zahl, vergleicht man sie mit der, die an anderen Höfen üblich ist. In Byzanz zum Beispiel werden, soviel hat sich herumgesprochen, zu keiner Tafel weniger als fünfundzwanzig Gänge geboten. Neben dem Wein aus Zypern trinkt man lombardische Kreszenzen. Sind die Jahrgänge gering ausgefallen, werden sie mit Nelken und Maulbeeren, ja sogar mit Honig verschnitten. Was die Zecher anderntags reut.

Doch richtig gezecht wird an der königlichen Tafel ohnehin nicht. Jeder weiß, daß trunkene Männer dem König ein Greuel sind. Er bevorzuge, wie Alkuin sagt, den Wein der Gelehrsamkeit. Der Gelehrte selbst denkt hier ganz anders: Er brauche Falerner und Bier, um seine Kehle geschmeidig zu halten. Denn geschmeidig müsse sie sein, wolle man einen langen Vortrag halten oder mit einem Lied einen Heiligen feiern an seinem Tag. Die Tischgenossen erinnern sich schmunzelnd, daß er sich von Karls Leibarzt zwei Fuhren Wein verschreiben ließ, als er für längere Zeit nach England mußte. Da der Transport aber nicht klappte, beauftragte er einen Lieblingsschüler, das Faß anzustechen und auf sein, des Lehrers, Wohl zu trinken, bis es leer sei.

Hierüber und über vieles drehen sich die Tischgespräche: über die »lieben« Freunde, über die wilde Jagd, die hochmütigen Päpstlichen, die renitenten Bauern, die sittenlosen Nonnen. Man bramarbasiert, diskutiert, renommiert, palavert, schneidet auf. Die Witze sind zotig, die Scherze handfest. Von irgendwoher kommt auch Musik, Tischmusik. Die Musiker können sich nicht durchsetzen gegen den Lärm, gegen das dröhnende Gelächter. Schließlich packen sie, auf einen Wink des Seneschalls, ihre Instrumente und ziehen ab.

An ihre Stelle tritt ein Vorleser – der Nachtisch ist inzwischen aufgetragen worden: Eierkuchen mit Kastanien, Nüssen und Holzbirnen. Er liest aus dem Buch *Vom Gottesstaat*, geschrieben vom heiligen Augustinus, einem von Karl geliebten Autor. Einige der Gäste seufzen still, verdrehen die Augen und blicken zur Decke. Der Kirchenvater ist nicht gerade leicht verständlich. Wenn es wenigstens Suetonius wäre oder Titus Livius, die von den Taten und Untaten der römischen Cäsaren erzählen. Noch besser wäre ein Possenreißer, oder der Syrer vom letztenmal, der zwei Ziegenböcke und einen Affen tanzen ließ.

Die Tafel wird *aufgehoben*; man hebt die Platten von den Bökken. Etliche Gäste haben sich davongestohlen, andere bitten um Urlaub dringender Geschäfte wegen. Die Akademiker bleiben, ihre Schüler auch. Von den Töchtern Karls bleibt Rotrud, die ihr blaßblondes Haar mit Perlenschnüren durchflochten hat und einen goldenen Stirnreif trägt. Auch Gisla, die Schwester Karls, in ihrem purpurfarbenen Gewand mit dem juwelenbesetzten Gürtel, läßt sich einen Armstuhl bringen.

»David liebt die Verse, ertöne, o Leier, in Versen.
David liebet die Dichter, der Dichter Ruhm, es ist David.
Schart euch zusammen, ihr Dichter, scharet euch zusammen.
Singet meinem David, singet ihm süße Gesänge.«

So singt Angilbert, den man den Büchergewaltigen nennt, ist er doch ohne Unterlaß bemüht, die Bestände der Klosterbibliotheken zu mehren. Karl läßt sich die schmeichelnde Hymne gern gefallen: Er nämlich wird David genannt, nach dem alttestamentlichen König und Sänger. Die Sitte, sich solche Beinamen zu geben, Namen berühmter Männer aus der biblischen Geschichte und der Antike, ist aus England herübergekommen. Alkuin hat sie mitgebracht von der Domschule in York. Er nennt sich Flaccus nach dem römischen Dichter Quintus Horatius Flaccus. Angilbert erscheint als Homerus; Einhard, dem ja das Bauwesen in Aachen untersteht, bekommt den Namen des Erbauers der Stiftshütte im Alten Testament: Bezaleel. Aus dem Erzkaplan des Königs, Hildibold, wird der Hohepriester Aaron; aus Theodulf der griechische Lyriker Pindar; aus Paulinus Thimoteus. Auch die Frauen dürfen sich mit Beinamen schmücken: Gisla wird von Alkuin in seinen Briefen Lucia genannt, Rotrud darf Columba heißen.

Die Akademiker tragen nun elitäre Namen und erheben sich über alles, was sonst am Hofe kreucht und fleucht. Sie bilden, sieht man von den zwei drei Frauen ab, die mehr oder weniger als Alibi dienen, einen reinen Männerbund. Solche Bünde waren zu allen Zeiten ohne eine homoerotische Komponente nicht denkbar. Nicht umsonst sehnt sich Alkuin nach jenen Tagen, da er den Nacken seines Freundes mit den Fingerchen seiner Wünsche umfassen konnte: »Ach, wäre mir doch wie dem Propheten Habakuk eine Entrückung gegönnt, eine Entrückung zu dir hin, wie würde ich mit schnellen Händen in deine Umarmung sinken; wie würde ich mit zusammengepreßten Lippen nicht nur Augen, Ohren und Mund, sondern auch deine einzelnen Finger und Zehen küssen, nicht einmal, sondern viele Male.«

Solche Stellen findet man in vielen Briefen, und niemand wäre auf die Idee gekommen, sie später zu tilgen. Man glaubte, so Fichtenau, sich mit solchen Ergüssen auf ehrbarer literarischer Ebene zu bewegen. Die Zeit kannte keine Liebeslyrik und suchte die poetische Freundschaft im Männerbund mit Leidenschaft – wohl im allgemeinen ohne die Grenzen des »Erlaubten« zu überschreiten. Die Betonung lag eben auf homo*erotisch* und nicht auf homo*sexuell*.

Kehren wir zurück zur Tafel, wo inzwischen ein Dialog zwischen Alkuin und Prinz Pippin begonnen hat. Pippin: »Was ist die Schrift?« Alkuin: »Der Wächter der Geschichte.« P.: »Was ist die Sprache?« A.: »Die Verräterin des Geistes.« P.: »Wer zeugt die Sprache?« A.: »Die Zunge.« Nun tritt Karl persönlich auf und fragt den scheinbar Allwissenden: »Erkläre mir, was Gerechtigkeit ist?« A.: »Gerechtigkeit ist ein geistiges Vermögen, mit dem man jeder Sache den ihr zukommenden Wert beimißt.« K.: »Wie wird Gerechtigkeit, die aus herkömmlichem Gebrauch entstanden ist, aufrechterhalten?« A.: »Durch Vertrag, durch Billigkeit, durch Urteil und durch Gesetz.« K.: »Darüber würde ich gern noch mehr hören.« A.: »Ein Vertrag ist eine Vereinbarung zwischen mehreren Personen. Billigkeit ist, was allen gleichermaßen gerecht wird. Urteil ist, was durch die Überzeugung eines oder mehrerer Männer verbindlich geworden ist. Gesetz ist das für alle Menschen schriftlich niedergelegte Recht, damit jeder weiß, was er zu tun und was er zu lassen hat.«

Es versteht sich, daß Alkuin hier kein wirkliches Gespräch wiedergegeben hat. Dennoch spiegeln diese Dialoge etwas von der Atmosphäre wider, die an der königlichen Tafel herrschte: dieses fortwährende Fragen, Forschen, Zweifeln; der Lerneifer, ja, die Lernbegierde. Es wäre aber falsch, sich die hier versammelte Hofgesellschaft als einen harmonischen Freundeskreis vorzustellen. Jeder wollte sich, wie man heute sagen würde, profilieren, auf Kosten des anderen vor dem König auszeichnen. Der Preis, den sie in Zukunft zu erringen glauben, ist hoch genug: ein Bischofssitz, die Abtswürde, die Berufung zum Königsboten; Pfründen aller Art. Viele versuchen es mit Panegyrik, einer Lobhudelei, die byzantinischer ist als das, was Byzanz je hervorgebracht hat.

Breiter als der Nil, größer als der Euphrat, nicht kleiner als der Ganges sei Karls Klugheit. Er, das Wunder der Welt, die Zierde der Weisheit, der Vater des Vaterlandes, werde über alle seine Feinde triumphieren in Ewigkeit. »O meine süße Liebe, du süße Gegenwart Christi«, singt Alkuin ihn an. »Süß ist dein Mühen und süß von deinem Mund der Laut. Du und deine Freunde, sie mögen auf immer und ewig blühen und kräftig stehen. David leb' wohl überall!«

Theodulf, den wir von seinem Bericht über die Visitationsreise als Königsbote kennengelernt haben, verdanken wir eine in Versform gehaltene Schilderung des Hoflebens. Er geht mit seinen Kollegen nicht gerade zart um. Für ihn sind diese »Dichterlinge« da am Hof nichts anderes als eine Schar bunter Vögel. Da ist der Papagei, der alles nachplappert; die Elster, die fremdes Geistesgut stiehlt; der Pfau, der eitel sich spreizt; die Krähe, die auf allem herumhackt, und der Kuckuck mit seinem ewig gleichen Text.

Oft herrschte Gewitterstimmung. Die Atmosphäre war geladen. Ein böses Wort genügte, um den Blitz auszulösen. »Karl hatte Sinn für Humor, sogar für Spott«, schreibt Johannes Fried. »Er wäre kein frühmittelalterlicher König, wüßte er scharfzüngige Reden, beißende Worte, aufreizende Haßtiraden nicht ebenso zu würdigen wie die Norm des Rechten. Die Hofgesellschaft war kein schöngeistiger Kulturverein. Wissen, Gelehrsamkeit, Dichtkunst waren Macht. Wer glänzte, stieg zu hohen Ämtern auf. Der Kampf, der andernorts mit blanken Waffen ausgetragen wurde, geschah hier in Wortgefechten. Intrigen waren an der Tagesordnung. Die Gelehrten, die Alkuins, Theodulfs, Einhards, machten keine Ausnahme. Erbarmungslos fielen sie übereinander her. Ihre Schwerter waren Verse, ihre Lanzen Wortspiele. Sie beschimpften einander. Karl hatte seine Freude daran. Wer hier verwundet wurde, sah sich der Lächerlichkeit preisgegeben. Die Zanksucht der Gelehrten weckte eine Ahnung von der intriganten, lauernden, aggressiven Wachsamkeit in der Umgebung des Königs.«

Bisweilen kam es zu wahren Schimpfkanonaden, so wenn Theodulf, der Gote, den Iren Cadac angriff, der ihn einmal mit bösen Versen beleidigt hatte. »Du aufgeblähter Bauch, gräßlicher Feind, stumpfer Schrecken, saure Pest, streitsüchtige Seuche, viehisches Stück; gefährlich den Frommen, verhaßt den Guten.« Diese multikulturelle Gelehrtengesellschaft aus Iren, Langobarden, Briten, Sachsen, Goten schlug sich, vertrug sich, schlug sich, bis Karl endlich mit einem Machtwort die Wogen glättete. Er hatte die Ausländer gern, wie Einhard berichtet, und nahm sich ihrer mit großer Sorgfalt an. Oft hätten sich allerdings so viele Fremde am Hof befunden, daß sie mit Recht lästig erschienen seien. Doch habe er sich – hochherzig, wie er war – durch solche Dinge nicht anfechten lassen. Auch wenn man ihm aus Tours berichtete, wie die fränkischen Mönche dort murrten. »Da ist dieser Brite zu dem andern Briten, unserm Abt, gekommen. O Gott, befreie unser Kloster von diesen Briten! So wie die Bienen von überallher zu ihrer Königin zurückkehren, so kommen diese Leute zu dem da.«

Karl fühlte sich, so Einhard weiter, hinreichend belohnt durch das Lob und die gute Nachrede der Fremden überall in der Welt. Ein kluger Staatsmann weiß solche Nachreden, oder wie man heute sagen würde, Publicity, zu schätzen.

6 Bewahren und Erhalten

Karls Brain-Trust

Nicht hoch genug zu würdigen war es, daß die Aachener Gelehrten, die sogenannten »Akademiker«, die Bischöfe, Äbte, Mönche, Vikare des Reiches, immer wieder drängten, Handschriften anzufertigen. Ihnen verdanken wir es, daß uns ein Großteil der besten Klassiker erhalten geblieben ist. Dazu gehören die meisten lateinischen Dichtungen und fast alle Prosawerke. Neun Zehntel der auf diese Weise geretteten Handschriften sind in Kopien der karolingischen Zeit auf uns gekommen. Insgesamt sind es über achttausend.

Im Grunde nimmt es wunder, daß man derartig bemüht war, die Lateiner am Leben zu erhalten. Das Verhältnis zu ihnen war nämlich zwiespältig. Man benutzte sie, beutete sie aus, entlehnte ihnen Wörter, um den eigenen Wortschatz zu bereichern; nahm Form und Stilmittel ihrer Werke zum Muster, richtete sich nach ihrer Metrik. So bediente sich Angilbert, wie erwähnt, bei der Beschreibung der Erbauung Aachens des Vergil, der über die Entstehung Karthagos berichtet hatte. Einhard nahm sich Suetons Kaiserbiographien zum Muster für seine *Vita Karoli Magni*. Theodulf plünderte sogar Ovids *Ars amatoria*, das berüchtigte Buch über die Kunst zu lieben, (und hatte die Stirn, seine Kollegen mit Papageien zu vergleichen, die die Stimmen der Musen nachahmten). Man hatte im übrigen keine Skrupel im Umgang mit dem geistigen Eigentum anderer, verzichtete auf Quellenangaben: Man schrieb die Klassiker, wie betont, ja lediglich aus.

Sie bedienten sich – und gleichzeitig reute sie's. Es waren schließlich gottlose Heiden, die man sich da zum Vorbild erkoren.

Niemand hat solchen Skrupeln treffender Laut gegeben als Ermenrich, der Bischof von Passau: »Lassen wir den lügnerischen Vergil im tiefsten Styx zusammen mit Apollo und seinen Musen begraben sein. Christus, des Himmels König, verdammt solche Hirngespinste. Wie soll ich es denn anders nennen als Mist, den die Zugpferde seines Wagens fallen lassen. Aber man kann auch im Dreck Gold finden ...« Großmütig fügt er hinzu: »Nun, wie bekannt, verhilft der Dünger dem Acker zu reicherer Ernte. Und so sind die Worte der Heiden zwar übelriechend, helfen aber dennoch, daß wir Gottes Worte besser verstehen.«

Die Kirchenväter las man mehr aus Pflicht denn aus Neigung. Sie waren einfach zu langweilig. Die heidnischen Autoren dagegen wie Homer, Tertull, Philo, Horaz, Ovid verkleideten ihre Botschaft mit spannenden Geschichten. Das bereitete zwar ein schlechtes Gewissen, war aber ein Lesevergnügen. Im Alter, angesichts des nahenden Endes und des Jüngsten Gerichts, pflegte man diese Lektüre zu bereuen. Paulus Diaconus verglich diese Heiden, wütend auf sich selbst, mit wilden Hunden, die in Einöden enden würden. Und Alkuin, der große Vergil-Liebhaber, warnte später die Mönche seiner Abtei in Tours vor den Verführungen des Dichters der *Äneis*. Sie sollten lieber die vier Evangelien lesen als die zwölf Äneaden.

Karls Leidenschaft, Menschen zu sammeln, das heißt, Wissenschaftler um sich zu scharen, machte vor niemandem halt. Er hörte, daß zwei Iren in Neustrien gelandet seien und auf den Märkten sich marktschreierisch anböten. »Wer nach Weisheit begehrt«, riefen sie, »der komme zu uns, sie zu empfangen; auch Weisheit kann man kaufen so wie jede Ware.« Das Volk staunte, verwunderte sich, schließlich wurden sie verspottet. Auch in Aachen lachte man, als die Nachricht an den Hof gedrungen war. Nur Karl nahm sie ernst. Er ließ die beiden kommen und fragte, wie hoch denn der Preis sei, den sie für die Weisheit forderten. Die Iren antworteten: »Du wirst ihn billigen. Wir verlangen einen Raum für den Unterricht, wißbegierige Schüler, dazu Nahrung und Kleidung für uns selbst.«

Clemens, so hieß der eine, leitete später eine Zeitlang eine Schule für junge Adlige, Dungal wurde Lehrer in Pavia.

Karl hatte, um einen modernen Ausdruck zu gebrauchen, einen wahren Brain-Trust um sich versammelt und war dennoch nie zufrieden. »Da sah nun der glorreiche Karl, daß in seinem Reiche die Wissenschaften blühten«, erzählt uns Notker, »aber sie erreichten nicht, so glaubte er, den geistigen Rang der alten Kirchenväter. Und das tat ihm weh und bereitete ihm derart unmenschlichen Kummer, daß er in die Worte ausbrach: ›Ach, hätte ich doch ein Dutzend Geistlicher, so gelehrt und so vollkommen in aller Weisheit, wie es Hieronymus und Augustinus waren.‹ Da erwiderte der hochgelehrte Alkuin mit einem Mut, den kein anderer Sterblicher vor den Augen des schrecklichen Karl gehabt hätte: ›Der Schöpfer des Himmels und der Erde hatte nicht *mehr* ihresgleichen – und du willst ein Dutzend haben.‹«

Karl ließ jene Männer, die immer strebend sich bemüht, aus Aachen ein neues Athen zu machen, nicht darben, wenn sie seinen Dienst verließen. Er belohnte sie fürstlich, besser: königlich. Alkuin, der arm am Beutel einst über das Meer gekommen war, wurde zum Krösus. Der *praeceptor francorum* bekam die Klöster Ferrières, St. Loup bei Troyes, Flavigny, St. Josse-sur-Mer, Berg und, die Krone, St. Martin in Tours. Womit er die Möglichkeit hatte, von einem Ende des Reiches in das andere zu reisen, ohne jemals in fremder Herberge übernachten zu müssen. 20 000 Seelen waren ihm untertan.

Paulinus, der Grammatiklehrer Karls, fand sich auf dem erzbischöflichen Stuhl von Aquileia wieder. Paulus Diaconus sehen wir als Abt des Klosters Saint Riquier bei Abbeville (wo er den Bücherbestand um 202 Exemplare vermehrte). Theodulf wurde Bischof von Orléans. Einhards Lohn bestand aus Klöstern in Gent, Paris, Maastricht, Pavia, Fritzlar.

Die karolingischen Hofgelehrten hatten die Saat der Gelehrsamkeit in alle Teile des Reiches getragen. Nicht umsonst sagt man, daß auf ihren Leistungen die künftige Bildung Europas beruhe. Es sollte noch viele Jahrzehnte dauern, bis diese Saat aufging. Selbst zu Zeiten Karls kam die Bildungsreform nur langsam voran. Die Verwirklichung der *norma rectitudinis*, des göttlichen Maßes aller Dinge, wonach alles seine »Ordnung« haben müsse, wonach es darauf ankomme, richtig zu denken, richtig zu schreiben, richtig zu beten, war das Ziel. Die Werkstatt der Wissenschaften, von den Vorfahren vernachlässigt, befand sich nicht mehr in jenem chaotischen Zustand wie einst – man hatte hier fleißig aufgeräumt, befriedigend aber war ihr Zustand nicht. Selbst der, der sich mühte, das Rechte zu tun, wußte nicht immer, was und wie er es tun solle.

War es so schwer zu begreifen, daß rechtes Leben und rechtes Sprechen zusammengehörten, wie Karl in seiner *Epistola de litteris colendis* betont hatte? Nicht das Alte sollte wiederhergestellt werden, sondern das Rechte und Richtige, *recta et rectitudo.* Allmählich zeigte sich ein Silberstreifen am Horizont. Die Zahl der Bücher in den Klosterbibliotheken hatte sich bedeutend vermehrt. Aus den großen Skriptorien wanderten immer mehr Abschriften auch in die entferntesten Abteien. Die *correctio* der lateinischen Sprache begann das verderbte Küchenlatein zu verdrängen. Die karolingische Minuskel führte allerorten zu einem klaren Schriftbild. Zu den bemerkenswerten Leistungen gehört es, daß die Texte der Kirchenväter gereinigt wurden und die der antiken Autoren gesammelt.

Karls Ordnungssinn erstreckte sich auf Dinge, deren Reglementierung selbst die Akademiker nicht einsehen wollten. Genügte es nicht, den Wind aus vier Richtungen wehen zu lassen: aus dem Osten und dem Westen, aus dem Norden und dem Süden? Nein, das genügte nicht. Zwölf Richtungen mußten es sein, und ihre Namen nicht lateinisch, sondern germanisch. Es sind klangvolle Namen dabei: Ostsundroni ist der Südost, Sundostroni der Südsüdost, Sundwestroni der Südwest, Westsundroni der Südsüdwest, Westnordroni der Nordwest, Nordwestroni der Nordnordwest, Nordostroni der Nordost und Ostnordroni der Ostnordost.

Über Karls Obsession, alles zu ordnen, bemerkt Jacques Delpierré de Bayac in schönem Sarkasmus: »Auch Männer ohne festen Wohnsitz, von denen man nicht wußte, was sie taten und wohin sie eigentlich gehörten, störten seinen Ordnungssinn, besonders wenn es sich dabei um Geistliche handelte. Wäre Jesus von Nazareth mit seinen zwölf Aposteln durch sein Reich gezogen, hätte der König sie wahrscheinlich festnehmen und in ein Kloster sperren lassen.«

Noch befremdeter waren die Mitglieder der Hofschule, als Karl daranging, sich mit seiner Muttersprache, dem Fränkischen, zu beschäftigen. Schließlich galt diese Sprache bei den Gelehrten als ein barbarisches Idiom. Karl nannte den Januar Wintarmanoth, den Februar Hornung, den März Lentzinmanoth, den April Ostarmanoth, den Mai Winnemanoth (Wonnemonat), den Juni Brachmanoth, den Juli Heuvimanoth (Heumonat), den August Aranmanoth (Ährenmonat), den September Witumanoth (Holzmonat), den Oktober Windumanoth (Weinlesemonat), den November Harbistmanoth (Herbstmonat) und den Dezember Heilagmanoth (Heiligmonat).

»Auch die uralten heidnischen Lieder, in denen die Taten der alten Könige besungen wurden, ließ er aufschreiben, um sie für die Nachwelt zu erhalten.« Dieser Satz Einhards schien so recht dazu geeignet, die Historiker zu alarmieren. Was waren das für heidnische Lieder? Um welche alten Könige handelte es sich? Wo sind diese Aufzeichnungen geblieben, die von namhaften Germanisten als *Heldenliederbuch Karls des Großen* bezeichnet wurden?

Das Hildebrandslied gehörte gewiß dazu: mit seinen 68 Langzeilen das einzige erhaltene Heldenlied in deutscher Sprache. Diesen Glücksfall verdanken wir zwei Mönchen des Klosters Fulda, welche die althochdeutsche Dichtung um 800 auf der Vorderseite des ersten und der Rückseite des letzten Blattes einer theologischen Handschrift eintrugen. Und zwar säuberlich in karolingischen Minuskeln. Warum die beiden Benediktiner sich mit dem heidnischen Teufelszeug befaßten, bleibt ungeklärt. War die Niederschrift Teil eines missionarischen Programms, das den neubekehrten Sachsen mit der Konzession von ein wenig heldisch-kriegerischer Dichtung hatte entgegenkommen wollen. War es nichts weiter als eine Schreib- und Sprachübung der beiden Mönche? Oder stand die Niederschrift im Zusammenhang mit ebenjener berühmten Liedersammlung, die nach dem Bericht Einhards Karl der Große zusammentragen ließ?

»Ik gihorta dat seggen, dat sih urhettun aenon muotin, Hiltibrant enti Hadubrant untar herium tuem«, so beginnt das in wuchtigen, unregelmäßig gebauten Stabreimen schreitende Gedicht. »Ich hörte das sagen, daß sich Herausforderer einzeln trafen, Hildebrand und Hadubrand, zwischen den beiden Heeren.«

Der Waffenmeister Hildebrand, der seine Heimat in Oberitalien einst hatte verlassen müssen und an den Hof Attilas gezogen war, kehrt nach dreißig Jahren zurück. Sein Sohn Hadubrand, zum Manne herangewachsen und im Dienste des Feindes, tritt ihm an der Grenzmark gegenüber. Sie sehen nach ihrer Rüstung, schließen ihr Kettenhemd, gürten ihr Schwert über die Brünnenringe, die beiden Helden, als sie zum Kampf anreiten.

»Hiltibrant gimahalta, her uusa heroro man, ferahas frotoro; her fragen gistuont fohem uuortum, hwer sin fater ari, fireo in folche. – Da hob Hildebrand an, denn er war höher an Jahren, der Menschen Meister, und gemessenen Wortes er zu fragen begann, wer sein Vater wäre, der Führer im Volke … oder wes Geschlechtes du bist. Wenn du mir einen sagest, weiß ich die anderen mir. Kind, im Königreiche, kund ist mir die Gotteswelt.«

»… dat saget mi usere liute, alte anti frote, dea herina warun;

Die beiden erhaltenen Seiten des Hildebrandsliedes

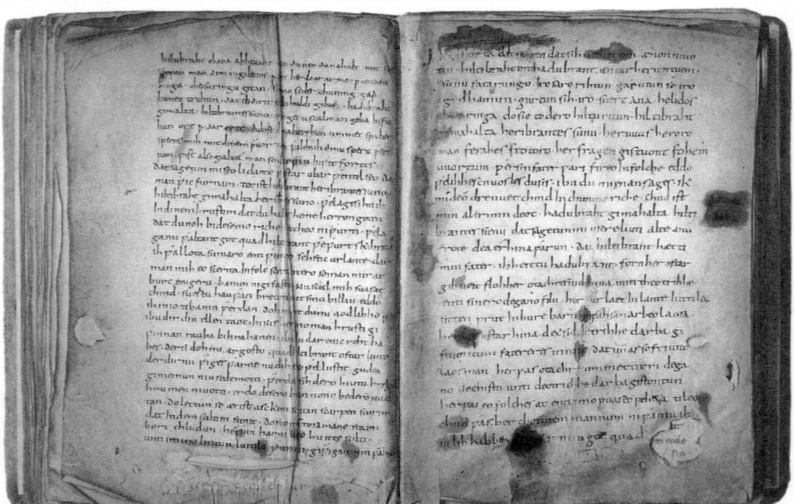

dar Hiltibrant haetti min fater: ih heitu Hadubrant. – Das sagten mir unsere Leute, alte Meister, die zuvor da waren, daß Hildebrand hieße mein Vater; ich heiße Hadubrand.«

Der Vater sei einst ostwärts geflohen, vor des Odoakers Grimm (Odoaker war ein germanischer Heerkönig, der 476 den letzten weströmischen Kaiser stürzte), zusammen mit Dietrich von Bern und vielen seiner Degen. Verlassen im Lande ließ er sitzen die Frau und den jungen Buben ganz ohne Erbe. Der Kampfgefährten tapferster, das sei sein Vater gewesen. »Er ritt nur an Volkes Spitze, ihm war Kämpfen das liebste. Kund war er an kühnen Männern.«

Was Hildebrand nur geahnt zu haben schien, wird nun zur Gewißheit: Der gerüstete Mann dort ist niemand anderer als jener »junge Bube«. Wie den Kampf mit dem Sohn verhindern? Wie verzweifelt er ist, erkennt man daran, daß er den Sohn zu bestechen versucht, und das ist etwas sehr Unheldisches. »Da nahm er vom Arm ab gewundene Ringe aus purem Gold, so wie es der König ihm gab, der Hunnen Herr und sagte: ›Dies will ich als Zeichen meiner Freundschaft dir schenken.‹«

Hadubrand weist das Geschenk empört zurück. »Du bist, alter Hunne, ein allzu Schlauer, lockst mich mit deinen Worten, willst werfen den Speer, so alt du bist, so groß deine Tücke. Das sagten alle mir, die vom Westen her über das große Meer kommen, daß der Krieg ihn wegnahm: Tot ist Hildebrand.«

Für Hildebrand gilt es sich zu entscheiden zwischen dem Gebot der Waffenehre und dem der Liebe des Vaters zu seinem Sohn. Ein furchtbarer Konflikt! Da er weiß, daß das ungeschriebene Gesetz seines Standes gebietet, Beleidigungen mit Blut abzuwaschen, bricht er in die Klage aus: »Welaga nu, waltant got, wewurt skihit ... – Wehe nun, waltender Gott, das Schicksal bricht herein.« Sechzig Sommer und Winter sei er in den Kampf gezogen, und immer in vorderster Reihe. An keiner Stätte habe ihn der Tod ereilen können. »Nu scal mih suasat chind, ... – Nun soll mich das eigene Kind mit dem Eisen treffen, niederstrecken mit seinem Schwert oder ich ihm den Bluttod geben.«

Es kommt zum Kampf. »Da sprengten sie erst mit eschenen Speeren, in scharfen Schauern, es wehrten die Schilde. Dann stießen sie im Kampf, Fuß bei Fuß, aufeinander, zerhieben die lindenen Schilde, bis sie schartig wurden, zerwirkt von den Waffen ...«

Hier nun, schrecklicher Augenblick für jeden Leser, bricht das Fragment ab, und die bange Frage erhebt sich: Wie ging der Kampf aus? Erschlug der Vater den Sohn oder der Sohn den Vater, oder stürzte sich der Sieger an der Leiche des Besiegten in sein Schwert? Alle drei Schlüsse sind denkbar. Germanisten erlösten uns aus der Ungewißheit. Sie entdeckten eine altnordische Sage, in der Hildebrand unter den Helden, die er besiegt hat, auch den eigenen Sohn nennt, den er wider Willen seines Lebens beraubt habe.

Entstanden ist das Lied aller Wahrscheinlichkeit nach zur Zeit der Völkerwanderung bei den Langobarden und wanderte von dort zu den bairischen Nachbarn. Aber auch gotischer Ursprung wäre denkbar. Vorgetragen wurden solche Heldenlieder von berufsmäßigen Sängern, die in den Hallen der Fürstenhöfe ihr Publikum fanden. Die »alten Könige«, von denen Einhard spricht, waren wohl in erster Linie Ahnen und Urahnen Karls. Auch die Lieder auf die Herrscher der den Franken benachbarten Stämme, der Burgunden, der Thüringer, der Sachsen, werden dazugehört haben; dazu die Lieder auf die Langobarden, die Heruler, die Gepiden und nicht zuletzt die auf die Goten. Die Frage, wie weit sich das verlorene Heldenliederbuch Karls des Großen zurückgewinnen lasse, verfolgte den berühmten Altgermanisten Friedrich von der Leyen sein Leben lang. Neben dem uns erhalten gebliebenen Hildebrandslied sind es weitere vierundzwanzig Heldengesänge, die er dem Liederbuch zuweisen zu dürfen glaubte.

Der Widerwille gegenüber der sogenannten barbarischen Sprache muß allmählich gewichen sein. Selbst ein so hochgelehrter Mann wie Alkuin beschäftigte sich damit. Er ging daran, eine germanische Grammatik zu schreiben. Denn Karl wollte nicht einsehen, warum die Sprache, die er vornehmlich sprach, nicht auch geschrieben werden konnte. Doch so wenig sich seine althochdeutschen Monatsnamen auf die Dauer durchsetzten, so wenig kam man mit der Grammatik voran. Die Aufgabe war noch nicht lösbar. Das Bedürfnis, sich mit der naturgegebenen Sprache zu beschäftigen, blieb dennoch vorhanden.

Unter den einflußreichen Männern am Hofe war einer, dem sie von Beginn an ein Greuel war. Ludwig hieß er, den man später den Frommen nannte, obwohl »der Frömmler« ihn besser charakterisiert hätte. Er verachtete die heidnischen Gesänge mit ihrer barbarischen Sprache zutiefst und wollte sie weder hören noch lesen, geschweige denn erlernen. Als er nach Karls Tod den Thron bestieg, ließ er das Heldenliederbuch vernichten, eine Tat, die ihn nicht nur bei den Germanisten unbeliebt gemacht hat. Sie beweinen Unwiederbringliches. Wenig genug ist ohnehin geblieben an Zeugnissen, die uns den Geist der Zeiten sprachlich veranschaulichen. Neben dem Hildebrandslied ist es das »Muspilli«, ein Gedicht, das ein Regensburger Mönch, getrieben von einem dunklen Drange, dem Pergament anvertraute. Die 105 Verse beschreiben, wie die Seelen der Verstorbenen, die Guten und die Bösen, von den Engeln in den Himmel und von den Teufeln in die Hölle geleitet werden; wie feurige Lohe aufflammt (»... es entbrennen die Berge, kein Baum steht, kein einziger, auf der Erde, die Wasser vertrocknen, das Moor verschwelt, es verglühet selbst der Himmel, der Mond fällt«) und die Posaunen des Jüngsten Gerichts ertönen.

Wer sich aufmacht, um im oberbayrischen Wessobrunn die Stukkaturen des Johann Schmuzer zu bewundern, der wird auf dem baumbestandenen Platz vor dem ehemaligen Benediktinerkloster einen gewaltigen Stein entdecken. In den Fels eingemeißelt sind die Worte eines Gebetes, des berühmten »Wessobrunner Gebets«. Handelt das »Muspilli« vom Weltenende, so wird uns hier vom Weltenanfang erzählt. In dem vom Althochdeutschen des beginnenden 9. Jahrhunderts in das Neuhochdeutsche übersetzten Text heißt es:

»Das erfuhr ich unter den Menschen als der Wunder größtes,
daß Erde nicht war, noch der Himmel,
nicht Baum irgendwo, noch Berg war,
noch der Sterne einer, noch die Sonne schien,
noch der Mond leuchtete, noch das Märchen-Meer.
Als da nichts war an Ende und Wende,
da war doch der eine allmächtige Gott,

der Männer barmherzigster, und da waren mit ihm gute
Geister.
Und der heilige Gott …«

Hier bricht das Gedicht ab. Gott war also schon vor der Welt da, im Gegensatz zu den germanischen Göttern: Er ist einzig, ewig, immerdar. Es folgt ein kurzes Gebet an den Herrn der Himmlischen Heerscharen. »Forgib mir in dino ganada … craft, tiuflun za uuidarstanne. – Gib mir in deiner Gnade die Kraft, dem Teufel zu widerstehen.«

Heute gehört das älteste Denkmal der germanisch-christlichen Zeit, das vom Hineinwachsen des germanischen Menschen in die christliche Gotteswelt zeugt, zu den Kleinodien der Bayerischen Staatsbibliothek in München.

Karl sprach, wie erwähnt, fränkisch, genauer gesagt: das Rheinfränkische. Wenn er sich dafür einsetzte, so geschah das nicht nur aus ideellen Motiven. Bei ihm war letztlich immer der Zweck maßgebend. Die Pfarrer zum Beispiel sollten in ihrer Predigt nicht nur das Lateinische benutzen, was ohnehin verderbt genug war, sie sollten so reden, daß ihre Schäflein sie auch verstanden. In der Sprache des Volkes also. Im westlichen Teil seines Reiches nannte man sie *lingua romana rustica*, im östlichen, dem germanischen Teil, bürgerte sich der Name *lingua theodisca* ein. In einem Bericht über eine Synode schreibt ein Bischof an den Papst, die Beschlüsse seien verkündet worden »… tam latine quam theodisce, quo omnes intellegere potuissent. – … sowohl lateinisch als auch in der Volkssprache, damit sie alle verstehen könnten.«

Thiot steht im Germanischen für *Volk* und entwickelte sich, hier müssen wir einmal philologisch werden, zu althochdeutsch *diutisk* und schließlich zu *deutsch*. Die *lingua theodisca* war demnach eine dem eigenen Stamm zugehörige Sprache, in diesem Fall dem germanischen Stamm. Als Karl 801 in die Lombardei reiste, bestand er darauf, *theodisce* zu sprechen.

Die Jahre kamen und gingen, oder wie es in den Reichsannalen heißt: »ET MUTATUS EST ANNORUM IN ... – UND DIE JAHRESZAHL ÄNDERTE SICH IN ...«

800 war Karl zum Kaiser gekrönt worden. 801 zog sein Sohn Ludwig in Barcelona ein, das sich nach langer Belagerung ergeben hatte. 802 befahl Karl Bischöfe, Äbte, Presbyter, Diakone aus allen Teilen des Reiches nach Aachen, um ihnen das Gewissen zu schärfen: Jeder solle streng nach dem Gebot Christi leben, dem Herrn dienen in Keuschheit, Armut und Gehorsam. Damit stand es nicht zum Besten, hat er doch in seinen Kapitularien angefragt, wie die Geistlichen dazu kämen, von Weltverzicht zu reden, wenn »wir doch sehen müssen, wie viele von ihnen Tag um Tag mit allen Mitteln bestrebt sind, ihr Besitztum zu vergrößern, und zu diesem Zwecke bald Drohungen mit dem ewigen Feuer, bald Verheißungen der ewigen Seligkeit vorkehren, einfache Geister im Namen Gottes oder eines Heiligen ihrer Habe berauben und damit ihren Nachkommen schweren Schaden zufügen«. Da er sie gleichzeitig bat, kostbare Gaben nicht zu vergessen, denn die brauchte er zur Bestreitung der Staatsausgaben, fruchteten seine Ermahnungen wenig.

Zur gleichen Zeit tagten die weltlichen Großen in Aachen, um mit rechtskundigen Männern aus dem Volk die geltenden Rechte zu verlesen, zu erläutern, zu verbessern, aufzuzeichnen. An diese schriftlich festgehaltenen Normen hatten die Richter sich zukünftig zu halten, auf daß sie unbestechlich blieben, um jedermann, arm wie reich, *gerecht* zu werden.

Die hohen weltlichen Herren und die hohen Kirchenherrn bildeten die Spitze der gesellschaftlichen Hierarchie. Ohne ihre Hilfe konnte Kaiser Karl nicht regieren. Diese Hilfe mußte er bezahlen. In Gestalt von Würden und Ämtern, doch meist in Form von Land. Er *lieh* ihnen Grundbesitz und machte sie durch diese *Lehen* zu seinen Gefolgsleuten. Nach dem Tod der Lehnsherrn fiel der Grundbesitz wieder an den Herrscher zurück; zumindest sollte es so sein. Doch was der Mensch einmal bekommen hat, gibt er ungern wieder her; und so war es das Lebensziel jedes Vasallen, das geliehene Gut zu behalten und für seine Nachkommen zu sichern. Was unter dem großen Karl nicht oft gelang, wurde unter seinen Nachkommen zur Regel.

Das Lehnswesen war praktisch ein Geschäft auf Gegenseitigkeit. Der König verlieh Land, und die Beliehenen verpflichteten sich durch einen heiligen Eid zur Treue im Frieden und im Krieg. Im Krieg hieß das, Soldaten zu stellen mitsamt ihren Waffen. Die Kirchenherrn waren ebenfalls verpflichtet, ihren Beitrag zu leisten, was in der Regel durch die Lieferung von Kriegsmaterial geschah. Es gab Klöster, deren Keller Waffenlagern glichen. Die

Lehnswesen: Schematische Darstellung der Lehnspyramide

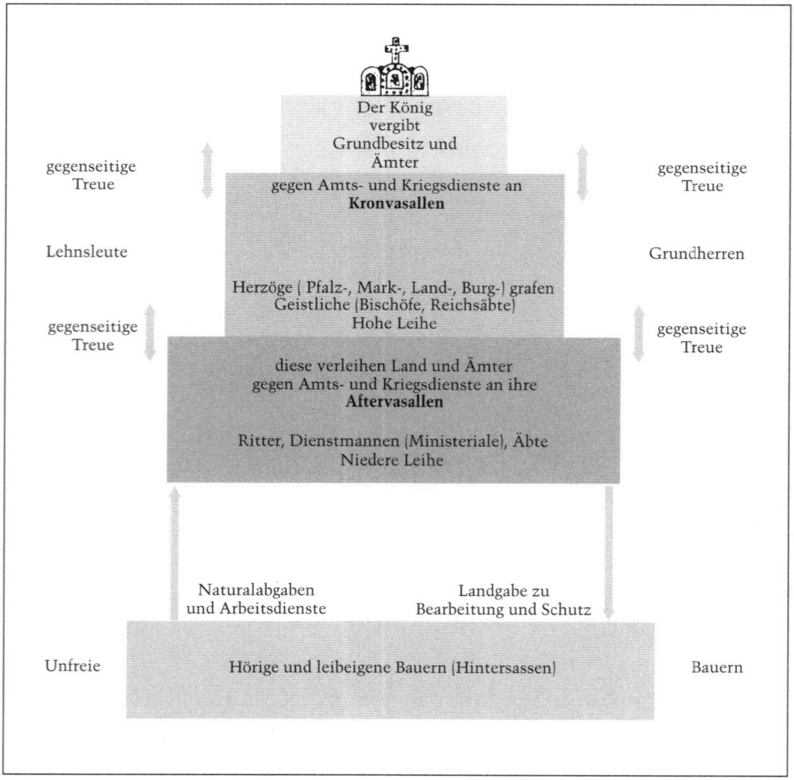

Gegenleistung des Königs bestand darin, daß er ihre Klöster und Kirchen gegen Übergriffe schützte.

Anfangs war das Reservoir, aus dem die Karolinger schöpfen konnten, groß genug; gespeist durch ständig neue Eroberungen, durch enteignete und herrenlose Gebiete. Doch schon Karl Martell hatte sich am Kirchengut vergreifen müssen, um die wachsende Zahl seiner Vasallen zufriedenzustellen. Deren Landhunger wurde immer größer, da sie Teile des ihnen verliehenen Landes weiterverliehen. Auch sie brauchten Gefolgsleute, um ihre Macht zu festigen. Sie banden sie ähnlich wie *ihre* Herren durch gegenseitige Treueverpflichtungen; und diese Männer hielten sich wiederum eigene Dienstleute.

So entstand allmählich ein kunstvolles System weiterverliehenen Landes, bei dem der Schwächere sich dem Stärkeren dienstbar machte und dafür dessen Schutz und Unterhalt genoß. Da das Leben im Mittelalter in nicht geringem Maß ein Überleben bedeutete, war der, der keinen Schutzherrn besaß, der Not ausgeliefert, dem Hunger, der Willkür der Beamten und Großgrundbesitzer, der Beutegier des Feindes.

Ein Beispiel hierfür ist der überlieferte Vertrag, mit dem sich ein verarmter Mann in die Munt, das heißt unter die Vormundschaft und den Schutz eines reichen Mannes, eines Großgrundbesitzers, begibt.

»Gottes Segen dem großmütigen Herrn. Mir gebricht es, wie man allerorten weiß, an dem, was man zum Leben braucht. Und so soll es, so muß es sein, daß ich, Euer Erbarmen vorausgesetzt, mich Eurem Schutz überlasse; dergestalt, daß Ihr mich speiset und kleidet und mich am Leben erhaltet, und zwar in dem Maße, wie ich Euch zu dienen und zu nützen in der Lage bin. Bis zu meinem Tod werde ich, muß ich, Euch dienen und Gehorsam üben, wie es einem freien Manne zukommt. Zeit meines Lebens werde ich mich Eurer Gewalt nicht entziehen können, sondern unter Eurem Schutz bleiben.«

Das Lehnswesen, bei dem der Mann (*vassus* = Vasall) sich verpflichtete, dem Herrn *(dominus)* zu dienen und zu gehorchen, beruhte auf *gegenseitiger* Treuepflicht. Was der Vasall dem Herrn schuldete, schuldete der Herr dem Vasallen: Treue. Die komplizierte Organisation, die sich in der fränkischen Monarchie entwickelte, umfaßte neben der Heeresverwaltung bald den gesamten Staatsaufbau und gab dem Mittelalter das Gepräge. Sie formte auch seine Kultur und seine Dichtung.

Nithard, nennen wir ihn einmal so, war ein Freier, ein freier Bauer aus der Maingegend. Er hatte siebzig Hektar bewirtschaftet und sich, wenn die Ernten gut waren, mehr recht als schlecht mit seiner Familie ernähren können. Er schuldete niemandem Dienste, es sei denn dem König und der Kirche. Er hätte, wenn er gewollt, sein Gut veräußern und woandershin ziehen können. Seine Bewegungsfreiheit konnte niemand einschränken. Seine Stimme galt vor Gericht, sein Rat wurde gesucht, und wenn der König zum Krieg aufrief, dann zog Nithard zum Maifeld nach Aachen. Älter geworden, wurde er vom Wehrdienst befreit, mußte aber zusammen mit anderen Freien einen Krieger stellen und von Kopf bis Fuß ausrüsten.

Das kostete viel Geld. Teuer war es auch, königlichen Beamten bei ihren Inspektionsreisen Quartier zu geben und sie zu beköstigen. Die Reisen zu den Gerichtstagen mußte er aus eigener Tasche bezahlen. Die Kirche bestand zäh auf ihrem pünktlich abzuliefernden Zehnten. Zwei schlechte Ernten, verursacht durch Trockenheit, die kein Korn aufgehen, das Vieh verdursten, den Gemüsegarten vertrocknen ließ, und seine Schulden wuchsen. Der jüdische Geldverleiher, für den das für Christen verbindliche Wuchergesetz nicht galt, gewährte keinen Aufschub mehr.

Sollte er seinen Hof im Stich lassen und sich dem grauen Heer der Unbehausten anschließen; den Bettlern, Vaganten, Pilgern, entlaufenen Mönchen, Gauklern, allen denen, die durch Not und Elend »schuldig« geworden waren? Insgeheim spielte Nithard mit dem Gedanken … Seine Frau aber drängte ihn, sich dem Großgrundbesitzer zu verdingen, ihm seine Äcker zu übergeben und sie gegen Zahlung von Zins wieder zurückzubekommen.

Er war nun nicht mehr frei, durfte aber seinen Acker weiterhin bearbeiten, mit Ausnahme der Tage, an denen er für den Herrenhof Frondienst zu leisten hatte. Bei der Heu- und Getreideernte und bei der Weinlese waren es viele Tage. In der übrigen Zeit mußten die Ochsen vor den Wagen gespannt werden, um Fuhrdienste zu leisten. Nithard galt als ein fleißiger Mann, der seine Arbeit schaffte. Wenn nur nicht noch die regelmäßigen jährlichen Abgaben gewesen wären.

Da erschienen dann seine Frau und die erwachsenen Kinder alljährlich auf dem Fronhof, lieferten in den aus Weidenruten geflochtenen Käfigen Hühner ab, Gänse, ein Ferkel, ein Schaf; auch Leinenstoffe, eine Metze Leinsamen (= 3,435 Liter), ein Scheffel Getreide (= 55 Liter), zwei Münzen in Silber. Jahr für Jahr fand diese Ablieferung statt, und Nithard ballte jedesmal die Fäuste in der Tasche: Er fühlte sich um einen Teil seiner Arbeit betrogen, doch tröstete er sich damit, daß er keinen Krieger mehr ausrüsten mußte. Sein Grundherr hatte ihn mit Geld ausgelöst. Auch vor Gericht vertrat er ihn und schützte ihn vor den Schikanen der Ämter. Und neues Ackerland hatte er auch bekommen – zur Leihe natürlich und mit der Verpflichtung weiterer Abgaben.

Zwar waren die Länder im Süden und Südwesten des Königreiches, soviel wußte er von seinen Feldzügen, von Gott besser bedacht worden mit fruchtbaren Äckern, Nithard war dennoch einigermaßen zufrieden. Er wußte, daß es von seinem jetzigen Stand als Halbfreier kein großer Schritt war zum Unfreien. Sein Nachbar war nach erneutem Schuldenmachen in diese Schicht abgesunken.

Der Unfreie war seinem Herrn hörig, sein Leib ihm zu eigen. Der Herr durfte ihn prügeln, ihn verheiraten, seine Ehe wieder auflösen, die Kinder von ihm trennen, über ihn und seine Existenz nach Belieben verfügen. (Schlechter waren nur noch die Sklaven gestellt.) Nithards Kinder pflegten zu der unweit des Dorfes vorbeiführenden, noch aus der Römerzeit stammenden Landstraße zu laufen, wenn sie gehört hatten, daß dort wieder »die Herde« entlanggetrieben wurde. Die Herde, das waren für sie die mit Ketten aneinandergefesselten Männer, Frauen, Jünglinge, Jungfrauen, bewacht von Berittenen, die ihre Piken schwangen. Manche der am Wegrand Stehenden hatten Mitleid mit diesen Menschen, obwohl sie Heiden waren. Heiden, die man weit weg im Osten eingefangen hatte. Die Kinder steckten ihnen Äpfel zu, ein Stück Brot, Möhren.

Die Länder jenseits der Weichsel bis ins tiefe Rußland hinein waren in der Tat das bevorzugte Revier für Sklavenjagden. Nach bewährtem Muster schloß man die Dörfer ein, führte das Vieh weg, warf die Fackel auf die Strohdächer und wählte aus den Einwohnern die kräftigen Männer und die gutaussehenden Frauen. Bei den Feldzügen gegen Sachsen, Thüringer, Awaren wurden auch viele Kriegsgefangene gegen bare Münze den Sklavenhändlern übergeben, die der Truppe folgten wie die Schmeißfliegen. Um den Absatz brauchten sie sich nicht zu sorgen. Die »Ware« –, die sie auf den Gütern der fränkischen Großgrundbesitzer nicht loswurden, exportierten sie. Der Transport über Regensburg, Mainz oder Verdun zu den Mittelmeerhäfen ging nicht ohne Verluste ab, aber die waren einkalkuliert. Die Händler aus Nordafrika und Ägypten, die den seit Römerzeiten florierenden Sklavenmarkt in Aquileia besuchten, zahlten hohe Preise. Besonders gute Kunden waren die Emire des spanischen Córdoba. Sie bevorzugten Blondes zur Auffrischung ihres Harems und Knaben, die man zu Kastraten verschnitt.

Die karolingischen Herrscher unternahmen wenig gegen den Sklavenhandel; sie verboten ihn nicht, sie versuchten lediglich seine Auswüchse zu beschneiden. So sollte der Verkauf innerhalb der Reichsgrenzen stattfinden und von einem Grafen oder einem Bischof überwacht werden. Kirchenherren empfahlen, heidnische Sklaven zurückzukaufen; nicht aus humanitären Gründen, sondern um sie taufen zu können. Der Weg, auf diese Art eine Seele zu retten, wurde selten beschritten. Es war einfach zu teuer. Ein Rückkauf kostete 20 bis 30 Schilling und stellte den Gegenwert von acht Ochsen dar.

Karolingische Renaissance

Karl hatte die berühmtesten Gelehrten seiner Zeit verpflichtet und Aachen damit zu einem Zentrum der Wissenschaften gemacht; ein Gleiches tat er für die Kunst und das Kunsthandwerk. Seine Experten bereisten alle Teile seines Reiches, ja bis ins muselmanische Spanien kamen sie; auch Irland, England, das byzantinische Italien, selbst das Reich Harun ar-Raschids suchten sie auf: mit dem einzigen Ziel, einen Goldschmied zu finden, einen Leineweber, einen Bronzegießer, Steinmetzen, Wandmaler, Mosaikkünstler, Elfenbeinschnitzer, Miniaturmaler; einen, der auf seinem Gebiet ein Meister war und die anderen überragte. Mit Hilfe der ansässigen Bischöfe, Äbte, Grafen, hohen Beamten wurden sie für Aachen gewonnen, wobei man bei der Verpflichtung nicht zimperlich vorging.

»Er schmückte die Kirche mit Gittern und Türen aus starkem Erz«, schreibt Einhard. Und die Bronzegießer waren es in erster Linie, deren Kunst Maßstäbe setzte, die in Mitteleuropa nie wieder erreicht wurden. Ähnliches gilt für die Buchmalerei mit ihren prachtvoll illuminierten Codices, darunter das Hauptwerk der Aachener Hofschule, ein in Gold geschriebenes Evangeliar mit 600 Ornamenten. Die Goldschmiede konnten auf einer langen germanisch-keltischen Tradition aufbauen mit ihrer Kunst; antike Vorbilder brauchten sie nicht. Das Bursenreliquiar aus Enger, heute Glanzstück des Kunstgewerbemuseums in Berlin, und die Stephanusbursa sind, neben einigen Buchdeckeln, die markantesten Zeugnisse.

Auf allen anderen Gebieten mußte sich die karolingische Kunst darauf beschränken, antike Vorbilder nachzuahmen, nachzuempfinden, sich befruchten zu lassen. Was dabei herauskam, waren Werke hohen handwerklichen Könnens, doch keine Werke von eigener ursprünglicher Schöpfung.

Die Rückbesinnung auf die Antike, ihre Wiederbelebung, die durch Karl initiiert und gefördert wurde, hat die Bezeichnung *Karolingische Renaissance* aufkommen lassen. »Zurück zu den alten Zeiten und Sitten gewandt, gebiert sich dem Erdkreis erneuert das goldene Rom«, schrieb ein Zeitgenosse. Von einer Kulturbewegung so tiefgreifender Art wie der Renaissance des ausgehenden Mittelalters konnte keine Rede sein. Dennoch war die karolingische Wiederbelebung antiker Formen von eminenter Bedeutung für die Entwicklung der Kunst, Kultur, der Wissenschaften in Europa. Besonders das nachmalige Reich der Deutschen zog seinen Nutzen daraus.

»In jedem Gebiet europäischer Kunst gehen letztlich die späteren, insbesondere die deutschen Schöpfungen auf Grundlagen zurück, die damals geschaffen wurden. Mochte nach dem Tod Karls die karolingische Kultur in den Wirren der Erbstreitigkeiten, während der Einfälle der Ungarn, Sarazenen und Normannen auch untergehen, die Impulse, die von diesem Kaiser ausgingen, wirkten auf Dauer fort, und der ›Name dieses Nichtkünstlers war zum bedeutendsten der europäischen Kunstgeschichte geworden‹«. So umschrieb Georg Dehio die Bedeutung Karls des Großen für die deutsche Kunst einmal.

Die hohen Töchter und die Sittlichkeit

In Aachen, der wundersamen Stadt, in der die Gelehrten wie Könige behandelt wurden und der König sich mühte, ein Gelehrter zu werden, in Aachen herrschten die Musen, aber die Waffen schwiegen nicht. Abgesehen von 807 kamen Jahr für Jahr die hohen Militärs hier zusammen, um unter Karls Leitung einen neuen Feldzug vorzubereiten. 803 wurde ein Heer in die Donauebene entsandt, »um die pannonischen Angelegenheiten zu regeln«. 804 zog er, begleitet von seiner Familie, ins Sachsenland und führte alle Sachsen, die jenseits der Elbe und im Bremischen lebten, mit Weib und Kind ins Frankenreich, wie die *Annales Regni Francorum* beinah gemütvoll berichten. Dabei handelte es sich um die barbarischen Deportationen, mit denen der letzte Widerstand jener Stämme gebrochen wurde, die sich mit dem Verlust ihrer Freiheit nicht hatten abfinden wollen.

Beim Feldzug in das Land der Bojer, der Böhmen, ließ der Kaiser sich durch Sohn Karl vertreten, nicht ohne ihm einen strategischen Plan mitzugeben, der die Klaue des alten Löwen zeigte: wieder einmal getrennt zu marschieren und vereint zu schlagen. Obwohl der Aufmarsch mit drei Heeressäulen ungewöhnlich groß war, berichtet keine Quelle über den Anlaß dieses Unternehmens. Wir erfahren nur, daß das Land vierzig Tage lang gebrannt, gesengt, verwüstet wurde und man sich erst zurückzog, nachdem einige slawische Teilfürsten tributpflichtig gemacht worden waren.

In die Welt hinaus zog Karl nicht mehr. Er ließ die Welt zu sich kommen. Gesandte des Kalifen von Bagdad, Harun ar-Raschid, trafen ein mit Geschenken, darunter jener Wasseruhr mit ihren zwölf beweglichen Reitern, die die Stunden anzeigten; und dem Lustzelt, das so hoch war, daß ein Bogenschütze, wie es hieß, mit seinem Pfeil über den Giebel nicht hinwegschießen konnte. Aus Byzanz kam eine Delegation, um den Frieden zwischen Franken und Griechen zu befestigen. Die Dogen von Venetien machten ihre Aufwartung. Vom heiligen Grab in Jerusalem reisten zwei Mönche an und überbrachten Reliquien. Ein Fürst der Awaren bat den Kaiser, er möge seinem Volk neue Wohnsitze anweisen, da es sich in seiner jetzigen Heimat gegen die vordrängenden Südslawen nicht behaupten könne.

Und ein höchst überraschender Besuch kündigte sich an: der Papst. Er habe in Mantua überprüfen wollen, ob das dort entdeckte Blut tatsächlich von Jesus Christus stamme. Das war lediglich ein Vorwand, um Rom verlassen zu können. Die Römer mochten ihn noch immer nicht, den dritten Leo, sahen in ihm nach wie vor einen Mann, der aus der Gosse kam. So wie ein Knabe zu seinem großen Bruder läuft, so lief der Papst zum Kaiser. Er wolle, ließ er durch einen vorausgeeilten Boten ausrichten, mit dem Kaiser Weihnachten feiern, an welchem Ort auch immer. So traf man sich denn in Aachen; und den Römern ward es zur Lehre.

Karl genoß seine Stadt, das Gespräch mit den Freunden, die warmen Bäder, die Jagdausflüge in die nahe liegenden Reviere und, vor allem, das Zusammensein mit seiner Familie. Die Erziehung seiner Kinder hatte er sorgfältig geplant. Während die Knaben nach fränkischem Brauch Reiten, Jagen und den Waffendienst erlernten, ließ er die Mädchen, schon das war ungewöhnlich, nicht nur in Lesen und Schreiben unterrichten, sondern auch in den Wissenschaften. Das schien ihm wichtiger, als sie den ganzen Tag am Webstuhl oder am Spinnrad zu wissen.

Und er ermutigte sie auch in allen tugendhaften Bestrebungen, schreibt Einhard. Eine Ermutigung, die wenig nützen sollte …

»Wenn er zu Hause war, aß er nie ohne sie und nahm sie stets auf Reisen mit. Die Söhne ritten dann an seiner Seite, während die Töchter folgten und in der Nachhut von seiner Leibwache beschützt wurden. Obwohl es sehr schöne Mädchen waren und er sie über alles liebte, erlaubte er seltsamerweise keiner von ihnen zu heiraten. Weder einen Mann aus dem eigenen noch aus einem fremden Volk. Er behielt sie vielmehr alle bis zu seinem Tode bei sich und behauptete, ohne ihre Gesellschaft nicht leben zu können ...«

Karl gönnte sie niemandem. Nur bei Rotrud, wie wir gesehen haben, wollte er eine Ausnahme machen. Die Aussicht, einen künftigen Kaiser zum Schwiegersohn zu bekommen, dessen Metropole, Byzanz, immer noch als der wahre Hort der römischen Cäsaren galt, brachte selbst den großen Karl ins Grübeln. Als aber die Heiratspläne aufgegeben worden waren, schien er eher erleichtert. Nun durfte er Rotrud behalten. Behalten wollte er auch Berta, die der angelsächsische König Offa gern für seinen Sohn Egfrith gehabt hätte; sozusagen als Gegengabe für eine seiner Töchter, um die wiederum Karl für seinen ältesten Sohn geworben hatte. Der Karolinger fand es empörend, daß dieser Zaunkönig sich anmaßte, Tochter Berta auf seine öde Insel zu verschleppen. Als Offa auf dem Tauschgeschäft bestand, verbot er englischen Schiffen, die fränkischen Seehäfen anzulaufen.

Theodulf, der Bischof von Orléans, entwirft ein idyllisches Bild von Karl als Familienvater. Wie die Kinder ihn umringen, als seien sie die Sterne und er die Sonne; wie er die Söhne umarmt und sich am Anblick der Töchter erfreut: an ihrem Gang, ihrer Grazie, ihrer Kleidung, ihrem Aussehen. Da kommt der älteste Sohn Karls und nimmt ihm den Mantel ab, Ludwig hakt ihm das Schwert aus dem Gürtel; nachdem er sich gesetzt, herzen ihn die trefflichen Töchter, überreichen ihm mit holden Küssen ihre Gaben; Berta schenkt Rosen, Rotrud Veilchen, Gisla Lilien, Hiltrud das Brot, Hruodhaid reicht köstliche Früchte, Theodora schenkt goldenen Wein ein. Die eine entzückt ihn mit der Süße ihrer Stimme, die andere mit der Frische ihres Lächelns, bei dieser ist es die Anmut ihres Ganges, bei jener ihre Widerspenstigkeit.

Auch wenn die Chronisten immer übertreiben bei der Beschreibung königlicher Kinder, die Mädchen müssen in der Tat sehr anziehend gewesen sein. Was aber sollten sie mit ihrer Schönheit anfangen, mit ihrer Sinnlichkeit, ihrer Begehrlichkeit, kurzum mit ihren Trieben, wenn ihnen der legale Weg ins Bett untersagt war durch eines Vaters Töchterwahn? Sollten sie wie die Nonnen leben; so wie Töchter anderer hoher Familien, die keinen Mann gefunden hatten und ins Kloster gegangen waren?

Nun, Karl war nicht nur ein liebevoller Familienvater, er war auch tolerant und verständnisvoll. Jedenfalls gewährte er in puncto puncti die gleiche Duldung, die er für sich selbst in Anspruch nahm. Schließlich hatte er neben seinen offiziellen Ehefrauen immer seine Friedelfrauen gehabt, mit denen er in ehelichen Verhältnissen gelebt (*Geliebte* heißt auf althochdeutsch *Frindila*) und mit ihnen Kinder gezeugt; Kinder, die nach germanischem Recht die gleiche Erziehung genossen und in den Familienverband aufgenommen wurden. Während er Fastrada beiwohnte, zeugte er mit einer Friedel (an deren Namen sich der getreue Einhard partout nicht erinnern konnte) ein Mädchen namens Hruodhaid.

Mochten sich seine Töchter also einen Liebhaber nehmen, vorausgesetzt, er war nicht unter ihrem Stand. Und das taten sie. Rotrud stand in »vertrauten Beziehungen«, wie Historiker des prüden 19. Jahrhunderts sich ausdrückten, zu dem Grafen Roriko von Maine. Berta, die für den Habenichts Egfrith zu schade gewesen war, wählte sich niemand Geringeren als Angilbert, den wir als einen der führenden Hofakademiker kennengelernt haben. Einer der beiden Söhne, die sie zur Welt brachte, hieß Nithard. Er wurde Geschichtsschreiber, berichtete über die Kämpfe der Söhne Ludwigs des Frommen, und so ganz nebenbei schilderte er, wie seine Mutter zu seinem Vater kam. Über die beiden kursiert eine Anekdote, die *nicht* zu erzählen selbst Historikern schwerfiele. Sie wanderte in den verschiedensten Versionen durch die Jahrhunderte bis in unsere Zeit, in der Wilhelm Busch sie unter seine spitze Feder nahm.

Der ehrenwerte Hofkapellan war in Liebe zu Berta derart entbrannt, daß er an einem Dezemberabend an ihr Fenster klopfte, um Einlaß flehte – und Einlaß bekam. Als er nach einer leidenschaftlichen Nacht auf dieselbe Art entweichen wollte, wie er gekommen, stellte er entsetzt fest, daß es inzwischen stark geschneit hatte. Die

Fußspuren würden alles an den Tag bringen. Was tun? Angilbert war ratlos, Berta war es nicht. Schließlich war sie eine Frau. »Steig mir auf den Buckel«, mag sie gesagt haben, »ich trage dich zu deinem Haus und kehre in meiner Spur wieder zurück.« So geschah es. Berta jedoch hätte wissen müssen, daß ihr Vater ein schlechter Schläfer war. Von seinem Diener angekleidet, stand er wieder mal am Fenster und schaute in den grauenden Morgen hinaus. Was er sah, ließ ihn schmunzeln ...

Am Hof zu Aachen ging es also äußerst freizügig zu. Die Feste, die man feierte, endeten nicht selten in Bacchanalien. An den Jagdausflügen sollten Geistliche nicht teilnehmen, da sie an ihrer Seele Schaden erleiden könnten. Die Nicht-Geistlichen nahmen es in Kauf, daß ihr Seelenheil nach der Tierhatz ziemlich heillos war. Dem Wein wurde in den Jagdhütten so reichlich zugesprochen, daß ... Doch lassen wir den Chronisten sprechen.

»... daß das Feuer des Falerner Weins die Tugenden der Damen schmelzen ließ. Bei der Verleihung des Tugendpreises nach einem amourösen Spiel gab es kaum Anwärterinnen. Nur Guntrada, die Nichte des Königs und Kaisers, erhielt die Siegespalme der Keuschheit. Ihr allein war es gelungen unter den nach dem Mann Rasenden, ohne zu straucheln im Taumel der Begierden, die Sinnenlust zu überwinden ...«

Nicht umsonst warnte Alkuin einmal seine Schüler vor den gekrönten Tauben, die durch die Hallen des Palastes flatterten.

Karl hatte sich zu siebzehn Kindern bekannt – eine Dunkelziffer darf vorausgesetzt werden –, gezeugt mit seinen legalen Ehefrauen, seinen Friedeln und den Konkubinen. Nach dem Tod Luitgards beglückte er noch vier Nebenfrauen. Gerswinda gebar ihm eine Tochter, Regina schenkte ihm zwei Söhne und Adalind einen weiteren Sohn. Über die vierte, Madelgarda mit Namen, weiß man nichts Genaues. Es gab außerdem das Frauenhaus in Aachen, das von Eunuchen bewacht wurde; soviel hatte man von den die Residenz besuchenden orientalischen Gesandten gelernt. Karl gehörte, selbst als er die Sechzig überschritten hatte, zu den Besuchern.

Der König war ein frommer Mann. Er glaubte mit Inbrunst an

den Gott der Christen. Ein christliches Leben führte er nicht. »An den sinnlichen Bedürfnissen des Herrschers«, schreibt Mühlbacher, »wagte niemand öffentlichen Anstoß zu nehmen. Alkuin, dessen Briefe immer von erbaulichen Mahnungen überströmten, berührte diese Verhältnisse mit keinem Wort. Keiner der geistlichen Moralvertreter fühlte sich berufen, an diesen Herrscher die Anforderungen zu stellen, die er an die Sittlichkeit des gemeinen Mannes stellte. Einhard berichtet über diese Dinge wie über eine Tatsache, die in ihrem Dasein eben ihre Berechtigung hatte.«

Doch was die Geistlichen zu Lebzeiten des Kaisers nicht zu sagen wagten, sagten sie nach seinem Tod: daß sein Fleisch schwach gewesen sei, er gesündigt habe und sich vergangen wider die Gebote Gottes und daß ihn im Jenseits seine Strafe ereilen werde. Der Mönch Wetti vom Kloster Reichenau hatte nach Karls Ableben eine Vision: Ein Engel führte ihn durch den Himmel und in die Hölle hinab, und da sah er im Fegefeuer einen Fürsten, der einst das Zepter über das Frankenreich geschwungen.

»Des Fürsten Geschlechtsteile wurden durch die Bisse eines Tiers zerfleischt, welches ihn ansonst an keiner anderen Stelle verletzte. Wetti wunderte sich über die Maßen, daß ein Mensch, der so Großes für die Verteidigung des katholischen Glaubens geleistet, die Qualen einer so häßlichen Strafe erleiden müsse. Der Engel aber sprach: ›Dieser Fürst hat viel Lobwürdiges getan und Gott sehr Wohlgefälliges, doch den Lockungen des Fleisches hat er nie widerstehen können ...!‹«

Lange hätte Karl die Qualen des Fegefeuers nicht erdulden müssen. In den meisten Abteien wurde bereits zu seinen Lebzeiten für sein Seelenheil gebetet. Die Mönche, deren Klöster er mit Land, Geld und Reliquien bedacht, waren dazu sogar verpflichtet. Nach dem alten Prinzip, wonach man gibt, damit man bekommt. Angilbert, den er zum Laienabt in St. Riquier ernannt hatte, ließ an dreißig Altären mit den Reliquien von sechsundfünfzig Märtyrern und vierzehn heiligen Jungfrauen für ihn zum Herrgott flehen. Von den dreihundert Mönchen waren über hundert allein damit beschäftigt.

Der Mönch Wetti lebte lange genug, um zu erfahren, was in Aachen geschah, nachdem der fromme Ludwig das Zepter über-

Die Nachkommen

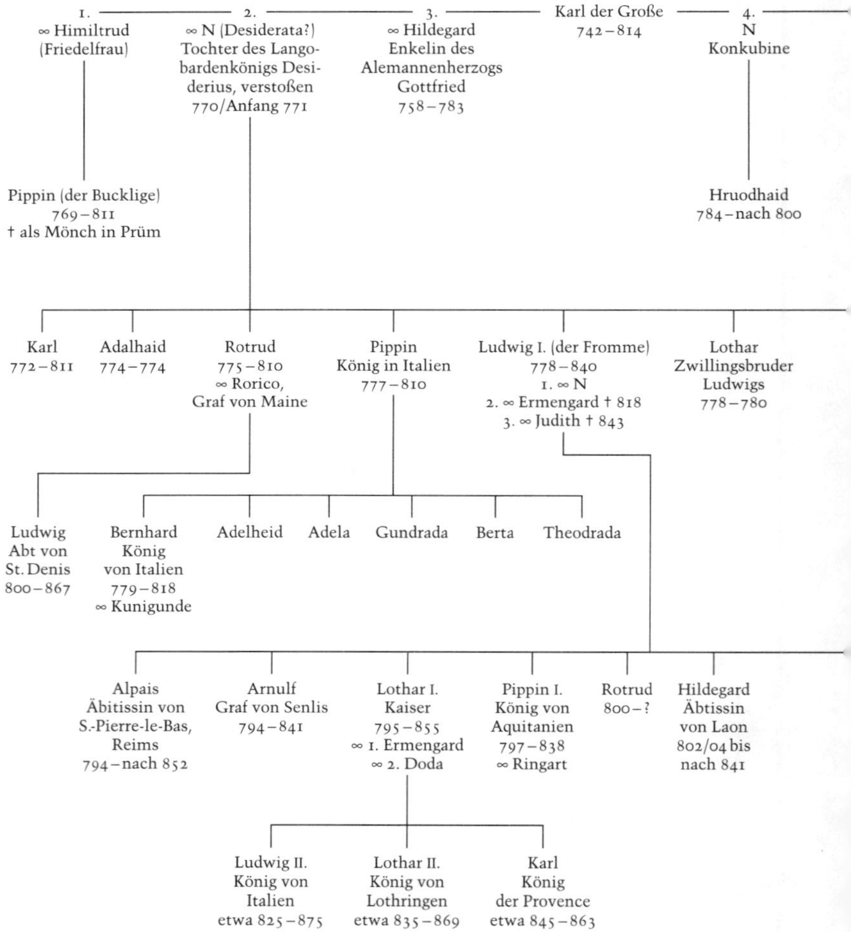

Karls des Grossen

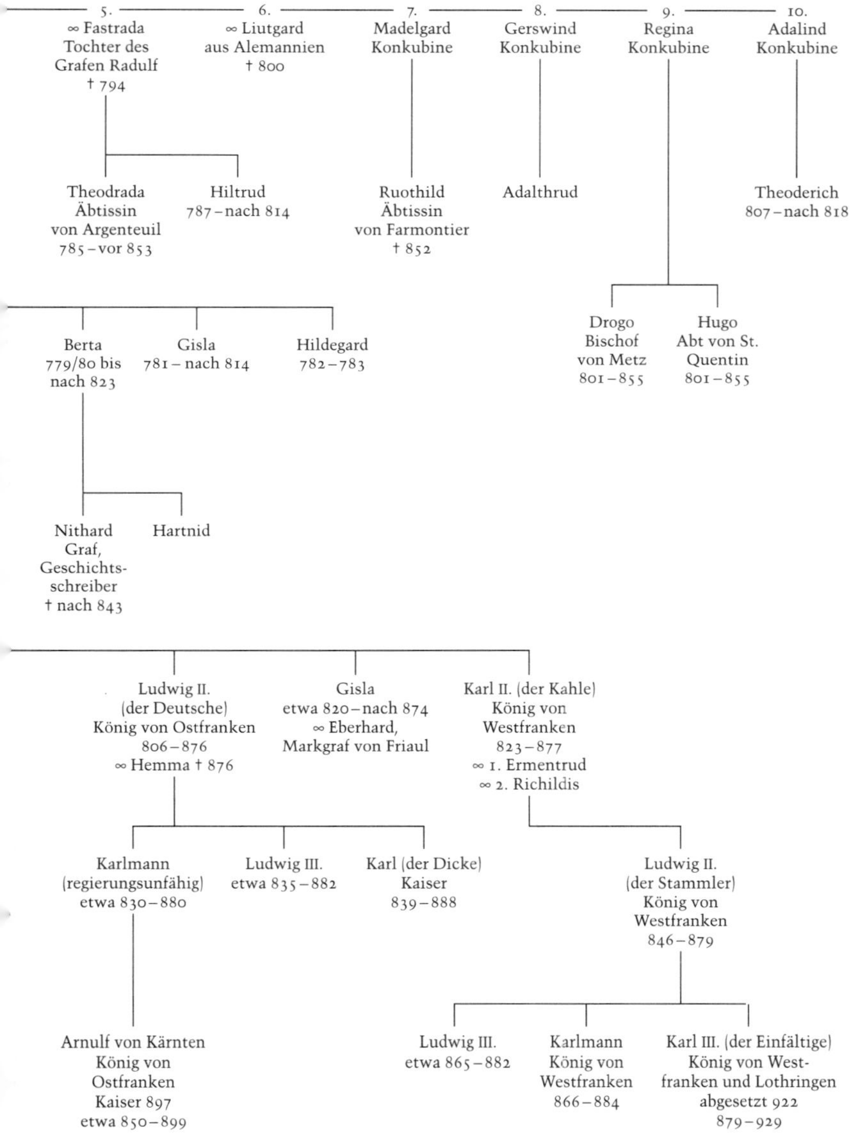

nommen hatte. Hatte Karl geglaubt, daß ein Staat dann vollkommen sei, wenn die Philosophen Könige und der König ein Philosoph geworden, so vertrat Ludwig die Meinung, daß ein Reich sich erst vollende, wenn Mönche Herrscher seien und die Herrscher mönchisch lebten. Nur ein Machtwort des Vaters hatte ihn daran gehindert, bereits als Jüngling die Kutte zu nehmen. Auch zur Ehe hatte man ihn zwingen müssen. Er war ein düsterer Mensch, melancholisch; niemand konnte von sich behaupten, er habe ihn jemals lachen gehört. Seine Freunde waren Mönche, seine Berater Bischöfe und Äbte. Mehrfach leistete er öffentlich strenge Buße. Er war nicht häufig am Hof des Vaters, aber was er dort erlebte, erfüllte ihn mit Mißbehagen, ja Abscheu: diese Gelehrten mit ihrer Hinneigung zur heidnischen Antike, diese bramarbasierenden Kriegshelden, diese pflichtvergessenen Geistlichen – zum Teufel mit ihnen!

Als er 814 in Aachen eingezogen war, trat er unter sie und hielt fürchterlich Musterung. Die Männer, die seines Vaters Vertrauen gehabt hatten, wurden bis auf Einhard kaltgestellt; einige von ihnen, die »durch ungeheuerliche Unzucht des Majestätsverbrechens sich schuldig gemacht«, in Haft genommen; das Hofgesinde, soweit es sich um Frauen handelte, zahlenmäßig stark eingeschränkt oder durch Männer ersetzt. Die drei Söhne, die Karl nach dem Tod Luitgards mit den Nebenfrauen gezeugt hatte, nahm Ludwig in seine Obhut – schließlich waren es seine Halbbrüder –, doch wenig später ließ er sie scheren und ins Kloster verbringen.

Ludwig ging vor, als gelte es, einen Augiasstall auszumisten. In einem Kapitular verfügte er: »Jeglicher Mann, bei dem gelüstige Fräulein angetroffen werden, habe sie auf den Schultern zum Markt zu tragen, wo sie öffentlich die Peitsche spüren werden. Falls er sich weigert, wird er mit ihnen ausgepeitscht.« Er ließ die Wohnungen der Kaufleute durchsuchen, die Katen der Bauern in den umliegenden Dörfern, die Königsgüter, und er machte vor den Palästen der Bischöfe, der Äbte, der Grafen nicht halt auf seiner Suche nach der Unsittlichkeit.

Karls Töchter – seine Schwestern – waren ihm schon lange ein Dorn im Auge. Ihr Liebreiz dünkte ihm Verworfenheit, ihre Schönheit Blendwerk des Satans, ihre Art zu leben sündhaft. Er verbannte Berta auf ihre entlegenen Güter im Westen des Reiches, Theodora und Rothild mußten den Schleier nehmen. Von anderen gibt es keine Kunde mehr. Die Liebhaber wurden verstoßen. Ludwig schien vergessen zu haben, was er dem Vater in die Hand versprochen, als der, nach des Bruders Tod, ihn zum Mitkaiser erhoben: Milde und grenzenlose Güte gegen die Töchter zu üben, ihr weiteres Leben ihnen selbst zu überlassen. Doch Ludwigs große Säuberung war gründlich. Nicht nur das sittenlose Leben der Berta, Theodora, Rothild und Mitschwestern mißfiel ihm, auch die Möglichkeit, daß sie ihm gefährlich werden könnten, reichten sie einem einflußreichen Großen die Hand zum Ehebund.

Die »Hohen« am Königshof gaben den »Niedrigen« im Lande ein schlechtes Beispiel. Doch schlechter Beispiele, welche die guten Sitten verdarben, hätte es nicht bedurft. Auch im Volke waren die Sitten im kirchlichen Sinne nicht gerade lobenswert, das heißt, in allen Schichten der karolingischen Gesellschaft herrschte weitgehend Libertinage. Die sogenannten Beichtspiegel sind in etwa ein Spiegel der Zeit. Man gab sie den Pfarrern in die Hand, damit sie wußten, was es kostet, gesündigt zu haben; im allgemeinen und im besonderen. Das Besondere betraf das Fleisch.

Wie hoch zum Beispiel die Buße sein mußte, wenn junge Leute *es* vor der Ehe probierten; wenn sie später die Ehe brachen; wenn der Mann die Nachbarin vergewaltigte; ein Weltlicher eine Nonne verführte; ein Mann mit einem anderen Mann koitierte; eine Frau mit einer anderen Frau schlief; ein Mann den Verkehr a tergo, von rückwärts, ausübte oder die Reiterstellung seiner Frau bevorzugte; ein junges Mädchen aus Angst, schwanger zu werden, ihren Freund oral befriedigte. Da der Katalog nicht vor der Aufzählung sexueller Perversionen zurückschreckte wie Sodomie, Blutschande, Voyeurismus, Fetischismus, Pädophilie, Sadomasochismus, muß es den verantwortlichen Bischöfen irgendwann unheimlich zumute geworden sein: Sie versahen die Handbücher mit der Mahnung, bei der Befragung der Beichtenden nicht auf Laster aufmerksam zu machen, die ihre Schäflein bis dahin noch gar nicht gekannt hatten.

Die Reiterstellung der Frau kostete ein Jahr Buße – bestehend aus Fasten, Gebeten, guten Werken, Wallfahrten –, der Verkehr a tergo drei Jahre, der Oralverkehr sogar zwölf Jahre. Auch die Onanie und der Coitus interruptus, Onansakt genannt, waren streng verpönt. »Es wird Unreinheit oder die böse Sünde genannt, nicht in natürlicher Weise einem Weib beizuliegen, weshalb geschrieben steht, daß Onan von Jahwe getötet ward, weil er, statt seines Bruders Witwe zu schwängern, seinen Samen auf die Erde goß.«

Wenn der Bauch nicht mehr zu übersehen war, versuchten jene jungen Mädchen, die keine Aussicht hatten, vom Kindsvater geheiratet zu werden, die Frucht abzutreiben: eine schwere Sünde, doch etwas weniger schwer, wenn der Embryo noch nicht älter war als vierzig Tage. Bis dahin hatte ihm Gott noch keine Seele eingehaucht. Sie wandten sich an weise Frauen, deren Kenntnis der Arzneipflanzen größer war, als der abträgliche Name »Kräuterweiber« vermuten läßt. Halfen ihre Tinkturen nicht, blieb vielen nur der Weg, das Kind auszutragen und anschließend auszusetzen. Man legte es in die an den Klostertüren installierten Drehladen, womit eine geheime Aussetzung möglich war. Für das gefundene Kind, das *Findel*kind, suchte der jeweilige Abt eine Familie, deren Ernährer sich sagte, wo fünf, sechs, sieben, acht Kinder satt werden, wird auch für diesen Wurm Nahrung sein. Meldete sich niemand, übernahm das Kloster Aufzucht und Erziehung.

Zu Kindstötungen kam es dennoch. Scham, Angst vor der öffentlichen Schande trieb manche Mutter bisweilen zu Akten der Verzweiflung: Sie erstickten das Neugeborene mit einem Kissen oder erdrosselten es mit eigener Hand. Es gab Mütter, die ihr Kind rasch noch taufen ließen, damit es wenigstens in den Himmel aufgenommen wurde. Damit es gar nicht erst zu Schwangerschaften kam, wandten die jungen unverheirateten Frauen empfängnisverhütende Mittel an. Bei den meisten hat die Magie eine große Rolle gespielt. So die Anweisung, die Frauen sollten *vorher* die Blätter des Steinbrechs über das Bett hängen, *währenddessen* das Herz eines Maulesels in der Hand halten (weil Maulesel untereinander unfruchtbar sind), *danach* siebenmal rückwärts schnellen.

Um erst gar kein Verlangen aufkommen zu lassen, empfahlen

die heilkundigen Weiblein verschiedene Mittel. Männer, die ihre Brunst dämpfen wollten, sollten sich die Blätter des Schwarzen Bilsenkrauts auf die Hoden legen; auch würden mit Mohnsirup bestrichene Wasserlilien die Erektion des Penis verhindern. Es ist nicht anzunehmen, daß allzu viele Männer davon Gebrauch gemacht haben. Die Verhütung überließen sie, damals wie heute, den Frauen. Wobei es den Ehemännern meist gleichgültig war, wie oft ihre Partnerinnen guter Hoffnung wurden. War die Frau geschwängert, so verbot sich jeder weitere Geschlechtsverkehr. Die Ehe war gottgewollt, die körperliche Vereinigung aber nur des Kindersegens halber gestattet. Das Ehepaar, das sich danach richtete und dem es darüber hinaus gelang, aufkommende Lustgefühle zu unterdrücken, galt der Kirche als ein ideales Ehepaar. Gott habe dem Menschen die Geschlechtsorgane nicht verliehen, damit er Lust empfinde, sondern die Gattung erhalte.

7 Die letzten Jahre

Noch einmal in Eisen

IBI AD EUM AMBO FILII SUI PIPPINUS ET HLUDOWICUS ET KAROLUS VENERUNT, CELEBRAVITQUE IBI NATALEM DOMINI. ET INMUTAVIT SE NUMERUS ANNORUM IN DCCCVI.

Man schrieb das Jahr 806, als der Kaiser seine Söhne Pippin, Ludwig und Karl in die Pfalz Diedenhofen befahl, mit ihnen das Weihnachtsfest beging und wenig später eine Versammlung abhielt mit den Vornehmsten der Franken, um zwischen den Söhnen den Frieden zu befestigen und zu erhalten und sein Reich in drei Teile zu teilen, auf daß ein jeder von ihnen wüßte, welchen Teil er zu schützen und zu regieren hätte, wenn er den Kaiser überlebe. So heißt es in den *Annales Regni Francorum*, Aufzeichnungen, die den Charakter offizieller Geschichtsschreibung tragen und von Jahr zu Jahr geführt wurden.

Karl stand nun im dreiundsechzigsten Lebensjahr, einem hohen Alter, das nur wenige Menschen erreichten. Männer wurden im Durchschnitt etwa 47 Jahre alt, Frauen 44 Jahre. Nur vier Prozent überschritten die Siebzig, dieses wahrhaft methusalemische Alter. Die Todesfälle der Männer im Krieg waren nicht so hoch wie die der Frauen im Wochenbett. Vierzig Prozent der Kinder starben bei der Geburt oder wenig später. Karl hatte alle Gefahren und Krankheiten überstanden, die einem Menschen im Mittelalter drohten, welcher gesellschaftlichen Schicht er auch angehörte. Sein Haar war nun weiß, der Körper steif und schwerfällig, die Gicht plagte ihn, aber auf die Jagd ging er immer noch; in die Eifel, in die Ardennen und die Vogesen. Die Kraft seines Geistes hatte *nicht* nachgelassen. Sein Haus zu bestellen hielt er dennoch für nötig.

Ludwig, bereits König von Aquitanien, bekam die Gascogne, die Spanische Mark, Septimanien und den Südteil Burgunds (ein Gebiet, das dem heutigen West- und Südfrankreich entspricht). Pippin erhielt zu seinem Unterkönigtum Italien, Baiern, dazu Südschwaben und Südostfrankreich. Das eigentliche alte Frankenreich mit dem blutig erkämpften Sachsen, das Gebiet von der Loire bis zur Elbe, von der oberen Donau bis zur Nordsee, war für Karl bestimmt. Die Brüder wurden eingeschworen, die Grenzen des anderen zu achten, niemals Krieg gegeneinander zu führen, im Krieg gegen äußere Feinde dagegen zusammenzustehen und einander zu helfen.

Die Ausführungsbestimmungen des Vertrages zur Reichsteilung berücksichtigten jedes Detail: Der Verkauf von Grund und Boden über die Landesgrenzen hinweg ist gestattet; durch die neue Grenzziehung zerschnittene Güter bleiben ungeteilt dem Besitzer erhalten; Verbrecher, die aus einem Teilreich fliehen, dürfen von einem anderen Teilreich nicht aufgenommen werden; Frauen sollen nicht gehindert werden, von einem Reich ins andere zu heiraten (da es gut sei, sich zu verschmelzen); bei Grenzstreitigkeiten soll das Gottesurteil der Kreuzprobe angewandt werden, aber niemals der Zweikampf; stirbt einer der Brüder, wird sein Gebiet den anderen zugeschlagen, es sei denn, er zeugte einen Sohn; Kirchengut möge von niemandem angetastet werden – wie überhaupt der Schutz der Kirche Petri den Brüdern zur Pflicht gemacht wird. Merkwürdigerweise ist von der Kaiserwürde in dem Vertrag nirgends die Rede. Anscheinend wollte Karl sich hier nicht festlegen und die Verleihung einem späteren Zeitpunkt vorbehalten. Wollte er später seinen ältesten Sohn mit der Krone schmücken? Oder betrachtete Karl diesen Titel als eine persönliche Würde, die nicht an die Herrschaft über das Frankenreich gebunden war?

»Dies alles haben Wir anzuordnen und festzustellen beschlossen«, heißt es am Schluß des Vertrages, »daß, solange es Gott gefällt, Uns das irdische Leben zu belassen, Unsere Gewalt über das von Gott erhaltene Reich dieselbe sei, wie Wir sie bisher in Unserer Regierung und aller königlichen und kaiserlichen Herrschaft hatten, und daß Wir gehorsame Söhne haben und ein Gott wohlgefälliges Volk in aller Untertänigkeit, welche die Söhne dem Vater, dem König und Kaiser die Völker schuldig sind.«

Man sieht, Karl ist kein Lear, der sein Reich vorzeitig seinen drei Töchtern vererbte, aber auch die Macht dahingab – was in Shakespeares »König Lear« zu einer Tragödie führte.

Der Teilungsvertrag wurde von den fränkischen Großen per Eid bekräftigt, unterzeichnet, und der Papst gab seinen Segen dazu. Niemand konnte ahnen, daß das Dokument sich als wertlos erweisen würde. Der so oft beschworene Herrgott wollte es in seinem unerforschlichen Ratschluß anders.

Der Winter von 808 auf 809 war mild, beinahe warm. Doch niemand konnte sich darüber freuen, daß die Saat nicht erfror, Wege und Straßen schneefrei blieben, die Arbeit im Holz leichter war. Der Winter, der ein Sommer war, ließ nicht nur die Halme wachsen, sondern auch die Krankheitserreger, Seuchen suchten das Land heim. Karl wich mit dem Hof nach Nimwegen aus. Er verlebte dort die Fastenwochen, die ihm wie stets wenig behagten. Seinem Podagra hätten sie gut getan, doch auf sein Fleisch am Spieß wollte er nie verzichten. Die Kirche hob das Fastengebot auch diesmal für ihn weitgehend auf, nicht ohne vorher eine stattliche Spende eingestrichen zu haben.

Wieder nach Aachen zurückgekehrt, kam ein Bote auf dampfendem Roß und meldete: »Die Dänen sind im Anmarsch!« Das war zwar übertrieben, noch waren sie jenseits der Elbe, aber sie hatten die dort wohnenden slawischen Volksstämme schwer heimgesucht. Daß seine Grenze von einem fremden Volk bedroht wurde, durfte Karl nicht dulden. Täte er es, würden bald andere Grenzen unsicher werden. Die Dänen waren ein kriegstüchtiges Volk, das sich vor niemandem fürchtete; auch damals nicht, als es gegolten hatte, sächsischen Aufständischen Zuflucht zu gewähren; allen voran dem Herzog Widukind, der von dänischem Gebiet aus die Rebellion immer wieder schüren konnte.

Gefährlicher noch als ihr Heer war ihre Flotte. Die Franken hatten ihr nichts entgegenzusetzen. Es war zu spät, als man sich in Aachen entschloß, in den Mittelmeer- und Nordseehäfen Schiffe auf Kiel zu legen. Eine Flotte zu bauen und zu unterhalten war teurer noch als die Aufstellung eines Reiterheeres. Das Fällen der Bäume – Eichen für die Kiele, Lärchen für die Spanten –, der Transport mittels Ochsenkarren, die Beschaffung des Hanfes für die Fugen und des Pechs für das Kalfatern, die Errichtung der Werften, schließlich der Bau und die Probefahrten, alles das war zeitaufwendig. Ganz abgesehen von den Männern, die man brauchte als Steuerleute, Bootsmänner, Ruderer, Schiffsführer. So ist aus der großen Landmacht nie eine Seemacht geworden.

Prinz Karl, der älteste Sohn, führte fränkische Truppen über die Elbe, um die Dänen zur Räson zu bringen. Die hatten sich aber schon zurückgezogen und waren von ihrem König, dem wilden Göttrik (Gottfried), zu Schanzarbeiten eingesetzt worden. Er hatte ihnen befohlen, von der Ostsee, Ostarsalt geheißen, bis zur Nordsee einen Wall zu ziehen; genauer gesagt, von der Schlei bis zur Treene und Eider. Der Göttrikswall, der alte Befestigungen mit einbezog, wuchs sich im Laufe der Jahrhunderte zu einer gigantischen Anlage aus. 30 Kilometer lang, mit Feldsteinen verstärkt, von Palisaden gekrönt, durch einen Spitzgraben zusätzlich geschützt, mit einem einzigen breiten Tor durchbrochen, damit Wagen ein- und ausfahren konnten, überstand das Danewerk, dänisch: Danevirke, die Zeiten, gewann im deutsch-dänischen Krieg von 1864 noch einmal strategische Bedeutung und ist heute noch weithin sichtbar.

Der junge Karl kehrte mit seinem Heer nach Erfüllung seiner Aufgaben ohne jeglichen Verlust über den Elbefluß zurück nach Sachsen, heißt es in den Reichsannalen, eine Behauptung, der man keinen Glauben schenken muß. Aus anderen Quellen wissen wir, daß er schwere Verluste erlitten hatte. Vielleicht war das einer der Gründe, daß der Vater noch einmal das Kommando übernehmen wollte. Die Aufgebote gingen hinaus in alle Grafschaften, mit denen die Vasallen aufgefordert wurden zur Heeresfolge. »Deine Gefolgschaft muß ausgerüstet sein mit Waffen, sonstigem Kriegsgerät, Lebensmitteln und Kleidung.« Wir haben den Text des Kapitulars bereits kennengelernt. »Wer nicht rechtzeitig am Versammlungsort eintrifft, erhält so viele Tage weder Brot noch Wein, wie er sich nachweislich verspätet hat.«

Es dauerte diesmal länger denn je, bis die Truppen sich versammelt hatten. Immer mehr Freie versuchten, dem Kriegsdienst zu entgehen; von der Last erdrückt, sich zu rüsten oder zusammen mit anderen einen Reiter zu stellen (dessen Panzerhemd, wie wir erfahren haben, allein vier Zugochsen oder achtzehn Rinder kostete). Immer häufiger mußten die Grafen melden, daß zum Sammelplatz marschierende Krieger fahnenflüchtig geworden waren. Sie wollten partout ihre Haut nicht mehr zu Markte tragen; für wen auch immer und gegen wen auch immer. »Wer dem Bischof, Abt, Richter oder dessen Beamten sein Eigengut nicht geben will«, gaben die Wehrunwilligen bei einer Befragung zu Protokoll, »den läßt man fortwährend zu Heereszügen einrücken, so lange, bis er gänzlich verarmt ist und er sein Gut übergeben muß. Die Grafen selbst sagen, daß ein Teil ihrer Grafschaftsleute ihnen nicht gehorche und die Bannbuße nicht zahlen wolle.«

Die Nachricht kam, daß die Dänen mit 200 Schiffen an der Küste Frieslands gelandet seien. Die Friesen waren in drei Schlachten besiegt worden und hatten bereits einen Tribut von 100 Pfund Silber gezahlt. Göttrik verkündete (»in wahnwitzigem Hochmut«), er würde die Franken in offener Feldschlacht besiegen, nach Aachen ziehen und aus der Pfalzkapelle einen Pferdestall machen. Das war der *casus belli*! Denn Friesland war Frankenland.

Kaiser Karl legte gemeinsam mit den Leibwächtern seine Rüstung an: die Beinschienen, den hemdartigen Ringpanzer mit Halsschutz, den Gurt mit dem schweren langen Schwert, den Schild, den konisch geformten Helm. Er ließ sich auf das Pferd heben und die Lanze reichen. Ein eiserner Reiter von Kopf bis Fuß, und »wegen des Eisens erzitterten die Mauern und es verging der Mut der Jungen, und der Rat der Alten erblich vor dem Eisen«. Die Heerfahrt ging in Eilmärschen nach Verden, dorthin, wo einst auf seinen Befehl die Sachsen hingemetzelt worden waren; viereinhalbtausend an der Zahl, und das Wasser der Aller hatte sich rotgefärbt. Fast dreißig Jahre waren seitdem vergangen. Kamen ihm die Erinnerungen an jene Tage des Jahres 782? Bedrängten ihn schwere Gedanken, schlug ihm das Gewissen, als er das Flußufer entlangritt? Diese Fragen sind bisweilen gestellt worden. Ihre Beantwortung muß den Autoren historischer Romane überlassen bleiben.

Abul Abbas, der Elefant, war auch diesmal mitgeführt worden. Die Feinde in Angst und Schrecken zu versetzen durch seinen Anblick, diese Vorstellung hatte man aufgegeben. Sie erschraken nie. Elephas Asiaticus erwies sich als gutmütig, behutsam und treu, gefährlich war er nicht. Wie seine Artgenossen brauchte er am Tag einen halben Zentner Grünzeug und etwa achtzig Liter Wasser. Wenn man ihn nicht oft genug badete, wurde er mürrisch. In den vergangenen acht Jahren hatte er mehrere Feldzüge mitgemacht. Vielleicht hatte Abul es satt gehabt, unter der blassen Sonne Germaniens leben zu müssen, vielleicht sehnte er sich nach den paradiesischen Gefilden Mesopotamiens, jedenfalls legte er sich nach einem längeren Marsch hin und stand nicht wieder auf. Für Karl war hier nicht lediglich ein exotisches Tier krepiert; mit Abul Abbas, den der mächtigste Herrscher des Orients ihm geschenkt hatte, war ein Sinnbild erloschen, das Symbol karolingischer Weltmacht.

Karl errichtete am Zusammenfluß der Aller mit der Weser ein Standlager und wartete wider seine Gewohnheit ab, was der Feind plante; ob dieser König, der Friesland und Sachsen bereits als seine eigenen Provinzen ansah, wirklich gefährlich werden konnte, oder ob er nur ein Maulheld war. Die Soldaten wurden mit Schanzarbeiten beschäftigt, übten sich im Bogenschießen, im Schwertfechten, im Nahkampf mit den halblangen Dolchen. Die Männer seiner Eliteeinheiten, der Scarae, waren in Schlachtgewittern gestählte Berufssoldaten. Wenn sie des Morgens an den Waschtrögen standen, sah man ihre narbenbedeckten Oberkörper. Sie hatten ihre Verwundungen überlebt. Die Mehrzahl jener, die von Schwerthieben getroffen wurden, von Lanzenstichen, Dolchstößen, Pfeilschüssen, lebten nur noch wenige Tage, wenn es hochkam, ein, zwei Wochen. Die Kunst, Wunden zu behandeln, war gering entwickelt, aseptische Verbände kannte man nicht, und so war der Tod durch Wundfieber unausweichlich. Lediglich bei leichteren Verwundungen konnten die Heilkundigen, meist waren es Mönche, helfen. Mit ihren aus bestimmten Kräutern gewonnenen Säften, die eingenommen oder in Form von Umschlägen auf die Wunden gelegt wurden, erzielten sie überraschende Erfolge. Erstaunlich auch, daß durch Keulenhiebe entstandene Knochenbrüche ziemlich schnell heilten.

Ein Schlachtfeld muß der Vorhölle geglichen haben: Schwerverwundete, die ihre Kameraden anflehten, man möge sie erschlagen; leichter Blessierte, die um einen Priester baten, denn ohne die Segnungen der allerheiligsten Kirche auf die letzte Reise zu gehen, war für jeden Christenmenschen ein fürchterlicher Gedanke. Um die Gefallenen des Feindes kümmerte sich der Sieger nicht. Wer nicht mehr gehen konnte, wurde umgebracht und zusammen mit den Toten in frisch ausgehobene Massengräber geworfen. Leichenfledderer waren auf beiden Seiten unterwegs, beraubten die Toten ihrer Waffen und Kleidung.

Kurz vor seinem Aufbruch zur Heerfahrt hatte Karl erleben müssen, wie seine Rotrud starb. Es war jene Tochter, die er – sie war noch ein halbes Kind – mit dem Erben des byzantinischen Throns verlobt hatte, um sie dann doch nicht über das Meer ziehen zu lassen ins ferne Konstantinopel; dabei war sie bereits in griechischer Sprache und Lebensart unterwiesen worden. Rotrud war seine »Columba«, seine Taube, von Alkuin gelobt wegen ihrer Sanftmut und ihrer Bildung gleichermaßen.

Im Feldlager erreichte ihn die zweite Todesbotschaft: Pippin, König von Italien, war vermutlich in Verona einer Seuche zum Opfer gefallen: nur dreiunddreißig Jahre alt, ein schöner Mensch, wie es heißt, der nicht nur mit dem Schwert, sondern auch mit der Feder hatte umgehen können. Karl gab Order, die hinterbliebenen fünf Töchter – Adalhaid, Atula, Gundrada, Berthaid und Theodrada – nach Aachen zu geleiten, wo er sie aufziehen wollte, als seien es seine eigenen Kinder. Der Alte war ein Familienmensch. Er liebte seine Söhne, war vernarrt in seine Töchter, verehrte seine Schwester Gisla und bereitete seiner Mutter einen würdevollen Lebensabend. Als der Sohn und die Tochter starben, »ertrug er den Verlust mit weit weniger Fassung, als man bei der bewundernswerten Größe seines Geistes erwartet hätte. Seine Vaterliebe war eben sehr groß, und er vergoß viele Tränen«, schreibt Einhard.

In Verden saß er in seinem großen Zelt, das immer dann mitgeführt wurde, wenn in einer unwirtlichen Gegend eine Behausung nötig war, und wartete auf Göttrik, den Wikinger, der über Hunderte von drachenköpfigen Schiffen verfügte. Was er durch die täglich eintreffenden Boten erfuhr, führte ihm wieder einmal vor Augen, wie schwer es war, das Riesenreich zusammenzuhalten. Und es wurde immer schwerer. Jede neue Eroberung bedeutete neue Grenzen, neue Feinde, neue Probleme. Eine Gesandtschaft aus Byzanz hatte sich angemeldet. Von Córdoba war eine Delegation in Richtung Aachen aufgebrochen. Sarazenische Piraten hatten Küstenorte auf Sardinien und Korsika geplündert. Christen in Jerusalem erbaten seine Fürsprache. Sohn Ludwig ließ melden, daß er die Einschließung Tortosas aufgegeben habe, sein Heer sei aber »unversehrt«. Er hatte also wieder einmal versagt, und dabei war ihm ein genauer Schlachtplan ausgearbeitet worden. Die venezianische Frage war noch nicht gelöst. Und nun war auch noch die Burg Hubuoki, das Bollwerk an der Elbe gegen die Slawen, von den Wilzen zerstört worden.

Die Wilzen gehörten wie die Abodriten, die Linonen, Wenden, Smeldinger, Sorben zu den slawischen Völkerstämmen jenseits der Elbe. Ihre Gebiete dem Fränkischen Reich einzugliedern hat Karl nie versucht. Er ließ ihnen ihre Kleinkönige und Teilfürsten, respektierte ihre heidnischen Götter, tastete ihr Land nicht an. Vorausgesetzt, sie störten seine Kreise nicht und achteten seine Oberhoheit. Die Wilzen hatten dieses Gebot gebrochen und sich mit den Dänen verbündet. Eine fränkische Strafexpedition im darauffolgenden Jahr war die Folge. Sie haben ihn nicht gerade geliebt, diesen Germanenkönig und Kaiser, eher gefürchtet. Und hoch geachtet! Anders wäre es nicht zu erklären, daß die Westslawen ihre Herrscher künftig nach seinem Namen nannten: Kral = Karl.

»Man sagt, daß der König Göttrik tot sei«, meldete eines Tages ein Kundschafter, der aus Friesland zurückkam und dort beobachtet hatte, daß die Wikingerschiffe Segel setzten und die gesamte Flotte auslief. Die Meldung entsprach den Tatsachen. Göttrik, der den Mut, besser, den Übermut gehabt hatte, Karl herauszufordern, war eines jähen Todes gestorben. Nicht auf der Jagd durch das

Schwert seines Sohnes, der für die Verstoßung der Mutter sich hatte rächen wollen, wie das Gerücht lautete, sondern durch den Dolch eines Gefolgsmannes. Karl schien erleichtert. Der Kampf mit den von aller Welt gefürchteten Wikingern wäre ohne eine kampfstarke Flotte ein harter Strauß geworden. Seine zögerliche Haltung, die nicht zu ihm zu passen schien, hatte sich als richtig erwiesen. Wobei man nicht wußte, was ihn dazu bestimmt hatte: die Weisheit des Alters oder der Mangel an jugendlichem Elan. Doch letztlich hatte er Glück gehabt, das Glück des Tüchtigen.

Ruhm- und tatenlos sei dieser Feldzug gewesen, heißt es in den Jahrbüchern, und der Rückmarsch war es gleichermaßen. Er führte vorbei an Tausenden pestilenzartig stinkender Rinder, die eine Viehseuche gefällt hatte. Auch die eigenen Kühe, die man als lebenden Proviant mitführte, stürzten und starben. Die Seuche griff auf das ganze Reich über, und Fleisch wurde, wie das Korn bei schlechten Ernten, knapp und unbezahlbar teuer. Da man nicht alles als Strafe Gottes bezeichnen konnte, suchten die Bauern nach Schuldigen, und die fanden sie. Grimoald von Benevent, ein bewährter Feind der Karolinger, habe durch seine Schergen die Brunnen vergiftet und das Heu und die Früchte auf den Feldern. Wahllos griff man sich irgendwelche Fremden von den Straßen, folterte sie, bis sie gestanden, und warf sie dann mit Steinen beschwert in die Flüsse.

Das Testament

Der Aberglaube war weit verbreitet, und das nicht nur bei den einfachen Leuten. Der Tod der Rotrud und des Pippin, das Sterben des weißen Elefanten, die Viehseuche, das alles seien böse Omen, meinte man in der Umgebung des Kaisers. Daß Gott seinen Willen durch Vorzeichen und durch die Elemente ausdrücke, galt als unumstößliche Erkenntnis. Wunder, Zeichen, Visionen, Erscheinungen überall! Der Abt, der seinen Patres berichtete, er habe heute nacht den Teufel gesehen, hatte ihn *leibhaftig* gesehen. Und gerochen. Denn der Teufel stank. Wer bei der Umbettung von

Reliquien teilnahm, war ergriffen von dem Wohlgeruch, den die heiligen Reste ausströmten. Mit allen Sinnen empfand man das Übersinnliche.

Karl, berichtet Einhard, spürte die Bedrohung, die von diesen Zeichen ausging, aber er tat so, als kümmerten sie ihn nicht. So lange, bis er selbst dem Unheimlichen begegnete. »Während seines letzten Feldzugs in Sachsen gegen den Dänenkönig hatte Karl eines Tages gerade vor Sonnenaufgang das Lager verlassen und den Marsch angetreten, als er plötzlich einen mächtigen Feuerstrahl mit hellem Schein von rechts nach links über den klaren Himmel blitzen sah. Alle wunderten sich, was das Zeichen bedeuten sollte, da stürzte plötzlich sein Reitpferd kopfüber und warf ihn so heftig zur Erde, daß die Spange seines Umhangs zerbrach und der Schwertgurt zerriß. Die Lanze, die er in der Hand gehabt, wurde dabei so weit fortgeschleudert, daß sie über zwanzig Fuß entfernt lag. Karl mußte, nachdem man ihm seine Waffen und den Mantel abgenommen, von den herbeieilenden Dienern aufgehoben werden.«

Hungersnöte, Viehseuchen, Überfälle arabischer Seeräuber auf die Küstenorte des Mittelmeeres, ständige Kleinkriege mit heidnischen Stämmen an den Grenzen: Was widerfuhr den Franken? Waren sie nicht Auserwählte des Herrn und ihr Kaiser ein Herrscher von Gottes Gnaden? Hatte der Christengott ihm seine Gunst entzogen? Ging kein Heil mehr von ihm aus?

Karl muß sich diese Fragen auch gestellt haben, denn anders sind die Kapitularien nicht zu erklären, die nun hinausgingen. »Aus den unheilvollen Erscheinungen müssen wir schließen, daß wir dem Herrn nicht mehr wohlgefällig sind. Wie sonst müßten wir solche Übel ertragen. Deshalb erscheint es uns notwendig, daß jeder sein Herz aufrichtig prüfe, daß er demütig werde, daß er sich durch Buße reinige. Und Reinigung erwirke er durch ein Fastengebot, das er drei Tage streng zu beachten habe ...«

Er selbst hielt dieses Gebot diesmal ein. Wieder in Aachen, zog er sich zurück in die Gemächer der Pfalz, und wenn man ihn erblickte, dann in der Kapelle, wo er in inbrünstigem Gebet kniete des Morgens und des Abends; auch an den nächtlichen Horen und den Messen nahm er teil. Der Schlaf floh ihn mehr denn je. Doch wie früher schon nutzte er die schlaflosen Stunden, indem er den Pfalzgrafen zu sich rief und Bericht verlangte über die Prozesse, die noch nicht entschieden waren. »Und wenn ihm der Graf von einem Streit berichtete, der seine Entscheidung verlangte, ließ er die Parteien sofort hereinführen, hörte sich den Fall an und verkündete sein Urteil, als säße er auf dem Richterstuhl. Doch nicht nur das, er gab gleichzeitig auch Anweisung, was alles am Tage getan oder den Beamten aufgetragen werden solle.« (Einhard)

Es wurde einsam um ihn. Von den Heerführern, den Bischöfen, den Äbten und Grafen, die mit ihm in den Kriegen gekämpft, im Frieden das Reich verwaltet und zu dem gemacht hatten, was es inzwischen darstellte, starb einer nach dem anderen. Und Gisla starb, die geliebte Schwester. Und Pippin starb nach zwanzigjähriger Klosterhaft in Prüm; jener Pippin, den die Natur halb begünstigt und halb benachteiligt hatte. Im Kampf um sein Recht als ältester Sohn hatte er sich, wie wir wissen, an die Spitze einer Verschwörung gegen den Vater gesetzt und war unterlegen. Und Alkuin starb, der schier Unersetzliche. Karl fand es an der Zeit, sein Haus zu bestellen.

Sein Testament ist ein denkwürdiges und merkwürdiges Dokument zugleich. Im Original ist es uns nicht überliefert, sondern lediglich in Einhards Lebensbeschreibung. Hiernach teilte der Kaiser sein gesamtes Vermögen an Gold, Silber, Edelsteinen und Schmuck, das sich am Tage der Testamentserrichtung in seiner Schatzkammer fand, zunächst in drei Teile. Das erste und das zweite Drittel wurde wiederum geteilt, und zwar in einundzwanzig Teile, und den einundzwanzig Erzbischöfen im Reich überantwortet. Sie saßen in den Städten Rom, Ravenna, Mailand, Cividale del Friuli, Grado, Köln, Mainz, Salzburg, Trier, Sens, Besançon, Lyon, Rouen, Reims, Arles, Vienne, Moutiers-en-Tarantaise (Savoyen), Embrun (Dauphiné), Bordeaux, Tours und Bourges. Die Erzbischöfe behielten ein Drittel davon für *ihre* Kirche und mußten zwei Drittel an ihre Bischöfe weiterleiten. Die einundzwanzig Teile wurden sorgfältig in Truhen verschlossen, versiegelt und mit dem Namen der betreffenden Metropole versehen. Aachens Beamte sahen auf Ordnung.

Über das letzte Drittel des Schatzes behielt Karl die Verfügungsgewalt zu Lebzeiten. Goldene und silberne Geräte, Juwelen, Münzen, Barren gehörten auch hier zur wertvollsten Erbmasse (nicht von ungefähr hatte man damals für den Abtransport des Awarenschatzes 15 von je 4 Ochsen gezogene Planwagen gebraucht). Hinzu kamen – Karl ließ alles genau auflisten bei der Bestandsaufnahme – alle Geräte und Gebrauchsgegenstände aus Erz, Eisen und anderen Metallen, Kleider und der Hausrat, nämlich Vorhänge, Decken, Teppiche, Woll- und Lederzeug, Saumsättel.

Nach seinem Tod sollte dann wieder geteilt werden: ein Viertel würde zu vorgenannten 21 Teilen kommen, ein Viertel den Armen zufallen, ein Viertel den Dienern, Knechten, Mägden der Hofhaltung. Das letzte Viertel wäre den Söhnen, Töchtern, Enkeln und Enkelinnen vorbehalten, und das war gerade einmal ein Zwölftel des königlichen Schatzes, genauer gerechnet 8,333 Prozent. »Lachende Erben« würden das einmal nicht sein. Selbst von den wertvollsten Stücken, einem goldenen und drei silbernen Tischen, verziert mit dem Plan der Stadt Konstantinopel, dem Relief der Metropole Rom, einer Weltkarte, welche die Erde, die Planeten und die Fixsterne zeigte, waren nur zwei Tische für sie vorgesehen.

Karl hatte das Testament nicht zuletzt deshalb erstellt, damit »seine Erben deutlich und bestimmt wissen, was ihnen gehören solle und die Verteilung ohne Streitigkeiten und Zwietracht vorgenommen werden könne«. Offenen Zwist hat es nicht gegeben; die Kirche jedenfalls als Haupterbin konnte zufrieden sein; die Töchter jedoch, denen er so herzlich zugetan war, mußten sich in ihrem Erbe verkürzt sehen. Nicht zu sprechen von Madelgarda, Gerswinda, Regina und Adalind, seinen Konkubinen, die ihm drei Söhne und zwei Töchter geboren hatten. Seine Absicht, auch sie in einer gesonderten letztwilligen Verfügung zu bedenken, wurde immer wieder hinausgeschoben, bis es zu spät war.

Bezeichnend für die damalige Seelenlage des Kaisers ist der Passus: »Nach seinem Tode oder *falls er auf das weltliche Leben freiwillig verzichtet* ...« Hat er sich mit dem Gedanken getragen, sich irgendwann in ein Kloster zurückzuziehen und sein Leben als Mönch zu beschließen? So wie es Karlmann, der Bruder seines Vaters, getan hatte, als er die Kutte nahm und auf dem Berge Soracte nur noch seinem Herrgott diente? Wir wissen es nicht. Wir wissen dagegen, daß Ludwig, der geschworen hatte, alle Verfügungen des Testaments mit größter Gewissenhaftigkeit auszuführen, nicht gewissenhaft vorging.

Karls mystisch-religiöse Stimmung, seine ganz dem Jenseits zugewandte Haltung, dauerte nicht an. Die Staatsgeschäfte, die er hatte schleifen lassen, verlangten nach seiner Hand. So galt es, eine Gesandtschaft nach Byzanz zusammenzustellen und auf die Reise zu schicken, damit jenes Geschäft endlich abgeschlossen werden könne, auf das die beiden Kaiser sich schon grundsätzlich verständigt hatten: Karl hatte sich verpflichtet, Venetien und Dalmatien gegen die Anerkennung seines Kaisertums durch Ostrom einzutauschen. Im Jahr darauf kehrte die Gesandtschaft gemeinsam mit der byzantinischen Delegation wieder nach Aachen zurück. »Im Jahr darauf«, das zeigt, wie unendlich zeitraubend, wie schwierig der Weg war über die Alpen zu einem Mittelmeerhafen, um von dort mit dem Schiff über das von Piraten verseuchte Meer Konstantinopel zu erreichen. Erst nach monatelangen Verhandlungen mit der basileischen Bürokratie war es zurückgegangen in die Heimat. Mancher sah das Frankenland gar nicht wieder, er starb in der Fremde oder auf hoher See. Auch das Segelschiff des Heitos, der die Delegation führte, scheiterte, doch der Bischof konnte sich retten. Den Basileus Nikephoros hatte er nicht mehr lebend angetroffen; inzwischen war Michael I. auf den Thron gekommen.

Die weltlichen und kirchlichen Herren, die am Hof zu Aachen dienten, in welchem Amt, mit welchem Rang auch immer, kannten die Metropole am Goldenen Horn nicht aus eigenem Erleben. Gehört hatten sie viel von den nach Hunderten zählenden Kirchen, von den Toren, Pforten, Palästen, Arenen, Hippodromen, Plätzen und von der dreifachen Ringmauer mit ihren fünfundzwanzig Meter hohen Türmen. Nun standen diese Griechen vor den Stadttoren Aachens, und die Hoffnung, ihnen mit der eigenen Residenz zu imponieren, schien gering. Doch die Hofleute kamen auf eine originelle Idee, wie das dennoch zu bewerkstelligen sei. Notker, der wackere Mönch aus St. Gallen, hat uns einen köstlichen Bericht geliefert über den Empfang der Metropoliten und Protospatharen aus Byzanz.

»Als sie nun kamen, setzte man den Marschalk auf einen Hochsitz und umgab ihn mit Höflingen, so daß man ihn als den Kaiser ansehen konnte, und die Gesandten fielen augenblicks auf den Boden, um ihn zu begrüßen. Die Diener aber wiesen sie zurück und nötigten sie weiterzugehen. Im nächsten Raum erblickten sie den Pfalzgrafen, wie er inmitten der Großen zu Gericht saß, und wieder vermuteten sie in ihm den Kaiser und berührten mit ihren Stirnen den Boden. Als die Höflinge riefen: ›Das ist nicht der Kaiser!‹, betraten sie die nächste Halle und fanden dort den Truchsessen mit seinen prächtig gekleideten Dienern, und sie stürzten auf die Knie, um ihm fußfällig die Ehre zu erweisen.

Auch hier zurückgewiesen, fanden sie im Sitzungssaal die königlichen Kammerdiener um ihren Meister versammelt, und es erschien ihnen nicht zweifelhaft, daß *er* der erste unter den Sterblichen sein müsse. Aber dieser erklärte, er sei es nicht, versprach aber, sich mit dem Palastobersten zu bemühen, daß sie noch heute vor die Augen des Erhabenen gelangen könnten. Nun wurden vom Pfalzgrafen Leute geschickt, um sie ehrenvoll einzuführen.

Da stand nun der ruhmreiche Karl an einem hellen Fenster, strahlend wie die Sonne beim Aufgang, geschmückt mit Gold und Edelsteinen, gestützt auf einen Erzbischof. Rings um ihn standen wie eine himmlische Heerschar seine drei Söhne; seine Töchter, durch Klugheit und Schönheit ebenso geziert wie durch Geschmeide; die Bischöfe unvergleichlich an Gestalt und Tugend; und die Äbte, ausgezeichnet durch Adel und Ehrwürdigkeit; dazu die Herzöge und die Kriegsleute.

Da wurden die Gesandten der Griechen bestürzt, und mit stokkendem Atem und benommenem Verstand fielen sie zu Boden. Der gütige König aber hob sie auf und versuchte, ihnen durch tröstenden Zuspruch Mut zu machen.«

Anderntags überreichten die Gesandten – inzwischen werden sie wieder zu Atem gekommen sein – ihre Geschenke und empfingen ihrerseits kostbare Gaben. So wollte es der Brauch. Nun konnte endlich die feierliche Übergabe des von Karl und seinen

Großen unterschriebenen Vertrags stattfinden, der das erwähnte Geschäft urkundlich machte. Der Metropolit und die beiden Protospatharen sangen ihm daraufhin ein Loblied in griechischer Sprache, wobei sie ihn *Imperator* und *Basileus* nannten.

Karl beeilte sich zu bekunden, daß er jahrelang sehnsüchtig auf diesen Augenblick gewartet habe und nur das Vertrauen auf Gott seine Hoffnung aufrechterhalten hätte. Möge nun zum Friedenswillen auch das Vollbringen kommen. Der Preis für die Anerkennung war hoch: eine reiche Stadt und ebenso reiche Seestädte. Karl war bereit, ihn zu zahlen. Daß ein Mann wie Karl, den man schon bei Lebzeiten den Großen nannte, der über ein so gewaltiges Reich herrschte, dem so viele Völker und Volksstämme untertan waren, sich nun erst als ein wirklicher Kaiser fühlte, mag verwundern. Man vergesse nicht, daß sein Geschlecht durch einen Staatsstreich auf den Thron gekommen, seine Vorfahren Hausmeier gewesen waren und ihm selbst die Kaiserkrone von einem Mann aufgesetzt wurde, der dazu nicht berechtigt war: dem Bischof von Rom.

In seinem erzählerischen Überschwang hatte Notker vergessen, daß es keine drei Söhne mehr gab, als die griechische Gesandtschaft eintraf. Vom Tode Pippins haben wir erfahren; indes, die Zeit der Prüfungen war noch nicht vorbei. Ein Mann starb, der die Hoffnung und der Stolz des Reiches war, in Gestalt und Wesen dem Vater am meisten ähnlich, den dieser sich als seinen Nachfolger gewünscht hatte, geschmückt mit der Kaiserkrone. Nicht umsonst trug er seinen Namen, Karl, der älteste Sohn, noch eben an der Spitze des gegen die Dänen aufgebotenen Heerbanns, starb plötzlich, wie es in der Überlieferung heißt, an einer Krankheit, die sich in Kopfrasen und brechenden Augen zeigte. Vermutlich war es eine Gehirnhautentzündung. Gerade neununddreißig Jahre alt war er geworden. Er war unverheiratet geblieben, denn die beabsichtigte Verbindung mit einer britannischen Königstochter hatte sich ja zerschlagen.

Für den König (dem germanischen Teil des Reiches galt Karl der Große noch immer als *der König* und nicht *der Kaiser*) war das doppelter Schmerz und doppelter Verlust. Als Nachfolger war nun

Ludwig an der Reihe, dem Karl nicht traute und dem er nichts zutraute. Die Zügel des Riesenreiches in diese Hände zu legen, bereitete den kaiserlichen Ratgebern schlaflose Nächte. Daß er von herkulischem Körperbau war, im Bogenschießen und Lanzenwerfen bravourös und bei der Jagd seinen Mann stand, erschien ihnen nicht ausreichend für einen künftigen Herrscher. Seine Großzügigkeit gegenüber seinen Getreuen war für sie nichts anderes als Verschleuderung von Reichsvermögen; denn er vergab die Güter nicht zu Lehen, sondern zu ewigem Besitz. Sein aquitanisches Unterkönigreich verwaltete er schlecht, und die Königsboten mußten immer wieder nach dem Rechten sehen. Verdienst erwarb er sich, indem er verfallene Klöster wiederherstellte und neue Abteien gründete. Doch auch dabei verschenkte er Land, statt es zu verleihen. Seine Berater waren Bischöfe und Äbte, weltlichen Herren lieh er nur selten ein Ohr. Er war gutmütig, aber nicht gütig, frömmelnd, aber nicht fromm, guten Willens, aber zu schwach, um diesen Willen durchzusetzen.

Ludwig der Fromme wird vom Vater gekrönt

Trotz aller Vorbehalte drängten die einflußreichen Männer am Hof darauf, Ludwig zum Mitregenten und Nachfolger zu ernennen. Er hatte königliches Blut in den Adern, war der legitime Sohn des Imperators. Die mit den Nebenfrauen gezeugten männlichen Nachkommen waren nicht thronwürdig. Karl zögerte dennoch, und man begann zu ahnen, warum er zögerte. Auf der Klosterschule in Fulda lebte und lernte ein hochbegabter junger Mann, Bernhard gerufen, Sohn Pippins, des unlängst verstorbenen Unterkönigs von Italien. Seine Herkunft schien nicht ganz zweifelsfrei, denn der Vater soll ihn mit einer Konkubine gezeugt haben. Karl schien das gleichgültig zu sein: Für ihn war der junge Mann thronwürdig – ein Zeichen, wie wenig ihm Ludwig behagte. Andererseits war der Aquitanier nicht so leicht zur Seite zu schieben.

Karl versuchte das Problem mit dem untauglichsten Mittel zu

lösen: Er schob die ganze Sache auf die lange Bank, indem er sich scheinbar dringlichen Kirchenangelegenheiten zuwandte; Provinzialsynoden in Mainz, Reims, Tours, Chalon und Arles einberief, die Erzbischöfe in langen Rundbriefen ermahnte, überzeugender die Lehre Christi zu verkünden, gründlicher über die Taufe zu unterweisen. Gleichzeitig bat er sie um Vergebung, wenn er nicht mehr persönlich bei ihnen erscheinen könne. Sein Körper weigere sich, längere Reisen zu unternehmen.

Die Ärzte beobachteten mit Besorgnis seine Hinfälligkeit und waren verzweifelter denn je, wie wenig er sich auch jetzt nach ihren Ratschlägen richtete. Von Diät wollte er ohnehin nichts wissen; selbst einen Aderlaß, den sie oft genug bei anderen Patienten mit Erfolg (aber auch großem Mißerfolg) praktiziert hatten, verbat er sich. Andererseits bestaunten sie die Geistesfrische und die Willenskraft des Greises; denn ein Greis war er in einer Zeit, in der es kaum Siebzigjährige gab.

813 brannte die Brücke über den Rhein bei Mainz, neben der Pfalzkapelle das am meisten bewunderte Bauwerk, bis auf den letzten Pfeiler nieder. Zehn Jahre lang hatten Tausende von Zimmerleuten und Bauern gefront, bis die 500 Schritt (etwa 350 Meter) lange Holzkonstruktion den Fluß endlich überbrückte. Viele sahen in dem Brand ein weiteres Menetekel. Karl dagegen meinte: »Ich werde eine neue Brücke bauen, und sie wird aus Stein sein.« Er gab Order, mit den Vorbereitungen sogleich anzufangen. (Es sollte ein gutes Jahrtausend dauern, bis die Order ausgeführt werden konnte, genauer: bis zum Jahre 1862.)

Die Frage nach der Thronfolge wurde dringlicher. Selbst die Mitglieder ausländischer Gesandtschaften pflegten sich unter der Hand zu erkundigen, wann denn nun Ludwig gekrönt werden würde. Ludwig? Die Entscheidung war wohl gefallen. Einhard hatte auf einer Reichsversammlung vorgeschlagen, ihn zu erwählen, und Karl hatte ihm nicht widersprochen. Bernhard war inzwischen an den Hof von Pavia geschickt und in die Rechte des verstorbenen Vaters als König von Italien eingesetzt worden. Doch Karl ging erst noch einmal auf die Jagd. In den Wäldern der Eifel, bei der Pirsch auf Eber, Hirsch und Auerochs, verweigerte sich sein Körper anscheinend nicht und die müden Knochen gehorchten. Dort vergaß er die Gicht, die Fieberanfälle, die Schmerzen in der Brust. Zwar brauchte er zwei Reitknechte, um auf sein Pferd zu kommen, doch saß er einmal im Sattel, glich er Nimrod, dem gewaltigen Jäger des Alten Testaments.

Dann kam die Nachricht, daß der gewaltige Jäger sich am Fuß arg verletzt habe. Nun schien es an der Zeit, Ludwig eiligst herbeizurufen. Der Kaiser, so begründeten das die hohen Herren am Hofe, »sei in Altersschwäche geraten«, ja, er gehe seiner Auflösung entgegen, eine Begründung, die dem Alten niemand zu hinterbringen gewagt hätte. Und auch das Gedicht nicht, das Theodulf von Orléans, der alte Freund, geschickt hatte und das als »Greisenlied« bekannt geworden ist. »Die Mauer, in der Jugend so fest noch und kunstvoll gefügt, weist Risse auf, künftigen Verfall ankündigend. So wie es einen Greis verdrießen muß, zu singen und heitere Reden zu führen, so hat des Lebens Süße die alternde Welt verlassen und nichts, nichts mehr bleibt von der Kraft des Mannes.«

Ludwig kam, sah, aber siegte nicht: Aus einem König wurde, vorerst, noch kein Kaiser, sondern ein Schüler. Der Alte behielt ihn mehrere Wochen bei sich, unterrichtete ihn in allem, was ihm zu wissen not schien. Er unterwies ihn, *wie* er leben solle, *wie* regieren, *wie* das Reich ordnen und in Ordnung halten. Erst dann berief er die Reichsversammlung ein. Als die Bischöfe, Herzöge, Äbte, Grafen, Vikare und das ganze Heer sich endlich versammelt hatten, trat er mit dem Sohn unter sie und fragte sie, vom Höchsten bis zum Geringsten, ob es ihnen genehm sei, daß er seinen kaiserlichen Namen auf Ludwig übertrage. Der Vorschlag wurde mit Beifall aufgenommen, denn er schien ihnen von Gott eingegeben.

»Hierauf am nächsten Sonntag legte er seinen vollen Kaiserornat an«, schreibt der Chronist Thegan in seiner *Vita Hludowici Imperatoris*, schritt daher, herrlich geziert und geschmückt, wie es sich für ihn ziemte. Dann betrat er die Kirche, die er von Grund auf erbaut, und trat vor einen erhöhten Altar. Auf diesem Altar lag eine Krone, eine andere als die, die er selbst trug.

Karl nahm nun seinen Sohn ins Gebet, dergestalt, daß er mit

ihm betete und ihn dann eindringlich ermahnte, die Kirche Gottes zu verwalten und zu schützen; die Bischöfe zu ehren wie Väter, die Untertanen zu lieben wie Kinder; die hochfahrenden und schlechten Menschen auf den Weg des Heils zu bringen, den Armen dieser Welt ein barmherziger Herr zu sein. Gütig und barmherzig, und das klang wie ein Befehl, habe er seine Schwestern zu behandeln, seine Kinder und seine Neffen. Nur treue Beamte möge er einsetzen, welche die Bestechung verabscheuen, und keinen ohne gerechte Ursache absetzen.

Es muß ein erhebender Moment gewesen sein in der von Hunderten Kerzen und Fackeln magisch beleuchteten Pfalzkapelle, als Karl die Stimme erhob und Ludwig ihm antwortete: »Mit Freude will ich deinen Befehlen gehorchen und mit Gottes Hilfe alle Gebote halten.«

Thegan berichtet nun, wie Kaiser Karl dem Sohn befahl, die Krone vom Altar zu nehmen und sie sich eigenhändig aufzusetzen. Ein anderer Chronist, der sogenannte Astronomus, schreibt: »... und endlich krönte er ihn eigenhändig mit dem kaiserlichen Diadem und gab bekannt, daß mit Christi Gunst die höchste Gewalt bei ihm sein solle.«

Ob Ludwig nun die Krone aus den Händen des Kaisers bekam oder ob er sie sich mit eigenen Händen aufsetzte, ist nicht relevant. Wichtig an diesem Vorgang ist die Tatsache, daß von *einem* Würdenträger nicht mehr die Rede war: vom Papst. »Kraft eigenen Rechts allein und unter Zustimmung des fränkischen Reichstags, ohne irgendwie den Papst um seine Meinung zu fragen oder irgendwie um Mitwirkung anzugehen, übertrug Karl dem Sohn die Kaiserkrone ... Erst die vollendete Tatsache wird ihm, wie jede andere Staatsaktion, mitgeteilt, und erst nachträglich wird sein Segen, seine Weihe eingeholt.« Der Septembertag in der Aachener Pfalzkapelle unterschied sich in fundamentaler Weise von der Weihnachtsfeier des Jahres 800, als Karl die Kaiserkrone in einer Form erhielt, wie er sie nicht gewollt hatte. Hätte er geahnt, was der Papst plante, so sein damaliges Wort zu Einhard, niemals wäre er vor den Altar der Peterskirche getreten. Wir erinnern uns.

Wollte Karl, die Kämpfe zwischen Papsttum und Kaisertum

vorausahnend, mit der Krönung Ludwigs einen Musterfall schaffen, der seinen Nachfolgern als unumgängliches Vorbild dienen mußte? Spätere Historiker haben das angenommen. Aber letztlich war es wohl so, daß er damit demonstrieren wollte, wem die Führung im christlichen Abendland zukam: dem Haus der Karolinger. Der Kaiser sei der wahre Stellvertreter Gottes auf Erden und nicht der Bischof von Rom.

Ludwig war nun Mitregent. Von Mitregieren war allerdings keine Rede. Es existiert keine Urkunde, die beider Namen trüge. Karl schickte ihn wieder zurück nach Aquitanien. Beim Abschied schien er gespürt zu haben, daß es ein Scheiden für immer war. Tief bewegt umarmte er den Sohn, küßte ihn, und er weinte, wie Thegan berichtete. Daß er die letzten Monate bis zu seinem Tod *nur* mit Fasten, Beten und Almosengeben verbracht habe, widerspricht den Tatsachen. Er war bis zu seinem Tod tätig bemüht, dem Reich zu dienen und Unheil von ihm abzuwehren.

Unheil drohte besonders von den Normannen, wie die Wikinger von den Franken genannt wurden. Erneut waren sie mit ihren schnellen Drachenschiffen in Friesland gelandet, hatten geplündert, gebrandschatzt und Hunderte von Frauen geraubt, die auf den Sklavenmärkten gutes Geld bringen würden. Panik brach aus, immer wenn die rotweiß gestreiften Segel am Horizont auftauchten. »A furore Normannorum libera nos, Domine!« beteten die Priester, doch der Herr erhörte sie nicht. Den Franken blieb nicht viel mehr, als die Küstenwachen zu verstärken.

Mene, mene tekel upharsin …

Die Flüsse gefroren, die Seen erstarrten, Schneestürme verwehten die Straßen und Wege. Die Menschen verkrochen sich in den Häusern, versammelten sich um die Feuerstellen. Vor den Pforten der Klöster drängten sich jene, die ohne Obdach waren. Auch die Hallen der Aachener Pfalz waren zugig und eiskalt. Nur mühsam gelang es den Dienern, wenigstens die kaiserlichen Gemächer zu heizen. Wenn Karl nachts schlaflos wandelte, zog er ein Bein nach –

die Gicht! Im Morgengrauen erwarteten ihn die syrischen und griechischen Gelehrten, mit denen er an der Richtigstellung von vier Handschriften arbeitete: an den Evangelien des Matthäus, Markus, Lukas und des Johannes.

Zusammen mit seinen Schreibern redigierte er den Text eines Kapitulars (das übrigens erst jüngst entdeckt wurde). Es ist ein Dokument des Zweifels, der ihn in den letzten Monaten immer wieder heimgesucht hatte.

»Von diesem Kapitular aber und von allen anderen, die wir seit vielen Jahren durch unser Reich gesandt haben, wollen wir jetzt endlich durch unsere Königsboten wissen, was aus alldem geworden ist, und wer das, was dort geboten ist, hält oder wer es verachtet und vernachlässigt. Damit wir wissen, was mit jenen geschehen soll, die so viele Jahre Gottes Gebot und unser Gesetz mißachtet haben.«

Zweifel an seinen Beratern, seinen Bischöfen, Grafen, Zweifel an sich selbst. Hatte er recht getan mit dem, was er getan? War es ihm gelungen, die Menschen wenigstens um ein Jota zu ändern? Oder war alles, alles vergeblich gewesen? War er tatsächlich ein Sisyphos gewesen?

Schwere Träume suchen ihn heim. Ein Schatten erscheint und reicht ihm ein Schwert. Eine Stimme ertönt: »Lies, was auf der Klinge geschrieben steht. Präge dir die Worte ein. Die Zeit wird kommen, wo sie sich erfüllen werden.«

Raht, radoleiba, nasg, enti lauten die Worte. Am Morgen läßt Karl den Kanzler rufen, den Pfalzgrafen, den Astrologen, den Erzbischof, und sie versuchen, den Traum zu deuten: Das Schwert ist die Herrschergewalt, denn mit ihm haben wir unsere Feinde besiegt. *Rath* heißt die Fülle, der Reichtum in allen Dingen, der größer war als jemals zur Zeit unserer Vorfahren. *Radoleiba* bedeutet Abnahme, Verringerung. Nach unserem Tod wird es keinen Überfluß mehr geben. Das Reich wird sich verringern, denn jüngst unterworfene Völker werden abfallen. *Nasg* ist der Verzehr. Wenn unsere Söhne gestorben sind und deren Söhne das Zepter übernehmen, das dritte Geschlecht zu herrschen beginnt, werden sie um schnöden Gewinnes willen die Steuern erhöhen, und sie werden nicht erkennen, daß ihre Schande höher ist als die errafften Reichtümer. Vor der Kirche werden sie nicht haltmachen und den Geistlichen das nehmen, was wir ihnen gegeben, damit sie Gott dienen. *Enti* bedeutet nichts anderes als Ende. Das Ende der Welt oder das Ende unseres Geschlechts.

Einhard hat diesen visionären Traum Hrabanus Maurus erzählt, und der hielt ihn für die Nachwelt fest. Ob Karl ihn geträumt, ja gedeutet hat, ist eher zweifelhaft. Vermutlich gehört er zu den Geschichten, die *nach* dem Tod Karls in Umlauf gesetzt wurden. Doch nicht so lange danach, daß der Erzähler schon etwas wissen konnte vom Niedergang des Reiches. Insofern bleibt sein prophetisches Gemüt zu bewundern.

Die letzten Monate Karls waren von weiteren bösen Vorzeichen bestimmt. Aus schwefelgelbem Gewitterhimmel zuckt ein Blitz, zerschmettert den goldenen Apfel, der die Kuppel der Kapelle krönt, und wirft ihn auf den Bischofshof. Auf dem Wandstreifen, der zwischen den oberen und unteren Bogengängen verlief, verkündete eine in roter Farbe aufgetragene Inschrift, wer der Erbauer der Kapelle gewesen sei: KAROLUS PRINCEPS. Einige Leute nun bemerken, daß die Buchstaben PRINCEPS – FÜRST so verblichen waren, daß man sie nicht mehr entziffern konnte. In den Decken der kaiserlichen Gemächer knistert, kracht und rumort es, als kündige sich ein Erdbeben an.

Doch wie es bei Vorzeichen nicht selten geschieht, pflegt man sie erst *nachher* mit dem unheilvollen Geschehen in Verbindung zu bringen.

Trotz der eisigen Witterung will Karl nicht auf sein tägliches Bad im überdachten Schwimmbad verzichten. Er erkältet sich, beginnt zu fiebern, wird zu Bett gebracht. Ärztliche Hilfe weist er wie immer zurück und versucht sich auf eigene Art zu kurieren: er nimmt keine Nahrung mehr zu sich und stillt auch seinen Durst nur selten durch einen Trunk Wasser. Diese Kur ändert er selbst dann nicht, als ihm das Atmen schwerfällt, die Brust heftig schmerzt, sein Körper von Husten geschüttelt wird. Heute würde der Arzt eine Rippenfellentzündung diagnostizieren. Er wurde schwächer und schwächer. Am fünften Tag seiner Krankheit bat er seinen Erzkaplan Hildebald von Köln, mit dem er befreundet war, zu sich, damit er ihn für seinen letzten Weg stärke durch das Sakrament des Blutes und Leibes Christi. Noch diesen Tag und die folgende Nacht hatte er zu leiden.

»Am anderen Morgen aber, da es hell wurde, in vollem Bewußtsein dessen, was er tun wollte, streckte er die rechte Hand aus und machte so kräftig, als er es vermochte, das Zeichen des heiligen Kreuzes auf die Stirn, die Brust und den ganzen Körper. Zuletzt aber zog er die Füße zusammen, legte Arme und Hände über die Brust und sang mit leiser Stimme den Vers des 30. Psalms ›In deine Hände, Vater, befehle ich meinen Geist‹.« (Theganbert)

In St. Denis, dem Kloster nördlich von Paris, dort, wo sein Vater Pippin lag, seine Mutter Bertha, sein Großvater Karl Martell, hatte er bestattet werden wollen: so seine Verfügung aus dem Jahre 763. Das war lange her, und niemand schien sich mehr daran zu erinnern. Allen aber erschien es selbstverständlich, daß es keine würdigere Stätte gab als die Kirche, die er selbst hatte erbauen lassen. Hier wurde er noch am Abend seines Todestages zur letzten Ruhe gebettet: in einem aus Marmor gehauenen antiken Sarkophag, in dem die Entführung der Persephone in die Unterwelt als Relief eingemeißelt war.

Über seinem Grab errichteten sie einen vergoldeten Bogen mit seinem Abbild und der Inschrift: »Unter diesen Steinen ruht der Leib Karls, des großen und rechtgläubigen Kaisers, der das Reich der Franken ruhmvoll vergrößert und siebenundvierzig Jahre glückhaft beherrscht hat. Er starb im zweiundsiebzigsten Jahre seines Lebens am 28. Januar Anno domini 814.«

Am Morgen war er gestorben, am Abend war er bereits unter der Erde. Mit ungewöhnlicher Eile, denkt man an die sich über Tage erstreckenden Leichenfeiern, mit denen die Großen sonst zu Grabe getragen wurden. Man vermutet, so auch E. E. Wies, daß man möglichst rasch vollendete Tatsachen schaffen wollte, bevor die Mönche aus St. Denis ihre Ansprüche anmelden konnten: Denn dort hatte man die alte Verfügung gewiß nicht vergessen. Einen solchen Leichnam zu besitzen war nicht nur ehrenvoll, sondern brachte auch Gewinn durch die zu erwartenden Pilgerströme. Bedeutung und Wohlergehen eines Klosters konnten davon abhängen.

In einer Novembernacht betritt eine Schar von Männern die Pfalzkapelle. Mit ihren Fackeln leuchten sie den Fußboden aus und beginnen mit dem mitgebrachten Werkzeug die Platten aufzureißen und zu graben. Sie durchbrechen eine Decke aus Kalk und Marmorgestein und entdecken roh behauene Stufen, die in eine Grabkammer führen. Ein starker Geruch schlägt ihnen entgegen. Auf einem erhöhten Sitz hockt ein Leichnam, als lebe er. Er trägt eine goldene Krone und hält ein Zepter in der Hand. Durch die Handschuhe sind die Fingernägel hindurchgewachsen. Die Glieder zeigen keine Spuren von Verwesung, nur die Spitze der Nase scheint abgefallen zu sein. Die Männer fallen auf die Knie und beten. Ihr Anführer umhüllt den Leichnam mit weißen Tüchern, ergänzt die Nase durch ein Stück Blattgold und zieht aus dem Mund einen Zahn. Auch schneidet er ihm die Nägel. Er löst das goldene Kreuz vom Hals der Leiche und nimmt einen Teil der noch erhaltenen Kleidungsstücke an sich. Sie schließen die Gruft und stellen die Decke wieder her. Es ist weit nach Mitternacht, als sie die Kirche wieder verlassen.

Der Anführer ist Otto III., seines Zeichens deutscher Kaiser aus dem Hause der Ottonen. Die Historiker nennen ihn den Phantasten auf dem Kaiserthron. Er hatte es sich zur Aufgabe gemacht, das Römische Reich wiederherzustellen und Rom zum Mittelpunkt der Welt zu machen. An der sich selbst gestellten Aufgabe drohte er bald zu zerbrechen. Und so sei der Besuch im Grabe nichts anderes gewesen als der Versuch, Beistand zu finden. Er nimmt das Halskreuz, den Zahn, die Gewänder, um die Kraft des großen Karl auf sich zu übertragen und seinen Segen zu erlangen. Der Besuch des jungen Kaisers – gerade zwanzig Jahre alt war er zur Zeit der Tat im Jahre 1000 – ist eine schaurige Geschichte, und sie scheint zu schön, um wahr zu sein.

Doch gibt es gleich drei Chronisten, die in nicht allzu großem Abstand von dem Besuch berichten, darunter den Grafen von Lomello, der als Erster Schwertträger bei Otto III. Dienst tat. Nach dem Tode seines Herrn hat er sein Gewissen erleichtert und einem

Mönch detailgetreu sein Erlebnis erzählt. Sie hatten das Grab erst suchen müssen, denn niemand wußte mehr, wo es lag. Vor dem Einfall der Normannen muß die Stätte unkenntlich gemacht worden sein durch die Beseitigung von Bild und Inschrift. Wer bei der Chronik des Thietmar von Merseburg und der Historie des Ademar von Chabanne, die beide von der Graböffnung berichten, vielleicht Bedenken anmelden mag, den Grafen von Lomello als »lustigen und geschickten Aufschneider zu bezeichnen, der seine Leute anmutig zu belügen wußte« dürfte schwerfallen: Der Graf war Augenzeuge des Geschehens. Er gehörte zu den drei Männern, die Otto bei dem Grabfrevel assistierten.

Wie aber, so wandten die Historiker ein, die dennoch ungläubig blieben, wie ist es möglich, daß die Grabsucher den Leichnam sitzend auffanden? Sitzbestattungen seien für die Zeit absolut ungewöhnlich gewesen. Es gibt kein Beispiel, daß in diesen Jahrhunderten jemals ein Mensch, sei er hoch oder niedrig, in ein Grab aufrecht gesetzt worden wäre. Auch wäre ein Leichnam nach mehr als anderthalb Jahrhunderten in sich zusammengefallen. Knochen, Krone, Zepter hätten zerstreut um den Thron herumgelegen oder sich in einem wirren Haufen getürmt.

Nun heißt das in den Chroniken vorkommende lateinische Wort *solium* gewöhnlich Thron, es kann aber auch Sarkophag heißen. Also hätten die heimlichen Grabsucher den Kaiser nicht unbedingt auf einem königlichen Thron vorgefunden, sondern *in solio regio*, in einem königlichen Sarkophag. Und das erscheint wahrscheinlicher. Als nämlich Friedrich I., Barbarossa genannt, die Grabesruhe erneut störte, stieß er auf eben jenen antiken Marmorsarg, den Einhard erwähnt hatte. Wieder hatte man nach der Stätte suchen müssen, denn die Leiche Karls sei aus Furcht vor äußeren oder inneren Feinden verborgen worden. Ein göttlicher Fingerzeig wies endlich den Weg – meinten die Frommen. Die weniger Frommen glaubten, eine größere Summe reinen Goldes hätte die Zungen der Domherren gelöst.

Der Staufer ließ die Gebeine feierlich erheben, wie man das nannte, wenn man irdische Reste wieder ausgrub: zu »Ruhm und Ehre Jesu Christi, zur Kräftigung des Römischen Reiches«, wie es offiziell hieß. Gleichzeitig ließ er den großen Vorfahren, der ihm stets Vorbild gewesen war in seiner souveränen Art, mit den Päpsten umzugehen, heiligsprechen. Dazu bedurfte es des Papstes, und Paschalis III. war auch bereit dazu, schließlich hatte Friedrich ihn höchstselbst auf den Apostolischen Stuhl gesetzt. Zwar nur als Gegenpapst, aber das störte niemanden. Ein kanonisierter Kaiser, dessen Blut er in seinen Adern trug, bedeutete für Friedrich die Stärkung seiner Macht und die Demonstration seiner Unabhängigkeit gegenüber Rom.

Entsprechend erhaben war die Wiederbestattung im Beisein der weltlichen und kirchlichen Großen des Stauferreiches am 29. Dezember 1165. Die Gebeine wurde in den kostbaren Reliquienschrein übertragen, in dem sie heute noch ruhen. Auch dieser Schrein wurde noch dreimal geöffnet: 1481, 1843 und 1861. Bei der letzten Öffnung waren auch Ärzte und Archäologen dabei. Sie registrierten, daß die Gebeine noch gut erhalten seien, so gut erhalten, daß man sogar das Körpermaß bestimmen konnte. Es entsprach den von Einhard gemachten Angaben: 1,92 Meter.

Im Sommer 816 zog Ludwig in glänzendem Zug durch die Wälder der Ardennen, überschritt die Maas und die Aisne und wandte sich nach Reims. Dort galt es, einen hohen Gast zu empfangen, Stephan IV. Der Papst hatte die Stadt in der Champagne gewählt für einen höchst feierlichen Akt: die Krönung Ludwigs zum Kaiser. Der war zwar bereits gekrönt, und seine Krone trug er sozusagen im Gepäck, aber Stephan hatte ihn durch seine Sondergesandten überzeugen können, daß ein Frankenherrscher ohne den Segen des Pontifex maximus der immerwährenden Gnade des Herrn entbehren würde. Ludwig zog vor die Tore der Stadt und warf sich dreimal mit dem ganzen Körper dem Papst zu Füßen. Gemeinsam gingen sie in die Marienkirche, wo der Stellvertreter Christi ihm eine eigens mitgebrachte Krone aufsetzte, die er dreist als die des großen Konstantin bezeichnete.

Ludwig begriff nicht, daß er damit die Krönung durch den Vater entwertete und alles ad absurdum führte, was Karl in der Aachener Pfalzkapelle hatte demonstrieren wollen: die Unabhängigkeit vom Bischof in Rom. Für Stephan hatte sich die beschwerliche Reise über die Alpen gelohnt. Er führte eine Urkunde mit, die alle Besitzungen, Privilegien, Immunitäten der römischen Kirche bestätigte.

Der Neue räumte nicht nur der Kirche mehr Rechte ein, als sie je besessen, er vermochte es auch nicht, sich gegen den hohen Adel durchzusetzen. Karl war nicht schuldlos daran, daß die Adligen immer häufiger wider den Stachel löckten. Er hatte ihre Unterstützung, ihre Treue, die Teilnahme an den Kriegen erkaufen müssen; meist durch die Vergabe von Ländereien. Unter Ludwig taten sie das, was sie unter schwächeren Herrschern immer getan hatten: Sie lebten ihre eigenen Interessen, kämpften für den eigenen Besitz, und der in den Kapitularien immer wieder vorkommende Begriff »Vaterland« war ihnen Hekuba. Hier bildete sich aus, was zum Krebsschaden der deutschen Geschichte werden sollte: der Egoismus der Fürsten, der Kampf gegeneinander und gegen die Zentralgewalt.

Auch der gemeine Mann im Frankenland empfand keine Vaterlandsliebe. Für ihn gab es nur das Dorf oder die Stadt, aus denen er selten oder nie herauskam. Der aus Tours verstand den aus Hersfeld nicht; der aus Pavia hatte nichts gemein mit dem aus Aachen, der aus Narbonne war dem aus Utrecht todfremd; selbst die Bewohner des unterworfenen Sachsenlandes hatten große Schwierigkeiten, sich mit den Baiern zu verständigen. Lateinisch sprachen nur die Gebildeten, und das war eine kleine, eine zu kleine Schicht.

Das Frankenland war zu groß, von zu wenigen Straßen durchzogen, von zu verschiedenen Völkern und Volksstämmen bewohnt, von einer lächerlich geringen Zahl von Königsboten überwacht. »Ludwig der Fromme übernahm aus den Händen seines Vaters ein Reich, das sich nicht verwalten ließ, eine Idee, die nicht zu verwirklichen war, und ein Kulturprogramm, welches das Zeitalter überfordert hat.« (Braunfels)

Karl war es gelungen, dank seiner überragenden Persönlichkeit, seiner politischen Begabung und seiner eisernen Hand das Ganze zu binden, Ludwig war zu weich – und zu unsicher. Nie wußte er, welche Rolle er spielen sollte: den Schrecklichen, den alle fürchteten, oder den Gütigen, den alle liebten. Mit viel Idealismus war er darangegangen, den Staat zu reformieren: Die Lage der Schwachen sollte gebessert, die Willkür der Großen gebrochen werden. Die wichtigste Reform, *Ordinatio imperii* genannt, sollte die Einheit des Reiches für alle Zukunft sichern, indem er die bei den Franken übliche Erbteilung abschaffte. Sohn Lothar wurde zum Kaiser und Mitregenten ernannt, Sohn Ludwig zum König von Baiern, Sohn Pippin zum König von Aquitanien; beide standen unter der absoluten Oberhoheit Lothars, und der Älteste würde auch alleiniger Herrscher bleiben, wenn der Vater einmal nicht mehr wäre. Der Einheitsgedanke sollte aus vielen Völkern *ein* Christenvolk machen.

Er selbst war es, der wenige Jahre später das zu zerstören begann, was er errichten wollte: ein auf festen Fundamenten ruhendes Reichsgebäude mit der Inschrift »Ein Gott, eine Kirche, ein Kaiser«; angestachelt von einer Frau, die so schön war wie ehrgeizig, so leidenschaftlich wie intrigant, so liebreizend wie skrupellos: Judith. Nach dem Tod seiner ersten Frau hatte man, um ihm den Plan, nun Mönch zu werden, auszutreiben, die Töchter des Landes, wie der Chronist schreibt, zur Besichtigung vorgeführt. Ludwig wählte ohne Zögern die Tochter des mächtigen Grafen Welf. Er geriet rasch unter ihren Einfluß, tat, was sie wollte, unterschrieb, was sie entwarf, und als sie ihm einen Sohn gebar, Karl geheißen nach dem Großvater, besser bekannt unter dem Beinamen *der Kahle*, verfolgte sie nur noch ein Ziel: ihrem Sohn einen Teil des Reiches zu sichern. Das war gegen die *Ordinatio imperii*, die Ludwig gerade noch einmal feierlich hatte verlesen lassen, aber Gesetz und Recht galten für Judith nicht, und ihre Skrupellosigkeit stürzte das Land in ein Chaos, das an die schwarze Zeit der Merowinger erinnerte.

Die Söhne aus der ersten Ehe empörten sich, wandten sich gegen den Vater, nahmen ihn gefangen, setzten ihn ab, ließen ihn wieder frei, und als Ludwig ein Heer aufbieten konnte, um sie bei Colmar zu stellen, liefen Hunderte seiner Krieger zum Gegner über. Den wenigen Getreuen riet Ludwig, sie möchten, bitte, auch überlaufen, denn die Lage sei aussichtslos und er wolle nicht, daß irgend jemand um seinetwillen Leben oder Glieder einbüße.

Die Söhne vergelten dem Vater seine Friedfertigkeit schlecht.

Sie schleppen ihn nach Soissons und zwingen ihn vor dem Hochaltar der Kirche zu öffentlicher Buße vor versammeltem Volk, dergestalt, daß er ein Bekenntnis verlesen muß, das von Gotteslästerung, Treuebruch, Meineid, Untreue, Kirchenraub, Amtsmißbrauch, Erpressung, Störung des Friedens, Plünderung, falsches Zeugnis bis zu Totschlag und Mord fast alles enthält, was ein Mensch zu sündigen imstande ist. Da kniet er auf einer rauhen Matte und klagt sich mit lauter Stimme an, von Tränenströmen immer wieder unterbrochen. »Ich, Ludwig, bin schuldig, schuldig, schuldig. Ich habe gegen göttliches und menschliches Recht verstoßen und den Herrn beleidigt. Ich flehe die Herren Bischöfe an, meine Verbrechen sühnen zu dürfen, auf daß Gerechtigkeit wieder in die Welt komme ...« Er übergibt sein Sündenbekenntnis den Priestern, legt seinen Schwertgurt ab und zwängt sich in das härene Büßergewand.

So tief war das fränkische Königtum sicherlich noch nie gedemütigt worden ...

Ludwig gelingt es, die plötzliche Zwietracht unter den Söhnen nutzend, noch einmal das Zepter zu übernehmen, seine Frau aus einem italienischen Kloster zu befreien, wohin sie verbracht worden war, Männer um sich zu scharen, die verstört waren von dem, was man einem König angetan hatte. Aber sein Lebenswille war gebrochen. Auf der Rheininsel von Ingelheim erwartete er den Tod. Seine Söhne, so sagte er den Beichtvätern, hätten ihn mit Herzeleid in die Grube gebracht. Er ermahnte sie um Gottes und des Reiches willen, sich künftig wie Brüder zu verhalten.

Es verging nur ein Jahr, da trafen sich die drei Brüder bei Fontenoy, unweit von Auxerre, auf der Walstatt. Eine Schlacht glich nach dem Glauben der Zeit einer Gerichtsverhandlung, bei der der Herrgott das Urteil sprach. Nur dem, der die gerechte Sache vertrat, gebührte die Palme des Siegers. Lothar führte seine Soldaten gegen die miteinander verbündeten Karl und Ludwig. Es war keine Schlacht, die an diesem Junitag 841 geschlagen wurde, es war ein Schlachten. Tausende von Verstümmelten, Erschlagenen, Erstochenen bedeckten bei Sonnenuntergang das Feld.

Das »Gottesgericht« hatte für Karl und Ludwig entschieden, doch sie konnten ihres Triumphes nicht froh werden. »Das fränkische Schwert«, schrieb der Chronist, »einst allen Feinden furchtbar, hatte in der eigenen Wunde gewütet.« Franken hatten gegen Franken gestanden, Christen gegen Christen, Brüder gegen Brüder. Die Blüte der fränkischen Jugend war gefallen. Gerade jetzt hätte man die jungen Krieger gebraucht: Die Normannen wurden immer aggressiver; sie eroberten Nantes, Rouen, drangen über die Flußmündungen in das Landesinnere, verwüsteten Antwerpen, Utrecht, suchten Friesland heim. Wo die Wikinger nicht hinkamen, kamen die Sarazenen hin. Sie griffen Marseille an, Arles, plünderten Benevent. Die Bretonen überschritten mit Waffengewalt die Grenze. In Aquitanien flammte Widerstand auf; auch in Sachsen brannte es, und zu allem Überfluß wurden die Slawen unruhig.

Was die Vernunft der Brüder nicht zuwege gebracht hatte, bewirkten die Angriffslust ihrer Feinde und die allgemeine Kriegsmüdigkeit. Sie begannen zu verhandeln. Wie immer, wenn es um Besitz geht, wurden es schwierige Verhandlungen. Sie zogen sich über ein ganzes Jahr hin. Schließlich traf man sich in Verdun und unterzeichnete den Teilungsvertrag (843). Karl der Kahle bekam das Gebiet westlich der Maas, der Schelde, der Saône und Rhône, Ludwig, den man später *den Deutschen* nannte, sicherte sich außer dem rechtsrheinischen Germanien die Bischofssitze Mainz, Worms und Speyer und das Gebiet nördlich der Alpen. Lothar durfte seinen Kaisertitel behalten und erhielt einen langen Streifen, der von der Nordsee bis nach Rom verlief.

Das Reich wollten sie nicht auflösen, bekannten die Brüder, sondern nach wie vor seine Einheit wahren, lediglich der Streit untereinander sollte ein Ende finden. Vielleicht haben sie das selbst geglaubt, aber zu einer länger dauernden Wiedervereinigung ist es nicht mehr gekommen. Der Theologe und Schriftsteller Florus von Lyon (800 – 860) schrieb: »Ihr Berge und Hügel, ihr Wälder und Flüsse, ihr Quellen und hochragenden Felsen und tiefen Täler, betrauert das Volk der Franken, das, durch die Güte Christi, zum Kaisertum erhoben, jetzt im Staub versunken liegt … Es verlor zugleich Titel und Zierde des Kaisertums, das geeinte Reich ist jetzt dreifach geteilt. Schon gilt dort keiner mehr als Kaiser, an die Stelle des Königs treten Zaunkönige, und Trümmer ersetzen das Gesamtreich.«

Die Zeit aber war reif gewesen für die Teilung, und niemand hätte sie aufhalten können. Mit dem Ostfränkischen und dem Westfränkischen Reich waren die Voraussetzungen gegeben für die Entstehung Deutschlands und Frankreichs. Es klingt nur scheinbar paradox: Ein mächtiges Reich mußte zusammenbrechen, damit letztlich Europa entstehen konnte. Karls Verdienste können damit nicht geschmälert werden. Er war es, der die widerstrebenden Völker vereinigte und ihnen, wie Altmeister Ranke schreibt, das Gepräge einer mit der Kirche verbündeten weltlichen Gewalt unauslöschlich aufdrückte. Sein Reich ist die Grundlage anderer Reiche geworden, die den Kontinent umfassen. »Die Zentralgewalt, die Karl geschaffen hatte, konnte verschwinden, aber die Völkerschaften, die sie umschloß, die lebendigen Kräfte in der Umbildung, die er ihnen gegeben, mußten ihn überleben. Karl der Große ist nicht allein der Vorgänger einzelner Reiche, er ist der Patriarch des Kontinents, dessen innere Entwicklung eben auf dem Boden erwuchsen, den er gegründet hatte.«

Für Leopold von Ranke war er darüber hinaus der Herrscher gewesen, der Deutschland, Frankreich und Italien das Bewußtsein ihrer Nationalität gegeben hat: ein Vollstrecker der Weltgeschichte, durch sein Genie fähig, den Willen Gottes zu vollziehen, oder wenn man es anders will, den Willen einer Epoche.

Die einzelnen europäischen Staaten, die sich nach dem Verfall des Frankenreiches bildeten, lebten sich auseinander, entwickelten sich gegensätzlich, strebten voneinander fort, doch in ihrem kollektiven Unterbewußtsein blieb das Gefühl lebendig, einmal einem gemeinsamen Reich angehört zu haben.

War er Deutscher, war er Franzose?

Fast jede Generation nach Karls des Großen Erdentagen hat sich mit ihm auseinandergesetzt. Oft wurde er dabei für die eigenen Ziele eingespannt. Was man aus seinem Leben und Werk nicht auslegen konnte, legte man unter. Gemäß dem Goethewort »Was ihr den Geist der Zeiten heißt, das ist im Grund der Herren eigener Geist«. Kaum ein großer Name fehlt unter jenen, die sich in der Diskussion zu Wort meldeten.

Für den florentiner Humanisten Bruni war er edel, gesund, schön, stark, weise, gerecht, beredt, kurzum ein *divinus homo*. Machiavelli reihte ihn in seinem berühmten Buch *Il Principe* nicht ein unter die beispielhaften Herrscher der Weltgeschichte: Er verübelte, daß er sich vom Bischof von Rom die Kaiserkrone habe aufsetzen lassen, was nicht *seine* Würde erhöht habe, sondern die des Papstes. Für Karl IV. von Frankreich galt der Karolinger als ein so großes Vorbild, daß er einen eigenen Karlskult einführte. Denn: Unser ist er, unser! Wer den Kult nicht einhielt, riskierte seinen Kopf. Kaiser Maximilian I., genannt der letzte Ritter, nahm Karl kurzerhand unter seine Ahnen auf. Das taten auch viele Angehörige des europäischen Hochadels. Gewöhnliches »blaues Blut« genügte nicht, es mußte »Karlsblut« sein.

Der deutsche Humanist Jakob Wimpfeling, versehen mit dem Ehrentitel *Praeceptor Germaniae* – Lehrmeister Deutschlands –, hielt die *teutsche* Fahne hoch: Teutsch sei seine Muttersprache gewesen, teutsche Namen hätten die Söhne getragen, im teutschen Aachen habe er seine Residenz bauen lassen; und warum wohl habe er den Monaten und den Jahren germanische Namen gegeben? Der *französische* Humanist Jean Bodin war da ganz anderer Meinung. Für ihn stellte sich Charlemagne als ein in Frankreich geborener, mit französischer Muttermilch aufgezogener, französisch parlierender Herrscher einer *Gallica monarchia* dar.

Daß Luther einen Menschen nicht mochte, der von einem Papst sich habe krönen, sich *übertölpeln* lassen, wodurch die Deutschen zu Knechten Roms geworden, darf man voraussetzen.

Auch Gottfried Wilhelm Leibniz, der der Philosophie nachging, der Geschichte, den Sprachen, der Juristerei, den Naturwissenschaften, der Mathematik, der Theologie, einer der letzten großen Universalgelehrten, kam an Karl nicht vorbei. Er feierte ihn als einen Herrscher, dem etwas gelungen sei, was nur wenige Herrscher erreicht, nämlich die Macht mit dem Recht zu versöhnen; und er verdammte ihn wegen seiner bösen Tat zu Verden, die sein Bild schandbar verdunkele.

Längere Zeit herrschte Ruhe, bis François Marie Arouet auf den Plan trat. Voltaire, wie er sich nach dem Anagramm seines Namens bald nannte, war es gleichgültig, ob der Karolinger Deutscher oder Franzose gewesen. Bei einem Thronräuber, der alles unter seinen Füßen zertrat, was nach Freiheit roch, spiele die Nationalität keine Rolle. Er tobte förmlich: ein Sklaventreiber unter dem Zeichen des Kreuzes; Tod und Verwüstung auf seinen Fahnen; Mord sein Panier; ein Heuchler, der sich vom Altar erhob und das Bett seiner Buhlerinnen aufsuchte; ein Blutschänder, denn was sonst hatte es auf sich mit der vielzitierten »Liebe« zu seinen Töchtern. Und die katholische Kirche hatte sich nicht entblödet, dieses Monstrum heiligzusprechen.

Johann Gottfried Herder saß im traulichen Weimar über seinen *Ideen zur Philosophie der Geschichte der Menschheit* und wünschte sich den seligen Carolus wieder zurück, der aufs Recht hielt wie es keiner der Sterblichen je getan. »Für Erziehung und Wissenschaft stiftetest du in barbarischer Zeit Institute. Göttliche Gesetze sind deine Kapitularien... Du liebtest die deutsche Sprache und bildetest sie selbst aus, wie du es tun konntest.« Ach käme er doch zurück, vieles würde sich ändern.

Bismarck hielt die ganze, von Karl wiederbelebte römische Kaiserei für einen ausländischen, der deutschen Nation nicht bekömmlichen, ungesunden Gedanken, der sich zum Unglück Deutschlands ausgewachsen hätte.

War er nun ein Deutscher oder ein Franzose? Über diese Frage hat man sich immer wieder diesseits und jenseits des Rheins gestritten. Napoleon hat die Frage auf seine Art beantwortet: »Charlemagne? C'est moi!« Dabei hätte man sich doch nur des weisen Chronisten Marcus Wagener aus Magdeburg entsinnen müssen, der schon 1579 geschrieben hatte, daß Karl zu beider Freude, der Deutschen *und* der Franzosen, auf die Welt gekommen sei.

Geben wir noch dem französischen Historiker Jacques Delpierré de Bayac das Wort. »Rückblickend erscheint uns Karl der Große als ein Mann der Ordnung und dadurch in seinem ganzen Wesen mehr deutsch als französisch. Man sollte sich aber vor solchen Klassifizierungen hüten, weil es damals weder ein Frankreich noch ein Deutschland gegeben hat. Das Reich der Gallier hatte zu existieren aufgehört, das Reich der Deutschen noch nicht begonnen ... Karl war weder König von Frankreich noch deutscher König. Er war Franke und stolz darauf, es zu sein, und als gekrönter König war er Beherrscher des christlichen fränkischen Reiches und sonst nichts.«

So unterschiedlich die Urteile der Historiker, der Politiker, der Dichter und Philosophen über Karl auch ausfielen, im Volk bewahrte man ihm über die Jahrhunderte hinweg ein treues Angedenken. In einhundertsiebzehn Sagen, die Volkskundler haben es ausgerechnet, ist er der Held, besser, die Hauptfigur, denn als Kriegsheld erscheint er erstaunlicherweise selten. Für die Menschen ist er der Kaiser der Gerechtigkeit; einer, der das Recht schafft und das Recht schützt. An jedem Ort, wo der königliche Wagenzug auf seiner Fahrt durch das Reich haltmachte und längere Zeit blieb, so singen und sagen sie, ließ er eine große Glocke aufhängen; und es wurde verkündet, daß jeder, der sein Recht forderte, sie anschlagen solle. Und wenn sie läutete, so sprach Karl: »Das wird ein armer Mann sein. Ist ihm Unrecht widerfahren, so will ich Gericht halten, wie es sich gebührt ...«

ZEITTAFEL

687 Durch den Sieg von Pippin dem Mittleren, Hausmeier von Austrien, über den Majordomus von Neustrien gelangen die Karolinger in den erblichen Besitz der Hausmeierwürde im noch merowingischen Frankenreich.
In Würzburg wird der später heiliggesprochene Bischof Kilian hingerichtet.

700 Der karolingische Hausmeier Pippin der Mittlere erzwingt die Aufhebung des Herzogtums Thüringen und dessen Wiedereingliederung ins Frankenreich. (730 werden das Herzogtum Alemannien sowie 744 das Herzogtum Schwaben ins Reich eingegliedert.) In den Dom- und Klosterschulen des Fränkischen Reiches gibt es neben dem Unterricht in Religion und Latein auch solchen in Rechnen und Naturwissenschaften in Anlehnung an die Bibel und an Aristoteles.

711 Im Laufe der Auseinandersetzungen im spanischen Westgotenreich werden die Araber gegen König Roderich um Hilfe gebeten. Der arabische Feldherr Tarik schlägt den König bei Jerez de la Frontera. Die Araber nehmen Zug um Zug das ehemalige Westgotenreich in Besitz. Nur in Asturien besteht ein christliches Königreich fort. Auf der Iberischen Halbinsel entwikkeln sich in den nächsten Jahrhunderten Wirtschaft und Kultur unter arabischer Herrschaft zu hoher Blüte. Die bis dahin von den Westgoten verfolgten Juden können aufatmen, die Araber tolerieren deren Glauben.

712 In der Lombardei steht das Langobardenreich unter König Liutprand auf seinem Höhepunkt.

714 Karl Martell (geb. 688) wird Hausmeier des Frankenreiches. Er unternimmt in der Folgezeit mehrere Kriegszüge (722 gegen die Friesen, 724 gegen die Sachsen, 728 gegen die Baiern, 730 gegen die Alemannen) und vergrößert das Reich. Ab 737 regiert er ohne den Merowingerkönig.
Pippin III., der Kurze, König der Franken von 751 bis 768, wird geboren.

715 In Rom wird Gregor II. zum Papst gewählt. Mit Hilfe von Bonifatius gelingt es ihm, die bislang iroschottisch geprägte fränkische Kirche mit Rom zu verbinden.

717 Im Byzantinischen Reich gelangt Leon III. durch einen Militärputsch zur Kaiserwürde.

718 Bonifatius beginnt auf Anweisung des Papstes Gregor II. mit der Missionierung von Thüringen, Hessen, Baiern und Friesland, in deren Verlauf er zahlreiche Bistümer und Klöster gründet.

720 Die Araber nehmen Narbonne ein.

um 725 Bonifatius fällt die Donars-Eiche bei Fritzlar.
Der westgotische Wanderbischof Pirmin wird erster Abt des 724 gegründeten Klosters Reichenau am Bodensee.

726 Der byzantinische Kaiser Leon III. verbietet die religiöse Bilderverehrung. Papst Gregor II. in Rom bekämpft dieses Verbot.

732 Karl Martell verteidigt das Frankenreich erfolgreich gegen die Araber in der siebentägigen Schlacht in der Nähe von Tours und Poitiers.

739 Bonifatius gründet die Bistümer Freising, Passau, Regensburg und Salzburg.

741 Pippin III., der Kurze, wird nach dem Tode Karl Martells fränkischer Hausmeier.

742 Karl I., der Große, Sohn Pippins, wird geboren.

745 Bonifatius beruft in Frankfurt am Main eine fränkische Generalsynode ein, bei der er eine stärkere Anbindung an die römische Kirche durchzusetzen versucht. Doch Pippin weist Bonifatius, der 748 Erzbischof von Mainz wird, in die Grenzen.

750 Um diese Zeit ist das Frankenreich bereits in »Grafschaften« genannte Verwaltungseinheiten aufgeteilt, nachdem Pippin der Kurze es 747 geeint hatte.
Es wird eine gefälschte Urkunde angefertigt (genauer Zeitpunkt ungeklärt), laut der Konstantin der Große (gest. 337) den Papst als weltlichen und kirchlichen Oberherrn über Rom und das Abendland für die Zukunft akzeptiert habe. Diese Urkunde wird erst im 15. Jahrhundert als Fälschung entlarvt.
In Bagdad gelangen die Abbasiden zur Kalifenwürde, nachdem sie die letzten Omaijaden ermordet haben.
Das Althochdeutsche entwickelt sich und bleibt bis zum 11. Jahrhundert in Gebrauch. Dann wird es vom Mittelhochdeutschen abgelöst.

751 Pippin der Kurze setzt den letzten Merowingerkönig Childerich III. ab und wird erster Karolinger auf dem fränkischen Königsthron.

754 Pippin der Kurze unterstützt den Papst gegen die Langobarden.
Bonifatius stirbt in Friesland den Märtyrertod.

756 Nach einem erfolgreichen Kriegszug gegen das Langobardenreich überläßt Pippin dem Papst in der »Pippinschen Schenkung« das von ihm eroberte Ravenna als Grundstein des Vatikanstaats. Im Gegenzug verleiht ihm der Papst den Titel Patricius (Beschützer) Roms.
Auf der Iberischen Halbinsel gründet die arabische Omaijadendynastie das Reich von Córdoba.

759 Die Franken erobern Narbonne zurück.

765 Bei Aachen ist ein fränkischer Königshof erstmals bezeugt.

768 Pippin III. stirbt, nachdem er das Frankenreich unter seine Söhne Karl und Karlmann aufgeteilt hat.

771 Nach dem Tode Karlmanns wird Karl I. Alleinherrscher im Frankenreich.

772 Karl der Große unternimmt einen ersten Versuch, die Sachsen unter Widukind zu unterwerfen und zum christlichen Glauben zu bekehren. Die den Sachsen heilige Irminsul wird zerstört.
In Rom wird Hadrian I. zum Papst gewählt.

774 Karl der Große unterstützt Papst Hadrian I. gegen den Langobardenkönig Desiderius, seinen ehemaligen Schwiegervater, und läßt sich zum König von Italien krönen.

777 Nach der (vorübergehenden) Unterwerfung der Sachsen findet in Paderborn erstmals ein Reichstag statt.

778 Nachdem Suleiman, Statthalter von Barcelona, Karls Hilfe gegen den Emir von Córdoba erbeten hatte, marschiert König Karl I. im April auf der Iberischen Halbinsel ein. Doch der Feldzug ist nicht von Erfolg gekrönt. Im Tal von Roncesvalles wird der sagenumwobene Ritter Roland, Graf der Bretonischen Mark, am 15. August bei einem Angriff der Basken getötet.
Ludwig I., der Fromme, ab 814 Kaiser des Frankenreiches, wird geboren.

782 In Verden an der Aller läßt Karl der Große 4500 Sachsen hinrichten, nachdem sich dieses Volk erneut gegen ihn erhoben hatte.
Karl erhebt seinen dreijährigen Sohn Ludwig zum Unterkönig von Aquitanien, um sich dieses Land stärker zu verpflichten.
Um diese Zeit versammelt Alkuin (735–804) am Hofe

des Frankenkönigs einen Kreis von Gelehrten (»Akademie«).

784 Karl der Große untersagt die Leichenverbrennung als Bestattungsart.
Der Gelehrte Hrabanus Maurus wird geboren.

785 Widukind, Herzog der Sachsen, ergibt sich Karl dem Großen und läßt sich in Attigny an der Aisne taufen. Doch bis die Sachsen sich Karl endgültig unterwerfen, sollte es noch Jahre dauern.

786 In Bagdad wird Harun ar-Raschid Kalif.
Erstmals wird die deutsche als deutlich vom Lateinischen unterschiedene Sprache genannt.

787 Auf dem zweiten Konzil von Nicäa wird die Bilderverehrung abgesegnet.
Um diese Zeit erläßt Karl detaillierte Anweisungen, wie die Krongüter zu bewirtschaften seien.

788 Karl der Große setzt Herzog Tassilo III. von Bayern wegen angeblicher Unbotmäßigkeit ab, schickt ihn und seine Familie ins Kloster und hebt das Herzogtum Baiern formell auf.

um 790 Durch seinen Besuch der Thermalquellen in Aachen legt Karl den Grundstein für die im Mittelalter beliebten Badehäuser. Bis dahin hatte die Kirche warme Bäder untersagt.
Um diese Zeit wird die Pfalz Ingelheim erbaut.
Ebenfalls in diesen Jahren fördert Karl, mit Alkuins Hilfe, die Vereinheitlichung des Kirchengesangs.

792 Karls Sohn aus erster Ehe, Pippin, zettelt eine Verschwörung gegen den Vater an, die jedoch verraten wird. Karl schickt den Sohn daraufhin ins Kloster.

793 Von Skandinavien kommend, überfallen die Nordmänner das angelsächsische Kloster Lindisfarne. Damit beginnt die »Wikingerzeit«.

794 Auf der Kirchensynode in Frankfurt am Main lehnt Karl der Große die auf dem Konzil von Nicäa gutgeheißene Bilderverehrung ab.
In Aachen kann Karl die ersten, für ihn erbauten Räumlichkeiten beziehen.

795 Lothar I., Kaiser von 840 bis 855, wird geboren.
Leo III. wird in Rom zum Papst gewählt.

796 Karl besiegt die Awaren und begründet die Awarische Mark einschließlich des Erzbistums Salzburg.
König Karl heiratet Luitgard; es ist seine vierte Ehe. Alkuin macht die Klosterschule von Tours zur Hochschule.

797 Karl entsendet eine Gesandtschaft zu Harun

ar-Raschid, dem Abbasiden-Kalifen von Bagdad.

799 Römische Adlige versuchen, Papst Leo III. gefangenzunehmen und abzusetzen. Königsboten mit Truppen befreien ihn. Leo reist auf Wunsch Karls nach Paderborn. Dort bereiten beide vermutlich die Kaiserkrönung Karls vor; anschließend kehrt Leo III. nach Rom zurück.

Anfang 9. Jahrhundert
Um diese Zeit wird die karolingische Minuskel, Basis für unsere heutige Schrift, entwickelt.
Die fränkischen Klosterschulen erleben eine erste Blütezeit.
Langsam setzt sich bei Männern die Bartlosigkeit als Mode durch.

800 Im Spätsommer zieht Karl über die Alpen nach Rom. Am 1. Dezember eröffnet er dort ein Tribunal, das über Leos III. Verfehlungen richten soll. Nach drei Wochen leistet Leo einen Reinigungseid und bleibt Papst. Am 25. Dezember setzt er Karl in der Peterskirche die Kaiserkrone auf. Kaiser Karl der Große zieht erst im April 801 wieder nach Norden.
Um dieses Jahr wird als erste deutsche Heldensage das Hildebrandslied im Kloster Fulda aufgezeichnet.

801 Ludwig, Sohn Karls, erobert Barcelona und gründet die Spanische Mark.
Harun ar-Raschid, Kalif von Bagdad, schenkt Karl dem Großen einen Elefanten.

802 Alle Bischöfe, Äbte, Presbyter und Diakone werden nach Aachen befohlen.
Dort erhalten sie genaue Anweisungen für einen gottgefälligen Lebenswandel und die Liturgie.
Die juristischen Rechte werden fixiert, um einwandfreie Verfahren zu gewährleisten, nachdem bereits die Scabini, eine Art Schöffen, bei Gerichtsverfahren eingeführt wurden.

804 Letzter Feldzug gegen die Sachsen, zahlreiche Angehörige dieses Volkes werden deportiert. Nun erstreckt sich das Frankenreich im Osten endgültig bis zur Elbe und Saale.
Odo von Metz stellt die Pfalzkapelle in Aachen fertig, mit deren Bau um 798 begonnen worden war.
Um 804 besucht eine Gesandtschaft Harun ar-Raschids Kaiser Karl in Aachen. Sie überreicht ihm als Geschenk eine Wasseruhr.

808/809 Im Winter fallen die Dänen im Norden ein. Des Kaisers Sohn Karl zieht mit Truppen über die Elbe, um sich ihnen entgegenzustellen, doch die Dänen sind bereits abgezogen. Sie befestigen die Grenze. Als sie dann in Friesland einfallen, marschiert Karl der Große mit einem Heer nach Verden an der Aller. Hier erfährt er, daß sein Sohn Pippin in Verona gestorben ist. Nach dem Tod ihres Königs ziehen sich die Dänen gänzlich zurück.

810 Um diese Zeit führt Kaiser Karl die Silberwährung ein. Bald wird in ganz Europa der karolingische Pfennig (Denar) verwendet.

813 Karl der Große krönt Ludwig den Frommen in Aachen auf dem Reichstag zum Kaiser, ohne Beteiligung des Papstes. Ab diesem Jahr ist Aachen bis ins 16. Jahrhundert Krönungsstadt für die deutschen Könige.

814 Karl I., der Große, römisch-fränkischer Kaiser, stirbt am 28. Januar und wird kurz darauf in Aachen begraben. (Vom Gegenpapst Paschalis III. wird er am 29. Dezember 1165 heiliggesprochen.)
Ludwig der Fromme wird als Ludwig I. Kaiser des Frankenreiches. Er läßt sich im Jahr 816 nochmals von Papst Stephan IV. krönen, womit er diesen als weltlichen wie geistlichen Oberherrn anerkennt.

817 Kaiser Ludwig I. teilt das Reich zwischen seinen drei Söhnen Lothar, Pippin und Ludwig auf. Ersterer wird als Lothar I. Mitregent, Pippin erhält Aquitanien und Ludwig, der Deutsche, Baiern.

Verzeichnis der zitierten Literatur

V. S. Abel, *Jahrbücher des Fränkischen Reiches unter Karl dem Großen.* Berlin 1969.

Alcuini Epistulae. In: Monumenta Germaniae Historica, Abt. Epistolae.

F. G. Bengtsson, *Waffengänge.* München 1942.

A. Borst, *Das Karlsbild in der Geschichtswissenschaft vom Humanismus bis heute.* In: W. Braunfels (Hg.), *Karl der Große: Lebenswerk und Nachleben.* 5 Bde. Bd. 4. Düsseldorf 1965–1968.

R. Boutruche, *Seigneurie et féodalité.* Paris 1959.

Brockhaus Enzyklopädie. Mannheim 1990.

F. W. Buckler, *Charles the Great and Harun ar-Raschid.* Cambridge, Mass., 1931.

D. Bullough, *The Age of Charlemagne.* London 1965.

J. Calmette, *Charlemagne. Sa vie et son œuvre.* Paris 1943.

Felix Dahn, *Die Franken.* Berlin 1899.

J. Delpierré de Bayac, *Charlemagne.* Paris 1976.

K. Deschner, *Kriminalgeschichte des Christentums.* Hamburg 1994.

G. Duby, *Le temps des cathédrales.* 2 Bde. Genf 1966–1967.

W. und A. Durant, *Kulturgeschichte der Menschheit.* 18 Bde. Frankfurt/M., Berlin, Wien 1982.

Einhard, *Vita Karoli Magni.* Stuttgart 1968.

Stadt Enger (Hg.), *Beiträge zur Stadtgeschichte.* Bd. 2. Enger 1983.

Ermenrich, *Epistolae Karolini II–VI.* Berlin 1895.

G. Faber, *Auf den Spuren Karls des Großen.* Münche 1984.

H. Fichtenau, *Das karolingische Imperium. Soziale und geistige Problematik eines Großreiches.* Zürich 1949.

J. Fleckenstein u. a., *Widukind und Karl der Große.* Nienburg 1992.

Fredegar, *Die Chronik Fredegars und der Frankenkönige.* Berlin 1888.

M. Freund, *Deutsche Geschichte.* München 1973.

G. Freytag, *Bilder aus der deutschen Vergangenheit.* Hamburg 1978.

J. Fried, *Der Weg in die Geschichte.* Bd. 1. Berlin 1994.

B. Gebhardt, *Handbuch der deutschen Geschichte.* 22 Bde. Hg. von H. Grundmann. 9. neubearbeitete Auflage. München 1973.

G. Grandauer, *Geschichtsschreiber der deutschen Vorzeit.* Leipzig 1890.

Gregor von Tours, *Zehn Bücher Geschichten.* Darmstadt 1974/1977.

F. Gregorovius, *Geschichte der Stadt Rom im Mittelalter.* Bd. 4. Darmstadt 1978.

J. Grimm u. a. (Hg.), *Geschichtsschreiber der deutschen Vorzeit.* Bd. 13: Leben des heiligen Bonifatius. Berlin 1920.

J. Haller, *Das Papsttum.* 5 Bde. Urach 1950.
R. Hamann, *Geschichte der Kunst in zwei Bänden.* Berlin 1957.
F. Heer, *Charlemagne and His World.* London 1975.
H. Heine, *Werke in zwei Bänden.* Hg. von S. Atkins. Hamburg 1973/1977.
Ch. Hinkeldey (Hg.), *Justiz in alter Zeit.* Rothenburg 1984.
E. Hlawitschka, *Die Vorfahren Karls des Großen*, Karlswerk I, Düsseldorf 1965.
B. Hubensteiner, *Bayrische Geschichte.* München 1967.
Jahrbücher von St. Bertin. In: Quellen zur karolingischen Reichsgeschichte. Bearbeitet von R. Rau. Darmstadt 1955.
E. Lesner, *Les livres.* Lille 1940.
F. v. d. Leyen, *Das Heldenliederbuch Karls des Großen.* München 1954.
H. Löns, *Werke.* Hg. von W. Deimann. München 1986.
Th. Lindner, *Die Fabel von der Bestattung Karls des Großen.* In: Zeitschrift des Aachener Geschichtsvereins 14. Aachen 1892.
W. Meyer, *Deutsche Burgen.* Frankfurt/M. 1963.
G. Meyer von Knonau (Hg.), *Gesta Karoli.* St. Gallen 1920.
E. Mühlbacher, *Deutsche Geschichte unter den Karolingern.* Stuttgart 1896.
H. Muth, *Die Kunst der Karolinger.* In: H. Pleticha (Hg.), Deutsche Geschichte. Bd. 1. Gütersloh 1993.
Nithart, *Vier Bücher Geschichten.* In: Quellen zur karolingischen Reichsgeschichte. Bearbeitet von R. Rau. Darmstadt 1977.
Notger der Stammler, *Gesta Karoli.* In: Quellen zur karolingischen Reichsgeschichte. Bearbeitet von R. Rau. Darmstadt 1960.
N. Ohler, *Reisen im Mittelalter.* München, Zürich 1986.
R. Pörtner, *Die Erben Roms. Städte und Stätten des deutschen Früh-Mittelalters.* Düsseldorf 1964.
Quellen zur karolingischen Reichsgeschichte. Bearb. von R. Rau. Darmstadt 1968–1987.
L. Ranke, *Weltgeschichte.* Fünfter Teil. Leipzig 1884.
P. Riché, *La vie quotidienne dans l'empire carolingien.* Paris 1963.
P. Riché, *Die Welt der Karolinger.* Stuttgart 1981.
P. Riché, *Les Carolingiens. Une famille qui fit l'Europe.* Paris 1983.
P. Riché, *Die Karolinger. Eine Familie formt Europa.* Stuttgart 1987.
U. Specht-Kreusel/O. Schirmeister, *Widukind und Enger.* Enger 1992.
E. Stephany, *Der Dom zu Aachen.* Mönchengladbach 1958.
Thegan, *Leben Kaiser Ludwigs.* In: Quellen zur karolingischen Reichsgeschichte. Bearbeitet von R. Rau. Darmstadt 1955.
Theodulf, *Poeta Latini medii aevi.* 4 Bde. Berlin 1880–1923.
Theodulfi carmina. In: Monumenta Germaniae Historica, Abt. Poet I.
M. Wehrli, *Geschichte der deutschen Literatur vom frühen Mittelalter bis zum Ende des 16. Jahrhunderts.* Stuttgart 1980.
K. F. Werner, *Die Nachkommen Karls des Großen.* In: Karlswerk IV. Düsseldorf 1965.
E. E. Wies, *Karl der Große.* Esslingen 1986.
Paul Zaunert, *Rheinlandsagen.* Bd. I. Jena 1924.

Verzeichnis der Abbildungen

1 Der Raub der Europa: In Gestalt eines Stiers entführt Zeus die Königstochter. Umzeichnung nach griechischer Vasenmalerei.
Foto: Archiv für Kunst und Geschichte, Berlin.

2 Die Taufe König Chlodwigs. Die Miniatur zeigt, der Legende folgend, wie der Heilige Geist in Gestalt einer Taube heiliges Öl bringt.
Foto: Bibliothèque Nationale de France, Paris. MS. FR. 1098 Fol 50.

3 Bonifatius tauft und erleidet den Märtyrertod.
Foto: Niedersächsische Staats- und Universitätsbibliothek, Göttingen.

4 Grab des heiligen Bonifatius in St. Salvator, Fulda.
Foto: E. Gutberlet.

5 Krönung Pippins des Kurzen. Pippin mittig, rechts und links von ihm zwei Heilige. Buchmalerei aus dem Sacramentum von Metz.
Foto: Archiv Gerstenberg, Wietze.

6 Widukinds Taufe. Kupferstich. Aus Sigismund von Birken: »Chur- und fürstlicher sächsischer Heldensaal«, Nürnberg 1677.

7 Grabmal Widukinds. Der Führer der Sachsen ist vermutlich im Jahre 807 gefallen. Steinplatte aus dem 12. Jahrhundert in der Stiftskirche zu Enger.
Foto: Archiv für Kunst und Geschichte, Berlin.

8 Modell der sächsischen Siedlung von Warendorf (6.–8. Jahrhundert).
Foto: Westfälisches Museum für Archäologie, Münster.

9 Unterwerfung der Sachsen im Jahre 772 und Sturz der ihnen heiligen Irmensäule bei der Eresburg. Federlithographie um 1865.
Foto: Bildarchiv Preußischer Kulturbesitz, Berlin.

10 Roland in der Schlacht von Roncesvalles. Illustration zum Rolandslied. Miniatur aus dem 14. Jahrhundert. Arsenalbibliothek, Paris.
Foto: Bildarchiv Preußischer Kulturbesitz, Berlin.

11 Roland erschlägt mit seinem Horn »Olifant« einen Heiden und übergibt dem heiligen Michael seinen Handschuh. Miniatur aus der Weltchronik von Rudolf von Ems, Anfang 14. Jahrhundert. Staatsbibliothek zu Berlin.

Foto: Bildarchiv Preußischer Kulturbesitz, Berlin (R. Schacht).

12 Monatsarbeiten. Astronomisch-komputistische Sammelhandschrift. Österreichische Nationalbibliothek Wien. Cod. 387. Fol. 90v.

13 Karl der Große, König von Franken und römischer Kaiser. Bronze-Reiterstatuette aus Metz, zweite Hälfte des 9. Jahrhunderts. Musée du Louvre, Paris.
Foto: Bildarchiv Preußischer Kulturbesitz, Berlin.

14 Tassilo-Kelch aus Kupfer, Silber, Niello. Um 780 von Tassilo III. dem Kloster Kremsmünster gestiftet. Auf fünf Bildmedaillons Darstellungen von Christus und den Evangelisten. Kloster Kremsmünster, Oberösterreich.
Foto: Bildarchiv Preußischer Kulturbesitz, Berlin.

15 Talisman Karls des Großen. Saphir in Goldfassung mit Juwelen und Perlen aus dem Grabmal Karls des Großen in Aachen. Palais du Tau, Reims.
Foto: Archiv für Kunst und Geschichte, Berlin.

16 Reliquiar in der Form einer Burse aus dem Schatz des Dionysiusstifts, Enger. Aus dem dritten Viertel des 8. Jahrhunderts. Kunstgewerbemuseum SMPK, Berlin.
Foto: Bildarchiv Preußischer Kulturbesitz, Berlin (A. Psille).

17 Karl der Große läßt die Aachener Pfalzkapelle bauen. Miniatur aus Jehan Foucquet: »Grandes Chroniques de France«, Bibliothèque Nationale, Paris.
Foto: Bildarchiv Preußischer Kulturbesitz, Berlin.

18 Oktogon der Pfalzkapelle.
Foto: Domkapitel Aachen (A. Münchow).

19 Krönungsstuhl und Thron Karls im Dom zu Aachen.
Foto: Bildarchiv Preußischer Kulturbesitz, Berlin (S. Diller).

20 Kaiserkrönung Karls in Rom. Miniatur aus Jehan Foucquet: »Grandes Chroniques de France«, Bibliothèque Nationale, Paris.
Foto: Bildarchiv Preußischer Kulturbesitz, Berlin.

21 Codex Aureus, juwelenbesetzter Prunkdeckel.
Foto: Bayerische Staatsbibliothek, München.

22 Karl der Große im Kampf gegen die Araber. Spanien im Jahre 778. Miniatur aus Jehan Foucquet: »Grandes Chroniques de France«, Bibliothèque Nationale, Paris.
Foto: Bildarchiv Preußischer Kulturbesitz, Berlin.

23 Rolands Ritt durch die Pyrenäen. Miniatur aus der Weltchronik von Rudolf von Ems, Anfang 14. Jahrhundert. Staatsbibliothek zu Berlin.
Foto: Bildarchiv Preußischer Kulturbesitz, Berlin (R. Schacht).

24 Die Gesandten Harun al Raschids vor Karl dem Großen. Kolorierter Holzstich um 1880.
Foto: Archiv für Kunst und Geschichte, Berlin.

25 Bronzebärin.
Foto: Domkapitel Aachen (A. Münchow).

26 Löwenkopf.
Foto: Domkapitel Aachen (A. Münchow).

27 Modell der Pfalzkapelle.
Foto: Domkapitel Aachen (A. Münchow).

28 Karl, König der Franken. Aus dem Domschatz Aachen.
Foto: Archiv für Kunst und Geschichte, Berlin.

29 Karls-Schrein, Teilstück mit Ansicht von Karl dem Großen und dem Modell der Pfalzkirche. Aus dem Domschatz Aachen.
Foto: Archiv für Kunst und Geschichte, Berlin.

30 Karl der Große. Kolorierter Holzschnitt von J. Amman.
Foto: Bildarchiv Preußischer Kulturbesitz, Berlin.

31 Fränkisches Schwert.
Foto: Museum Burg Linn, Krefeld.

32 Karl der Große, König der Franken. Porträtdenar aus Silber. Aus den Staatlichen Museen zu Berlin, Preußischer Kulturbesitz.
Foto: Bildarchiv Preußischer Kulturbesitz, Berlin (K. März).

33 Dachplatte des Karls-Schreins.
Foto: Domkapitel Aachen (A. Münchow).

34 Außenansicht der Pfalzkapelle.
Foto: Archiv für Kunst und Geschichte, Berlin.

35 Die Gottesurteile des kalten Wassers und des heißen Eisens. Kolorierte Zeichnungen aus dem Codex Lambacensis. Kloster Lambach (Österreich).

36 Der heilige Gregor am Schreibpult. Elfenbeintafel, Ende 10. Jahrhundert. Kunsthistorisches Museum, Wien.
Foto: Archiv für Kunst und Geschichte, Berlin.

37 Torhalle im Kloster Lorsch (karolingisch; spätes 8. Jahrhundert).
Foto: Archiv für Kunst und Geschichte, Berlin.

38 Barbarossa-Leuchter.
Foto: Domkapitel Aachen (A. Münchow).

Seite 268: Faksimile aus dem »Hildebrandslied«.
Foto: Bildarchiv Preußischer Kulturbesitz, Berlin.

Seite 235: Unterschrift Karls des Großen aus einer Urkunde.
Foto: Archiv für Kunst und Geschichte, Berlin.

Bei einigen Bildern konnte trotz sorgfältiger Recherche der Rechteinhaber nicht ausfindig gemacht werden. Sollten etwaige Rechte verletzt worden sein, bitten wir deren Inhaber, sich mit dem Verlag in Verbindung zu setzen.

Personenverzeichnis

Das Reich Karls des Großen

Reich der Franken 768

Erwerbungen Karls des Großen

Grenzmarken

Fränk. Einflußgebiete

Feldzüge

Sächs. Burgen

Pfalzen

Handelsstädte für den Ostraum

Erzbistümer

wichtige Klöster